普通高等教育“十五”国家级规划教材

# 高速铁路技术

李向国◎主　编
陈　龙　刘　杰　舒　玉◎副主编
黄守刚◎主　审

中国铁道出版社有限公司

2025年·北　京

## 内容简介

本书是在普通高等教育“十五”国家级规划教材《高速铁路技术(第三版)》的基础上结合最新高速铁路技术成果修订而成的,全面、系统地阐述了高速铁路的基本概念、基本原理、基本知识和发展动态。

本书为普通高等教育“十五”国家级规划教材,可作为高等学校土木工程、交通运输、机械工程类专业的教材,也可供有关工程技术人员及管理人员参考。



**图书在版编目(CIP)数据**

高速铁路技术 / 李向国主编. —4 版. —北京:中国铁道出版社有限公司, 2025.2

普通高等教育“十五”国家级规划教材

ISBN 978-7-113-29290-4

Ⅰ.①高… Ⅱ.①李… Ⅲ. ①高速铁路-高等学校-教材 Ⅳ.①U238

中国版本图书馆 CIP 数据核字(2022)第 106769 号

书　　名: 高速铁路技术
作　　者: 李向国

策　　划: 陈美玲
责任编辑: 陈美玲　　编辑部电话: (010)51873240　　电子邮箱: 992462528@qq.com
封面设计: 尚明龙
责任校对: 刘　畅
责任印制: 高春晓

出版发行: 中国铁道出版社有限公司(100054, 北京市西城区右安门西街 8 号)
网　　址: https://www.tdpress.com
印　　刷: 河北宝昌佳彩印刷有限公司
版　　次: 2005 年 9 月第 1 版　2025 年 2 月第 4 版　2025 年 2 月第 1 次印刷
开　　本: 787 mm×1 092 mm 1/16　印张: 15.5　字数: 392 千
书　　号: ISBN 978-7-113-29290-4
定　　价: 48.00 元

# 第四版前言

党的十八大以来，在以习近平同志为核心的党中央坚强领导下，中国铁路坚定不移走自主创新之路，自主研发了以“复兴号”动车组为代表的一大批科技创新成果，构建了涵盖高速铁路工程建设、装备制造、运营管理三大领域的成套高速铁路技术体系，中国高速铁路实现了从追赶到领跑的历史性进步，高速铁路技术树起国际标杆。2024 年 12 月 29 日，CR450 动车组样车在北京发布，这标志着“CR450 科技创新工程”取得重大突破，将极大提升我国铁路科技创新水平和科技自立自强能力，进一步巩固扩大我国高速铁路技术世界领跑优势。截至 2024 年 12 月，我国高速铁路营业里程达 4.8 万 km，位居世界第 1 位，占世界高速铁路总里程的 70% 以上，建成并运营了世界上规模最大、现代化水平最高的高速铁路网。根据 2020 年 8 月中国国家铁路集团有限公司出台的《新时代交通强国铁路先行规划纲要》，到 2035 年，全国高速铁路里程将增加到 7 万 km 左右，50 万人口以上城市高速铁路通达。

四通八达、方便快捷的高速铁路网有效压缩了时空距离，有力强化了区域联系，极大方便了人民群众出行，为经济社会繁荣发展注入了新动能。中国高速铁路实现全系统、全要素、全产业链走出去，2023 年 10 月全线采用中国技术、中国标准建设的印尼雅加达至万隆高速铁路开通运营，为世界高速铁路发展贡献了中国力量。

本教材是在普通高等教育“十五”国家级规划教材《高速铁路技术（第三版）》的基础上结合最新高速铁路技术成果修订而成的。本教材此次修订补充了我国高速铁路规划、地质选线与生态选线、路基结构设计基本要求、新型大跨度桥梁、隧道群空气动力学效应、自主知识产权轨道技术体系、高速铁路工程智能建造、列车自动驾驶技术、高速铁路车站规划等相关内容。立足我国高速铁路建设实际，追踪高速铁路发展前沿，对课程内容做了进一步的优化，使学生能够通过高速铁路基本概念、基本原理和基本知识的学习，为将来从事高速铁路建造和运营管理工作奠定扎实的基础。

本教材由石家庄铁道大学编写团队合力完成，李向国任主编，陈龙、刘杰、舒玉任副主编，黄守刚任主审。具体编写和修订分工如下：李向国编写第一、二章,舒玉编写第三章,李向国、刘杰共同编写第四章,刘杰编写第五章,张昀青编写第六章,赵振航编写第七章,刘杰、胡晓娟共同编写第八章,李杨编写第九章,陈龙编写第十、十一章。于炳炎、张晓东、严战友、张学明、胡田飞、仝凤壮等结合课程教学实践提出了宝贵的修改意见。在本书修订过程中,参考了一些文献和资料,在此谨向所有文献和资料的作者表示诚挚的谢意。

随着我国高速铁路的蓬勃发展,高速铁路技术日新月异,由于本书所涉及的专业和内容非常广泛,同时编者的学术水平及实践经验有限,不当和疏漏之处在所难免,敬请广大读者批评指正。

编 者

2025 年 1 月

# 第一版前言

高速铁路是20世纪交通运输领域的重大成果，是一个专业面极广、技术先进成熟的庞大系统工程，是人类的共同财富。不断提高铁路的运行速度，让铁路尽快赶超发达国家的水平，适应社会发展和人民生活水平提高，是中国铁路人孜孜以求的夙愿。根据国务院批准的《中长期铁路网规划》，到2020年，我国铁路将建成以京沪、京广、京哈、沪甬深及徐兰、杭长、青太及沪汉蓉“四纵四横”客运专线为主体，城际客运专线为扩充的快速客运专线1.2万km，客货混跑快速线路2万km，形成我国铁路快速客运网，为广大旅客提供更加安全、快捷、舒适的服务。

本书根据土木、交通类专业人才培养目标的要求而编写，比较全面、系统地阐述了高速铁路的基本知识、基本概念和基本原理。

本书为普通高等教育“十五”国家级规划教材，由石家庄铁道学院李向国主编，王明生主审。参加编写的有李向国（第一、二、四、九章），任德亮（第七、十一章），张力霆（第三章），满洪高、林玉森（第五章），宋玉香、张昀青（第六章），王希良（第八章），马超、杨茜（第十章）。于炳炎、赵慧丽、张晓东、窦慧娟、牛红凯、黄守刚参与了本教材大纲的讨论和部分编写工作。岳渠德、陈进杰、牛学勤、杨广庆对书稿提出了许多宝贵的意见和建议，谨此致谢。

在编写本书过程中，大量地参考了国内外文献资料。由于参考的文献资料较多，只能就其中主要的文献列于书后。在此谨向所有文献资料的作者表示衷心的感谢和敬意。

由于本书所涉及的内容多为高新技术，各方面的技术都处在不断发展变化之中，同时限于时间和编者的水平，书中不妥之处在所难免，恳请读者批评指正。

编　者

2005年6月

# 目　　录

# 第一章

# 绪　论

## 第一节　高速铁路发展动态

20 世纪 60 年代以来,高速铁路在世界发达国家崛起,百年铁路重振雄风,传统铁路再展新姿,铁路发展进入了一个崭新的阶段。

### 一、列车速度的演变

自有铁路以来,人们就在不断致力于提高列车的运行速度。1825 年出现在英国的第一条铁路,其列车最高运行速度只有 24 km/h;1829 年 10 月"火箭号"蒸汽机车牵引的列车最高运行速度就达到了 47 km/h,几乎提高了 1 倍。19 世纪 40 年代,英国铁路试验速度达到 120 km/h,1890 年法国将试验速度提高到 144 km/h,1903 年德国制造的电动车组试验速度达到了209.3 km/h。这时期英国西海岸铁路用蒸汽机车牵引的列车旅行速度达到了 101 km/h。1955 年法国电力机车牵引的试验车组最高运行速度突破了 300 km/h,达到了 311 km/h。1964 年 10 月日本东海道新干线最高运行速度达到了 210 km/h,旅行速度也达到了 160 km/h。此后列车试验速度不断刷新:1981 年 2 月法国 TGV 高速列车试验速度达到 380 km/h,1988 年 5 月德国 ICE 高速列车试验速度提高到 406.9 km/h。1990 年 5 月 18 日法国 TGV-A 型高速列车试验速度提高到 515.3 km/h(图 1.1),2007 年 4 月 3 日法国再次刷新了自己的纪录,TGV 最新型"V150"高速列车试验速度达到 574.8 km/h,创下了当时有轨铁路列车行驶的世界纪录(图 1.2)。

图 1.1　法国 TGV-A 型高速列车

图 1.2　法国 TGV"V150"高速列车

20 世纪 90 年代开始，随着国民经济的快速发展和人民生活水平的不断提高，我国也开始重视提高旅客列车的速度。2002 年在秦沈客运专线上，国产“中华之星”电动车组最高试验速度达到了 321.5 km/h，2008 年在京津城际铁路上“和谐号”动车组最高试验速度达到了 394.3 km/h(图 1.3)，2009 年 12 月在武广高速铁路上“和谐号”动车组在两车重联情况下跑出了 394.2 km/h 的试验速度。2010 年 9 月 28 日，“和谐号”新一代高速动车组在沪杭高速铁路试验速度达到 416.6 km/h，并于 2010 年 12 月 3 日，在京沪高速铁路先导段枣庄至蚌埠段，创造了 486.1 km/h 的试验速度。2011 年 1 月 9 日，在京沪高速铁路先导段徐州东站至蚌埠南站之间，又创造了 487.3 km/h 的试验速度。

2012 年，中国标准动车组“复兴号”正式启动研发。2016 年 7 月 15 日，“复兴号”原型车 CRH-0207 和 CRH-0503 以超过 420 km/h 在郑徐高铁上交会，创造了当时高铁列车交会速度的世界新纪录。2017 年 6 月 25 日，中国标准动车组被正式命名为“复兴号”(图 1.4)。2017 年 6 月 26 日，在京沪高铁两端的北京南站和上海虹桥站，“复兴号”双向首发。2017 年 9 月 21 日，铁路实行新的列车运行图，CR400“复兴号”动车组在京沪高速铁路率先实现时速 350 km 运营。2019 年 1 月 5 日，17 辆编组的“复兴号”在京沪高速铁路实现时速 350 km 商业化运营。2019 年 12 月 30 日，CR400BF-C 智能复兴号动车组在京张高速铁路实现时速 350 km 自动驾驶。

图 1.3　时速 350 km“和谐号”动车组

图 1.4　中国标准动车组“复兴号”

新征程上，中国国家铁路集团有限公司(简称“国铁集团”)深入贯彻落实国家创新驱动发展战略，实施“CR450 科技创新工程”，时速达到 400 km 的动车组样车(图 1.5)已于 2024 年 12 月 29 日在北京发布，这标志着“CR450 科技创新工程”取得重大突破。CR450 动车组样车运营速度、运行能耗、车内噪声、制动距离等主要指标国际领先。在以下几点尤其突出：一是更高速。试验速度时速 450 km，运营速度时速 400 km，未来投入商业运营后可进一步压缩时空距离，让旅客出行更加便捷高效。二是更安全。制动距离更短、运行稳定性更优，在运营速度提升的情况下，制动距离基本相当。三是更节能。动车组整车运行阻力降低 22%，减重 10%。四是更舒适。舒适度指标更优，车内噪声降低 2 dB，客室服

图 1.5　CR450 动车组样车

务空间增加4%，可为旅客提供多样化、便利化、个性化服务，乘坐体验更好。五是更智能。行车与控制、司机智能交互、安全监控、旅客智能服务等领域均得到全面升级。中国铁路用科技自立自强的丰硕成果，树立起了国际标杆。

## 二、高速铁路的定义及建设管理模式

高速铁路运行速度是一项重要的技术指标，也是铁路现代化水平的重要体现。高速铁路是一个具有国际性和时代性的概念。20 世纪 70 年代，日本把列车在主要区间能以 200 km/h 以上速度运行的干线铁道称为高速铁路。随着高速铁路技术的发展，欧洲铁路联盟于 1996 年 9 月发布的互通运营指导文件(96/0048/EC)对高速铁路有了更确切的规定：新建铁路运行速度达到或超过 250 km/h；既有线通过改造使基础设施适应速度 200 km/h；线路能够适应高速度，但在某些地形困难，如山区或城市环境下，速度可以根据实际情况进行调整。

国家铁路局颁布的《高速铁路设计规范》(TB 10621—2014)将高速铁路定义为新建设计时速为 250 km(含)至 350 km(含)，运行动车组列车的标准轨距的客运专线铁路。中国国家发展和改革委员会将高速铁路定义为时速 250 km 及以上标准的新线或既有线铁路，并颁布了相应的《中长期铁路网规划》(2016 年调整)文件，将部分时速 200 km 的铁路线路纳入中国高速铁路网范畴。

高速铁路建设管理模式各国因国情不同而异，大致有五种类型：一是在既有线上使用摆式列车运行，这在欧洲和北美洲国家多见，在美国“东北走廊”行驶的摆式列车速度为 240 km/h；二是对既有普速客货共线铁路进行提速改造，例如我国的京哈、京沪、京广等既有干线，客运速度达到 200 km/h，部分区段达到 250 km/h；三是部分新建高速线与部分既有线混合运行，如德国柏林—汉诺威线，承担着客运和货运任务；四是新建高速铁路双线，实行客货共线运行，如意大利罗马—佛罗伦萨高速铁路，客运速度 250 km/h，货运速度 120 km/h；五是新建高速铁路双线，专门用于旅客快速运输(即高速铁路)，有利于客货分线，并最大程度提高旅客运输效率和货运效率，我国自 2006 年的第六次大提速后，基本上采用这种模式，日本新干线和法国高速铁路也采用这种模式。

## 三、世界高速铁路发展概况

1964 年 10 月 1 日，日本东海道新干线(东京—大阪，全长 515.4 km，如图 1.6 所示)正式开通，铁路以崭新的方式开始了交通运输的新篇章。

图 1.6 日本东海道新干线

根据业内学者分析研究，世界高速铁路的发展可分为以下三个阶段：

1. 第一阶段(20 世纪 60 年代至 20 世纪 80 年代末期)

日本、法国、意大利和德国推动了高速铁路的第一次建设高潮。该期间建设并投入运营的高速铁路有日本的东海道、山阳、东北和上越新干线；法国的东南 TGV 线和大西洋 TGV 线；意大利的罗马—佛罗伦萨线以及德国的汉诺威—维尔茨堡高速新线。

2. 第二阶段(20 世纪 80 年代末至 20 世纪 90 年代中期)

20 世纪 80 年代末，世界各国对高速铁路的关注和研究酝酿了第二次建设高潮。第二次建设高峰于 20 世纪 90 年代在欧洲形成，主要国家包括法国、德国、意大利、西班牙、比利时、荷兰、瑞典、英国等。

3. 第三阶段(20 世纪 90 年代中期至今)

高速铁路的建设与研究自 20 世纪 90 年代中期形成了第三次建设高潮，这次高潮波及亚洲、北美、大洋洲、非洲以及整个欧洲，形成了交通领域中铁路的一场复兴运动。俄罗斯、韩国、中国、澳大利亚、英国、荷兰等国家均先后开始了高速铁路新线建设的工作。为了配合欧洲高速铁路网的建设，东部和中部欧洲的捷克、匈牙利、波兰、奥地利、希腊以及罗马尼亚等国家进行了干线铁路改造，全面提速。对高速铁路开展前期研究工作的国家还有土耳其、美国、加拿大、印度、捷克等。2018 年 11 月 15 日，摩洛哥开通了非洲首条高速铁路。

高速铁路作为一种安全可靠、快捷舒适、运载量大、低碳环保的运输方式，已经成为世界铁路发展的重要趋势。

### 四、非黏着铁路

传统的黏着铁路因为牵引力受轮轨黏着条件等的限制，很难实现 500 km/h 以上的最高速度，为此需研制新的运输工具。

1. 气垫车

气垫车的研制始于 20 世纪 60 ~ 70 年代。气垫车一般用燃气轮作动力产生高压喷气，在导轨与车辆间形成气垫使车辆浮起，并用喷气机驱动车辆前进，英、法两国研制 10 年，制成试验车。法国试验的飞行列车，车长 26 m，质量 20 t，可载客 80 人，用 530 kW 的燃气轮机产生气垫，用 2 956 kW 的动力驱动，在 18 km 的高架轨道试验线上试运转时，最高时速达 422 km。1974 年能源危机时，为紧缩开支，且因喷气机污染环境、噪声太大，取消了研究计划。

苏联、美国都曾对气垫车进行过研究，因未取得显著成就而停顿。20 世纪 70 年代起，技术先进的国家，都先后停止了气垫车的进一步探索，转而研制磁浮列车。

2. 磁浮列车

根据磁浮列车上采用的电磁铁种类，磁浮列车一般分为两大类，一类为常导吸引型，一类为超导排斥型，两种磁浮列车技术都日臻成熟。

3. 管道悬浮

地面高速运输要克服巨大的空气阻力，当速度超过 500 km/h 后，空气阻力非常大，所以产生了管道磁浮铁路的设想。将磁浮列车系统置于空气稀薄的管道中，时速就几乎可以无限制地提高。

为叙述方便，在后面的章节中，若无特殊说明，本书中“高速铁路”均指轮轨接触式高速铁路。关于磁浮铁路的内容参见本书第十一章。

## 第二节　高速铁路主要技术特征

高速铁路是一个复杂的系统工程，其各子系统间既自成体系，又相互关联；既有硬件接口，又有软件联系，对整体性和系统性的要求非常高。为确保高速铁路技术体系的完整性和各子系统之间紧密衔接，应采取系统集成的模式，统一协调管理高速铁路建设。图1.7所示为高速铁路系统组成，图1.8所示为高速列车与其他子系统的主要接口关系。

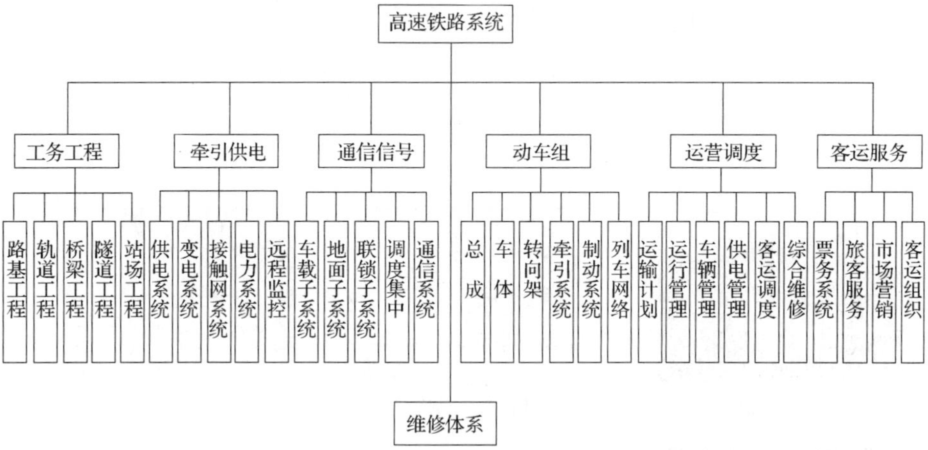


图1.7　高速铁路系统组成

在轮轨接触的铁路技术中，随着速度的提高，对基础设施和移动的车辆都提出了新的要求，主要可以归结为两个方面，一方面当速度超过250 km/h以后，空气动力特性发生显著变化，因此对车辆结构和铁路基础设施提出新的要求；另一方面由于高速运行的列车需具备持久稳定、高平顺性及安全舒适的运行条件，因此对轨下基础提出新的要求。

列车高速运行时，行车阻力、振动和机械动力噪声将大幅增加，列车与空气摩擦噪声也会有所提高。因此，对列车的结构，需要重新进行头型及外轮廓设计，以改善空气流向，优化弓网关系及受电弓的位置等，同时要增加减振措施。

试验证明，高速铁路对车辆的密封性能有很高的要求（包括对车辆空调、门、窗、排污设施等方面的要求），以满足高速运行的空气动力学特性。此外，还要求具有高性能的制动系统和较高的乘坐舒适度。

高速行驶的列车在会车时所产生的空气压力波较普速情况明显提高。因此，高速铁路在进行线路规划时，要适当加大线间距（包括站台安全距离）。通过隧道时，洞口空气阻力与高速列车在瞬间产生的巨大微气压波，对行车安全、乘坐舒适度以及环境都产生了明显的影响。因此，要适当加大隧道断面积，改善洞口形状或设置洞口缓冲结构等。

高速运行出现的高频振动，要求结构物除了满足静态荷载的条件，还必须满足高速列车动力特性要求。即除了保证“强度”这一基本要求（即使用期不致破坏）以外，更要严格控制其“刚度”。因此，保持轨道持续稳定的高平顺性，是对高速铁路工程提出的最基本要求。轨道的高平顺性又是路基、桥梁、隧道、轨道变形的最终表现，要求轨道高平顺性，必须从控制上述工程变形着手。

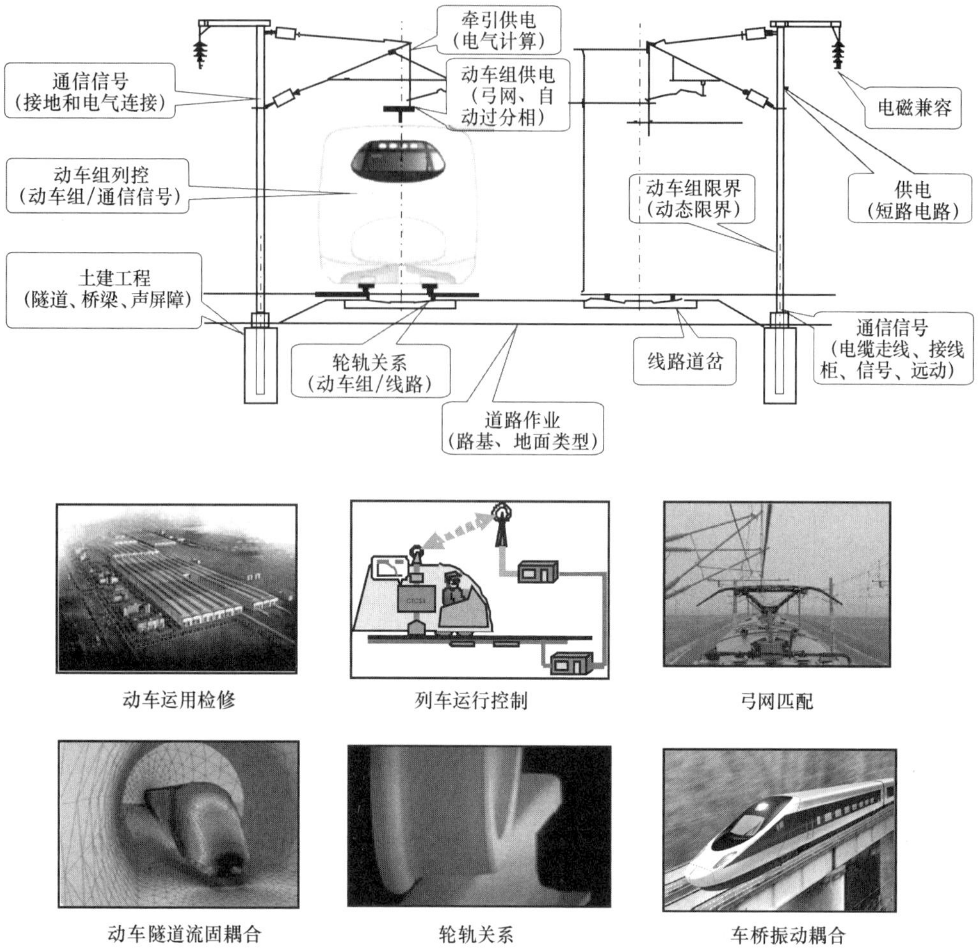


图1.8　高速列车与其他子系统的主要接口关系

高速铁路特殊结构设计应进行车、线、桥(或路基、隧道)动力仿真计算,使车、线、桥(或路基、隧道)耦合动力响应符合行车安全性和乘坐舒适度要求。高速铁路路基、桥涵及隧道等主体结构设计使用年限为100年,无砟轨道主体结构设计使用年限不小于60年。我国高速铁路限界轮廓及基本尺寸如图1.9所示,曲线地段限界加宽根据有关规定计算确定。我国高速铁路列车设计荷载采用ZK活载,ZK活载为列车竖向静活载,ZK标准活载如图1.10所示,ZK特种活载如图1.11所示。

此外,由于高速行车的特殊情况,高速铁路需要配置风、雨、雪、地震等自然灾害告警系统,监测信息经过通信网与调度中心直接相连,以保证高速行车的安全。沿高速线设置的跨线桥需安装坠落物告警装置。高速铁路必须全封闭、全立交,不设平交道口。由于高速行驶中列车与空气摩擦产生了大量噪声,因此,高速铁路途经人口密集的地区时,沿线需采取降低噪声的措施,安装隔声墙。

总而言之,采用轮轨技术的高速铁路具有以下四个方面的主要技术特征:

(1)轮轨方面:持久高平顺性的轨道,轻量化、高走行稳定性的列车。

(2)弓网方面:大张力的接触网,高性能的受电弓。

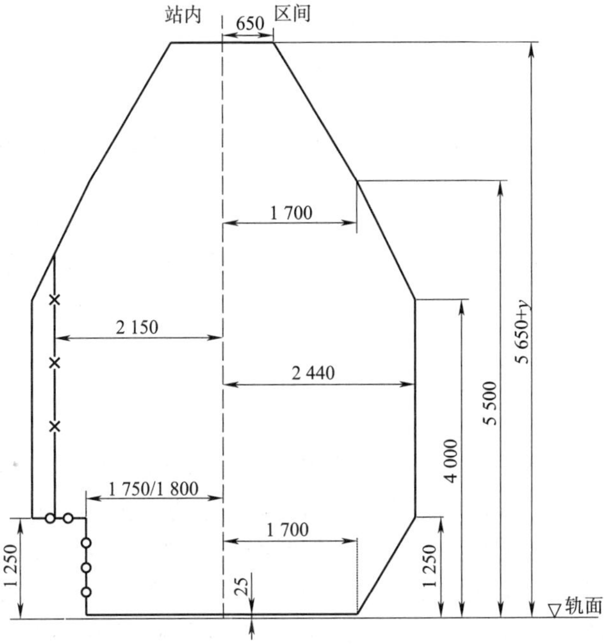


—×—×—×— 信号机、高架候车室结构柱和接触网、跨线桥、天桥、电力照明、雨棚等杆柱的建筑限界(正线不适用)。

—○—○—○— ①站台建筑限界(侧线站台为 1 750 mm;正线站台,无列车通过或列车通过速度不大于 80 km/h 时为 1 750 mm,列车通过速度大于 80 km/h 时为 1 800 mm)。

②站内反方向运行矮型出站信号机的限界为 1 800 mm。

———— 各种建(构)筑物的基本限界,也适用于桥梁和隧道。

$y$ 为接触网结构高度。

图 1.9　高速铁路建筑限界轮廓及基本尺寸(单位:mm)

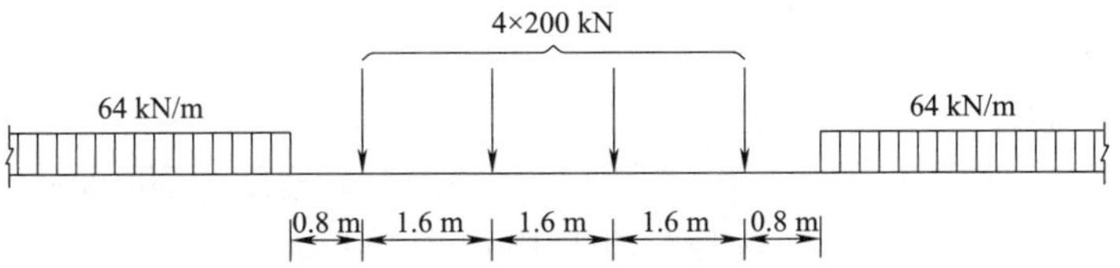


图 1.10　ZK 标准活载图式

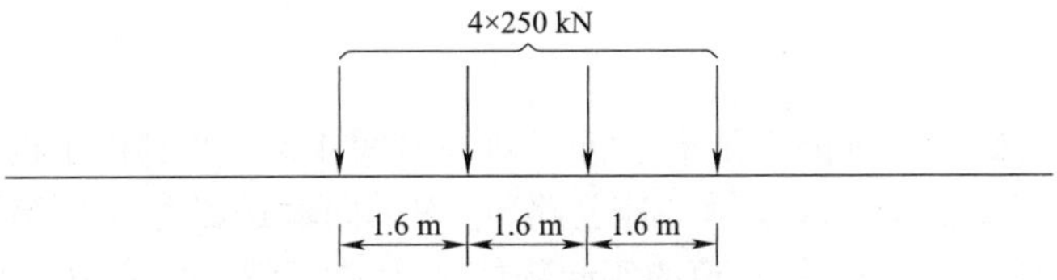


图 1.11　ZK 特种活载图式

(3)空气动力方面:流线型、密封的列车,较大的线间距和隧道断面。

(4)牵引与制动方面:大功率的交—直—交列车和大容量的牵引供电设施,大能力的盘形、再生、涡流列车制动系统和车载信号为主的列控模式。

应当指出,快速(高速度、高密度)、舒适(高平顺性、高稳定性、高环保性)、安全(高可靠性、高耐久性)是高速铁路的三大要素,三者缺一难言高速。

## 第三节 高速铁路主要技术经济优势

高速铁路之所以受到各国政府的普遍重视绝非偶然,它克服了普速铁路速度较低的不足,与高速公路的汽车运输和中长途航空运输相比较,在下列各项技术经济指标中具有一定优势。

### 一、速 度 快

速度是高速铁路的技术核心,也是其主要的技术经济优势所在。迄今,高速铁路是陆上运行距离最长、运行速度最高的交通运输方式。

旅客出行在途中所花费的时间由三部分组成:一是由出发地至始发站的走行(或短途运输方式的运行)时间及等待时间;二是所乘坐的交通运输方式由发站至到站的旅行时间;三是由到站至目的地的走行(或短途运输方式运行)时间。不同的交通运输方式,其第一和第三部分时间(以下简称附加时间)是不同的。一般坐飞机,附加时间较长,而汽车就比较短,但对一定距离而言飞机的飞行时间要短于汽车的运行时间。就公路、铁路和航空而言,所谓某种交通运输方式的优势距离,即为旅客出行花费的总时间比其他交通运行方式都少的距离范围。速度越高,附加时间越少,其优势距离范围就越大。

当代大交通系统中,公路、航空与铁路并存,且都在迅速发展。旅客选择运输工具主要出于对速度、安全、经济及舒适度的综合比较。随着经济的发展,人民生活水平的提高和社会活动节奏的加快,人们将进一步增强旅客的时间价值观念,对交通运输工具速度的要求将更为迫切。如果旅客出行的附加时间以高速公路为零,高速铁路为 1.0 h,航空为 2.5 h(上飞机前 1.5 h,下飞机后 1.0 h),汽车平均运行速度取 120 km/h,飞机巡航速度取 700 km/h,高速铁路最高运行速度分别取 250 km/h、300 km/h 和 350 km/h,从旅客总的旅行时间进行比较,其有利吸引范围如下:

小汽车:优势距离在 200 km 以内。

航空:优势距离在 1 000 km 以上。

高速列车:速度为 250 km/h,优势距离为 250 ~ 600 km;速度为 300 km/h 时,优势距离为 200 ~ 800 km;速度为 350 km/h 时,优势距离为 180 ~ 1 100 km。

旅客出行选择交通运输方式,除考虑时间节省(优势距离)外,还需综合考虑票价、舒适性、安全因素等。如果加上安全、舒适及票价等因素,高速铁路的有利吸引范围还将有所扩展。

### 二、运 能 大

目前各国高速铁路几乎都能满足最小行车间隔时间 4 min 及其以下的要求,年运输能力可达 1.6 亿人次。相比较而言,4 车道高速公路,年均单向输送能力为 8 760 万人。航空运输主要受机场容量限制,如 1 条专用跑道的年起降能力为 12 万架次,采用大型客机的单向输送能力只能达到 1 500 万 ~ 1 800 万人。可见高速铁路的运输能力是高速公路和民用航空等现代交通运输方式不可比的。

### 三、安全性高

安全是人们出行选择交通运输方式最关心的因素。有资料表明,各国交通运输中,铁路、公路、民航运输的事故率(每百万人公里的伤亡人数)之比大致为1∶24∶0.8。

高速铁路采用了先进的列车运行控制系统,能保证前后两列车必要的安全距离,防止列车追尾及正面冲撞事故。几乎与行车有关的固定设施与移动设备,都有信息化程度很高的诊断与监测设备,并有科学的养护维修制度。对一些有可能危及行车安全的自然灾害,设有预报预警装置。所有这些构成了高速铁路现代化的、完善的安全保障系统。这一系统可以防止人为的过失、设备故障及自然灾害等突发事件引起的事故发生。

### 四、正点率高

高速铁路的安全保障系统不但保证了高速列车运行安全,也使铁路运输全天候的优势得到了更充分的发挥。除可能危及行车安全的自然灾害外,几乎不受大气和气候条件的影响,24 h内都可安全地正常运行。

随着生活节奏的加快,人们除了时间价值观念日益增强外,还对交通运输的准确性提出了更高的要求。航空运输受气候影响,航班很难做到准点,有时还会停航。高速公路经常发生堵塞,行车延误在所难免。由于高速铁路事故率很低,再加上全天候都可正常运行,因此高速列车始终是在一个十分稳定的系统中运行,其正点率非常高,这一点深得旅客信赖。

### 五、舒适度高

高速铁路以其线路平顺、列车运行平稳的特点以及动车组良好的气密性和隔声效果,为旅客创造了舒适的乘坐体验环境。随着人民物质生活水平的提高,旅客对乘坐交通工具的舒适程度要求也越来越高。高速铁路通过优化空间线形几何参数,采用平纵断面平顺连接,提高了路基、桥梁、隧道、轨道等结构稳定性,同时严格控制基础设施精度,例如,无砟轨道铺设轨距允许偏差为±1 mm,堪称“零误差”,有效保障了动车组运行的平稳性、舒适度。同时,动车组车厢设计人性化,车内各种设施齐全、布置合理,每个旅客所占的活动空间比汽车和民航都要大,旅客乘坐也更加舒适。

### 六、能 耗 低

高速铁路适应了建设生态文明的需要。高速铁路与航空、高速公路相比,是较为节能的交通方式。有关资料统计表明,完成相同的运输工作量,公路和航空消耗的能量分别是高速铁路的数倍至数十倍,这也是在当今石油能源紧张的情况下,选择发展高速铁路的原因之一。同时,高速列车利用电力牵引,不消耗宝贵的石油等液体燃料,可利用多种形式的能源。

### 七、环境污染小

环境保护已成为全球性的紧迫问题,发展交通运输应注意环境生态问题,交通运输污染环境主要是废气和噪声。在旅客运输中,各种交通工具有害物质的换算排放量,公路每人公里排放CO为0.902 kg,铁路为0.109 kg,公路为铁路的8倍。铁路的噪声污染也是最低的,日本以航空运输每1 000人公里产生的噪声为1,则小轿车为1,大轿车为0.2,高速铁路仅为0.1。高速电气化铁路基本上消除了粉尘、油烟和其他废气污染,噪声比高速公路低5~10 dB(A)。一架喷气式客机平均每小时排放46.8 kg的$CO_2$、635 kg的CO、15 kg的$SO_3$,这些物质在大气中要停留约2年以上,是造成大面积酸雨,使植被生态遭到破坏和建筑物遭受侵蚀的主要原因。根据我国的研究,每人公里污染治理费用,如以高速铁路为1,则高速公路为3.76,飞机为

5.21。相关人员建议,为防止地球上臭氧层被破坏而造成的气候异常现象,除应力争使汽车排放的废气减少 25% 和控制高速公路的发展之外,还应力争以高速铁路网逐步替代国内和国际大城市间的航空运输。

### 八、效 益 好

修建高速铁路的直接经济效益是很好的。据统计,日本东海道新干线总投资为 3 800 亿日元,由于投入运营后客流迅速增长,而运输成本只有飞机的 1/5,正式投入运营的第 7 年便全部收回投资,其直接经济效益至 20 世纪末,已是投资额的 13.5 倍。1964—1985 年间,日本的东海道新干线的营业系数(营业支出与营业收入之比)就达到了 0.42,山阳新干线的营业系数为 0.66。法国 TGV 高速线运营情况也很好,20 世纪 90 年代中期,TGV 东南线和大西洋线纯赢利率就分别达到 31% 及 21%,运营 11 年及 12 年就能偿还投资。

高速铁路除有很好的经济效益外,还有显著的社会效益。据研究,京沪高速铁路的社会成本为 0.323 9 元/(人·km),而高速公路为 0.659 4 元/(人·km),民航为 0.747 6 元/(人·km);其比例为 1∶2.036∶2.308。此外,高速铁路还可拉动沿线的经济增长,提供众多的就业机会,为旅游业和上下游产业发展提供强大动能。

由于高速铁路具有诸多方面的技术经济优势,加之当今世界石油资源日益匮乏,生态环境日益恶化,道路严重堵塞与事故频发,所以高速铁路问世以来,就形成了一股巨大的潮流,高速铁路建设方兴未艾,高速铁路技术如日中天。

## 第四节 我国高速铁路规划

### 一、我国中长期铁路网规划提出的高速铁路通道

《中长期铁路网规划》(2016 年调整)提出了 2016—2025 年规划,远期展望到 2030 年。该规划提出,为满足快速增长的客运需求,优化拓展区域发展空间,在"四纵四横"高速铁路的基础上,增加客流支撑、标准适宜、发展需要的高速铁路,部分利用时速 200 km 铁路,形成以"八纵八横"主通道为骨架、区域连接线衔接、城际铁路补充的高速铁路网,实现省会城市高速铁路通达、区际之间高效便捷相连。

因地制宜、科学确定高速铁路建设标准。高速铁路主通道规划新增项目原则采用时速 250 km 及以上标准(地形地质及气候条件复杂困难地区可以适当降低),其中沿线人口城镇稠密、经济比较发达、贯通特大城市的铁路可采用时速 350 km 标准。区域铁路连接线原则采用时速 250 km 及以下标准。城际铁路原则采用时速 200 km 及以下标准。

1. 构筑"八纵八横"高速铁路主通道

(1)"八纵"通道

沿海通道。大连(丹东)—秦皇岛—天津—东营—潍坊—青岛(烟台)—连云港—盐城—南通—上海—宁波—福州—厦门—深圳—湛江—北海(防城港)高速铁路(其中青岛至盐城段利用青连、连盐铁路,南通至上海段利用沪通铁路),连接东部沿海地区,贯通京津冀、辽中南、山东半岛、东陇海、长三角、海峡西岸、珠三角、北部湾等城市群。

京沪通道。北京—天津—济南—南京—上海(杭州)高速铁路,包括南京—杭州、蚌埠—合肥—杭州高速铁路,同时通过北京—天津—东营—潍坊—临沂—淮安—扬州—南通—上海高速铁路,连接华北、华东地区,贯通京津冀、长三角等城市群。

京港(台)通道。北京—衡水—菏泽—商丘—阜阳—合肥(黄冈)—九江—南昌—赣州—深圳—香港(九龙)高速铁路;另一支线为合肥—福州—台北高速铁路,包括南昌—福州(莆田)铁路。连接华北、华中、华东、华南地区,贯通京津冀、长江中游、海峡西岸、珠三角等城市群。

京哈—京港澳通道。哈尔滨—长春—沈阳—北京—石家庄—郑州—武汉—长沙—广州—深圳—香港高速铁路,包括广州—珠海—澳门高速铁路。连接东北、华北、华中、华南、港澳地区,贯通哈长、辽中南、京津冀、中原、长江中游、珠三角等城市群。

呼南通道。呼和浩特—大同—太原—郑州—襄阳—常德—益阳—邵阳—永州—桂林—南宁高速铁路。连接华北、中原、华中、华南地区,贯通呼包鄂榆、山西中部、中原、长江中游、北部湾等城市群。

京昆通道。北京—石家庄—太原—西安—成都(重庆)—昆明高速铁路,包括北京—张家口—大同—太原高速铁路。连接华北、西北、西南地区,贯通京津冀、太原、关中平原、成渝、滇中等城市群。

包(银)海通道。包头—延安—西安—重庆—贵阳—南宁—湛江—海口(三亚)高速铁路,包括银川—西安以及海南环岛高速铁路。连接西北、西南、华南地区,贯通呼包鄂、宁夏沿黄、关中平原、成渝、黔中、北部湾等城市群。

兰(西)广通道。兰州(西宁)—成都(重庆)—贵阳—广州高速铁路。连接西北、西南、华南地区,贯通兰西、成渝、黔中、珠三角等城市群。

(2)"八横"通道

绥满通道。绥芬河—牡丹江—哈尔滨—齐齐哈尔—海拉尔—满洲里高速铁路。连接黑龙江及蒙东地区。

京兰通道。北京—呼和浩特—银川—兰州高速铁路。连接华北、西北地区,贯通京津冀、呼包鄂、宁夏沿黄、兰西等城市群。

青银通道。青岛—济南—石家庄—太原—银川高速铁路(其中绥德至银川段利用太中银铁路)。连接华东、华北、西北地区,贯通山东半岛、京津冀、太原、宁夏沿黄等城市群。

陆桥通道。连云港—徐州—郑州—西安—兰州—西宁—乌鲁木齐高速铁路。连接华东、华中、西北地区,贯通东陇海、中原、关中平原、兰西、天山北坡等城市群。

沿江通道。上海—南京—合肥—武汉—重庆—成都高速铁路,包括南京—安庆—九江—武汉—宜昌—重庆、万州—达州—遂宁—成都高速铁路(其中成都至遂宁段利用达成铁路),连接华东、华中、西南地区,贯通长三角、长江中游、成渝等城市群。

沪昆通道。上海—杭州—南昌—长沙—贵阳—昆明高速铁路。连接华东、华中、西南地区,贯通长三角、长江中游、黔中、滇中等城市群。

厦渝通道。厦门—龙岩—赣州—长沙—常德—张家界—黔江—重庆高速铁路(其中厦门至赣州段利用龙厦铁路、赣龙铁路,常德至黔江段利用黔张常铁路)。连接海峡西岸、中南、西南地区,贯通海峡西岸、长江中游、成渝等城市群。

广昆通道。广州—南宁—昆明高速铁路。连接华南、西南地区,贯通珠三角、北部湾、滇中等城市群。

2. 拓展区域铁路连接线

在"八纵八横"主通道的基础上,规划建设高速铁路区域连接线,进一步完善路网、扩大覆盖。

东部地区。北京—唐山、天津—承德、日照—临沂—菏泽—兰考、上海—湖州、南通—苏州—嘉兴、杭州—温州、合肥—新沂、龙岩—梅州—龙川、梅州—汕头、广州—汕尾等铁路。

东北地区。齐齐哈尔—乌兰浩特—白城—通辽、佳木斯—牡丹江—敦化—通化—沈阳、赤峰和通辽至京沈高铁连接线、朝阳—盘锦等铁路。

中部地区。郑州—阜阳、郑州—濮阳—聊城—济南、黄冈—安庆—黄山、巴东—宜昌、宣城—绩溪、南昌—景德镇—黄山、石门—张家界—吉首—怀化等铁路。

西部地区。玉屏—铜仁—吉首、绵阳—遂宁—内江—自贡、昭通—六盘水、兰州—张掖、贵港—玉林等铁路。

3. 发展城际客运铁路

在优先利用高速铁路、普速铁路开行城际列车服务城际功能的同时,规划建设支撑和引领新型城镇化发展、有效连接大中城市与中心城镇、服务通勤功能的城市群城际客运铁路。

京津冀、长三角、珠三角、长江中游、成渝、中原、山东半岛等城市群,建成城际铁路网;海峡西岸、哈长、辽中南、关中、北部湾等城市群,建成城际铁路骨架网;滇中、黔中、天山北坡、宁夏沿黄、呼包鄂榆等城市群,建成城际铁路骨干通道。

《中长期铁路网规划》同时提出,要以高速铁路通道为依托,引领支撑沿线城镇、产业、人口等合理布局,促进区域密切交流合作和资源优化配置,加速产业梯度转移和经济转型升级,培育壮大高铁与经济深度融合发展的高铁经济新业态。以高铁站区综合开发为载体,发展站区经济,引导和推动站区现代物流、商贸金融、电子商务、旅游餐饮等关联产业聚集和规模发展,努力形成品牌效应和规模效益。综合开发收益弥补铁路建设与运营。

## 二、《新时代交通强国铁路先行规划纲要》提出的高速铁路规划

2020 年 8 月,中国国家铁路集团有限公司出台了《新时代交通强国铁路先行规划纲要》(简称《规划纲要》)。该纲要提出了中国铁路 2035 年、2050 年发展目标和主要任务,描绘了新时代中国铁路发展美好蓝图。

《规划纲要》提出,到 2035 年,将率先建成服务安全优质、保障坚强有力、实力国际领先的现代化铁路强国,现代化铁路网率先建成。铁路网内外互联互通、区际多路畅通、省会高效连通、地市快速通达、县域基本覆盖、枢纽衔接顺畅,网络设施智慧升级,有效供给能力充沛。全国铁路网 20 万 km 左右,其中高速铁路 7 万 km 左右。20 万人口以上城市实现铁路覆盖,其中 50 万人口以上城市高铁通达。铁路自主创新能力和产业链现代化水平全面提升,铁路科技创新体系健全完善,关键核心技术装备自主可控、先进适用、安全高效,智能高铁率先建成,智慧铁路加快实现。

《规划纲要》提出,发挥"高铁 +"支撑引领作用。依托高铁通道和枢纽助力发展高铁经济,打造经济高质量发展新动力源。发挥高铁车站辐射带动作用,科学推进高铁站区及周边综合开发建设,发展站城一体融合的临站经济。发挥高铁通道网络优势,促进要素合理流动和资源高效配置,引导产业有序转移和推动新旧动能转换,发展高铁与城镇、产业、旅游等现代经济体系深度融合的通道经济。

值得说明的是,随着我国国民经济的发展,上述规划还会与时俱进,不断调整。

党的十八大以来,在以习近平同志为核心的党中央坚强领导下,中国高铁实现了从追赶到领跑的历史性进步。截至目前,年均投产高铁新线 3 000 km 以上,高铁营业里程达 4.8 万km,位居世界第 1 位,占世界高铁总里程的 70% 以上,建成并运营了世界上规模最大、

现代化水平最高的高速铁路网，高铁覆盖全国96%的50万人口以上城市。自主研发了以"复兴号"动车组为代表的一大批科技创新成果，构建了涵盖高铁工程建设、装备制造、运营管理三大领域的成套高铁技术体系，京张、京雄智能高铁在世界上首次实现时速350 km自动驾驶，京沪、京广高铁等主要通道实现时速350 km高标准运营，高铁技术树起国际标杆。高铁运输能力与服务品质大幅提升，动车组单日开行达1万列以上，较2012年增长4.3倍，推出了移动支付、自助进出站、互联网订餐、静音车厢、在线选座（铺）、适老化服务、电子客（发）票等一系列便民利民服务举措，深刻改变了人民群众出行方式。四通八达、方便快捷的高铁网有效压缩了时空距离、有力强化了区域联系，极大方便了人民群众出行，为经济社会繁荣发展注入了新动能。中国高铁实现全系统、全要素、全产业链走出去，2023年10月全线采用中国技术、中国标准建设的印尼雅加达至万隆高速铁路开通运营，为世界高速铁路发展贡献了中国力量。

## 复习思考题

1. 请简要叙述列车速度的演变情况。
2. 简述世界高速铁路发展概况。
3. 高速铁路具有的主要技术特征是什么？请简要说明。
4. 简述高速铁路主要技术经济优势。
5. 简述我国高速铁路规划。

# 第二章

# 高速铁路线路

高速列车首先要满足安全与舒适的要求。影响列车安全和舒适的因素很多,虽然机车车辆性能及运营方式起着很大的作用,但高速铁路的线路参数也是重要的影响因素,在设计高速铁路时必须予以重视。

在高速条件下,列车的横向加速度增大,列车各种振动的衰减距离延长,从而各种振动叠加的可能性提高,相应旅客乘坐舒适度在高速条件下更为敏感,所以,要求线路的技术标准也相应提高,包括最小曲线半径、缓和曲线、外轨超高等线路平面标准,坡度值和竖曲线等线路纵断面标准,以及列车风对线路的特定要求等。在高速铁路的线路平、纵断面设计中应重视线路的平顺性,采用较大的平面曲线半径,足够长度的缓和曲线,较长的纵断面坡段长度和较大的竖曲线半径,以提高旅客乘坐舒适度。

表 2.1 列出了世界上典型高速铁路线路的平纵断面标准。以下主要结合《高速铁路设计规范》(TB 10621—2014)和《铁路线路设计规范》(TB 10098—2017)内容介绍线路平纵断面设计情况。

## 第一节　高速铁路线路平面设计

### 一、最小曲线半径

最小曲线半径是限制列车最高速度的主要因素之一,且对工程费和运营费都有很大影响,因此合理地选择最小曲线半径是线路设计的重要任务之一。

最小曲线半径是线路主要设计标准之一。它与铁路运输模式、速度目标值、旅客乘坐舒适度等有关。高速铁路的运输组织模式包括不同速度等级(高速与低速)列车共线运营或单一速度等级(即高速)列车运营。最小曲线半径既要满足单一高速列车设计速度 350 km/h、300 km/h、250 km/h 的要求,又要满足高、低速列车共线运营条件下的速差要求。因此,在选用最小曲线半径时需考虑两个方面的因素:一方面是高速列车设计最高速度 $v_{max}$、最大设计超高与欠超高之和的允许值$[h+h_q]$等因素;另一方面是高速列车最高运行速度 $v_G$、低速旅客列车设计速度 $v_D$、欠超高与过超高之和的允许值$[h_q+h_g]$等因素。

1. 速度目标值

高、低速列车共线运行时,高速列车的速度目标值即为高速铁路的设计速度,《高速铁路设计规范》(TB 10621—2014)规定为 350 km/h、300 km/h、250 km/h。低速列车的设计速度不低于 160 km/h。

2. 最大设计超高、欠超高、过超高的允许值

高速铁路各种超高参数标准依据舒适度条件确定,并考虑轨道结构特点合理选用,以合理地确定最小曲线半径、缓和曲线长度等平面技术标准,满足工程设计技术经济合理的要求。

表 2.1 世界上典型高速铁路线路平、纵断面设计标准

| 国家及地区 | 日本 | | 法国 | | 德国 | | 澳大利亚 | 韩国 | 中国 | |
|---|---|---|---|---|---|---|---|---|---|---|
| 项目 | 东海道 | 山阳 | 大西洋 | 北方 | 曼海姆—斯图加特 | 科隆—法兰克福 | 悉尼—墨尔本 | 汉城—釜山 | 北京—上海 | 武汉—广州 |
| 最高设计速度/(km/h) | 220 | 260 | 300 | 300 | 客 250<br>货 120 | 300 | 350 | 350 | 350 | 350 |
| 最高运营速度/(km/h) | 270<br>(提速后) | 300<br>(提速后) | 300 | 320<br>(提速后) | 客 280(提速)<br>货 120 | 300 | 350 | 300 | 350 | 350 |
| 最小曲线半径/m | 2 500 | 4 000 | 4 000 | 6 000<br>(个别 4 000) | 7 000<br>(个别 5 100) | 3 250 | 7 000<br>(个别 6 000) | 7 000 | 7 000 | 7 000 |
| 最大超高/mm | <200 | 180~200 | 180 | 180 | 150 | 180 | 180 | 180 | 175 | 175 |
| 最大欠超高/mm | 60<br>(个别 100) | 60 | 86 | 65 | 60 | 150 | 40<br>(个别 80) | 30~40<br>(个别 90) | 90 | 80 |
| 缓和曲线线形 | 半波正弦 | 半波正弦 | 三次抛物线改善型 | 三次抛物线改善型 | 三次抛物线 | 三次抛物线 | 三次抛物线 | 三次抛物线 | 三次抛物线 | 三次抛物线 |
| 允许超高时变率/(mm/s) | 42~45 | 42~45 | 25<br>(个别 56) | 25<br>(个别 56) | 28~35 | 23 | 35 | 28 | 31 | 25 |
| 夹直线、圆曲线最小长度/m | >100 | >100 | $0.5v_{max}$ | $0.5v_{max}$ | $0.6v_{max}$ | $0.6v_{max}$ | 200 | | $0.6v_{max}$ | $0.6v_{max}$ |
| 线间距/m | 4.2 | 4.3 | 4.3 | 4.5 | 4.7 | 4.5 | 5.2 | 5.0 | 5.0 | 5.0 |
| 最大坡度/‰ | 20 | 15<br>(个别 18) | 25 | 25 | 12.5 | 40 | 35<br>(个别 50) | 25 | 20 | 20 |
| 竖曲线半径/m | 10 000 | 15 000 | 25 000 | 25 000 | 25 000 | 25 000 | 22 200<br>(个别 凸型 20 000, 凹型 16 700) | 20 000~<br>40 000 | 25 000 | 25 000 |

注:日本新干线提速后的最高运营速度不是在最小半径曲线上实现的。

(1)最大设计超高允许值[$h$]

最大设计超高允许值[$h$]主要取决于列车在曲线上停车时的安全、稳定和旅客乘坐舒适度要求。根据1980年中国铁道科学研究院的试验研究,当列车停在超高为200 mm及以上的曲线上时,部分旅客感到站立不稳,行走困难且有头晕不适之感。国外高速铁路的最大超高一般在170~200 mm。我国高速铁路最大设计超高允许值采用175 mm。有砟轨道最大设计超高值为150 mm,困难条件下可为170 mm;无砟轨道最大设计超高值可为175 mm。实设超高值应为5 mm的整数倍。

(2)欠超高允许值[$h_q$]

高速铁路的欠超高允许值[$h_q$]主要取决于旅客乘坐舒适度要求,同时考虑到过大的欠超高可能带来较大的线路养护维修工作量,所以在选择欠超高允许值时,应考虑留有一定的余地。我国高速铁路的允许欠超高[$h_q$]的取值为

舒适度优秀:　　[$h_q$] = 40 mm

舒适度良好:　　[$h_q$] = 60 mm

舒适度一般:　　[$h_q$] = 90 mm

(3)过超高允许值[$h_g$]

一般认为过超高与欠超高对旅客乘坐舒适度的影响是同等的。我国既有客货共线运行干线过超高允许值远小于欠超高允许值,主要是考虑货物列车的轴重及通过总重大于客运列车,其对曲线内轨磨耗及线路的破坏作用较大,故需较严格地限制对货物列车的过超高允许值。在高低速列车共线运营的高速铁路上,考虑到低速旅客列车的车辆走行性能比货物列车要好得多,因而过超高引起的对内轨磨耗和对线路破坏作用要小一些,故其过超高允许值可以适度放宽。同时考虑到高低速列车共线运营的高速铁路是以高速为主,重点应保证高速列车的旅客乘坐舒适度,因此取过超高允许值与欠超高允许值一致。

(4)高、低速列车共线运行时欠超高和过超高之和的允许值[$h_q + h_g$]

高、低速旅客列车运行在半径为$R$、实设超高为$h$的圆曲线上,对选定的欠超高允许值[$h_q$]和过超高允许值[$h_g$]存在下列关系:

$$h = \frac{11.8v_G^2}{R} - h_q \geqslant \frac{11.8v_G^2}{R} - [h_q] \quad (2.1)$$

$$h = \frac{11.8v_D^2}{R} + h_g \leqslant \frac{11.8v_D^2}{R} + [h_g] \quad (2.2)$$

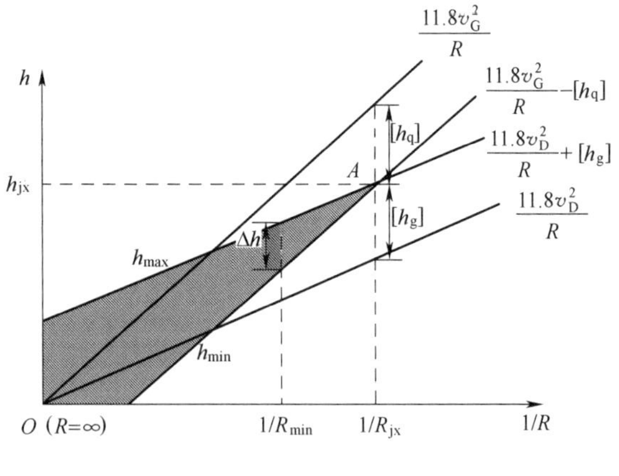

图2.1　$h$和$1/R$关系图

$h$和$1/R$存在如图2.1所示的关系。从图中可见,同时满足上列两式的点$A$对应的曲线半径$R_{jx}$、实设超高$h_{jx}$是唯一的。而现场的实设超高是由通过曲线的各次列车速度及其质量决定的,与$h_{jx}$往往大相径庭,存在下列差值:

$$\Delta h = h_{jx} - h_{jh} = \frac{v_{jx}^2 - v_{jh}^2}{v_G^2 - v_D^2} \cdot ([h_q] + [h_g]) \quad (2.3)$$

式中　$h_{jx}$——理论计算的曲线超高(mm);

$h_{jh}$——现场实际设置的曲线超高(mm)；

$v_{jx}$——理论计算的曲线均衡速度(km/h)；

$v_{jh}$——曲线上实际运行列车的均方根速度(km/h)。

由此造成实际列车运行中，欠超高或过超高可能超出允许值，故在确定 $R_{min}$ 标准时，对于欠、过超高之和的允许值应留有 $\Delta h$ 的余量，即

$$[h_q + h_g] = [h_q] + [h_g] - \Delta h \tag{2.4}$$

高、低速列车共线运行在某一半径的曲线上，按高、低速旅客列车均衡速度计算的超高值与按均方根速度确定的实设超高值往往有差值 $\Delta h$，由此造成列车实际运行中高速列车产生欠超高 $h_q$，低速列车产生过超高 $h_g$，故在确定设计超高时，需满足 $[h_q + h_g] \leqslant [h_q] + [h_g]$，以保证规定的舒适度要求，并且要考虑为适应实际运营中列车运行条件变化而预留一定超高调整幅度 $\Delta h$。根据我国几十年的运营实践经验，一般 $\Delta h$ 取 20 ~ 50 mm。由于在确定 $[h_q]$ 与 $[h_g]$ 时是根据运营实际确定的标准，即已经考虑了 $\Delta h$ 因素，因此采用的欠、过超高之和允许值可见表 2.2。

**表 2.2　欠、过超高之和允许值**　　mm

| 舒适度条件 | 优秀 | 良好 | 一般 |
|---|---|---|---|
| 欠、过超高之和允许值 $[h_q + h_g]$ | 100 | 140 | 180 |

在国外高速铁路线上，德国的客货混运高速铁路，$v_{max}$ 为 250 km/h，$v_{货}$ 为 120 km/h，半径 7 000 m曲线的欠、过超高之和为 89 mm，半径 5 100 m 曲线的欠、过超高之和为 121 mm。日本新干线部分中间站附近曲线的欠、过超高之和实际值达 110 ~ 130 mm。

(5)单一高速列车运行时设计超高与欠超高之和的允许值 $[h + h_q]$

国外高速铁路上 $[h + h_q]$ 的取值情况：日本东海道新干线一般条件下为 210 mm，个别条件下为 240 mm；山阳及其后的新干线一般为 180 mm，个别为 210 mm。法国 TGV-SE 线一般为 215 mm，个别为 269 mm；TGV-A 线一般为 177 mm，个别为 266 mm；TGV-N 线为 214 mm。

高速列车运行时设计超高与欠超高之和的允许值 $[h + h_q]$ 同上述对 $[h_q + h_g]$ 的分析，在确定设计超高时，应满足 $[h + h_q] \leqslant [h] + [h_q]$；参考国外高速铁路上的 $[h + h_q]$ 取值情况，我国高速铁路采用的设计超高与欠超高之和的允许值见表 2.3。

**表 2.3　设计超高与欠超高之和允许值**　　mm

| 舒适度条件 | | 优　秀 | 良　好 | 一　般 |
|---|---|---|---|---|
| 设计超高与欠超高之和允许值 $[h + h_q]$ | 有砟轨道 | 200 | 220 | 250 |
| | 无砟轨道 | 210 | 235 | 265 |

注：考虑到无砟轨道结构轨道几何形状易于保持的特点，无砟轨道实设超高可采用比有砟轨道较大的值。

3. 最小曲线半径的确定

(1)高速铁路设计速度要求的最小曲线半径 $R_{min}$

为了满足高速铁路的设计速度要求，采用上述的设计超高与欠超高之和允许值 $[h + h_q]$ 时，其最小曲线半径应按式(2.5)计算确定。

$$R_{min} = 11.8\frac{v_{max}^2}{[h + h_q]} \tag{2.5}$$

式中　$v_{max}$——高速铁路设计速度目标值，按 250 km/h、300 km/h、350 km/h 考虑。

(2)高、低速列车共线运行条件下最小曲线半径 $R_{\min}$

高、低速列车共线运行在半径为 $R$ 的圆曲线上,其实设超高 $h$ 与其相应的欠、过超高 $h_q$、$h_g$ 及其允许值 $[h_q]$、$[h_g]$ 之间满足式(2.1)、式(2.2),因此,在高、低速列车共线运行条件下最小曲线半径 $R_{\min}$ 应按式(2.6)计算确定。

$$R_{\min} = 11.8 \frac{v_G^2 - v_D^2}{[h_q + h_g]} \tag{2.6}$$

式中　$v_G$——设计速度,即 250 km/h、300 km/h、350 km/h;

$v_D$——低速旅客列车设计速度(km/h)。

经计算分析,我国高速铁路与设计速度匹配的平面最小曲线半径应符合表 2.4 的规定。限速地段平面最小曲线半径应符合表 2.5 的规定。

**表 2.4　平面最小曲线半径**

| 设计速度 | | | 350 km/h | 300 km/h | 250 km/h |
|---|---|---|---|---|---|
| 平面最小曲面半径/m | 有砟轨道 | 一般 | 7 000 | 5 000 | 3 500 |
| | | 困难 | 6 000 | 4 500 | 3 000 |
| | 无砟轨道 | 一般 | 7 000 | 5 000 | 3 200 |
| | | 困难 | 5 500 | 4 000 | 2 800 |

注:① 困难最小值应进行技术经济比选后采用;

② 车站两端减、加速地段的最小曲线半径应结合行车速度曲线合理选用。

**表 2.5　限速地段平面最小曲线半径**

| 设计速度 | | 200 km/h | 160 km/h | 120 km/h | 80 km/h |
|---|---|---|---|---|---|
| 平面最小曲面半径限速地段/m | 一般 | 2 200 | 1 600 | 1 000 | 600 |
| | 困难 | 2 000 | 1 400 | 800 | 400 |

注:困难最小值应进行技术经济比选后采用。

## 二、最大曲线半径及曲线半径的选用

1. 最大曲线半径

最大曲线半径标准关系到线路的铺设、养护、维修能否达到要求的精度。曲线的线形或轨道的平顺主要依据基桩控制曲线的正矢值或偏矢(不等弦测量)来保持。基桩决定于测设精度;正矢值则与曲线半径成反比,与弦长的平方成正比。当曲线半径大到一定程度后,正矢值将很小,测设和检测精度均难以保证极小的正矢值的准确性,可能反而成为轨道不平顺的因素。因此,应对圆曲线的最大半径加以限制。

根据国外高速铁路的测设经验,如日本、法国,在曲线地段沿线每隔 10 m 设置一基桩作为线路的基准。法国高速线路基桩的点位误差控制在 1 mm。

综合考虑线路测设精度和轨道检测精度,并参考国外试验线上最大曲线半径情况,我国高速铁路最大曲线半径不大于 12 000 m。

2. 曲线半径的选用

曲线半径的选用应因地制宜、由大到小、合理选用,以使曲线半径既能满足行车速度和设置建筑物的技术要求,又能适应地形地质等条件,减少工程,做到技术经济合理。高速铁路由于曲线半径直接决定行车速度,应根据线路不同地段的行车速度适当选定相应的曲线半径;对于位于车站两端减、加速地段,由于行车速度较低,为减少工程,可选用与实际行车速度相适应的较小曲线半径;对于地形、地质条件困难,工程艰巨地段,也可适当选用较小曲线半径并宜集中设置,以免列车频繁限速,恶化运营条件。为增加曲线半径选择的灵活性,以适应特殊地形条件下节省工程投资的需要,必要时可采用最大与最小曲线半径间100 m整数倍的曲线半径。同时要求正线不应设计复曲线,区间正线宜按线间距不变的并行双线设计,曲线地段应以左线(下行线)为基准,右线设计为左线的同心圆。

### 三、缓和曲线

为使列车安全、平稳、舒适地由直线过渡到圆曲线或由圆曲线过渡到直线,在直线与圆曲线间必须设置一定长度的缓和曲线。缓和曲线是在直线与圆曲线的一段变曲率、变超高线段,其作用是在缓和曲线范围内完成曲率半径由直线上的无限大逐渐变化到圆曲线的曲率半径,曲线外股钢轨高度从直线上左右股钢轨水平一致逐渐变化到圆曲线时达到外轨超高值。在高速行车条件下,旅客对乘坐舒适度比较敏感,因而对缓和曲线的设置要求也更为严格。对于高速铁路的缓和曲线研究的重点是缓和曲线线型和缓和曲线的长度。

1. 缓和曲线线型的选定

世界上普速铁路和高速铁路常用的缓和曲线线型有:

(1)三次抛物线型

平面:

$$y=\frac{x^3}{6Rl_0} \tag{2.7}$$

立面:

$$h=\frac{h_0x}{l_0} \tag{2.8}$$

(2)三次抛物线余弦改善型

平面:同式(2.7)。

立面:

$$h=\begin{cases} h_0\left[1-\cos\dfrac{\left(x+\dfrac{l_1}{2}\right)\pi}{l_0+l_1}\right] & -\dfrac{l_1}{2}\leqslant x<\dfrac{l_1}{2} \\ \dfrac{h_0x}{l_0} & \dfrac{l_1}{2}\leqslant x<l_0-\dfrac{l_1}{2} \\ h_0\cos\dfrac{\left(l_0+\dfrac{l_1}{2}-x\right)\pi}{l_0+l_1} & l_0-\dfrac{l_1}{2}\leqslant x\leqslant l_0+\dfrac{l_1}{2} \end{cases} \tag{2.9}$$

(3)三次抛物线圆改善型

平面:同式(2.7)。

立面:

$$h=\begin{cases} h_0\dfrac{\left(x+\dfrac{l_1}{2}\right)^2}{2l_0l_1} & -\dfrac{l_1}{2}\leqslant x<\dfrac{l_1}{2} \\ \dfrac{h_0x}{l_0} & \dfrac{l_1}{2}\leqslant x<l_0-\dfrac{l_1}{2} \\ h_0\left[1-\dfrac{\left(l_0+\dfrac{l_1}{2}-x\right)^2}{2l_0l_1}\right] & l_0-\dfrac{l_1}{2}\leqslant x\leqslant l_0+\dfrac{l_1}{2} \end{cases} \tag{2.10}$$

式中　$R$——曲线半径(m)；

$l_0$——缓和曲线长度(m)；

$h_0$——实设超高(mm)；

$l_1$——三次抛物线改善型立面头尾插入的曲线长度(m)。

(4)七次四项式型

平面：

$$y=\frac{l_0^2}{84R}\left[35\left(\frac{x}{l_0}\right)^4-42\left(\frac{x}{l_0}\right)^5+28\left(\frac{x}{l_0}\right)^6-8\left(\frac{x}{l_0}\right)^7\right] \tag{2.11}$$

立面：

$$h=h_0\left[5\left(\frac{x}{l_0}\right)^2-10\left(\frac{x}{l_0}\right)^3+10\left(\frac{x}{l_0}\right)^4-4\left(\frac{x}{l_0}\right)^5\right] \tag{2.12}$$

(5)半波正弦型

平面：

$$y=\frac{x^2}{4R}-\frac{l_0^2}{2\pi^2R}\left(1-\cos\frac{x}{l_0}\pi\right) \tag{2.13}$$

立面：

$$h=\frac{h_0}{2}\left(1-\cos\frac{x}{l_0}\pi\right) \tag{2.14}$$

(6)一波正弦型

平面：

$$y=\frac{x^3}{6Rl_0}-\frac{l_0}{4\pi^2R}x+\frac{l_0^2}{8\pi^3R}\sin\frac{2\pi}{l_0}x \tag{2.15}$$

立面：

$$h=\frac{h_0}{l_0}x-\frac{h_0}{2\pi}\sin\frac{2\pi}{l_0}x \tag{2.16}$$

从理论上讲,曲线型超高顺坡的缓和曲线,最能全面满足高速列车的运行要求(例如,日本新干线采用半波正弦型),但是缓和曲线的长度势必增长,且缓和曲线的超高递升很慢,有时甚至在 $l_0/4$ 范围内,缓和曲线尚未偏离切线,给缓和曲线的铺设和养护带来了很大的困难,使得缓和曲线的有效长度实际上变得很短,所以有些国家的高速铁路不去追求所谓的理想缓和曲线。从研究和实测结果表明,只要缓和曲线长度达到一定要求,各种线型均能保证高速行车安全和旅客舒适度要求。国外高速铁路的运营实践也证明了这一点。考虑到三次抛物线线型简单、设计方便、养护经验丰富等特点,我国高速铁路采用三次抛物线型。当曲线半径采用困难条件标准或缓和曲线不能保证足够长度时,可采用三次抛物线改善型缓和曲线。

2. 缓和曲线长度的选定

缓和曲线长度是高速铁路线路平面设计重要参数之一,随着列车运行速度的提高,要求缓和曲线应有足够的长度,使缓和曲线上的曲率和超高的变化不致太快,满足旅客乘车舒适的要求和确保行车的安全,但过长的缓和曲线长度会影响平面选线和纵断面设计的灵活性,会引起工程投资的增大。

缓和曲线线型选定以后,就可考虑以下一些因素来确定缓和曲线长度:①车辆脱轨;②未被平衡横向离心加速度时变率(欠、过超高时变率);③车体倾斜角速度(超高时变率)。

(1)按车辆脱轨条件确定缓和曲线长度

由于在缓和曲线上一个车辆转向架的四个车轮处于三点支承状态,因此脱轨条件的分析应给予充分重视。为防止车辆脱轨,假设车体和转向架刚性接触,并且车体对扭转有无限抵抗,缓和曲线长度由转向架中心间距决定;在完全心盘支承,且不考虑其摩擦力的情况下,缓和曲线长度由转向架轮对间距和轮缘高度决定。

《铁路线路设计规范》(TB 10098—2017)规定,为防止车辆脱轨的最大超高顺坡率不大于2‰,即1/500。所以对于超高线性变化的三次抛物线及其改善型缓和曲线上,由车辆脱轨条件确定的缓和曲线长度为

$$l_0 \geqslant h_0 / i_{max} = 0.5h_0 \tag{2.17}$$

式中　$h_0$——实设超高(mm);

$l_0$——缓和曲线长度(m);

$i_{max}$——缓和曲线最大超高顺坡率(‰)。

由式(2.19)不难看出,对于缓和曲线普遍较长的高速铁路,由脱轨安全要求计算的缓和曲线长度显然不起控制作用。

(2)按未被平衡横向加速度时变率(欠超高时变率)确定缓和曲线长度

列车通过曲线时,超高、曲率与列车速度不适应,就会产生未被平衡的横向加速度。在缓和曲线上,未被平衡加速度是不断变化的,过大的未被平衡横向离心加速度变化率会引起旅客乘坐条件的恶化。因此,对最大未被平衡横向离心加速度时变率应有所限制,以保证旅客必要的舒适度,即

$$\beta_{未max} = \frac{g}{s_1}\left(\frac{\mathrm{d}h_{qx}}{\mathrm{d}t}\right)_{max} = \frac{gv}{s_1}\left(\frac{\mathrm{d}h_{qx}}{\mathrm{d}l}\right)_{max} \leqslant [\beta_{未}] \tag{2.18}$$

式中　$[\beta_{未}]$——允许的未被平衡横向加速度时变率($m/s^3$);

$g$——重力加速度(9.81 $m/s^2$);

$v$——设计最高速度(m/s);

$s_1$——一轮对两轮接触点间距(m)。

对于直线型超高顺坡的三次抛物线及其改善型缓和曲线,$\left(\frac{\mathrm{d}h_{qx}}{\mathrm{d}l}\right)_{max} = \frac{h_q}{l_0}$,则未被平衡横向加速度时变率限制下的缓和曲线长度为

$$l_0 \geqslant \frac{gv}{s_1} \frac{h_q}{[\beta_{未}]} = \frac{gv_{max} h_q}{3.6 s_1 [\beta_{未}]} \tag{2.19}$$

式中　$v_{max}$——设计最高速度(或该曲线限制速度)(km/h)。

对未被平衡横向离心加速度时变率的限制，实际上就是对欠超高时变率的限制。国内外的研究表明，未被平衡横向离心加速度值为

$\beta_{未} \leqslant 0.015g/s$，欠超高时变率 $dh_q/dt \leqslant 23$ mm/s，95% 旅客有“轻微感觉”；

$\beta_{未} \leqslant 0.025g/s$，欠超高时变率 $dh_q/dt \leqslant 38$ mm/s，20% 旅客有“明显感觉”；

$\beta_{未} \leqslant 0.034g/s$，欠超高时变率 $dh_q/dt \leqslant 51$ mm/s，50% 旅客有“明显感觉”。

对于高速铁路，要考虑更高的旅客舒适条件要求，建议允许未被平衡横向离心加速度时变率$[\beta_{未}]$及对应的超高时变率限制值$[dh_q/dt]$为

一般条件下：$[\beta_{未}] = 0.015g/s$，$[dh_q/dt] = 23$ mm/s；

困难条件下：$[\beta_{未}] = 0.025g/s$，$[dh_q/dt] = 38$ mm/s。

据此，可得出缓和曲线长度：

一般条件下：

$$l_0 \geqslant 12.1 \times 10^{-3} v_{max} h_q \tag{2.20}$$

困难条件下：

$$l_0 \geqslant 7.3 \times 10^{-3} v_{max} h_q \tag{2.21}$$

(3)根据车体倾斜角速度(超高时变率)要求确定缓和曲线长度

车辆通过缓和曲线，由于外轨超高的变化，车体产生倾斜角速度，过大的车体倾斜角速度也会引起旅客乘坐舒适条件的恶化。因此，对最大车体倾斜角速度亦应有所限制，以保证必要的旅客乘坐舒适度。故要求：

$$\omega = \frac{v}{s_1} \frac{dh}{dl} \leqslant [\omega] \tag{2.22}$$

式中　$[\omega]$——允许的车体倾斜角速度(rad/s)。

列车运行在超高线性变化的三次抛物线及其改善型缓和曲线上时，$dh/dl = h_0/l_0$。则车体倾斜角速度 $\omega$ 与超高时变率 $f(dh/dt)$、超高顺坡 $i$ 的关系如下：

$$\begin{cases} i = \dfrac{dh}{dl} \\ f = \dfrac{dh}{dt} = \dfrac{dh}{dl} \dfrac{dl}{dt} = iv = \dfrac{1}{3.6k} \\ \omega = \dfrac{v}{s_1} i = \dfrac{1}{3.6ks_1} = \dfrac{f}{s_1} = \dfrac{f}{1.5} \end{cases} \tag{2.23}$$

式中　$k$——超高时变率倒数(s/m)。

显然，确定了允许的车体倾斜角速度$[\omega]$、允许超高时变率$[f]$和允许 $k$ 值中的任何一个，就可得出缓和曲线长度为

$$l_0 \geqslant \frac{v_{max} h_0}{3.6s} \frac{1}{[\omega]} = \frac{v_{max} h_0}{3.6} \frac{1}{[f]} = v_{max} h_0 k, \quad k = \frac{1}{3.6[f]} \tag{2.24}$$

根据对国内外高速铁路的研究，为使高速列车具有较高的舒适度，建议：

优秀条件时：$k = 11$，$[\omega] = 0.0168$ rad/s，$[f] = 25$ mm/s；

一般条件最小缓和曲线长度时：$k = 10$，$[\omega] = 0.0187$ rad/s，$[f] = 28$ mm/s；

困难条件个别缓和曲线长度时：$k = 9$，$[\omega] = 0.0206$ rad/s，$[f] = 31$ mm/s。

于是，可得出由车体倾斜角速度要求控制的缓和曲线长度如下：

优秀条件缓和曲线长度：

$$l_0 \geqslant 11 \times 10^{-3} v_{max} h_0 \tag{2.25}$$

一般条件缓和曲线长度：

$$l_0 \geqslant 10 \times 10^{-3} v_{\max} h_0 \tag{2.26}$$

困难条件缓和曲线长度：

$$l_0 \geqslant 9 \times 10^{-3} v_{\max} h_0 \tag{2.27}$$

经计算分析，对高速铁路而言，多以根据车体倾斜角速度（超高时变率）要求确定缓和曲线长度为控制条件。从式（2.27）、式（2.28）和式（2.29）可看出，对某一曲线而言，$v_{\max}$为定值，故影响缓和曲线长度的要素只是设计超高 $h_0$ 的取值问题，$h_0$ 值越大，缓和曲线越长，反之则短。

《高速铁路设计规范》（TB 10621—2014）规定缓和曲线长应根据设计速度、曲线半径和地形条件按表 2.6 合理选用，一般应在最大长度和一般长度之间选用，困难条件下可在一般长度和最小长度之间选用，并为 10 m 的整倍数。

**表 2.6 缓和曲线长度**

<table>
<tr><th rowspan="4">曲线半径/m</th><th colspan="9">缓和曲线长度/m</th></tr>
<tr><th colspan="9">设计速度</th></tr>
<tr><th colspan="3">350 km/h</th><th colspan="3">300 km/h</th><th colspan="3">250 km/h</th></tr>
<tr><th>(1)</th><th>(2)</th><th>(3)</th><th>(1)</th><th>(2)</th><th>(3)</th><th>(1)</th><th>(2)</th><th>(3)</th></tr>
<tr><td>12 000</td><td>370</td><td>330</td><td>300</td><td>220</td><td>200</td><td>180</td><td>140</td><td>130</td><td>120</td></tr>
<tr><td>11 000</td><td>410</td><td>370</td><td>330</td><td>240</td><td>210</td><td>190</td><td>160</td><td>140</td><td>130</td></tr>
<tr><td>10 000</td><td>470</td><td>420</td><td>380</td><td>270</td><td>240</td><td>220</td><td>170</td><td>150</td><td>140</td></tr>
<tr><td>9 000</td><td>530</td><td>470</td><td>430</td><td>300</td><td>270</td><td>250</td><td>190</td><td>170</td><td>150</td></tr>
<tr><td>8 000</td><td>590</td><td>530</td><td>470</td><td>340</td><td>300</td><td>270</td><td>210</td><td>190</td><td>170</td></tr>
<tr><td rowspan="2">7 000</td><td>670</td><td>590</td><td>540</td><td rowspan="2">390</td><td rowspan="2">350</td><td rowspan="2">310</td><td rowspan="2">240</td><td rowspan="2">220</td><td rowspan="2">190</td></tr>
<tr><td>680 *</td><td>610 *</td><td>550 *</td></tr>
<tr><td rowspan="2">6 000</td><td>670</td><td>590</td><td>540</td><td rowspan="2">450</td><td rowspan="2">410</td><td rowspan="2">370</td><td rowspan="2">280</td><td rowspan="2">250</td><td rowspan="2">230</td></tr>
<tr><td>680 *</td><td>610 *</td><td>550 *</td></tr>
<tr><td rowspan="2">5 500</td><td>670</td><td>590</td><td>540</td><td rowspan="2">490</td><td rowspan="2">440</td><td rowspan="2">390</td><td rowspan="2">310</td><td rowspan="2">280</td><td rowspan="2">250</td></tr>
<tr><td>680 *</td><td>610 *</td><td>550 *</td></tr>
<tr><td>5 000</td><td>—</td><td>—</td><td>—</td><td>540</td><td>480</td><td>430</td><td>340</td><td>300</td><td>270</td></tr>
<tr><td rowspan="2">4 500</td><td rowspan="2">—</td><td rowspan="2">—</td><td rowspan="2">—</td><td>570</td><td>510</td><td>460</td><td rowspan="2">380</td><td rowspan="2">340</td><td rowspan="2">310</td></tr>
<tr><td>585 *</td><td>520 *</td><td>470 *</td></tr>
<tr><td rowspan="2">4 000</td><td rowspan="2">—</td><td rowspan="2">—</td><td rowspan="2">—</td><td>570</td><td>510</td><td>460</td><td rowspan="2">420</td><td rowspan="2">380</td><td rowspan="2">340</td></tr>
<tr><td>585 *</td><td>520 *</td><td>470 *</td></tr>
<tr><td>3 500</td><td>—</td><td>—</td><td>—</td><td>—</td><td>—</td><td>—</td><td>480</td><td>430</td><td>380</td></tr>
<tr><td>3 200</td><td>—</td><td>—</td><td>—</td><td>—</td><td>—</td><td>—</td><td>480</td><td>430</td><td>380</td></tr>
<tr><td rowspan="2">3 000</td><td rowspan="2">—</td><td rowspan="2">—</td><td rowspan="2">—</td><td rowspan="2">—</td><td rowspan="2">—</td><td rowspan="2">—</td><td>480</td><td>430</td><td>380</td></tr>
<tr><td>490 *</td><td>440 *</td><td>400 *</td></tr>
<tr><td rowspan="2">2 800</td><td rowspan="2">—</td><td rowspan="2">—</td><td rowspan="2">—</td><td rowspan="2">—</td><td rowspan="2">—</td><td rowspan="2">—</td><td>480</td><td>430</td><td>380</td></tr>
<tr><td>490 *</td><td>440 *</td><td>400 *</td></tr>
</table>

注：①（1）、（2）、（3）分别对应超高时变率 $f=25$ mm/s、$f=28$ mm/s、$f=31$ mm/s；

②* 表示为曲线设计超高 175 mm 时的取值。

3. 限速曲线的缓和曲线长度标准的确定

在铁路定线设计时，在受地形、地物等各种条件控制的困难地段及位于大型车站两端减、加速地段，往往只能采用较小半径的曲线，曲线地段的行车速度也受到限制。同时在限速地段内，往往有小偏角的曲线需要采用较大曲线半径和较小缓和曲线长度的情况，因此缓和曲线长度应与限速曲线的行车速度相适应。

## 四、夹直线及圆曲线最小长度

在地形困难曲线毗连地段，两相邻曲线间的直线段，即前一曲线终点（$HZ_1$）与后一曲线起点（$ZH_2$）间的直线段，称为夹直线。高速铁路中缓和曲线间夹直线和圆曲线的最小长度主要受到列车运行平稳性和旅客乘坐舒适条件控制。

理论上列车运行平稳、旅客乘坐舒适所要求的夹直线和圆曲线的最小长度，通常按列车在缓和曲线出入口（即夹直线或圆曲线的起终点）产生的振动不致叠加考虑，与列车振动、衰减特性和列车运行速度有关。根据试验结果，车辆振动的周期约为 1.0 s，列车在缓和曲线出入口产生的振动在一个半至两个周期内基本衰减完毕，按两个周期计算则夹直线或圆曲线的最小长度为

$$L_{min} \geqslant 2 \times \frac{v_{max}}{3.6} \approx 0.6 v_{max} \tag{2.28}$$

式中　$L_{min}$——夹直线或圆曲线的最小长度（m）；

$v_{max}$——设计最高速度（km/h）。

计算机模拟计算结果表明，夹直线或圆曲线长度为$0.8v_{max}$时，在夹直线或圆曲线起终点对高速车辆产生的激扰振动不会叠加，对行车平稳和旅客乘坐舒适性没有明显的影响，所以，我国高速铁路夹直线及圆曲线最小长度一般按 $0.8v_{max}$ 计算确定；困难条件下按 $0.6v_{max}$ 计算确定，具体见表 2.7。

**表 2.7　圆曲线或夹直线最小长度**

| 设计速度 | | 350 km/h | 300 km/h | 250 km/h |
|---|---|---|---|---|
| 圆曲线或夹直线最小长度/m | 一般 | 280 | 240 | 200 |
| | 困难 | 210 | 180 | 150 |

## 五、线 间 距

线间距是指相邻两股道（区间正线地段实际为上、下行线）线路中心线之间的最短距离。由于高速列车运行时会产生列车风，相邻线路高速列车相向运行所产生的空气压力冲击波易振碎车窗玻璃，使旅客感到不适，甚至影响列车运行的稳定性，故高速线路的线间距较普速铁路有所增大，其大小取决于机车车辆幅宽、轨距、高速列车相遇产生的风压以及考虑将来铺设渡线道岔等条件。

高速铁路线间距标准主要受到列车交会运行时的气动力作用控制。一方面，要满足列车承受交会压力波的允许值[$\Delta P_{max}$]；另一方面，要分析研究各种客运列车交会运行时，作用在列车上的会车压力波最大值 $\Delta P_{max}$ 及其时变率 $\Delta P_{max}/\Delta t$，以及与交会列车相邻侧壁净间距 $Y$（或线间距 $D$）的规律。

现场试验研究和数值模拟计算研究表明，列车交会时产生的会车压力波有以下几项主要特征：

(1)交会列车上的会车压力波值基本上与邻线迎面驶来的列车(以下简称通过列车)的运行速度平方成正比。

(2)外形相似的列车交会时,速度较低列车上受到的会车压力波比速度较高列车受到的会车压力波大,而速度相当的列车彼此交会时其会车压力波大致相当。

(3)会车压力波值与交会列车相邻侧壁间的净距 $Y$ 成反比。$Y = D - (B_1 + B_2)/2$,式中 $D$ 为线间距,$B_1$ 为被交会列车宽度,$B_2$ 为通过列车车头宽度。

(4)会车压力波值与列车外形(列车头部的流线程度、列车的宽度、列车长度和车体流线型程度)密切相关,其中列车头部流线程度影响最为显著。

(5)会车压力波与测点高度有关,高度越低压力波越大。

(6)一节车厢同一高度处会车压力波平均值与最大值之间存在一定的差别,表明会车压力波具有非定常性。

国外高速铁路的线间距 $D$、交会列车相邻侧壁净间距 $Y$ 和运行速度 $v_{max}$ 之间的关系见表2.8。

**表2.8　国外高速铁路 $D$、$Y$ 与 $v_{max}$ 的关系**

| 国　家 | 日　本 | | | | | 法　国 | 德　国 | | |
|---|---|---|---|---|---|---|---|---|---|
| 列　车 | 100系 | 200系 | 300系 | WIN350 | STAR21 | TGV | ICE | | |
| $v_{max}$/(km/h) | 210 | 255 | 270 | 350 | 350 | 300 | 270 | 300 | 350 |
| $B$/m | 3.38 | 3.38 | 3.38 | 3.38 | 3.10 | 3.02 | 2.805 | 2.905 | 2.905 |
| $D$/m | 4.3 | 4.3 | 4.2 | 4.3 | 4.3 | 4.5 | 4.2 | 4.5 | 4.8 |
| $Y$/m | 0.92 | 0.92 | 0.82 | 0.92 | 1.20 | 1.48 | 1.395 | 1.595 | 1.90 |
| $D(B=3.1)$/m | 4.02 | 4.02 | 3.92 | 4.02 | 4.3 | 4.58 | 4.5 | 4.7 | 5.0 |

注:$B$ 为车体宽度(m)。

从表2.8可知,确定线间距标准是一个灵活性相当大的问题。日本高速铁路的线间距最窄,它的会车压力波最大,对机车车辆的设计和制造提出了很高的要求,但可以节省土建工程投资,这对国土窄小的日本是十分重要的。而德、法两国的线间距比较宽,虽然对机车车辆的气密性、门窗等设计要求相对降低,但土建投资较高。因此,应结合国情、路情提出一个比较合理的数值。

根据国内的研究成果,结合国外高速铁路 $D$、$Y$ 与 $v_{max}$ 的关系,《高速铁路设计规范》(TB 10621—2014)规定,高速铁路区间正线线间距应符合表2.9的规定,曲线地段可不加宽。

**表2.9　区间正线最小线间距**

| 设计速度/(km/h) | 350 | 300 | 250 |
|---|---|---|---|
| 最小线间距/m | 5.0 | 4.8 | 4.6 |

位于车站两端减、加速地段,可采用与设计速度相适应的线间距。正线与跨线旅客列车联络线、动车组走行线并行地段的线间距,应根据相邻一侧正线的行车速度及其技术要求和相邻线的路基高程关系,考虑站后设备、路基排水设备、声屏障、桥涵等建筑物以及保障技术作业人员安全的作业通道等有关技术条件综合研究确定,最小不应小于5.0 m。正线与新建客货共线铁路、既有铁路并行地段线间距不应小于5.3 m。当线间设置接触网杆柱等设备时,最小线间距应根据有关技术条件综合研究确定。

## 第二节　高速铁路线路纵断面设计

### 一、最大坡度

在一定自然条件下,线路的最大坡度与设计线的输送能力、牵引重量、工程数量和运营质量有着密切的关系,有时甚至影响线路走向。客货共线的铁路,线路最大坡度是由货物列车运行要求所决定的。高速列车采用大功率、轻型动车组,牵引和制动性能优良,能适应大坡度运行。但各国高速铁路由于采用的运输组织模式和线路条件各不相同,采用的线路最大坡度也不大一样。

法国高速铁路采用全高速模式,通常采用的最大坡度为35‰。例如,法国TGV东南线的纵断面的最大坡度为35‰,不仅减少了展线,缩短了线路长度,而且全线无一座隧道,节省了大量工程数量。

德国高速铁路采用客货共线运行模式,在已投入运营的客货共线的高速铁路上,最大坡度采用12.5‰,但在高速客运专线上,最大坡度可达40‰。

日本高速铁路采用全高速模式,日本新干线最大坡度多为15‰。但也有例外,例如北陆新干线在高崎—轻井泽(34 km)区段中约有20 km采用了连续30‰的长大坡。受列车制动性能的限制,在长大下坡道区段列车的限制速度定为160 km/h,并且专用E2系高速列车(8辆编组,交直交牵引传动,再生制动与电气指令式空气制动共同作用)。显然,由于地形条件所限,灵活处理并应用较大的坡度,适当降低列车运行速度,是实事求是的选择。

《铁路线路设计规范》(TB 10098—2017)规定,高速铁路区间正线的最大坡度不宜大于20‰,困难条件下不应大于30‰。动车组走行线的最大坡度不宜大于30‰,困难条件下不应大于35‰。

### 二、最小坡段长度

两个坡段的连接点,即坡度变化点,称为变坡点。一个坡段两端变坡点间的水平距离称为坡段长度。

从列车运行的平稳性要求出发,纵断面坡段长度宜设计为较长的坡段;但从节省工程投资的角度分析,较短的坡段能够较好地适应地形,减少工程数量,降低工程投资。因此,最小坡段长度的确定,既要满足列车运行的平稳性要求,又要尽可能地节约工程投资,使两者取得最佳的统一。

为保证高速运行的高舒适性,高速铁路最小坡段长度除应满足两竖曲线不重叠外,同时还应考虑两竖曲线间有一定的夹坡段长度,以保证列车在前一个竖曲线终点产生的振动在夹坡段长度范围内完成衰减,不至于与下一个竖曲线起点产生的振动叠加。对于两竖曲线间夹坡段长度的要求,德国、日本两国高速铁路的规范无具体规定,但法国高速铁路要求两竖曲线间夹坡段长度不得小于$0.4v_{max}$。

参考法国标准,我国《铁路线路设计规范》(TB 10098—2017)规定,高速铁路最小坡段长度应按式(2.29)计算确定,且取为50 m的整倍数。

$$l_p = \frac{\Delta i_1}{2} \times R_{sh1} + \frac{\Delta i_2}{2} \times R_{sh2} + 0.4v_{max} \tag{2.29}$$

式中　$l_p$——最小坡段长度(m);

$\Delta i_1, \Delta i_2$——坡段两端坡度差(‰);

$R_{sh1}$,$R_{sh2}$——相邻两个竖曲线半径(m);

$v_{max}$——设计速度(km/h)。

同时还规定,高速铁路正线宜设计为较长的坡段。最小坡段长度一般条件下不应小于900 m,且不宜连续使用;困难条件时不应小于600 m,且不宜连续使用。列车全部停站的车站两端坡段长度不应小于400 m。动车组走行线的正线坡段长度不宜小于200 m。

### 三、坡段间的连接

1. 相邻坡段的坡度差

相邻坡段的坡度差允许的最大值,主要由保证运行列车不断钩这一安全条件确定,常规铁路相邻坡段的坡度差主要受货物列车制约。由于旅客列车质量远低于货物列车,国外高速铁路对相邻坡段的坡度差均未做规定,我国高速动车对相邻坡段的坡度差不做限制。

2. 竖曲线半径

为保证列车在变坡点的运行安全和乘客的舒适性要求,参照国外有关规范,高速铁路正线相邻坡段的坡度差大于1‰时,应采用圆曲线型竖曲线连接。

竖曲线半径的大小可从竖向离心力和竖向离心加速度两个因素来考虑。当列车在凸形竖曲线上运行时,就会产生向上的离心力,使轮载减轻;当列车在凹形竖曲线上运行时,就会产生向下的离心力,使轮载增大。所以竖向离心力会对列车运行的安全性产生影响,也会对旅客的乘坐舒适性产生影响。竖向离心加速度和离心力的计算式如下:

竖向加速度

$$a_{sh}=\frac{v_{max}^2}{3.6^2R_{sh}} \tag{2.30}$$

竖向离心力

$$F_{sh}=\frac{mv_{max}^2}{3.6^2R_{sh}} \tag{2.31}$$

式中　$v_{max}$——最高速度(km/h),一般取线路设计速度;

$R_{sh}$——竖曲线半径(m);

$m$——车辆质量(kg)。

(1)竖向离心力。当列车在竖曲线上制动时,制动力就会产生竖向分力,此竖向分力与竖向离心力一起形成竖向合力,计算式如下:

$$\Delta W=F_{sh}+S_{sh}=\frac{1}{R_{sh}}\left(\frac{mv_{max}^2}{3.6^2}+lS\right) \tag{2.32}$$

式中　$S_{sh}$——制动力的竖向分力(kN);

$S$——车辆制动力(kN);

$l$——车辆钩舌距(m)。

由此可得轮重减载率为$\Delta W/W$[$W$为车辆重力(kN)]。为了保证车辆运行的安全,一般认为轮重减载率不大于10%。根据国内外的研究,认为保证列车运行安全的最小竖曲线半径为:设计目标速度250 km/h时为5 200 m;设计目标速度300 km/h时为7 400 m;设计目标速度350 km/h时为9 900 m。

(2)竖向离心加速度。通过国外高速铁路线路竖向离心加速度允许值的分析,认为高速铁路线路的竖向离心加速度允许值取0.4 m/s$^2$较为合适(困难为0.5 m/s$^2$)。据此可导出根据舒适度要求的高速铁路线路最小竖曲线半径：设计目标速度 250 km/h 时为 12 060 m；设计目标速度 300 km/h 时为 17 370 m；设计目标速度 350 km/h 时为 23 640 m。

从以上讨论可知，竖曲线半径显然应按照旅客舒适性的要求选择。《高速铁路设计规范》规定，正线相邻坡段的坡度差≥1‰时，应采用圆曲线形竖曲线连接，最小曲线半径应根据设计速度按表 2.10 选用。由于竖曲线半径增大到一定程度，养护维修很难达到其设置要求，规范还规定最大竖曲线半径不应大于 30 000 m。同时，考虑设计、施工及养护维修问题，还规定高速铁路竖曲线长度不应小于 25 m，竖曲线（或变坡点）起终点与平面曲线起终点间的最小距离不宜小于 20 m。

**表 2.10　最小竖曲线半径**

| 项　目 | 非限速地段 | | | 限速地段 | | | |
|---|---|---|---|---|---|---|---|
| 设计速度/（km/h） | 350 | 300 | 250 | 200 | 160 | 120 | 80 |
| 最小竖曲线半径/m | 25 000 | 25 000 | 20 000 | 15 000 | 15 000 | 10 000 | 5 000 |

## 四、竖曲线与竖曲线、缓和曲线、圆曲线和道岔重叠设置问题

相邻的两个竖曲线重叠设置时，保证各自的竖曲线形状是很难达到的，测设工作也将更加困难。国内外设计标准均不允许竖曲线相互重叠。

铁路线路平面曲线（圆曲线及缓和曲线）与纵断面竖曲线重叠设置一直是铁路工作者感到头痛的问题。两种曲线的重叠不但给线路测设工作带来一定的难度，对行车的安全性、平稳性和舒适度也会有一定的影响，更主要的是给线路的养护维修工作增加了难度。

竖曲线与缓和曲线重叠有如下不利影响：

（1）增加线路测设工作量：竖曲线与缓和曲线重叠设置的情况下，平面曲线的内轨在立面上要维持竖曲线的几何状态，而外轨又要叠加进缓和曲线超高的变化量，这时线路的测设工作要求更加严格。特别是对于高速铁路，由于竖曲线半径大、换算曲线超高顺坡率小，每 10 m 的轨道高程变化量很微小，以致测设仪器的分辨率难于保证精度的要求。

（2）对行车安全和乘坐舒适度有影响：竖曲线与缓和曲线重叠设置，将造成缓和曲线平、立面线形不相适应。由于外轨叠加了超高顺坡量，其结果既不是标准的缓和曲线线形，又不是标准的竖曲线线形，因而对轮轨相互作用将会有一定的影响。此外，当列车运行在凸形竖曲线与圆曲线重叠的地段时，列车产生竖向离心加速度，减少重力加速度对未被平衡离心加速度的抵消作用，相对加大横向未被平衡离心加速度，也就是加大了列车运行时产生的欠超高，降低了旅客舒适度。附加欠超高连同平面曲线上产生的欠超高之和大于一定值时，还将带来不安全因素。

（3）增加了养护维修工作的难度：由于缓和曲线很长，其曲率及其变化率均甚微，轨道检测精度已难于保证其检测结果的真实性，若加上竖曲线的重叠设置，检测仪器更难分别提取竖曲线和缓和曲线的不平顺值了。

同时考虑到缓和曲线长度相对圆曲线较短，避免重叠设置容易处理，《高速铁路设计规范》（TB 10621—2014）规定竖曲线与缓和曲线不得重叠。

竖曲线与圆曲线重叠设置，同样增加线路测设工作量，对行车安全和乘坐舒适度产生不利的影响，增加养护维修工作的难度，但由于高速铁路平面圆曲线半径较大，圆曲线长度较长，一般可达 1 km 以上，为避免竖曲线与圆曲线重叠设置而增加的工程投资巨大，同时此项重叠可通过采取适当措施减轻其不利影响。因此，《高速铁路设计规范》（TB 10621—2014）规定困难条件下竖曲线与圆曲线可重叠设置，但应满足表 2.11 的要求。

表 2.11　竖曲线半径与平面圆曲线重叠设置时的最小曲线半径

| 设计速度/(km/h) | | 350 | 300 | 250 |
|---|---|---|---|---|
| 平面最小圆曲线半径/m | 一般条件 | 7 000 | 5 000 | 3 500 |
| | 困难条件 | 6 000 | 4 500 | 3 000 |
| 最小竖曲线半径/m | | 25 000 | 25 000 | 20 000 |

在法国高速铁路线上(包括 $v_{max}=350$ km/h 的地中海线)以及既有线上,都允许竖曲线与圆曲线、竖曲线与缓、曲线重叠。例如,在地中海的瓦朗斯—阿维尼翁段的施工设计图中,见到如图 2.2 的情况。

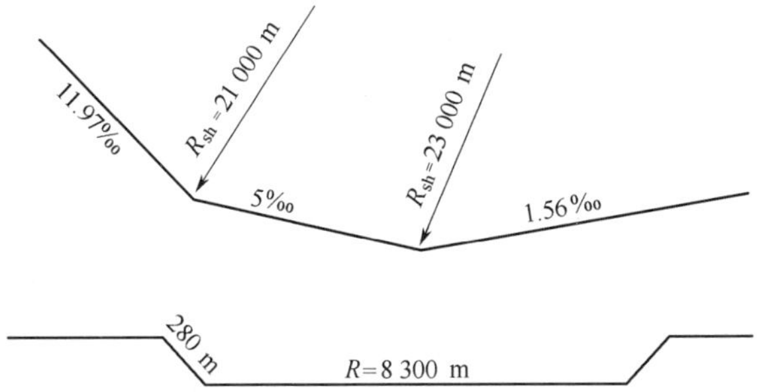


图 2.2　法国高速铁路竖、圆曲线及竖、缓和曲线重叠设置示意

竖曲线与道岔重叠设置时,由于高速道岔总长度较长,一方面道岔全长不在一个坡度上,列车通过道岔过程中,车轮对尖轨及导曲线将产生较大的冲击力,导曲线未被平衡的加速度对车体产生横向作用,同时叠加竖向作用力后,降低了乘客的舒适度和安全度;另一方面,为保证竖曲线形状,道岔铺设时的测设工作及养护维修时的检测工作都更加困难,增加了测设和检测工作量和更多的维修工作量。因此,《高速铁路设计规范》(TB 10621—2014)规定竖曲线与道岔不得重叠设置。

## 第三节　高速铁路选线

### 一、高速铁路选线设计原则

高速铁路线路应符合铁路网规划,与城市总体规划及其他交通方式、农田水利和其他工程建设相协调,做到布局合理。行经主要城市吸引客流,方便旅客出行。

高速铁路线路应符合环境保护、水土保持、土地节约及文物保护的要求;绕避各类不良地质体,无法绕避时应在详细地质勘察的基础上,结合特殊岩土,不良地质的特性,做好工程整治措施,保障运营安全。

高速铁路线路应结合地形地质条件,优化线路平、纵断面,减少拆迁工程量,合理确定工程类型,统筹考虑边坡防护及防排水工程,做好工程方案比较;考虑既有交通走廊、高压电力线、重要地下管线、军用设施及易燃、易爆或者放射性物品等危险物品的影响。

### 二、工程地质选线典型案例

下面结合成渝高速铁路主要工程地质问题及地质选线案例,介绍工程地质选线方法。

1. 工程概况

成都至重庆铁路是我国西南地区第一条设计速度350 km/h的高速铁路，是成渝经济区综合交通网的骨干，也是沪汉蓉快速客运通道的重要部分。线路自成都枢纽成都东站引出后，沿途经过四川省龙泉、简阳、资阳、内江后进入重庆市境内，经荣昌、永川、璧山、沙坪坝后达本线终点重庆枢纽重庆站，线路全长307.931 km。

2. 主要工程地质问题

制约铁路选线的主要工程地质问题为煤矿采空区、石材采空区、岩溶及岩溶水、有害气体。

(1)煤矿采空区

测区川东南弧形构造带的西山背斜、沥鼻峡背斜、温塘峡背斜、观音峡背斜东西两翼或核部分布有三叠系上统须家河组($T_3xj$)含煤地层，煤矿开采历史悠久，煤层大面积被开采，开采方式多为斜井开拓，走向长壁式采煤法，手镐、爆破落煤或机械采煤，平巷人力推车运输或机车运输，斜井、下山绞车提升，全陷法管理顶板。煤层大面积采空后，引起地表下沉变形，发展形成移动盆地。

(2)石材采空区

测区石灰岩产出层主要为华蓥山大断裂以东平行岭谷区的螺观山背斜、西山背斜、新店子背斜两翼侏罗系中下统自流井组东岳庙段($J_{1-2}z^1$)中部的介壳灰岩，厚2 m；大安寨段($J_{1-2}z^3$)灰白、灰黑色石灰岩和介壳灰岩，矿石质量较好，厚1.5～19 m，一般厚5～8 m。可用作冶金和化工原料，烧石灰或改良酸性土壤。当地居民开采自流井组($J_{1-2}z$)灰岩用于烧制石灰、粉碎碎石作石料，大面积开采后形成石材采空区。据现场调查，一般采用仓房式开采，部分采用走向长壁式开采，预留石柱支撑顶板，石柱间距7～12 m，开采巷道不规则，开采1～2层，一般采高0.5～5 m，顶板多为泥灰岩和钙质泥岩，石材采空区开采深度较浅，地面变形比较剧烈，常见地表塌陷或开裂。

(3)岩溶及岩溶水

全线可溶岩地段主要分布在新中梁山隧道观音峡背斜核部及两翼的三叠系中统雷口坡组($T_2l$)、下统嘉陵江组($T_1j$)及飞仙关组第三段($T_1f^3$)的碳酸盐岩地层，地貌上形成东西两个岩溶槽谷。本线路紧邻库容约10万$m^3$的卜天池水库，隧道施工将使本区水文地质条件发生较大改变，对于生态环境敏感、地下水环境复杂的中梁山地区，可能引起地表水库、鱼塘水的漏失，井泉点的干枯等一系列环境地质问题，甚至可能出现地表变形、塌陷等地质灾害。

(4)有害气体

四川盆地是一个含油气盆地，从震旦系至侏罗系均发育油气储层，线路经过川西气区、川西南气区和川南气区三个油气区。背斜是储集油气最有利的构造，只要构造完整，无断裂破坏，生、储、盖条件具备，就能形成油气田或含油气构造，下伏油气就会对上覆地层进行浸染，产生不同程度的油气迹象。气田主要以丘状缓倾背斜为主，含油气构造多为低山陡倾背斜，根据现场原位测试成果，表明油气田及含油气构造与天然气显示密切相关，一般背斜核部天然气浓度较高。浅层天然气燃烧或爆炸是隧道工程的一种常见地质灾害，也是困扰隧道安全施工、运营的一大难题。

3. 地质选线方案研究

(1)重庆境内线路走向方案比选

线路从内江进入重庆，需穿越巴岳山、云雾山、缙云山、中梁山，控制线路方案的主要工程地质问题为煤矿采空区，结合各山脉煤矿采空区的分布情况，研究了经永川绕行方案和大足取直方案。线路走向方案比选示意如图2.3所示。

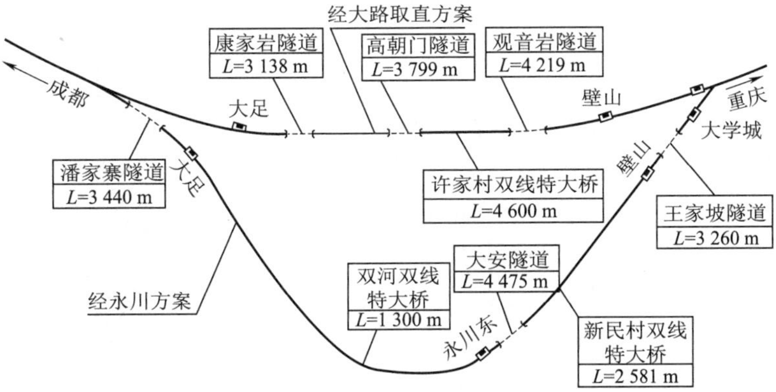


图 2.3　线路走向方案比选示意

通过煤矿资料收集、现场调查访问、井下实测、物探及深孔钻探验证等综合勘察手段，查明了煤矿采空区分布范围及特征，工程地质条件对比见表 2.12。

**表 2.12　重庆境内线路走向方案工程地质条件综合对比表**

<table>
<tr><th>线路方案</th><th>主要工程地质问题</th><th>推荐方案</th></tr>
<tr><td>经永川绕行方案</td><td>绕避了巴岳山、云雾山大面积分布的煤矿采空区，仅从永川区协合煤矿、金佳煤矿、箕山煤矿采动影响边界附近通过。以桥梁和路基工程通过了西山、新店子、东山含油气构造，有害气体对铁路工程影响相对较小</td><td rowspan="2">经永川绕行方案虽较大足取直方案线路增长，但其最大程度降低了煤矿采空区及有害气体对铁路的影响，推荐经永川绕行方案</td></tr>
<tr><td>大足取直方案</td><td>高朝门隧道通过大足区红伍联煤矿、福狮煤矿、铜梁区共和煤矿；观音岩隧道通过璧山区梅江乡煤矿，主要开采 $T_3xj^5$ 煤层，煤层厚度 0.3 ~ 0.9 m，最低开采水平巷道 +150 m，煤矿采空区位于隧底以下 170 m，影响长度 1.5 km。高朝门隧道和观音岩隧道通过了西山和花果山含油气构造，为高瓦斯隧道</td></tr>
</table>

(2)永川箕山局部方案比选

影响该段线路走向的主要因素为箕山煤矿采空区、永川区城市现状及发展规划，以及成渝高速公路等。研究了绕避采空区方案（贯通方案）、穿采空区方案（高速公路南侧设站方案和北侧设站方案），方案比选平面示意如图 2.4 所示。

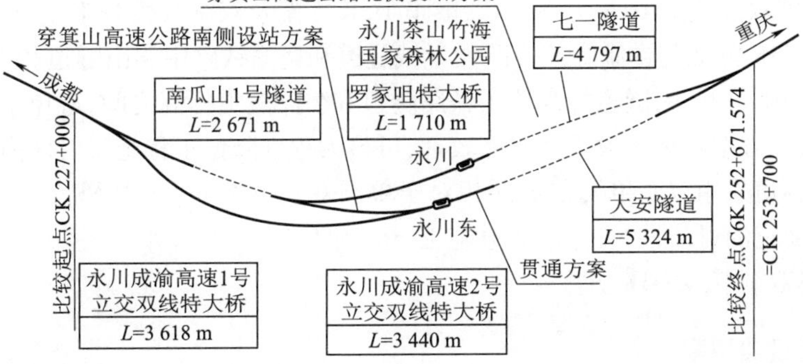


图 2.4　永川箕山局部方案比选平面示意

箕山煤矿始建于1970年，开采标高+600~±0 m，开采须家河组三段、一段K8、K13煤层，煤厚0.29~0.57 m，矿井设计生产能力15万t/年，采用平硐暗斜井开拓，已形成大面积煤矿采空区，易引起地表下沉变形。穿箕山高速公路南侧设站方案通过采空区影响长度0.8 km，穿箕山高速公路北侧设站方案通过采空区影响长度1.3 km，对铁路危害极大，不推荐。受城市规划建设影响，贯通方案位于现状采动影响范围外，但位于最终采动影响范围内，采动区影响界线与线位关系如图2.5所示。因此对煤矿应进行限制开采，确保铁路工程运营安全。

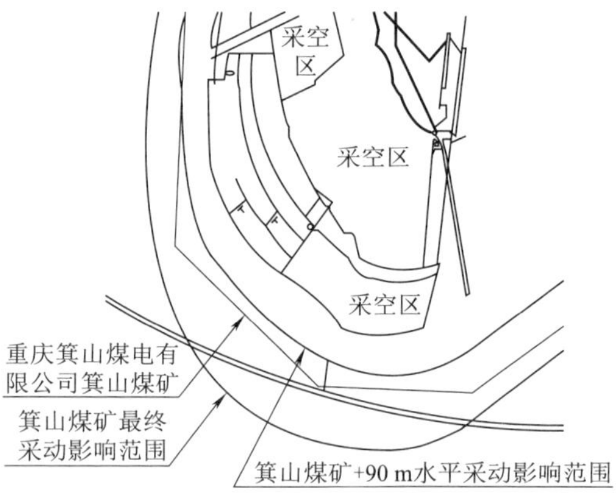

图2.5　重庆箕山煤矿采动影响界线与线位关系

(3)大足石材采空区局部方案比选

控制该段线路走向的因素主要有石灰岩采空区、煤矿采空区、成渝高速公路、成渝铁路、城镇规划等。设计时研究了高速公路北侧站位、高速公路南侧站位两个方案。

在搜集资料和地质测绘的基础上，采用超高密度电法、对称四极直流电测深法、地震反射波法等综合物探确定疑似采空区域，通过钻孔进行验证。查明了石材采空区分布范围及特征，工程地质条件对比见表2.13。

**表2.13　大足石材采空区局部方案工程地质条件综合对比**

| 线路方案 | 主要工程地质问题 | 推荐方案 |
| --- | --- | --- |
| 高速公路北侧站位方案 | 通过太平场和双石桥场石材采空区，主要开采大安寨段($J_{1\text{-}2}z^3$)灰岩，开采1~2层，采高0.5~5 m，采空区位于线路下方0~58 m，影响长度260 m | 太平场石材采空区地表已发生开裂塌陷，稳定性差，同时开采深度大，处理较困难，故推荐高速公路南侧站位方案 |
| 高速公路南侧站位方案 | 通过双石桥场石材采空区，主要开采大安寨段($J_{1\text{-}2}z^3$)灰岩，开采1~2层，采高2~6 m，采空区位于线路下方约10 m，影响长度350 m | |

(4)新中梁山隧道局部方案比选

新中梁山隧道位于岩溶发育、地下水环境复杂、生态环境敏感的中梁山地区，在查明测区工程地质和水文地质条件的基础上，需合理确定线路方案及隧道标高。经充分研究，初步确定3个隧道方案，即双线隧道D1K方案、双线隧道D2K方案及双洞双线D3K方案。

双洞双线D3K方案与遂渝高速公路大学城隧道和襄渝铁路中梁山隧道相交，可充分利用既有隧洞形成的降落漏斗，隧道标高位于铁路隧道和公路隧道标高之间，避免了降落漏斗范围的进一步扩大；此方案距离下大天池水库较远，可最大程度降低工程施工对区内水文地质条件的影响；另外，隧道采用双洞单线方案，(相对于单洞双线方案)每个洞径较小，降低了形成新的地下水径流通道的可能性，可保证隧道施工、运营的安全。经技术、经济、工程、安全等因素综合比选，推荐双洞双线D3K方案。

### 三、生态选线典型案例

京张高速铁路起自北京北站，途经海淀区、昌平区和延庆区，由延庆区康庄镇入河北省境内，最终到达张家口站，呈东西走向，全长173.964 km，其中北京市境内70.503 km，河北省境内103.461 km。

1. 北京城区段沿既有京包线走行减少新增占地和对地块切割

北京市区内京张高速铁路沿既有京包线通道走行（图2.6），在满足本线运输能力的前提下，北京北至沙河段采用沿既有京包线增建双线的方案，沙河至昌平段采用沿既有京包线增建三线的方案，最大限度减少新增占地，避免了对城市的再次切割。

图2.6　利用既有铁路通道选线设计

2. 北京北至北五环段落采用地下敷设降低对周边环境的影响

设计阶段对北京北至五环段落内的地下方案和地面方案进行了重点研究和比选，推荐采用地下敷设方案。地下方案虽然存在着工程投资高、施工风险大等因素，但该段位于城市核心区，采用地下方案将对噪声和振动环境敏感点的影响数量由地面方案的40余处降低至10余处，减振降噪效果明显。

3. 八达岭采用地下方案体现绿色、以人为本的设计理念

设计阶段重点对八达岭景区内的滚天沟地下站方案和程家窑地面站方案进行了比选。滚天沟地下站方案站房位置距离八达岭长城景区入口仅800 m，距北索道300 m，游客可步行直达景区；程家窑地面站方案车站距离八达岭长城入口约6.0 km，需对既有交通线路进行全面改造扩建。滚天沟地下站方案虽然工程投资高、施工难度大，但无须地面交通接驳。八达岭长城站选择地下站方案，充分体现了绿色、便捷、以人为本的理念。

4. 采用与京藏高速公路共走廊道方案，减少对官厅水库库区的切割和影响

设计阶段针对官厅水库段线路方案进行了多方案论述，最终选择了与京藏高速公路共通道、跨越水域面积最小的方案。该方案于既有京藏高速公路桥北侧约60 m处通过，穿越官厅水库水域长度约900 m。在水域范围内，桥梁墩台与京藏高速公路对孔布置，采用8孔110 m简支钢桁梁桥，减少对官厅水库水体的影响。

## 复习思考题

1. 试推导单一高速列车运行条件下最小曲线半径$R_{min}$的计算公式。
2. 试推导高、低速旅客列车共线运行条件下最小曲线半径$R_{min}$的计算公式。
3. 为什么高速铁路规定了最大曲线半径的标准？
4. 如何确定高速铁路缓和曲线的长度？请简要说明。
5. 高速铁路对夹直线及圆曲线最小长度有何要求？请简要说明。
6. 高速铁路对最小坡段长度有何要求？请简要说明。
7. 什么情况下高速铁路需设置竖曲线？竖曲线半径如何确定？
8. 请简要分析高速铁路竖曲线与圆曲线、缓和曲线重叠设置及竖曲线和道岔重叠设置问题。
9. 请简要论述高速铁路选线的基本原则。
10. 请简要论述在生态选线中如何体现“绿水青山就是金山银山”的理念。

# 第三章 高速铁路路基

## 第一节 概 述

铁路路基是经开挖或填筑而形成的直接支承轨道结构的土工结构物。路基是铁路线路的重要组成部分，是铁路轨道的基础，其强度、沉降控制和稳定性是保证线路稳定的基本条件。

发展高速铁路的国家有中国、法国、日本、德国等。这些国家都制定了较高的路基技术标准和严格的施工工艺，具有下列特点：

(1)结合路基工程规定了详细的岩土分类，要求进行详细的调查，为设计、施工及养护提供所必需的依据资料。

(2)强化路基基床，对基床表层的填料和强度有严格要求。

(3)严格控制路基填筑，包括对路基填料的分类、填筑压实标准和检测方法等，并开发了一系列的检测设备和施工机械。

(4)控制路基不发生过大的下沉。

(5)加强路基的防排水措施，加强边坡和灾害的防护。

路基是轨道的基础，路基的稳定性与坚固性直接关系到线路的质量、列车的正常运行及安全。高速铁路要保证线路的快速、安全、平稳运行，就必须具备良好的路基基础。综合来说，高速铁路路基主要有以下特点：

(1)控制路基变形

高平顺性是高速铁路得以正常运营的基础保证。高速铁路对轨道的不平顺管理标准要求非常严格。路基承受着轨道结构重量和列车荷载，路基的变形自然会引起轨道的几何不平顺。特别是有砟轨道，其轨下基础是由散体材料组成的道床和路基，它是整个线路结构中最薄弱、最不稳定的环节，是轨道变形的主要来源，它们在多次重复荷载作用下所产生的累积永久下沉(残余变形)将造成轨道的不平顺；同时，它们的刚度对轨道的弹性变形也起关键性的作用，因而对列车的高速走行条件有重要的影响。因此，高速铁路路基除了应具备一般铁路路基基本性能外，还需要满足高速铁路轨道对基础提出的性能要求，满足静态平顺和列车运行状态下的动态平顺。

(2)保证路基刚度的均匀性

路基刚度是指路基在受力时抵抗弹性变形的能力。列车速度越高，要求路基的刚度越大，弹性变形越小。因为，弹性变形过大，就会导致高速行驶的列车无法正常运行；同样，刚度也不能过大，过大就会导致列车的振动和噪声，也不利车辆的平稳运行。研究表明，由刚度变化引起的列车振动和速度的平方成正比。列车速度越快，刚度变化越急剧，引起的列车振动越强烈，影响高速运行的舒适性和安全性。所以，高速铁路要求路基在线路上做到刚度均匀、变化缓慢，不允许出现刚度突变。

(3)在列车运行及自然条件下的稳定性

路基不仅要承受轨道结构和附属建筑物的静荷载,还要承受列车的多次反复作用。同时,还要抵抗气温变化、雨雪作用、地震破坏等自然因素的侵蚀和破坏。因此,为了保证高速行车,路基工程必须要具有抵抗这些不良因素的能力,保证强度不降低,弹性不改变、变形不会加大,真正做到长寿命、少维修。只有这样,才能高速行车,减少维修费用,并增加行车的舒适性和安全性。

路基工程是铁路轨下基础工程的重要组成部分,是保证列车高速、安全、舒适运行系统中的关键工程。路基主体工程一旦破坏,维修难度高,对于运营的影响大,因此,必须按结构物设计。

依据现行高速铁路路基设计相关规范及施工质量验收标准,路基基床(路堤地段经填筑形成,路堑地段可全部或部分为天然地基)、基床以下路堤(路堤地段)、路基边坡(路堤或路堑)及地基是路基结构的基本组成。路基防排水、路基支挡工程、路基边坡防护、基床表层以下过渡段、地基处理、路基填料和压实控制、接口处理等都是路基结构工程的重要组成内容。

我国高速铁路路基结构如图 3.1 所示。

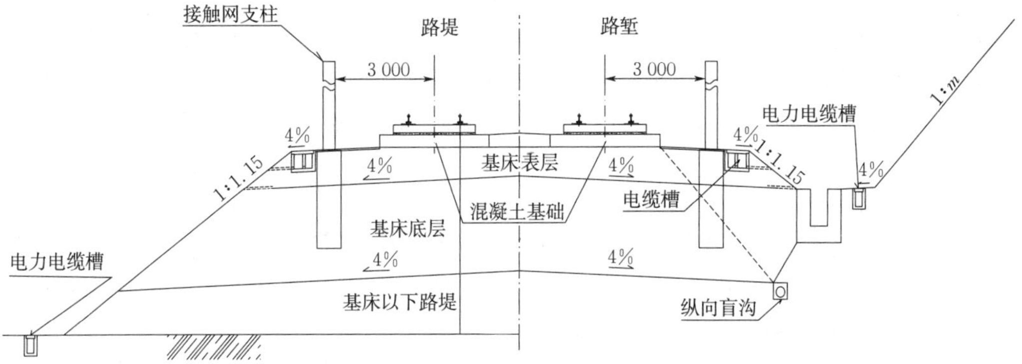


图 3.1　我国高速铁路路基结构示意(单位:mm)

## 第二节　路基结构设计基本要求

路基工程应按土工结构物进行设计,确保其满足强度、稳定性和耐久性的要求,并符合环境保护、水土保持、文物保护等的关要求。

(1)路基工程是铁路轨下基础工程的重要组成部分,是保证列车安全、舒适运行系统中的关键工程。路基主体工程一旦破坏,维修难度高,对于运营的影响大。

路基要承受轨道和列车荷载以及各种自然因素的作用,要具有足够的稳定性,使其不致在路基本体或其地基产生破坏和位移,以保证行车的安全畅通。

(2)由于路基是在各种复杂条件下工作的土工建筑物,有各种自然因素影响着它的强度和稳定性,如风、雨、雪、大气温度变化、地震、水流等常会对路基造成破坏作用。因此,要采取适当措施,使路基具有在这些自然因素长期作用下的耐久性。

### 一、地基承载力分析

路堑及填高小于基床厚度的低路堤,基床范围内的天然地基基本承载力应不小于 180 kPa。基本承载力是指建筑物基础短边宽度不大于 2.0 m、埋置深度不大于 3.0 m 时的地基容许承载力。

高速铁路路基应进行承载力验算，不仅关系到铁路工程的造价，更关系到线路的运营安全。从地基承载力的定义可知，承载力问题本质上仍然是地基稳定性问题，极限承载力对应于极限平衡状态，容许承载力对应于有一定安全系数的稳定状态。

## 二、路基稳定性分析

路基稳定是路基工程的首要问题，稳定性分析的强度参数，应根据土工试验和原位测试成果，并结合当地经验综合确定。

1. 路基稳定性分析方法

铁路路堤在施工期和运营期所承受的荷载不同，地基强度不同，相应的两个阶段的稳定性也不相同。为了确保铁路的施工及运营安全，铁路路基稳定性一般对两个阶段分别进行验算，分别检算路堤施工期及铁路运营期的稳定系数，以运营期的稳定安全系数作为设计指标，施工期的稳定安全系数作为验算指标。路堤施工期荷载应考虑路堤自重和运架梁车等施工临时荷载；运营期荷载应包括路堤自重、列车和轨道荷载。

路基设计使用年限超过 2 年的边坡称为永久边坡，设计使用年限不超过 2 年的边坡称为临时边坡。路基边坡稳定性应根据边坡类型和可能的破坏形式，可采用圆弧滑动法、平面滑动法或折线滑动法等适宜的计算方法分析。当边坡破坏机制复杂时，宜结合数值分析法进行分析。

2. 高速铁路路基稳定性控制标准

高速铁路路基考虑到其维修、检修作业时间一般在夜间进行，作业环境、条件较差，为尽可能减少维修工程，边坡最小稳定安全系数选高值；对地质条件很复杂或边坡破坏后果极严重的边坡工程，其稳定安全系数可以适当提高。

边坡稳定系数是指边坡稳定性分析中，土体沿某一滑动面的抗滑力（矩）和滑动力（矩）之比值。高速铁路路基边坡稳定分析计算时，最小稳定安全系数[$F_s$]施工期为 1.15，运营期为 1.25。对斜坡软弱地基路堤，采用圆弧滑动法检算时，其稳定系数应根据软弱地基横向坡度大小，在最小稳定安全系数[$F_s$]的基础上按表 3.1 进行修正。

**表 3.1　斜坡软弱地基路堤最小稳定安全系数**

| 软弱地基横向坡度 | 水平地基 | 1:20 | 1:10 | 1:7.5 |
|---|---|---|---|---|
| 最小稳定安全系数 | [$F_s$] | [$F_s$] +0.05 | [$F_s$] +0.10 | [$F_s$] +0.15 |

（1）永久边坡，高速铁路路基一般工况边坡最小稳定安全系数采用运营期技术要求；地震工况边坡最小稳定安全系数采用施工期技术要求。

（2）临时边坡，高速铁路路基边坡稳定安全系数应不小于 1.10。

## 三、路基沉降控制

地基不仅需有足够的强度来保证路堤的稳定，同时还需有一定的刚度，以保证路基竣工后不致产生过量下沉，影响线路轨道的稳定平顺。

1. 路基变形组成

路基建成后发生的变形、沉降主要有路堤（主要是基床）在列车荷载作用下发生的变形、路堤本体在自重作用下的压密沉降、支承路基的地基压密沉降。在路堤填料的材质与施工质量有保证的前提下，前两部分的数值是有限的，因此控制路堤沉降主要是指控制地基的工后沉降。

2. 路基工后沉降

路基工后沉降是指铺轨工程完成后路基的沉降量。由于软土具有压缩性大、渗透系数小、固结时间长等特性，路堤建成后，不仅沉降量大，而且需延续较长时间才能完成。

路基工后沉降量的规定和取值，将直接影响到工程造价和线路的使用性能。计算路基的工后沉降，需先弄清楚地基变形与时间的关系。对于饱和软黏土，一般按照饱和土的渗透固结理论，计算不同时期地基土的固结度，进而计算地基土在铺轨时的残余沉降量，加上轨道与列车荷载产生的沉降量，即为工后沉降。

3. 高速铁路路基工后沉降控制标准

路基的允许工后沉降量需根据以下两条原则确定：

(1) 保证列车按预定的速度安全、舒适地运行。

(2) 在上述前提下做到经济合理，即因减少工后沉降需增加的投资与因工后沉降而需增加的养护维修费用的总和最小。高速铁路路基工后沉降控制限值见表 3.2。

**表 3.2 高速铁路路基工后沉降控制限值 $C_d$**

| 铁路类别 | | 一般地段工后沉降/mm | 桥台台尾过渡段工后沉降(差异沉降)/mm | 沉降速率/(mm/a) |
|---|---|---|---|---|
| 有砟轨道 | 300 km/h、350 km/h | ≤50 | ≤30 | ≤20 |
| | 250 km/h | ≤100 | ≤50 | ≤30 |
| 无砟轨道 | | ≤15 | ≤5 | — |

注：①无砟轨道铁路不仅应满足差异沉降要求，还应满足不均匀沉降造成的折角不应大于 1/1 000 的规定；

②无砟轨道路基沉降比较均匀且调整轨面高程后的竖曲线半径大于 $0.4v^2$（$v$ 为设计速度），工后沉降控制限值为 30 mm。

4. 路基沉降控制的主要方法

(1) 填料改良，指在原土中添加某种材料，使之与土发生一定的物理化学反应，以改变原土的物理力学性质。高速铁路路基每层的填筑材料对土石的质量、粒径组成、石子大小、形状、杂质含量等都有特殊要求，需要经过严格检测选用。

(2) 地基处理，使地基强度得到提高，压缩性降低，从而使地基性能得到改善。

对于寒冷地区，由于水凝结成冰后体积膨胀，水融化后体积收缩，冻融循环后土体强度会降低，因此，高寒地区高速铁路还需要解决路基的冻胀问题，采取的预防路基冻胀的措施有：选择防冻的填筑材料，提高路基本体防冻能力；做好路基表面防水和路基底部排水，避免因水出现冻融现象等。

## 四、结构设计使用年限

设计使用年限，是以结构耐久性设计为依据并具有足够安全度或保证率的目标使用年限。路基各种结构物设计要根据受力情况、所处位置的重要性、材料来源、环境条件、养护维修的难易程度及对行车安全的影响等因素选择适宜的结构类型、材料及设计使用年限。

结构的耐久性对高速铁路的安全使用和经济性起着决定的作用。经济合理性应当使建造费用与使用期内的检查维修费用之和达到最少，片面地追求较低的建造费用而忽视耐久性，往往会造成很大的经济损失。高速铁路根据路基结构工程各组成部分的重要性和可修复性，规定了不同路基结构的设计使用年限，见表 3.3。

**表 3.3　高速铁路路基结构设计使用年限**

| 设计使用年限级别 | 设计使用年限 | 适用范围 |
|---|---|---|
| 一 | 100 年 | 路基主体结构、路基支挡及承载结构 |
| 二 | 60 年 | 路基防护结构、路基排水结构 |
| 三 | 30 年 | 电缆沟槽、防护砌块、栏杆等可更换小型构件 |

路基基床、基床下路堤等路基主体虽然不是混凝土结构，通过加强排水和防护、严格控制填料材质及压实质量，其强度及变形性能（如沉降指标等）趋于稳定，一般不随时间而衰减，且不存在疲劳破坏问题，甚至会出现增强和提高的情况，其设计使用年限为 100 年。

路基支挡结构、承载结构、其结构一旦破坏将直接对行车安全产生影响，并很难修复或无法修复。因此，路基支挡结构、承载结构要具有足够的强度、稳定性和耐久性，该类结构的设计使用年限按 100 年进行设计。

高速铁路路基防护结构、路基排水结构，是比较重要的结构，虽然其结构一旦破坏将直接对行车安全产生影响，但能通过修复补强达到其结构强度和完整性要求，设计使用年限按 60 年进行设计。

电缆槽、防护砌块、栏杆等小型构件，出现结构破坏对行车安全产生影响相对较小，能较容易进行修复或替换，设计使用年限按 30 年进行设计。

## 第三节　高速铁路路基设计荷载

作用在路基结构上荷载是路基结构进行强度、变形、稳定性及抗震设计分析的前提。高速铁路路基结构设计荷载首先应明确作业在路基结构上的所有荷载类型，其次要掌握该设计路基结构的荷载组合，最后对每种荷载组合进行设计计算或验算。

### 一、路基结构荷载

1. 路基结构设计荷载类型

铁路路基结构上承受的荷载可根据作用的时间和出现的频率分为主力、附加力及特殊力，具体荷载分类见表 3.4。

**表 3.4　荷载分类**

| 荷载分类 | | 荷载名称 | 荷载分类 | | 荷载名称 |
|---|---|---|---|---|---|
| 主力 | 永久荷载 | 轨道荷载 | 附加力 | 可变荷载 | 设计水位的静水压力和浮力 |
| | | 结构重力 | | | 渗透力 |
| | | 结构顶面上的恒载 | | | 波浪压力、风压力 |
| | | 土压力 | | | 膨胀力、冻胀力和冰压力 |
| | | 常水位时静水压力和浮力 | 特殊力 | 偶然荷载 | 地震力 |
| | | 滑坡推力 | | 可变荷载 | 施工及临时荷载 |
| | 可变荷载 | 列车荷载 | | | |
| | | 人行道荷载 | | | |

注：①常水位系指每年大部分时间保持的水位；
②浸水挡土墙应从设计水位及以下选择最不利水位作为计算水位；
③墙背填料为渗水时，可不计墙身两侧静水压力和墙背渗透力；
④冻胀力和冰压力，不与波浪压力同时计算；
⑤洪水和地震不同时考虑。

2. 路基结构设计荷载组合

路基工程设计应按照结构的功能要求和设计使用状况采用相应的组合，设计检算采用不同的安全系数。路基工程采用总安全系数法设计时，荷载及作用应采用计算值，荷载组合应符合表 3.5 的规定；采用极限状态法设计时，荷载及作用应采用设计值，荷载组合应符合相关规定。

**表 3.5　荷载组合**

| 环境 | | 荷载组合 | 示例 |
|---|---|---|---|
| 一般地区 | | 永久荷载（主） | 路堤无列车荷载或路堑地段 |
| | | 永久荷载（主）+列车荷载（主可变） | 路堤地段有列车 |
| | | 永久荷载（主）+特殊力（可变） | 路堤地段有架梁机或施工临时荷载 |
| 浸水地区 | 常水位和无水 | 与一般地区相同 | 路堤地段与一般地区相同 |
| | 洪水位 | 永久荷载（主）+列车荷载（主可变）+附加力（可变） | 路堤地段有列车 |
| | | 永久荷载（主）+附加力（可变） | 路堤地段无列车 |
| | | 永久荷载（主）+特殊力（可变）+附加力（可变） | 路堤地段有架梁机 |
| 地震地区 | 无震 | 与一般地区相同 | 与一般地区相同 |
| | 有震 | 永久荷载（主）+特殊力（偶然） | 路堤无列车或路堑地段 |
| | | 永久荷载（主）+列车荷载（主可变）+特殊力（偶然） | 路堤地段有列车 |
| | | 永久荷载（主）+特殊力（可变）+特殊力（偶然） | 路堤地段有架梁机 |

注：主力和特殊荷载组合时，不检算裂缝宽度、变形和沉降。

## 二、路基面荷载

路基面荷载是指作用在路基面上的荷载，包括两部分：第一部分是线路上部结构即轨道结构荷载，即静荷载；第二部分是列车行驶时轮载力通过轨道传递到路基面上的荷载，即列车荷载。

1. 路基面荷载分布图

列车荷载图式是铁路列车对线路基础设施静态作用的概化表达形式，高速铁路列车荷载图式为 ZK 荷载，见第一章图 1.10 和图 1.11。

高速铁路列车荷载、轨道结构荷载分布如图 3.2 所示。

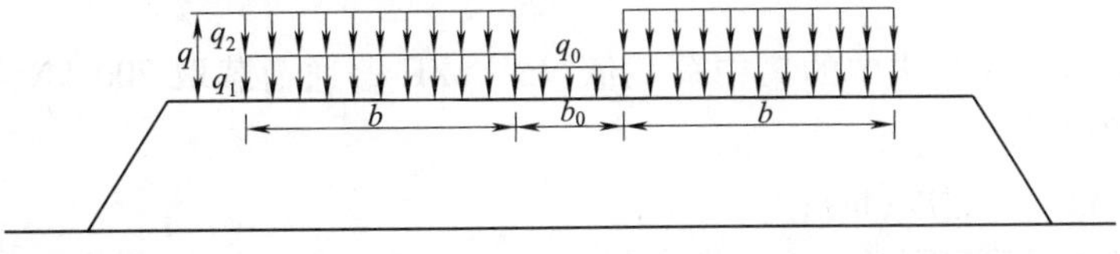


$q_1$—轨道结构自重均布荷载强度（$kN/m^2$）；$q_2$—列车荷载（ZK 荷载）均布荷载强度（$kN/m^2$）；
$q_0$—线间回填均布荷载强度（$kN/m^2$）；$q$—轨道结构自重与列车荷载均布荷载强度之和（$kN/m^2$）；
$b$—每股道均布荷载分布宽度（m）；$b_0$—线间回填均布荷载分布宽度（m）。

图 3.2　路基面荷载分布

2. 轨道荷载

路基面上轨道自重均布荷载 $q_1$ 按式(3.1)进行计算。

$$q_1 = \frac{G}{b} \tag{3.1}$$

式中 $G$——纵向每延米轨道结构自重(kN/m);

$b$——荷载分布宽度(m)。

(1)无砟轨道自重荷载

无砟轨道荷载分布宽度为支承层底部宽度:CRTSI 型板式无砟轨道、CRTS Ⅱ 型板式无砟轨道、CRTS Ⅲ 型板式无砟轨道及 CRTS 双块式无砟轨道分别为 3.0 m、3.25 m、3.1 m 和 3.4 m。无砟轨道自重荷载分析结果见表 3.6。

**表 3.6 无砟轨道自重荷载** kN/m

| 项目 | 板式无砟轨道 | | | | | | 双块式无砟轨道 | | | |
|---|---|---|---|---|---|---|---|---|---|---|
| | CRTSI 型 | | CRTS Ⅱ 型 | | CRTS Ⅲ 型 | | CRTS 双块式 | | | |
| | P4962 轨道板 | | 摩擦板外 | 摩擦板内(超高段) | 直线段 | 超高段 | SK-1 型 | | SK-2 型 | |
| | 直线段 | 超高段 | | | | | 端梁外 | 端梁内 | 端梁外 | 端梁内 |
| 钢轨 | 1.2 | 1.2 | 1.2 | 1.2 | 1.2 | 1.2 | 1.2 | 1.2 | 1.2 | 1.2 |
| 扣件 | 0.508 7 | 0.508 7 | 0.338 5 | 0.338 5 | 0.349 2 | 0.349 2 | 0.492 3 | 0.492 3 | 0.338 5 | 0.338 5 |
| 轨枕 | — | — | — | — | — | — | 3.192 | 3.192 | 3.423 | 3.423 |
| 轨道板 | 11.4 | 11.4 | 13.38 | 13.38 | 13.125 | 13.125 | 16.267 | 16.267 | 16.165 | 16.165 |
| CA 砂浆 | 2.16 | 2.16 | 1.377 | 1.377 | — | — | — | — | — | — |
| 自密实混凝土 | — | — | — | — | 6.25 | 6.25 | — | — | — | — |
| 底座 | 22.433 | 31.775 | 21.39 | 25.775 | 21.33 | 27.18 | 22.503 | 25.275 | 22.503 | 25.275 |
| $G$ | 37.7 | 47.04 | 37.69 | 42.07 | 42.25 | 48.10 | 43.65 | 46.43 | 43.63 | 46.4 |

(2)有砟轨道自重荷载

有砟轨道道床厚度 35 cm,分布宽度 $b = 3.369\ \text{m} \approx 3.4\ \text{m}$。道砟重量 20 kN/m$^3$,钢轨重量 0.6 kN/m,轨枕长 2.6 m;轨枕及扣件重量 3.64 kN/根,计算得出的路基面总荷载为 $G = 58.67$ kN/m,$q_1 = 17.3$ kN/m$^2$。

3. 列车荷载

列车荷载由机车荷载和车辆荷载组成。对铁路路基作用的影响主要是轴重、轴间距以及列车运营速度产生的冲击,$q_2$ 按式(3.2)进行计算路基静力分析时取最不利的特种荷载 250 kN。

$$q_2 = \frac{P_s}{bs} \tag{3.2}$$

式中 $P_s$——列车荷载图式中的集中荷载值(kN),ZK 普通荷载取 200 kN,ZK 特种荷载取 250 kN;

$b$——荷载分布宽度(m);

$s$——集中荷载间距(m),ZK 荷载为 1.6 m。

4. 路基面总均布荷载

路基面上每股道总均布荷载 $q$ 按图 3.2 采用式(3.3)计算。

$$q = q_1 + q_2 \tag{3.3}$$

高速铁路路基面荷载所有计算结果汇总在表3.7中。

**表3.7　轨道和列车均布荷载**

| 轨道形式 | 分布宽度 $b$/m | 轨道列车荷载/(kN/m²) | | | | | 线间荷载 $q_0$/(kN/m²) |
|---|---|---|---|---|---|---|---|
| | | 轨道自重 $q_1$ | 列车荷载 $q_2$ | | 总荷载 $q$ | | |
| | | | ZK普通荷载 | ZK特种荷载 | ZK普通荷载 | ZK特种荷载 | |
| CRTS Ⅰ型板式无砟轨道 | 3.0 | 12.6 | 41.7 | 52.0 | 54.3 | 64.6 | 13.2 |
| CRTS Ⅱ型板式无砟轨道 | 3.25(2.95) | 11.6(14.3) | 38.5(42.4) | 50.1(53.0) | 50.1(56.7) | 61.7(67.3) | 14.1(12.0) |
| CRTS Ⅲ型板式无砟轨道 | 3.1 | 13.7 | 40.4 | 50.4 | 54.1 | 64.1 | 2.3 |
| CRTS 双块式无砟轨道 | 3.4 | 13.7 | 36.8 | 46.0 | 50.5 | 59.7 | 15.1 |
| 有砟轨道 | 3.4 | 17.3 | 36.8 | 46.0 | 54.1 | 63.3 | 10.7 |

注:①CRTS Ⅱ型板式无砟轨道栏中,扩号内为摩擦板范围内的荷载值,扩号外摩擦板范围以外的荷载值;
②双线铁路线间荷载的分布宽度 $b_0$ 为线间距与轨道和列车荷载分布宽度 $b$ 的差值。

### 三、列车动荷载

受动应力影响的路基结构,设计时应考虑列车动荷载。在基床分析时,道床顶面上的列车动荷载按式(3.4)计算。

$$P_d = P_s(1+\alpha v) \tag{3.4}$$

式中　$P_d$——动荷载(kN);

$P_s$——静轴重(kN);

$\alpha$——速度影响系数,取0.003;

$v$——设计速度(km/h)。

高速铁路路基基床结构应进行动力分析,其他可能受动应力影响的路基结构有桩板结构和槽形挡土墙等,当桩板结构的板和槽形挡墙的底板位于基床以内时,由于动应力衰减没有完成,设计中需考虑动应力,例如:非埋式和浅埋式桩板结构、路堑式槽形挡土墙。

## 第四节　高速铁路路基横断面

路基两侧路肩外缘之间的路基顶面称为路基顶面或简称路基面,路基横断面是指垂直于线路方向的路基截面。

### 一、路肩设计

路基面上无道床覆盖的部分称为路肩。高速铁路路肩设计内容主要包括路肩宽度和路肩高程。

1.路肩宽度设计影响因素

(1)实践总结的经验证明:路肩宽度是影响安全避车、路基的维修养护和路基本体尤其是边坡稳定性的重要因素。部分国外铁路路肩宽度列于表 3.8,除瑞士铁路路肩宽度较小外,其他国家所规定的路肩宽度均接近或大于 0.7 m,宽度范围在 0.64 ~ 1.2 m。

表 3.8　部分国外铁路路肩宽度　m

| 国别 | 日本 | | 法国 | 英国 | 澳大利亚 | 德国 | 比利时 | 瑞士 |
|---|---|---|---|---|---|---|---|---|
| | 路堤 | 路堑 | | | | | | |
| 路肩宽度 | 1.2 | 1.0 | ≥0.7 | 0.64 ~ 0.86 | 0.7 | 0.74 | 0.8 | 0.45 ~ 0.5 |

路肩宽度要考虑路基稳定、养护维修、安全、线间距、轨道结构形式、曲线超高设置、通信信号和电力电缆槽布置、接触网立柱基础位置、声屏障基础等因素的影响。

(2)路基稳定的需要:特别是浸水后路堤边坡的稳定性。一般路堤浸水后边坡部分土质软化,在自重与列车产生的振动加速度的共同作用下,容易发生边坡浅层坍滑,路肩较宽时,即使边坡发生坍滑,也不影响路堤的承载部分,从而可使因边坡坍滑而影响列车正常运行的事故大幅度减少。

(3)满足养护维修的需要:在线路维修时,搁置或通行小型养路机械及维修作业,都需要有一定的宽度。

(4)确保人员安全避让距离的需要:尽管高速铁路是全封闭的,运行期间人员不能进入线路范围,但世界各国依然考虑人行的安全问题,德国在线路设计规范中把离线路中心 3.5 m 以外作为安全区。此外,为路堤沉降(特别是高路堤和软弱地基地段)及道床边坡坍落适当留有余地,保持一定的路肩宽度是必要的。

(5)路基面设备敷设的需要:接触网支柱、电缆槽、通信、信号设备等一般设置于路肩上,路基面宽度需满足敷设要求。

2. 路肩宽度设计值

高速铁路路基区间有砟轨道两侧路肩宽度应根据设计速度、边坡稳定、养护维修、路肩上设备设置要求等条件综合确定。

高速铁路路肩上设置电缆槽时有砟轨道路肩宽度双线不应小于 1.4 m,单线不应小于 1.5 m;当路肩上设置电缆槽易引起路基冻胀、排水不良等病害,或其他原因需将电缆槽设置于路肩以外时,要另行计算确定路肩宽度。

高速铁路路基区间无砟轨道路肩宽度为轨道结构支承层外侧边缘与路肩顶之间的距离,依据路基面标准宽度和轨道结构类型计算确定。

3. 路肩高程

(1)设计洪水频率

路肩高程是指路肩外缘的高程。当路肩高程受洪水位或潮水位控制时,应计算其设计水位。高速铁路路基设计洪水频率标准应采用 1/100 或重现期 100 年,当观测洪水(含调查洪水)频率小于设计洪水频率时,为安全计应按观测洪水频率设计;当观测洪水频率小于 1/300 时,仍应按 1/300 频率设计。

(2)路肩最低高程

受洪水影响的滨河、河滩路堤的路肩高程应大于设计洪水位、壅水高、波浪侵袭高或斜水流局部冲高、河床淤积影响高度、安全高度等之和;水库路基、滨海路堤、地下水影响路基等地段高速铁路路肩最低高程均应大于设计水位及其他影响高度、安全高度之和。安全高度均不小于 0.5 m。

## 二、路基面设计

1. 路基面形状

有砟轨道路基面形状应设计为三角形，两侧横向排水坡不宜小于 4%；无砟轨道支承层（或底座）底部范围内路基面可水平设置，支承层（或底座）外侧路基面应设置不小于 4% 的横向排水坡。

2. 路基面宽度

路基面宽度是指路基面两侧路肩外缘之间的水平距离。高速铁路路基区间路基面宽度应根据设计速度、轨道类型、正线数目、线间距、曲线加宽、路肩宽度、养路形式、电缆槽、接触网支柱类型和基础类型等因素计算确定，必要时应考虑声屏障基础的设置。

（1）直线地段路基面宽度

高速铁路路基区间直线地段标准路基面宽度应按图 3.3 采用式（3.5）计算确定。

$$B = 2\left(D_1 + \frac{F}{2} + \frac{E}{2} + 0.25\right) + D \qquad (3.5)$$

式中　$D_1$——路基面处接触网支柱内侧至线路中心的距离（m）；

$E$——接触网支柱在路基面处的宽度（m）；

$F$——接触网支柱基础在路基面处的宽度（m）；

$D$——双线线间距（m）。

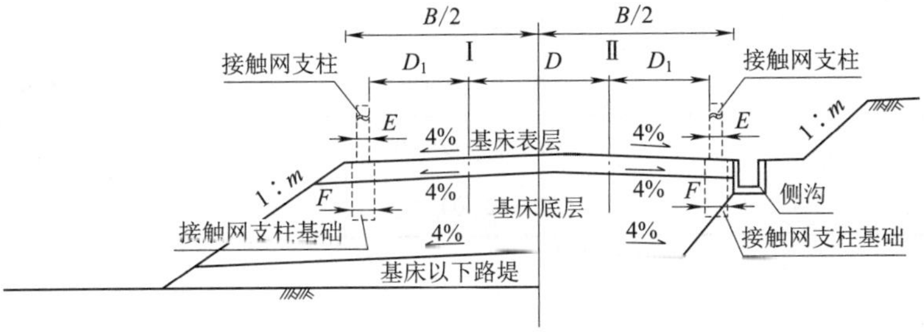


图 3.3　直线地段标准横断面示意

高速铁路标准路基面宽度按表 3.9 取值。

**表 3.9　高速铁路标准路基面宽度**

| 项目 | | 单位 | 有砟轨道 | | | 无砟轨道 | | |
|---|---|---|---|---|---|---|---|---|
| 设计速度 | | km/h | 350 | 300 | 250 | 350 | 300 | 250 |
| 双线线间距 | | m | 5.0 | 4.8 | 4.6 | 5.0 | 4.8 | 4.6 |
| 道床厚度 | | m | 0.35 | 0. 35 | 0.35 | — | — | — |
| 路基面宽度 | 单线 | m | 8.8 | 8.8 | 8.8 | 8.6 | 8.6 | 8.6 |
| | 双线 | m | 13.8 | 13.6 | 13.4 | 13.6 | 13.4 | 13.2 |

注：表中路基面宽度计算时按路肩设置电缆槽考虑，如有变化时，应计算调整路基面宽度。

（2）曲线地段路基面加宽

无砟轨道正线曲线地段一般不加宽，当轨道结构和接触网支柱等设施的设置有特殊要求时，根据具体情况分析确定。

有砟轨道曲线地段由于外轨超高引起道床坡脚外移，路基面宽度需进行适当加宽才能保证路肩宽度的技术要求。区间单、双线曲线地段的路基面宽度，应在直线地段路基面宽度设计值基础上在曲线外侧按表 3.10 数值加宽，加宽值应在缓和曲线范围内线性递减。

**表 3.10　有砟轨道高速铁路曲线地段路基面加宽值**

| 设计速度/(km/h) | 曲线半径 R/m | 路基面外侧加宽值/m |
|---|---|---|
| 250 | R < 4 000 | 0.6 |
| | 4 000 ≤ R < 5 000 | 0.5 |
| | 5 000 ≤ R < 7 000 | 0.4 |
| | 7 000 ≤ R < 10 000 | 0.3 |
| | R ≥ 10 000 | 0.2 |
| 300 | R < 5 000 | 0.6 |
| | 5 000 ≤ R < 7 000 | 0.5 |
| | 7 000 ≤ R < 9 000 | 0.4 |
| | 9 000 ≤ R < 14 000 | 0.3 |
| | R ≥ 14 000 | 0.2 |
| 350 | R < 6 000 | 0.6 |
| | 6 000 ≤ R < 9 000 | 0.5 |
| | 9 000 ≤ R < 12 000 | 0.4 |
| | R ≥ 12 000 | 0.3 |

**三、横断面形式**

高速铁路路基横断面形式主要有路堤、路堑及路堤式路堑三种类型。高速铁路路基如不是特别困难条件，尽量避免选用半填半挖路基形式。

1. 路堤

路堤是高速铁路路基填方地段路基形式，高速铁路路堤标准横断面如图 3.4 ~ 图 3.7 所示。

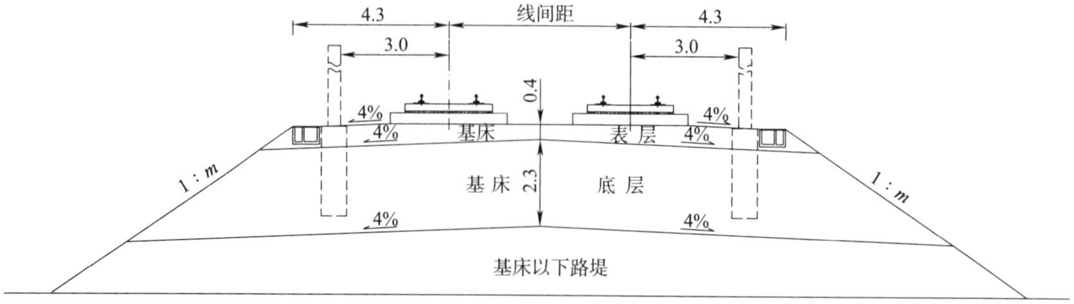


图 3.4　无砟轨道双线路堤标准横断面示意(单位：m)

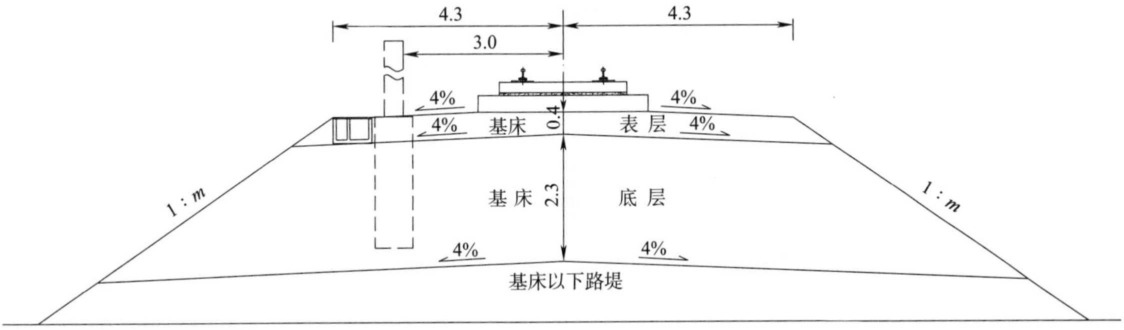


图 3.5　无砟轨道单线路堤标准横断面示意(单位:m)

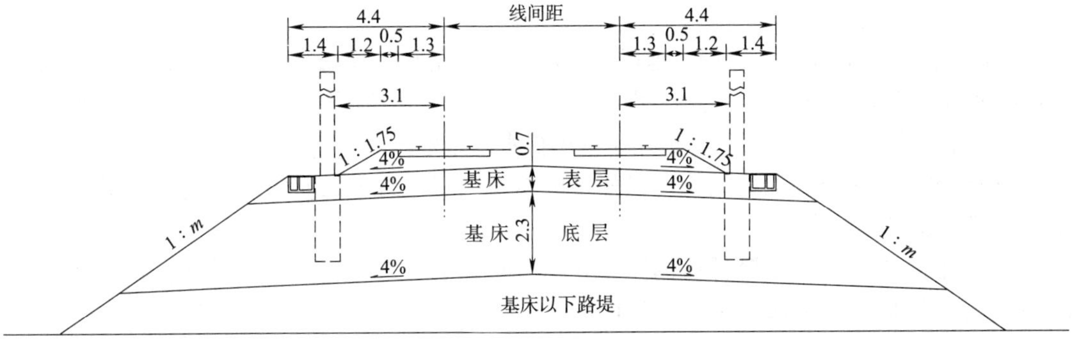


图 3.6　有砟轨道双线路堤标准横断面示意(单位:m)

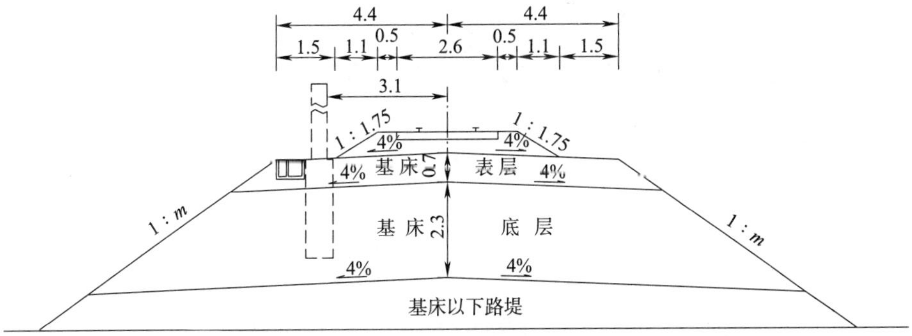


图 3.7 有砟轨道单线路堤标准横断面示意(单位:m)

2. 路堑

不易风化硬质岩石挖方地段,高速铁路路基横断面采用路堑形式,高速铁路路堑标准横断面如图 3.8 ~ 图 3.9 所示。

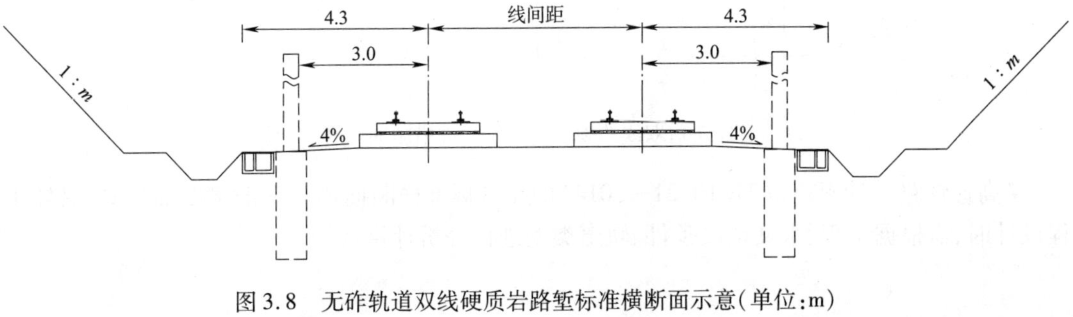


图 3.8　无砟轨道双线硬质岩路堑标准横断面示意(单位:m)

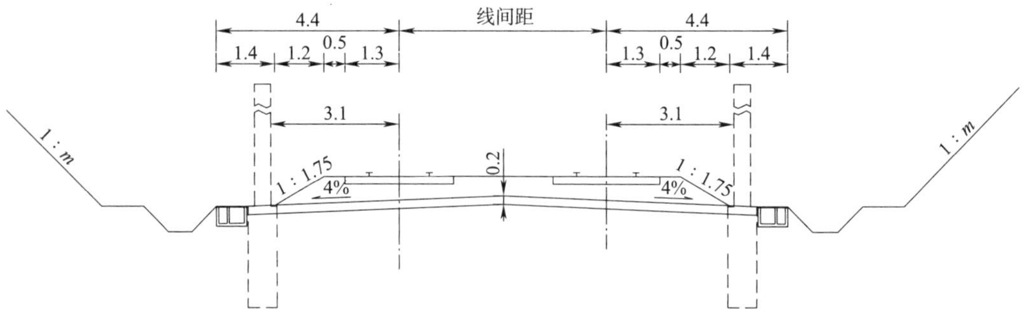


图 3.9　有砟轨道双线硬质岩路堑标准横断面示意(单位:m)

3. 路堤式路堑

高速铁路路基非硬质岩石挖方地段宜采用路堤式路堑断面结构,高速铁路路堤式路堑标准横断面如图 3.10 和图 3.11 所示,图中 $h$ 为路堑开挖后换填厚度。路堤式路堑横断面形式,对于保证基床条件较为有利,尤其适用于基床排水困难地段。

(1)标准路堤式路堑断面结构可以使基床表层级配碎石中的水能顺利流入路堑侧沟,减小水对基床表层的影响。

(2)将侧沟高程进一步降低后的路堤式路堑断面结构,不仅能解决路堑侧沟的反坡排水问题,还是一种降低地下水位简单有效的措施。

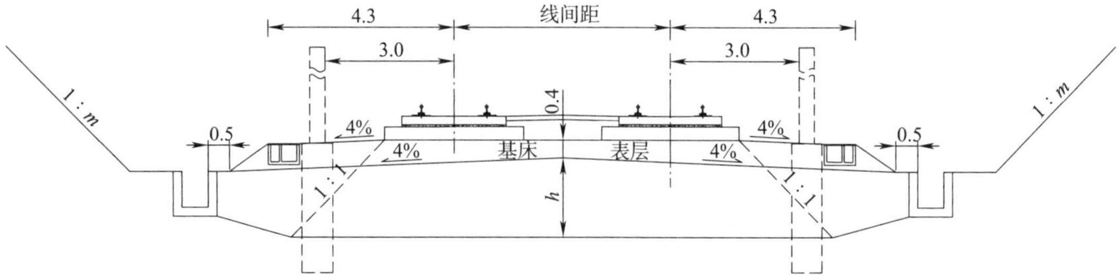


图 3.10　无砟轨道双线非硬质岩路堑标准横断面示意(单位:m)

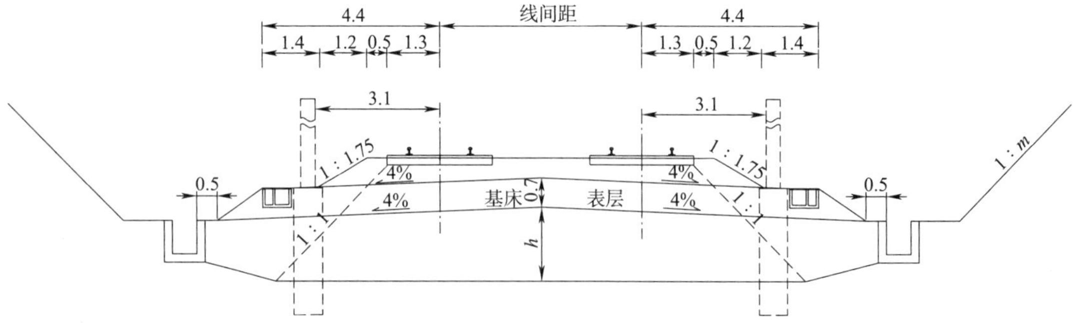


图 3.11　有砟轨道双线非硬质岩路堑标准横断面示意(单位:m)

《高速铁路设计规范》(TB 10621—2014)的路基标准横断面均为一般横断面形式,具体工程设计时,需根据工程、水文地质条件、轨道类型进行分析计算选用。

## 第五节　高速铁路路基基床结构

基床是指路肩高程以下、受列车荷载作用影响显著的路基上部结构。基床结构是路基工程重要组成部分,是铁路路基主体结构。路基基床结构设计内容包括基床结构组成及分析计算、基床填料设计及压实标准等。

### 一、基床结构组成

路基基床是路基上部受列车动力作用和水文气候变化影响较大的部位,其状态直接影响列车运行的平稳和速度的提高,路基基床应由基床表层和基床底层构成,如图 3.4 ~ 图 3.11 所示。

1. 基床表层

基床表层是指路基顶部直接支撑轨道结构的承载层,既为轨道提供有一定弹性,又不致出现不允许塑性变形的基础,同时又为其下土路基提供保护,并由具有足够的强度、刚度和耐磨及反滤特性要求的材料组成。基床表层的设计是路基设计中最重要的部分,是轨道的直接基础。

2. 基床底层

基床底层为基床表层以下具有一定强度、刚度的主要受力层。

### 二、基床结构设计计算

基床结构分析计算,考虑在列车动荷载作用下路基长期安全稳定,基床表层能够抵抗道砟压入和侵蚀,避免出现基床病害,并避免出现过大的累积变形。

1. 基床结构强度分析计算

高速铁路路基基床结构设计应进行列车动荷载分析,在列车荷载作用下基床表层动应力应满足式(3.6)要求。

$$\sigma \leqslant R/K \tag{3.6}$$

式中　$\sigma$——基床表层动应力(kPa);

$R$——基床表层承载能力(kPa);

$K$——安全系数。

基床结构顶面应力按第三章第三节要求进行分析计算,有砟轨道基床表层承载力按式(3.7)(汉森公式)进行计算。

$$R = 0.3\gamma B N_\gamma + c(N_c + N_q) \tag{3.7}$$

式中　$N_q, N_c, N_\gamma$——承载力系数,$N_q = \tan^2\left(45 + \dfrac{\varphi}{2}\right)e^{\pi\tan\varphi}$,$N_c = (N_q - 1)\cot\varphi$,$N_\gamma = 1.8(N_q - 1)\tan\varphi$;

$\gamma$——基床表层填料容重($kN/m^3$);

$B$——道砟平均粒径(m);

$c$——基床表层填料黏聚力(kPa);

$\varphi$——基床表层填料内摩擦角(°)。

2. 基床结构变形分析计算

(1)有砟轨道层状结构均质等效转换

有砟轨道基床应力采用布西内斯克公式进行计算。由于列车动轮载是通过道床结构作用在基床结构,不符合半空间无限大匀质弹性体要求。为此,按照模量与厚度等效当量假定,将不同模量的层状结构等效为同一模量的均质体,如图 3.12 所示。

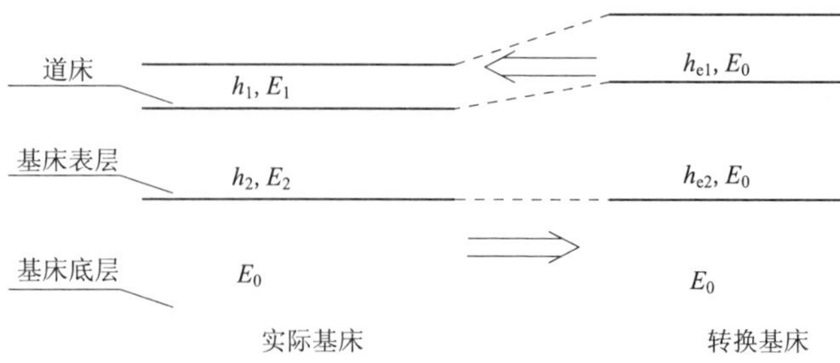


图 3.12　道床、基床层状结构均质等效转换

不同模量结构层的等效厚度按式(3.8)进行计算。

$$h_{ej}=\sqrt[3]{\frac{E_j}{E_0}}\times h_j \tag{3.8}$$

式中　$h_{ej}$——道床或基床表层转换等效厚度(m);

$h_j$——道床或基床表层原厚度(m);

$E_j$——道床或基床表层的变形模量(MPa);

$E_0$——基床表层的变形模量(MPa)。

(2)有砟轨道变形计算参数选取

基床结构变形计算参数主要是道床、基床表层和基床底层的变形模量,需依据试验确定。高速铁路有砟轨道道床、基床表层的计算模量,在缺少实测试验资料时,级配碎石基床表层 $E_2$ 取 180 MPa,碎石道床 $E_1$ 取 300 MPa。基床底层的变形模量 $E_0$ 需考虑土的非线性特征,按实际应变状况选取。

(3)基床应力及应变计算

在当量转化后的等效空间中由布西内斯克公式计算基床的应力,并根据对应关系,转化到实际空间,根据应力和各层模量,计算各点应变。

(4)路基面动变形计算

按确定的层厚计算各点应变,再由应变计算基床结构变形。其中,基床表层动变形应满足式(3.9)要求。

$$\omega \leqslant C_\omega \tag{3.9}$$

式中　$\omega$——计算变形值(mm);

$C_\omega$——变形限制值(mm),有砟轨道取 1 mm,无砟轨道取 0.22 mm(轨道结构外侧边缘位置)。

(5)确定临界应变

临界应变是根据应变控制准则,基床结构中任一深度最大应变,不超过临界模量比范围下限对应的应变。其中,基床底层的动应变应满足式(3.10)要求。

$$\varepsilon \leqslant C_\varepsilon \tag{3.10}$$

式中　$\varepsilon$——计算动应变;

$C_\varepsilon$——临界应变。

3. 基床厚度设计

路基基床厚度的确定主要依据动应力与自重应力的关系。

(1)基床表层厚度

基床表层厚度由以下两个方面原则确定:

①变形控制:在列车荷载作用下,以路基顶面变形量不大于3.5 mm为控制条件;

②强度控制:以作用在基床底层顶面的动应力不大于填土允许应力为控制条件。

高速铁路路基基床表层厚度无砟轨道为0.4 m、有砟轨道为0.7 m,

(2)基床底层厚度

基床底层厚度按列车荷载产生的动应力与路基自重应力之比为0.2的原则确定。高速铁路路基基床底层厚度为2.3 m。

## 三、基床填料设计

1.基床填料设计分组

基床填料应根据铁路等级、设计速度、轨道类型等确定。

(1)基床表层填料设计分组

高速铁路基床表层填料应选用级配碎石,级配碎石级配特性应满足不均匀系数 $C_u$ 不小于15、曲率系数 $C_c$ 为1~3。

有砟轨道及非冻土地区无砟轨道基床表层采用Ⅰ型级配碎石。Ⅰ型级配碎石的粒径级配应符合表3.11的规定,0.02 mm以下粒径质量百分率不应大于3%;在压实系数为0.97情况下,其渗透系数应小于 $1\times10^{-6}$ m/s,是为了在路基面上把雨水排走。

**表3.11　基床表层Ⅰ型级配碎石粒径级配**

| 方孔筛孔边长/m | 0.075 | 0.5 | 1.7 | 7.1 | 22.4 | 31.5 | 45 |
|---|---|---|---|---|---|---|---|
| 过筛质量百分率/% | 0~7 | 19~32 | 33~46 | 53~75 | 79~91 | 89~100 | 100 |

冻结深度大于0.5 m的冻土地区以及多雨地区无砟轨道基床表层采用Ⅱ型级配碎石。Ⅱ型级配碎石的粒径级配应符合表3.12的规定,0.075 mm以下粒径质量百分率不得大于3%,压实后0.075 mm颗粒含量不得大于5%,细颗粒含量需采用洗筛的方法测试;持水率不应大于5%,渗透系数应大于 $5\times10^{-5}$ m/s,是为了级配碎石中的水快速排走。

持水率是指土样在规定击实情况下,先进行土样饱和,后提出水面放24 h,测其土样的含水率,反应路堤土在降大雨情况下的含水情况。

**表3.12　基床表层Ⅱ型级配碎石粒径级配**

| 方孔筛孔边长/mm | 0.075 | 0.5 | 1.7 | 7.1 | 22.4 | 31.5 | 45 | 60 |
|---|---|---|---|---|---|---|---|---|
| 过筛质量百分率/% | 0~3(5) | 8~20 | 16~33 | 37~53 | 63~79 | 73~89 | 85~100 | 100 |

(2)基床底层填料设计分组

严寒地区是指累积年最冷月平均气温低于或等于-8 ℃的地区;寒冷地区是指累积年最冷月平均气温高于-8 ℃、低于或等于-3 ℃的地区。

高速铁路基床底层填料应选择砾石类、砂类土中的A、B组填料或化学改良土。

无砟轨道及严寒寒冷地区有砟轨道,冻结深度影响范围内基床底层填料的细粒含量不应大于5%,渗透系数应大于 $5\times10^{-5}$ m/s。

2.填料最大粒径限值

高速铁路基床表层和基床底层填料的最大粒径限值均为60 mm。产生基床病害的诸因素中，基床填料的性质为内因，水与动载属于外因。要预防基床变形的产生，除从排水条件和路基土的压实密度方面改善提高外，主要从基床填料的性质上去解决，水稳性强和级配良好的粗粒土是理想的基床填料。为使基床表层受力均匀，避免轨枕受力不均而产生折断，需对基床填料粒径进行限制。

### 四、路基压实标准

1. 基床填料压实控制指标

高速铁路采用的级配碎石、砾石类、碎石类及砂类土应采用压实系数、地基系数、动态变形模量作为控制指标；化学改良土应采用压实系数及 7 d 饱和无侧限抗压强度作为控制指标。高速铁路基填料压实指标按下列要求进行控制：

(1) 填料压实质量应采用物理和力学双指标控制；

(2) 压实质量物理指标应统一采用压实系数；

(3) 高速铁路有砟轨道和无砟轨道采用同样的压实指标和标准。

2. 基床填料压实标准

高速铁路基床填料的压实标准应符合表 3.13 的规定。

**表 3.13　高速铁路基床填料压实标准**

| 结构部位 | 填料分组 | | 压实标准 | | | |
|---|---|---|---|---|---|---|
| | | | 压实系数 $K$ | 地基系数 $K_{30}$/(MPa/m) | 7d 饱和无侧限抗压强度/kPa | 动态变形模量 $E_{vd}$/MPa |
| 基床表层 | 级配碎石 | | ≥0.97 | ≥190 | — | ≥55 |
| 基床底层 | A、B 组 | 粗砾土、碎石类 | ≥0.95 | ≥150 | — | ≥40 |
| | | 砂类土(粉砂除外)、细砾土 | ≥0.95 | ≥130 | — | ≥40 |
| | 化学改良土 | | ≥0.95 | — | ≥350(550) | — |

注：括号内数值为严寒地区化学改良土考虑冻融循环作用所需强度值。

## 第六节　高速铁路路基基床下路堤

路堤指在地面上用土、石填筑的路基。依据现行路基设计相关技术规范，基床下路堤主要技术内容为基底处理、路堤边坡设计、基床下路堤填料设计。

### 一、基床下路堤基底处理

1. 稳定斜坡地段基底处理

稳定斜坡地段路堤的基底表层处理应符合下列规定：

(1) 地表坡率缓于 1∶5时，应清除地表植被。

(2) 地表坡率为 1∶5 ~ 1∶2.5 时，应在原地表挖台阶，台阶宽度不应小于 2 m。

挖成台阶目的是减少路堤沿基底面滑动和克服路堤产生纵向裂缝。但当斜坡为砂类土时，可以不挖台阶，只要将表层土翻松，就可达到目的。如基岩面向下倾斜，基岩面上覆盖层不厚且有滑动可能时，可以将覆盖层清除，再挖台阶；若倾斜的基岩为不易风化岩层，一般将表层用爆破爆成不拘形式的粗糙面后，再在地基码砌成 2 m 宽的台阶，然后在其上进行填筑。

2. 陡坡路堤基底处理

陡于1:2.5的陡坡上的路堤要进行稳定性分析等设计验算,检算路堤沿基底滑动的稳定性。如基底下有软弱层,还得检算沿该软弱层滑动的可能性。抗滑稳定安全系数应符合表3.1要求,如符合应在原地面设计台阶;否则应采取改善基底条件或设置支挡结构等防滑措施。陡坡路堤靠山侧应设排水设施,并采取防渗加固措施。

3. 地下水影响地段基底处理

当路基基底存在地下水影响路堤稳定时,要采取处理措施。处理路堤基底地下水的一种措施是在路堤的上侧拦截地下水的来路,将水引到别处去;另一种是在路堤地基内作疏导工程,把地下水引排出来。拦截或引排地下水要注意对周围环境的影响。如以上的处理措施都无条件时,则要在路堤底部用渗水土填筑,以保证路堤的稳固。上述技术处理措施均不应恶化基底条件。

4. 软土及松软土处理

软土及其他类型厚层松软地基上路堤的稳定性、工后沉降不满足要求时,应进行地基处理并与基底处理相协调。

## 二、路堤边坡设计

1. 路堤边坡高度

路堤边坡的最大限制高度应根据边坡稳定性分析和工后沉降控制标准,并结合地形地貌、岩土工程特性、填料性质、施工条件、土地资源及周边环境情况等因素综合分析确定。

在平原、丘陵地段的林地及耕地,为节约林地及耕地等土地资源,宜采用较低的边坡高度;而对于山区在挖方弃土或隧道弃渣量较大的地段,应结合取、弃土条件,综合考虑弃土场设置与工程用地等,从经济性、技术性综合分析确定路堤边坡高度。

2. 路堤边坡形式和坡率

路堤边坡形式和坡率应根据轨道类型和列车荷载,填料的物理力学性质、边坡高度及地基工程地质条件等由稳定分析计算确定。稳定性分析设计荷载需按第三节中路基结构荷载进行受力分析及荷载组合,每种荷载组合分析计算的稳定性系数均应满足斜坡软弱地基路堤最小稳定安全系数高速铁路路基稳定性控制标准要求。

路堤坡脚外应设置宽度不小于2 m的护道。在经济作物区地段,可设宽度不小于1 m的人工护道或坡脚墙,以保持路堤的稳定。

## 三、基床下路堤填料设计

1. 基床下路堤填料最大粒径限值

高速铁路基床下路堤填料的最大粒径限值为75 mm。

2. 基床下路堤填料设计分组

高速铁路基床下路堤填料宜选用A、B、C1、C2组填料或化学改良土。基床下路堤填料采用C2组中的砂类土时,应采取加强防护措施。图3.13为边坡加筋补强结构形式,可防止边坡浅层溜坍和增

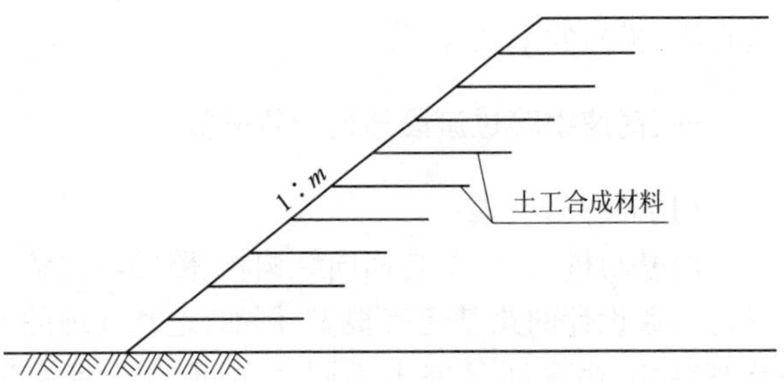


图3.13 路堤边坡加筋补强结构形式

强边坡抗冲蚀的能力。

3. 基床下路堤填料压实标准

基床下路堤填料压实控制指标应符合下列规定：

(1)砂类土、砾石类土、碎石类土等应采用压实系数和地基系数作为控制指标。

(2)改良土应采用压实系数和7 d饱和无侧限抗压强度作为控制指标。

基床下路堤填料的压实标准应符合表3.14的规定。

**表3.14　高速铁路基床以下路堤填料压实标准**

| 填　料 | 压实标准 | | |
|---|---|---|---|
| | 压实系数 $K$ | 地基系数 $K_{30}$/(MPa/m) | 7 d饱和无侧限抗压强度/kPa |
| 砂类土、细砾土 | ≥0.92 | ≥110 | — |
| 碎石类及粗砾土 | ≥0.92 | ≥130 | — |
| 化学改良土 | ≥0.92 | — | ≥250 |

4. 基床下路堤填料其他技术要求

(1)寒冷地区有害冻胀深度范围内的路基，宜采用冻胀不敏感填料。

(2)路堤设计水位以下部位应采用渗水土填筑，浸水部位填料相关技术要求如下：

受洪水或河流冲刷及受水浸泡的路堤部位应采用水稳性好的渗水性材料填筑，并放缓边坡坡率、设置边坡平台、加强边坡防护。

雨季滞水及排水不畅的低洼地段的浸水影响范围应以渗水性材料填筑，并采取排水疏导措施。

在高地下水位(地下水位距地表不大于0.5 m)的黏性土地基上填筑路堤时，路堤底部应填筑渗水性材料。有条件时，宜采取降低地下水位的措施。

(3)地震区路堤应选用抗震稳定性较好的填料，基底垫层材料应采用碎石(卵石)或粗砂夹碎(卵)石，不应采用细砂或中砂。

(4)可液化地基上填筑路堤时，应根据具体情况，采取换填、设置反压护道或地基加固等抗震措施。

## 第七节　高速铁路路基过渡段

过渡段指路基与桥台、横向结构物、隧道及路堤与路堑等衔接处，需作特殊处理的地段。路基与其他结构物、不同路基结构、不同地基处理形式、不同地基处理强度连接处等可能导致变形或刚度差异时均应设置过渡段，通过过渡段将突变差异调整为渐变差异，从而保证线路轨道在纵、横向的平顺。

### 一、高速铁路过渡段结构设置分类

(1)常见过渡段

路基与桥台、路基与横向结构物、路堤与路堑、路堑与隧道过渡段是常见的过渡段。需要进行过渡设计的路基还有很多，例如，地基处理的不同措施，相同处理措施的不同强度，不同的路基结构，高含冰量冻土不同地温间，高含冰量冻土与少冰、多冰冻土间，融区与多年冻土间等。

(2)无砟轨道与有砟轨道过渡段

无砟轨道与有砟轨道路基连接处应在有砟轨道范围设置过渡段,过渡段地基处理、填料及压实标准应满足无砟轨道路基技术条件。

(3)短路基过渡段

高速铁路桥梁、涵洞及隧道等结构工程之间的路基长度小于40 m时为短路基,短路基应按过渡段进行特殊设计。

(4)横向过渡段

轨道下横跨挖方与填方的半填半挖路基,轨道下道床应力扩散范围内横跨挖方与填方两部分时,为了使轨道支承条件均匀,宜按过渡段进行设计。

## 二、高速铁路路桥过渡段结构设计

1. 设置过渡段的必要性

与桥梁连接处的路堤一直是铁路路基的一个薄弱环节,一方面由于路堤与桥梁刚度差别较大而引起轨道刚度的突变,同时路堤与桥台的沉降不一致,而导致轨面不平顺,因而引起列车与线路结构的相互作用增加,影响线路结构的稳定,影响列车高速、安全、舒适运行。在路堤与桥梁间设置一定长度的过渡段,以控制轨道刚度的逐渐变化,并最大限度地减少路堤与桥梁的沉降不均匀而引起的轨面变形,以保证列车高速、安全、舒适运行。

2. 路桥过渡段结构形式

路桥过渡段的设置主要有倒梯形与正梯形两种方式,可以结合施工条件选择,有条件时尽量采用倒梯形过渡方式,如图3.14所示;过渡段施工先于邻近路基时,可采用沿线路纵向正梯形过渡形式,如图3.15所示。从刚性过渡来看,两种形式均能满足过渡要求,均可采用,倒梯形过渡方案相对经济且实施更为方便。

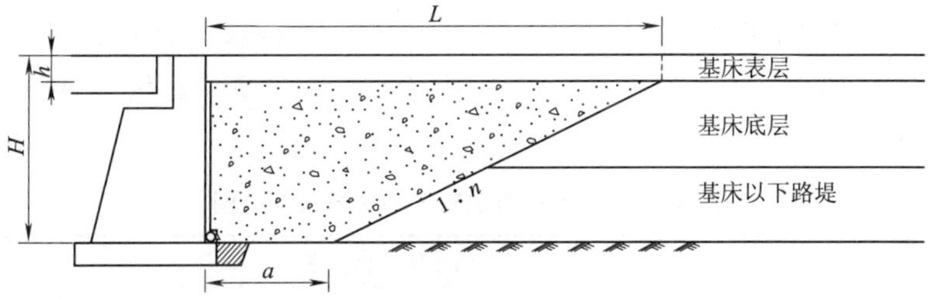


图3.14　台尾倒梯形过渡段设置示意

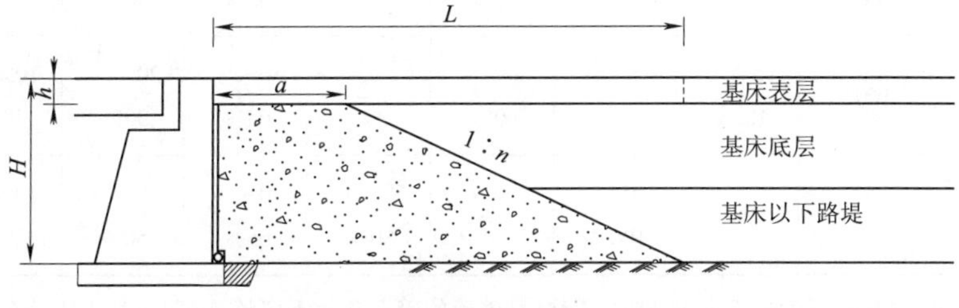


图3.15　台尾正梯形过渡段设置示意

3. 路桥过渡段长度设计

过渡段长度主要考虑以下因素：

(1)竖向刚度因素：路桥过渡段轨道竖向刚度的变化对行车的平稳性有一定影响。根据车辆与线路相互作用的动力学分析结果，随着过渡段长度的增加，车体垂向振动加速度、轮轨垂向力等指标均逐步减小。理论计算结果表明，过渡段长度大于 15 ~ 20 m 后，有关各项动力学指标的变化就非常微小了，再继续增加过渡段的长度，几乎无任何作用。理论计算结果还表明，即使过渡段的长度短至 10 m、甚至 5 m，虽然车体垂向振动加速度、轮轨垂向力等指标有一定程度的增加，但其数值仍处于比较低的水平，远低于相应的控制值。这说明，过渡段刚度的变化，对过渡段长度设置影响不显著，不成为控制因素。

(2)沉降变形因素：由路桥过渡段工后沉降差引起的轨面弯折变形对行车的影响十分显著。根据车辆与线路相互作用的动力学分析结果可知，若路桥间的工后沉降差控制值为 $h$，则路桥过渡段的设置长度为 $L \geqslant h/\theta$(高速铁路折角限值 $\theta$ 不大于 1‰)，才能保证过渡段轨面纵坡的变化值满足要求。如果考虑线路的正常维修作业(起拨道捣固)周期，由路桥间的工后沉降差引起的轨面弯折变形并没有这么大，相应的过渡段设置长度可根据实际情况适当缩短。在实际应用时，由于路桥间的工后沉降差多与台后路堤的高度关系密切，铁路过渡段的设计长度可取路堤高度的 2 ~ 5 倍并不应小于 20 m，按式(3.12)确定。

$$L = a + (H - h)n \tag{3.11}$$

式中 $L$——过渡段长度(m)；

$H$——台后路堤高度(m)；

$h$——基床表层厚度(m)；

$a$——过渡段梯形底部(或顶部)沿线路方向长度，取 3 ~ 5 m；

$n$——常数，取 2 ~ 5。

4. 基床表层下过渡段填料设计

过渡段基床表层以下梯形部分的填料应选用级配碎石，掺入不小 3% 水泥；填筑压实标准应符合压实系数 $K \geqslant 0.95$、地基系数 $K_{30} \geqslant 150$ MPa/m、动态变形模量 $E_{vd} \geqslant 50$ MPa。级配碎石的级配范围应符合表 3.15 的规定。

**表 3.15 过渡段级配碎石的粒径级配范围**

| 级配编号 | 通过筛孔质量百分率 | | | | | | | | | |
|---|---|---|---|---|---|---|---|---|---|---|
| | 50 mm | 40 mm | 30 mm | 25 mm | 20 mm | 10 mm | 5 mm | 2.5 mm | 0.5 mm | 0.075 mm |
| 1 | 100% | 95% ~ 100% | — | — | 60% ~ 90% | — | 30% ~ 65% | 20% ~ 50% | 10% ~ 30% | 2% ~ 10% |
| 2 | — | 100% | 95% ~ 100% | — | 60% ~ 90% | — | 30% ~ 65% | 20% ~ 50% | 10% ~ 30% | 2% ~ 10% |
| 3 | — | — | 100% | 95% ~ 100% | — | 50% ~ 80% | 30% ~ 65% | 20% ~ 50% | 10% ~ 30% | 2% ~ 10% |

注：颗粒中针状、片状碎石含量不大于 20%；质软、易破碎的碎石含量不应超过 10%；黏土团及有机物含量不应超过 2%。

过渡段浸水部分的填料除级配碎石外均应符合渗水土填料的技术要求。

5. 桥台基坑回填

过渡段桥台基坑一般较为狭窄，大型压路机械无法进入，应采用混凝土或碎石、改良土回填，有利于回填质量控制。回填混凝土时要保证混凝土的强度等级；碎石或改良土回填时采用小型机具压实，压实控制指标及标准应符合动态变形模量 $E_{vd} \geq 30$ MPa。

桥台背及横向结构物两侧设置的过渡段，需挖除硬质岩时，宜结合铁路等级、挖方高度等进行特殊设计，可采用回填混凝土措施处理。以免为了设置过渡段，出现大量开挖山体，采用A、B 组填料或级配碎石回填的情况，不仅施工难度大、工程投资高，且对工程质量的提高无实际意义。

## 三、其他过渡段结构设计

1. 路基与横向结构物过渡段

横向结构物是横穿铁路路基的涵洞、框架桥、刚架桥（刚构桥）等结构物的总称。横向结构物按结构类型包括：涵洞、框架桥、刚架桥（刚构桥）等，按使用功能包括：排洪及灌溉涵（桥）、立交涵（桥）、过管涵、地道等。

路基与横向结构物连接处，根据地形、地质条件设置过渡段，宜采用沿线路纵向倒梯形过渡形式，如图 3.16 所示。

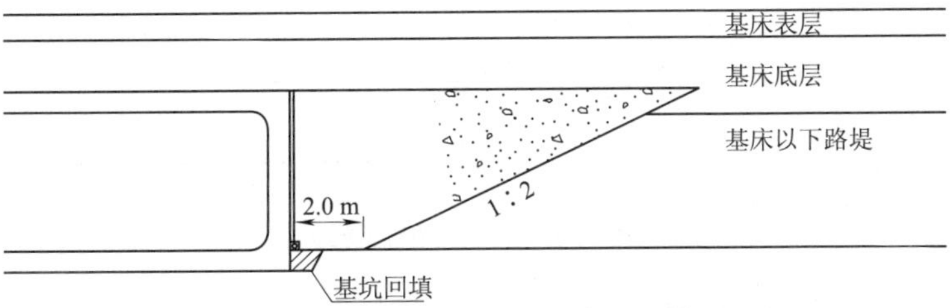


图 3.16　路基与横向结构物倒梯形过渡段示意

过渡段施工先于邻近路基时，可采用沿线路纵向正梯形过渡形式，如图 3.17 所示。

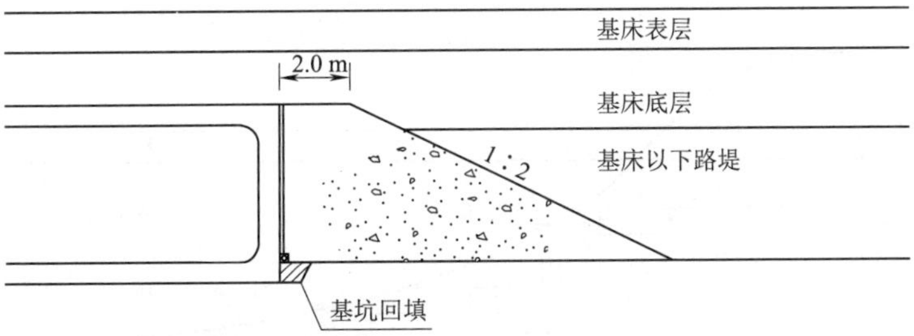


图 3.17　路基与横向结构物正梯形过渡段示意

寒冷、严寒地区过渡段与横向结构物接触区冻结影响范围应填筑防冻胀性能较好的填料，如图 3.18 所示，图中 $t$ 为冻胀设防厚度，单位 m。

路基与横向结构物过渡段填料、压实标准、基坑回填及施工技术要求与路桥过渡段填料技术要求相同。

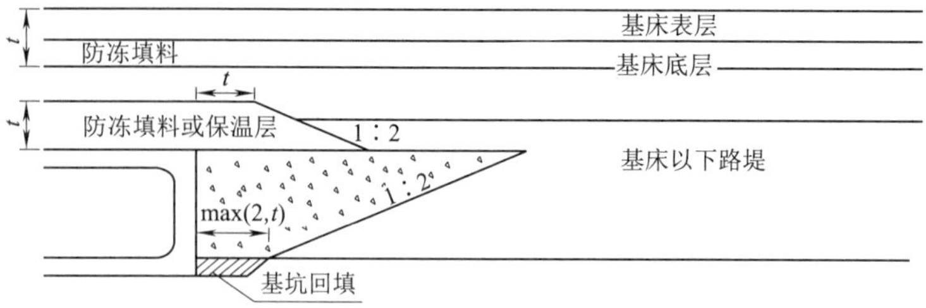


图 3.18　寒冷、严寒地区路基与横向结构物过渡段示意

有砟轨道铁路横向结构物顶面填土高度大于 3 m,且大于路堤高度的 2/3 时可不设过渡段。

2. 路堤与路堑过渡段

(1)路堤与硬质岩石路堑过渡段

当路堤与硬质岩石路堑连接时,在路堑一侧顺原地面纵向开挖台阶,每级台阶宽度不应小于 1.0 m,并在路堤一侧设置过渡段,如图 3.19 所示。

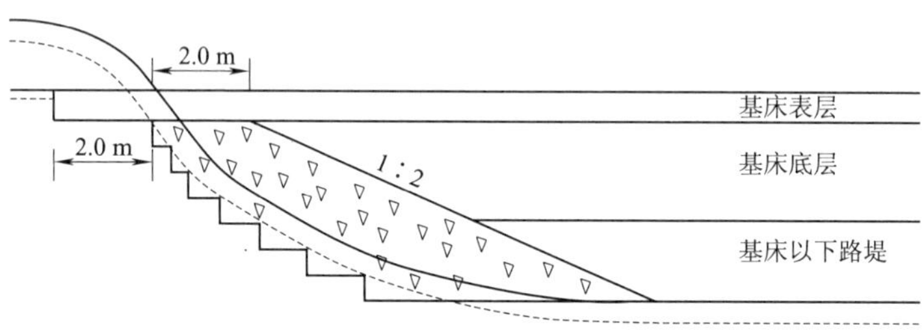


图 3.19　硬质岩石堤堑过渡段示意

(2)路堤与软质岩石或土质路堑过渡段

当路堤与软质岩石或土质路堑连接时,应顺原地面纵向开挖台阶,每级台阶宽度不小于 1.0 m,如图 3.20 所示,图中 $h$ 为路堑基床换填厚度,单位 m。丌挖部分填筑要求应与路堤相应位置相同。

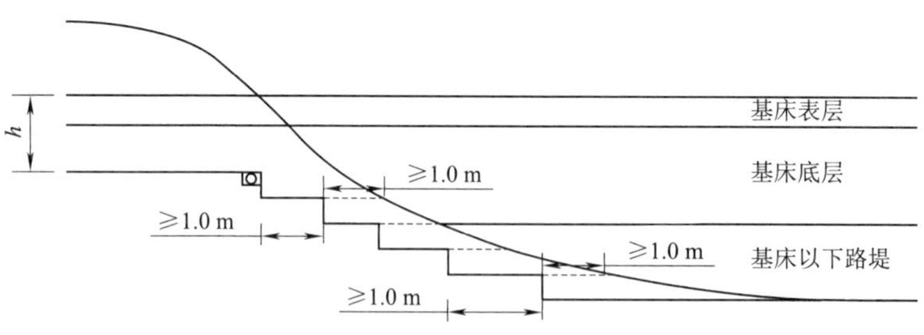


图 3.20　软质岩石或土质堤堑过渡段示意

3. 路堑与隧道过渡段

高速铁路土质、软质岩路堑与隧道连接处,应设置过渡段,宜采用沿线路纵向倒梯形过渡形式,如图 3.21 所示。

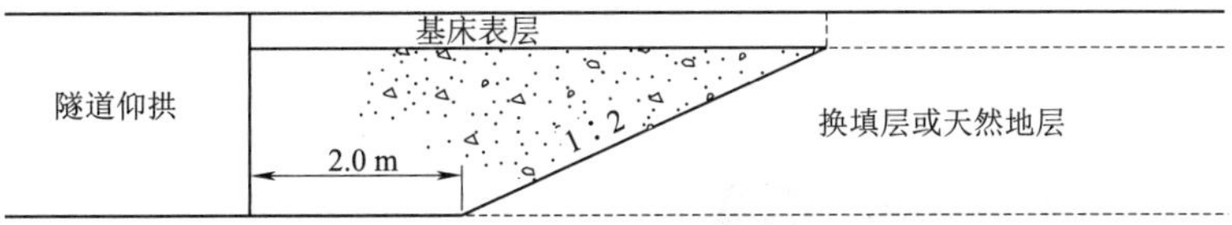


图 3.21　路堑与隧道过渡段示意

4. 半填半挖路基过渡段

对于半填半挖路基，当轨道下道床应力扩散范围内横跨挖方与填方两部分时，为了使轨道支承条件均匀，宜将挖方部分换填与路堤相同的填料，换填厚度宜根据填方部分高度及地基条件确定；当挖方部分为硬质岩地段，填方部分全部采用级配碎石填筑。

地面横坡较陡、下侧路堤边坡较高的半填半挖无砟轨道路基，采用挖除换填无法控制横向较大差异沉降时，应根据地形地质条件采用回填级配碎石、混凝土或竖向钢筋混凝土承载结构等措施进行处理。

## 复习思考题

1. 高速铁路路基结构组成有哪些？
2. 简述高速铁路路基变形组成及其特点。
3. 简述高速铁路路基面设计荷载分析计算内容。
4. 简述高速铁路路基面宽度设计技术要求。
5. 简述高速铁路路基基床结构设计技术要求。
6. 简述高速铁路路基基床下路堤设计技术要求。
7. 高速铁路路基过渡段有哪些类型？简述路桥过渡段结构设计内容。

# 第四章

# 高速铁路轨道

## 第一节　高速铁路对轨道的基本要求

### 一、高平顺性

高平顺性是高速铁路对轨道的最根本的要求，也是建设高速铁路的控制性条件。这是因为轨道不平顺是引起列车振动、轮轨动作用力增大的主要原因。在高平顺的轨道上，高速列车的列车振动和轮轨间的动作用力均较小，行车安全和平稳性、舒适性能得到保证，轨道和机车车辆部件的使用寿命和维修周期也较长。因此，为保障高速行车的平稳、安全和舒适，必须严格控制轨道的平顺性。

高速铁路轨道的高平顺性主要体现在以下几个方面：钢轨的原始平直度公差要小；焊缝的几何尺寸公差要小；道岔区不能有接头轨缝、有害空间等不平顺；高低、轨向、水平、扭曲和轨距偏差等局部孤立存在的不平顺幅值要小；敏感波长和周期性不平顺的幅值要小；轨道不平顺各种波长的功率谱密度值都要小。

要达到高速铁路轨道高平顺性，必须满足以下条件：

(1)路基设计和施工必须满足路基的工后沉降小、不均匀沉降小、在动力作用下变形小、稳定性高等要求。高平顺性、高稳定性的路基是确保轨道高平顺性的前提条件。

(2)桥梁的动挠度等变形必须满足高平顺的要求。

(3)有砟轨道道床必须选用硬质、耐磨的道砟，并在铺枕前整平压实。选用硬质、耐磨的道砟，并压实道床，对于保证平顺性、提高开通速度、减少道床残余变形积累、降低轨道的养护维修工作量非常有效。

(4)严格控制轨道的初始不平顺。

轨道初始不平顺是运营后各种轨道不平顺发生、发展和恶化的根源，若不进行严格控制，将造成运营过程中难以处置的无穷后患。根据欧洲的研究，轨道的初始不平顺状态对以后轨道长期的平顺状态和维修工作量有决定性影响。初始状态好的轨道，维修周期长，能长期保持良好的水平；初期状态不好的轨道，不仅维修周期短，即使增加维修作业次数也很难改变轨道初期“先天”的不良水平。日、法、德、瑞等国都制定了非常严格的轨道铺设精度标准。因此，要提高轨道的铺设精度标准，严格控制轨道的初始不平顺。

欧洲铁路时速 200 km 区间以上轨道铺设精度标准见表 4.1，日本新干线建设时的铺设精度标准见表 4.2 ~ 表 4.4。

我国高速铁路要求的正线轨道平顺度铺设精度标准见表 4.5 和表 4.6。

(5)确保高标准的轨道养护维修质量。

轨道养护维修质量的优劣是优化轮轨效应的关键，也是确保行车安全和旅客舒适度的重要因素之一。因此，高标准设计、高标准施工和高质量的维修管理是高速铁路的重要技术特点。日本、法国、德国高速铁路轨道不平顺主要管理标准见表 4.7。

**表 4.1　欧洲铁路时速 200 km 区间轨道铺设精度标准**

| 不平顺种类 | 瑞典铁路 | 德国铁路 | 法国铁路 | 西班牙铁路 |
| --- | --- | --- | --- | --- |
| 水平/mm | 2 | 2 | 3 | 4 |
| 扭曲(三角坑)/mm | 2 | — | 1‰(每 3 m 测量基线) | 1.3‰ |
| 高低/mm | 2 | 2/5 m | 3 | 3 |
| 轨向/mm | 2 | 2 | 2 | 3 |
| 轨距/mm | ±2 | — | — | ±3 |

**表 4.2　日本新干线有砟轨道的铺设精度标准**

| 项　目 | 高　低 | 轨　向 | 水　平 | 轨　距 |
| --- | --- | --- | --- | --- |
| 标准值/mm | 3(10 m 弦正矢) | 3(10 m 弦正矢) | 2 | ±2 |

**表 4.3　日本新干线无砟轨道的铺设精度标准**

| 项　目 | 高　低 | 轨　向 | 水　平 | 轨　距 |
| --- | --- | --- | --- | --- |
| 标准值/mm | 2(10 m 弦正矢) | 2(10 m 弦正矢) | 1 | ±1 |

**表 4.4　日本新干线道岔的铺设精度标准**

| 项　目 | 高　低 | 轨　向 | 水　平 | 轨　距 |
| --- | --- | --- | --- | --- |
| 标准值/mm | 3(10 m 弦正矢) | 2(10 m 弦正矢) | 2 | ±1 |

**表 4.5　我国正线轨道静态铺设精度标准**

| 序号 | 项　目 | 容许偏差 | 备　注 |
| --- | --- | --- | --- |
| 1 | 轨　距 | 无砟轨道 ±1 mm<br>有砟轨道 ±2 mm | 相对于标准轨距 1 435 mm |
| | | 1/1 500 | 变化率 |
| 2 | 轨　向 | 2 mm | 弦长 10 m |
| | | 2 mm/(5 或 8$a$)m<br>10 mm/(150 或 240$a$)m | 基线长(30 或 48$a$)m<br>基线长(300 或 480$a$)m |
| 3 | 高　低 | 2 mm | 弦长 10 m |
| | | 2 mm/(5 或 8$a$)m<br>10 mm/(150 或 240$a$)m | 基线长(30 或 48$a$)m<br>基线长(300 或 480$a$)m |
| | | *10 mm(250 km/h)<br>*8 mm(300 km/h,无砟轨道)<br>*7 mm(350 km/h,无砟轨道) | 弦长 60 m |
| 4 | 水　平 | 2 mm | 不包含曲线、缓和曲线上的超高值 |
| 5 | 扭　曲 | 2 mm | 基长 3 m,不包含缓和曲线上由于超高顺坡所造成的扭曲量 |
| 6 | 与设计高程偏差 | ±10 mm | 站台处的轨面高程不应低于设计值。对于主跨 200～400 m 桥梁的无砟轨道、主跨 200～1 100 m 桥梁的有砟轨道,为设计基准温度下的轨面高程与设计高程偏差 |

续上表

| 序号 | 项　目 | 容许偏差 | 备　注 |
|---|---|---|---|
| 7 | 与设计中线偏差 | 10 mm | — |

注:①表中轨向、高低栏中的 $a$ 为无砟轨道扣件节点间距;允许偏差列中括弧内数值为矢距法检测测点间距;轨向偏差不含曲线;备注列中括弧内数值为基线长,其中含 $a$ 表达式适用于无砟轨道,与其对应的具体数值适用于有砟轨道;

②＊为新建高速铁路主跨 200 ~ 400 m 桥梁的无砟轨道、主跨 200 ~ 1 100 m 桥梁的有砟轨道静态高低长波不平顺采用 200 m 高通滤波后 60 m 弦中点弦测值,替代基线长(300 或 480$a$)m 间距(150 或 240$a$)m 矢距差的高低偏差。

**表 4.6　我国正线道岔静态铺设精度标准**

| 项　目 | 高　低 | 轨　向 | 水　平 | 扭　曲(基长 3 m) | 轨　距 | |
|---|---|---|---|---|---|---|
| 幅值/mm | 2 | 2 | 2 | 2 | ±1 | 变化率 1/1 500 |
| 弦长/m | 10 | | — | | | |

**表 4.7　日本、法国、德国高速铁路轨道不平顺管理标准**

| 项目 | A | | | B | | | C | | | D | | |
|---|---|---|---|---|---|---|---|---|---|---|---|---|
| | 日 | 法 | 德 | 日 | 法 | 德 | 日 | 法 | 德 | 日 | 法 | 德 |
| 高低/mm | $a$ | $a$ | $a$ | $a$ | $a$ | $a$ | $a$ | $a$ | $a$ | $a$ | $a$ | $a$ |
| | ≤4 | 3 | 6 | ≤6 | 5 | (10) 14 | 7 | 10 | 20 | 15 | 15 | 35 |
| 轨向/mm | $b$ | $b$ | $b$ | $b$ | $b$ | $b$ | $b$ | $b$ | $b$ | $b$ | $b$ | $b$ |
| | ≤3 | 2 | 6 | 4 | 6 | (10) 14 | 4 | 8 | 20 | 9 | 12 | 35 |

注:$A$—新线铺设或维修作业后验收目标值。运营期间无须评定;

$B$—需要编制维修计划的管理目标值。德国在达到“( )”内数值时,要进行详细评定;

$C$—日本为舒适度管理目标值;法国、德国为限期维修或紧急补修目标值;

$D$—限速运行目标值。德国为安全极限值;日本新干线为舒适度目标值;

$a$,$b$—测量基线弦长。日本 $a$、$b$ 均为10. 0 m;法国分别为12. 2 m 和10. 0 m;德国分别为2. 6 m/6. 0 m 和4. 0 m/6. 0 m。

各国还对轨道的水平、扭曲等不平顺性制定了管理目标值。试验研究结果表明,长钢轨长波不平顺对高速行车时的旅客舒适度影响较大,法国、日本等还规定了弦长为 30 ~ 40 m 的管理标准。法国高速铁路在轨道局部不平顺评价、管理的同时,还采用300 m区段内轨道不平顺绝对值的滑动平顺值,即所谓综合指标管理方法,其标准为高低、水平 0. 3 ~ 0. 6 mm。此外,各国高速铁路还通过测定车体和转向架振动加速度来评价轨道的质量状态,如日本新干线规定车体振动加速度为:垂向 0. 25 $g$,横向 0. 20 $g$(舒适度管理目标,均为全振幅)。

我国《高速铁路线路维修规则》(TG/GW 115—2023)对轨距、水平、高低、轨向(直线)、扭曲、轨距变化率按照作业验收、计划维修、临时补修、限速共四级列出了非常严格的静态几何尺寸容许偏差管理标准。轨道动态几何不平顺的检测项目包括轨距、水平、轨向、高低、扭曲、复合不平顺、车体垂向振动加速度、车体横向振动加速度、轨距变化率等。轨道动态几何不平顺管理分为局部峰值管理和单元均值管理。峰值管理按日常保持(Ⅰ级)、计划维修(Ⅱ级)、临时补修(Ⅲ级)、限速(Ⅳ级)进行管理,是对上述各单项指标的最大值的管理。均值管理则是通过轨道质量指数(TQI)来进行管理。轨道质量指数(TQI)是线路轨道几何状态单元均值评价指标，为单元内左高低（波长 1.5～42 m）、右高低（波长 1.5～42 m）、左轨向（波长 1.5～42 m）、右轨向（波长 1.5～42 m）、轨距、水平、扭曲单项标准差之和，TQI 单元长度为 200 m。线路轨道质量指数（TQI）管理值见表 4.8，TQI 按作业验收（Ⅰ级）、计划维修（Ⅱ级）、临时补修（Ⅲ级）进行管理。

**表 4.8　线路轨道质量指数（TQI）管理值**

| 线路速度等级/（km/h） | 波长/m | TQI/mm | | |
|---|---|---|---|---|
| | | Ⅰ级 | Ⅱ级 | Ⅲ级 |
| 200≤$v$≤250 | 1.5～42 | 4 | 6 | 7 |
| 250＜$v$≤350 | 1.5～42 | 3 | 4 | 5 |

运用检测列车等现代化设备对轨道质量进行定期和不定期检查，已成为各国高速铁路质量管理措施的重要组成内容，检测结果已成为分析、评价轨道质量和编制维修计划的基本依据。

我国的高速铁路动态综合检测能力处于较高地位，已经形成了两大系列产品：①最高检测速度 250 km/h 的高速综合检测列车，可满足最高运营速度 250km/h 高速铁路及既有提速干线的检测需求，代表性产品为 CIT001 和 CRH2-010A 高速综合检测列车；②最高检测速度 350 km/h高速综合检测列车，可满足运营速度 300 km/h 及以上高速铁路的检测需求，已经生产了 CRH2-061C、CRH2-068C、CIT380A、CIT400A、CIT400B 等型号。图 4.1 为我国 CIT400A 高速综合检测列车。

图 4.1　CIT400A 高速综合检测列车

总之，高速铁路是否能够安全、平稳、舒适运行，是通过轨道的平顺性来体现的，但真正影响高速列车安全、平稳、舒适运行的不仅仅是轨道，而是由路基、桥梁和轨道等组成的基础设施整体。因此，高速铁路各结构物的设计，不仅要强调各结构物本身的高平顺性和稳定性，还要强调各结构物组合后的平顺性和稳定性，要对车、线、桥或路基的组合进行动力仿真分析，确保高速列车安全和舒适地运行。

## 二、高可靠性，长寿命

高可靠性主要是指轨道结构保持平顺性，维持线路正常运营的能力。高速列车的轴重较轻，在高平顺性条件下所产生的轮轨动力附加荷载也较小，因而轨道各部件的静强度指标通常易于得到满足。高速列车荷载的特点主要在于高频冲击和振动,这种高频荷载容易造成扣件松动、轨下胶垫磨耗、混凝土轨枕承轨槽破损,特别是有砟轨道中道砟破碎、粉化,道床沉降和变形。所有上述现象都会导致轨道结构不均、轨道弹性不匀,并最终引起轨道中、长波不平顺,导致轨道平顺性破坏,影响线路的正常运营。

长寿命,指的是轨道结构有较长的维修和大修周期。由于高速铁路的行车密度大,速度高,在行车间隔中人员不可能上道,只能利用天窗时间进行轨道的检查和维修。因此其维修工作量必须少,维修周期必须长,才能保证不中断行车,维持列车正常运行。大修要求的天窗时间更长,天窗次数更多,更应尽量延长其周期,减少大修次数。

### 三、高稳定性

采用跨区间无缝线路是提高轨道结构连续性、均匀性的重大举措。在跨区间无缝线路中,道岔的连续焊接会使道岔区基本轨产生附加的温度力,从而使结构、受力和变形更为复杂的道岔区成为高速铁路稳定性的控制区;高速列车的高频冲击和振动会使轨道结构的纵、横向阻力,即轨道自身保持稳定的能力降低;而高速列车的蛇行和横向振动又会使作用在轨道上的横向荷载加大,增加轨道横向失稳(胀轨、跑道)的可能性。因此,高速铁路轨道的稳定性仍是值得特别关注的课题。

## 第二节　高速铁路轨道设计荷载

列车荷载对轨道结构工作状态有决定性影响,而轨道自身的状态又直接影响到列车的运行品质,进而使轨道承受的荷载发生变化。经过对轮和轨之间这种交替式影响的研究,形成了一门新的学科,即轮轨动力学。因此,在研究高速铁路轨道结构时,必须研究其荷载。高速铁路轨道的设计荷载按作用力方向分为垂直荷载、横向水平荷载、纵向荷载、冲击力和振动荷载。

### 一、垂直荷载

世界各国都有自己的计算轨道所承受动轮重(设计轮重)的方法。对高速铁路来说,日本和德国铁路的计算方法具有代表性。

日本铁路根据不同情况采用下列计算方法:

1. 常用的正常设计轮重

$$P_d = P_j \cdot \alpha \tag{4.1}$$

式中　$\alpha$——速度系数,高速铁路 $\alpha = 1.45$,既有铁路 $\alpha = 1.3$;

$P_j$——轨道设计静轮载。

2. 考虑车轮有最长 70 mm 的扁疤时的设计轮重

$$P_d = 3P_j$$

3. 考虑到曲线上作用有横向力时采用的异常情况设计轮重

$$P_d = 4P_j$$

德国铁路在考虑设计动荷载和静荷载的关系时,还计入了列车荷载的正态分布规律、轨道状态及列车类型的因素,在大量试验研究的基础上提出了一个比较全面的计算公式,即

$$P_d = P_j(1 + t \cdot \bar{S}) \tag{4.2}$$

式中　$P_d$——轨道设计动荷载；

$t$——与概率 $p$ 有关的置信度，按表 4.9 取值；

$\bar{S}$——与轨道状态、行车速度和列车类型有关的表示荷载离散程度的均方差，轨道状态良好时，$\bar{S}=0.1\phi$；轨道状态一般时，$\bar{S}=0.2\phi$；轨道状态差时，$\bar{S}=0.3\phi$。其中，$\phi$ 为速度系数，按下式取值：

$$v\leqslant 60\ \text{km/h}\qquad \phi=1$$

$$v>60\ \text{km/h}\qquad \begin{cases}\phi=1+\dfrac{v-60}{380}(\text{客车})\\[2ex]\phi=1+\dfrac{v-60}{180}(\text{货车})\end{cases}$$

**表 4.9　与概率有关的置信度**

| $t=0$ | 1 | 1.28 | 1.65 | 1.96 | 2 | 2.33 | 3 |
|---|---|---|---|---|---|---|---|
| $p=0$ | 68.3% | 80% | 90% | 95% | 95.5% | 98% | 99.7% |

德国公式只用来计算正常状态下的轨道设计荷载，未考虑车轮扁疤等情况，但对轨道状态受到车荷载的影响进行了充分的考虑，并顾及了荷载的分布规律，这是德国公式的优点和完善之处。当轨道状态良好、$t$ 采用 3 时，时速 250 km 高速铁路的动力系数为 1.45，这与日本铁路正常设计轮重时的高速铁路动力系数相等，说明日本铁路正常设计轮重相当于速度 250 km/h 时的德国公式计算值，因此，德国公式的应用范围更广也更合理。

此外，法国、德国、比利时和荷兰曾对连接四国的高速铁路静轴重和动轮重作出规定：该高速通道的允许静轴重为 170 kN，在 $v=300$ km/h 及正常维修状态时，线路上作用的垂直动态轮重不大于 170 kN（动轴重不大于 340 kN）。由此推算，作用在轨道上的动载应比静载大一倍，即动力附加系数 $\alpha=1$。

## 二、横向水平荷载

轨道承受的横向水平荷载也是进行轨道设计和检算以及列车运行安全性评估的重要数据。通常把轨道承受的水平荷载分为两类：一类是用来进行轨道设计、检算及评估列车脱轨危险的横向集中作用力 $Q$；另一类是用来评估轨道横向移动的位移阻力 $S$，这是涉及轨道养护维修和无缝线路稳定性的参数。

1. 横向力 $Q$

各国铁路根据各自运营状况规定了横向荷载 $Q$ 的计算方法。

（1）日本

①进行轨道设计时，$Q=0.8P_j$，$P_j$ 为静轮载；

②当轨道承受横向水平力的反复作用时，可用下式检算：

$$Q=0.4P_j(\text{或 }0.6P_j)$$

（2）德国

$$Q=0.6P_j$$

按此式进行轨道的设计和检算。

（3）国际铁路联盟

暂定为 $Q\leqslant 60$ kN。

(4)中国

高速铁路 $Q \leqslant 80$ kN。

2. 轨道横向位移阻力 $S$

当列车运行在轨道上时,其在 2 m 长的轨道范围内作用于轨道的横向力超过 $S$ 值时,轨道要产生横移。$S$ 值与轨道结构和部件有关,一般通过试验确定。目前国内外文献广泛引用的经验公式为

$$\sum Q(\text{或} S) \leqslant \alpha(10 + P_0/3) \quad (\text{kN}) \tag{4.3}$$

式中　$\sum Q(\text{或} S)$——2 m 长轨道范围内轮轨接触横向力或车轴横向力之和;

$P_0$——轴重(kN);

$\alpha$——与机车车辆类型有关的系数,机车、客车、动车组 $\alpha = 1$,货车 $\alpha = 0.85$。

式(4.3)是法国在一定轨道条件(46 kg/m 钢轨、轨枕间距 65 cm、碎石道床)下经试验推出来的。根据北京交通大学的试验资料,并参照国外有关资料,当采用 60 kg/m 钢轨和混凝土枕,且轨枕间距不大于 60 cm 时,$\alpha$ 值取 1.5 比较合适。

根据国内外的试验资料,由于高速铁路大多采用动力分散的动车组,即使采用动力集中的方式,机车车辆的轴重也都比较小,因此,轨道承受的低频荷载和横向水平力一般都低于低速货车。

## 三、纵向荷载

轨道所承受的纵向水平荷载主要有如下两种。

1. 列车的制动力和起动力

在进行轨道计算时,通常只在计算钢轨应力时考虑列车制动力和起动力的影响。我国将其引起的钢轨应力按 10 MPa 计。

2. 钢轨承受的温度力

我国采用的无缝线路一般都是温度应力式无缝线路,由轨温变化引起的钢轨温度力 $P_t$ 为

$$P_t = 242.8F\Delta t \quad (\text{N}) \tag{4.4}$$

式中　$\Delta t$——轨温变化幅度(℃);

$F$——钢轨断面积($\text{cm}^2$)。

高速铁路的轨道结构都是无缝线路,因此必须考虑温度力的作用。

## 四、冲 击 力

大量的研究、试验结果表明,列车速度提高后,具有不平顺的车轮或轨道产生的冲击力相当可观,不容忽视。通常可用式(4.5)来评估冲击附加荷载 $\Delta P$。

$$\Delta P = \alpha v \sqrt{km} \tag{4.5}$$

式中　$\alpha$——不平顺斜率;

$v$——行车速度(m/s);

$k$——线路刚度(N/m);

$m$——车轮簧下质量(kg)。

在高速行车条件下,轮轨系统对不同类型的不平顺会产生不同的动力响应。轮轨间的不平顺可分为脉冲型、谐波型和动力型三种。

(1)脉冲型不平顺:高速铁路的轨道采用无缝线路,有缝线路固有的钢轨接头不平顺已不

存在，而车轮扁疤、轨面擦伤或剥离、焊缝不平顺等将对轮轨间的动力作用产生影响。

(2)谐波型不平顺：钢轨波浪形磨耗、车轮表面不圆顺或车轮存在静偏心矩时，都将形成对机车车辆和轨道结构的动力影响。对于车轮偏心或存在偏心距的情况，轮轨间的动力效应与列车速度的平方成正比，而钢轨的波浪形磨耗对高速运行列车的影响比普通速度的列车大得多。

(3)动力型不平顺：轨下基础的缺陷，如垫层弹性不均匀、空吊板、几何尺寸超限等都会形成一定的动力坡度，在列车运行时，将出现超出正常状态的轨道变化，导致轨道局部残余变形。

### 五、振动荷载

由高速铁路引起的振动荷载，其振动频率较高，多在 50 ~ 200 Hz。德国曾在距高速铁路轨道 2.5 m 处进行过振动测试，并绘制了振动频谱分布图。测试表明，随着行车速度的提高，高频振动的峰区在增多，$v = 150 \sim 160$ km/h 时有 1 个峰区，$v = 250$ km/h 时有 3 个峰区，$v = 320$ km/h时有 4 个峰区。而且行车速度越高，振动荷载的量级越大。无砟轨道的振动较大，无砟轨道在行车速度为 250 km/h 时的振动状况与有砟轨道速度为 300 km/h 时差不多，这就是为什么无砟轨道十分重视解决轨道结构弹性问题的原因。法国高速铁路采用有砟轨道，其轨道结构的弹性主要由散粒状的道床提供。德国和日本采用无砟轨道，其轨下基础为整体道床，因此提高轨下垫层弹性就显得尤为重要。

在进行轨道设计与检算时，主要依据垂直、横向与纵向荷载进行有关计算。

### 六、我国无砟轨道设计荷载

《高速铁路设计规范》(TB 10621—2014)规定了无砟轨道结构设计的荷载计算方法。

(1)无砟轨道设计荷载应包括列车荷载、温度荷载、牵引/制动荷载等，同时应考虑下部基础变形对轨道结构的影响。

(2)列车荷载。

① 竖向设计荷载 $P_d$ 应按式(4.6)计算。

$$P_d = \alpha \cdot P_j \tag{4.6}$$

式中　$\alpha$——动载系数，设计速度 300 km/h 及以上线路取 3.0，设计速度 250 km/h 线路取 2.5；

$P_j$——静轮载。

② 横向设计荷载 $Q = 0.8P_j$。

(3)结构竖向疲劳检算荷载 $P_f = 1.5P_j$，横向疲劳检算荷载 $Q_f = 0.4P_j$。

(4)温度荷载及混凝土收缩影响。

① 露天区间(包括隧道洞口一定范围)年温差根据当地气象条件取值。

② 正温度梯度(上热下冷)宜取 90 ℃/m，负温度梯度(上冷下热)宜取 45 ℃ /m。

③ 混凝土收缩以等效降温 10 ℃取值。

④ 严寒等特殊地区温度荷载应根据现场情况确定。

## 第三节　有砟轨道结构

### 一、钢　轨

钢轨是轨道的主要结构之一。为保证列车高速运行的平顺性，线路下部基础、轨道上部结构以及各轨道部件，都要为钢轨的正常工作提供良好条件。而钢轨本身，其内在质量、材质性能、断面公差、平直程度等都是十分重要的特性。钢轨在技术上要能保证足够的强度、韧性、耐磨性、稳定性和平顺性，在经济上要能保证合理的大修周期，减少养护维修工作量。

钢轨类型应根据轨道振动、轮轨冲击、轮轨接触和钢轨纵向力的计算来确定。轨道振动计算结果表明钢轨越重，轨道各部分的动挠度和振动加速度就越小；从轮轨冲击计算结果角度来看，钢轨越重冲击力越大；从钢轨纵向力分析，在列车荷载作用下，重型钢轨的动弯应力较小，有较多的强度储备来承受纵向力。高速铁路的列车轴重较轻，且线路平顺性条件较好。所以，轮轨间的动载不会过大，60 kg/m 钢轨的横向、垂向刚度可满足高速列车动弯应力的强度需求。日本新干线、法国 TGV 和德国 ICE 高速铁路所采用的钢轨均为 60 kg/m 钢轨。可见，高速铁路选用 60 kg/m 钢轨是适宜的。

我国高速铁路正线、到发线采用 60 kg/m(60N)、100 m 定尺钢轨，其质量应符合相应速度等级的钢轨相关要求。60N 钢轨标准横断面如图 4.2 所示，其与 60 钢轨（普通 60 kg/m 钢轨）外廓比较如图 4.3 所示。

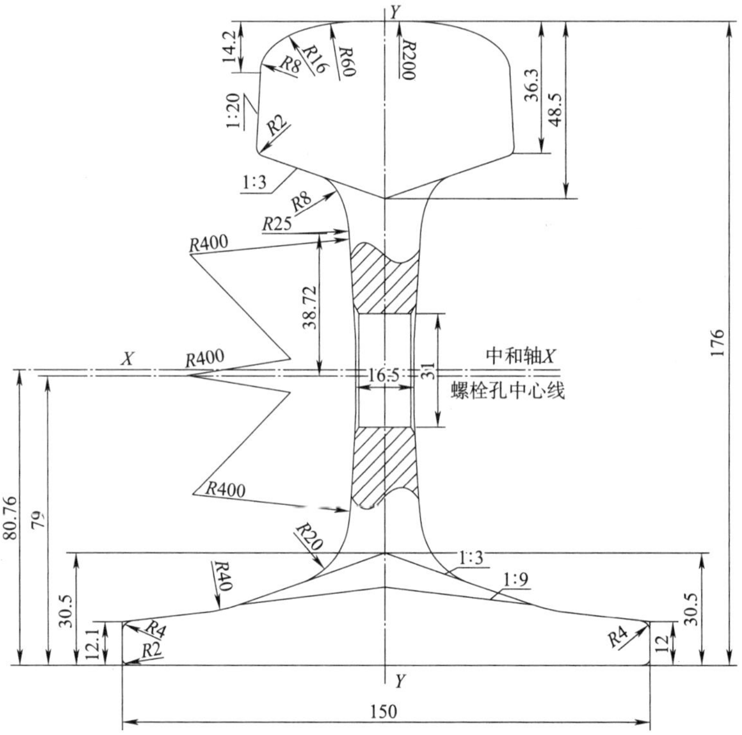


图 4.2　60N 钢轨标准横断面（单位：mm）

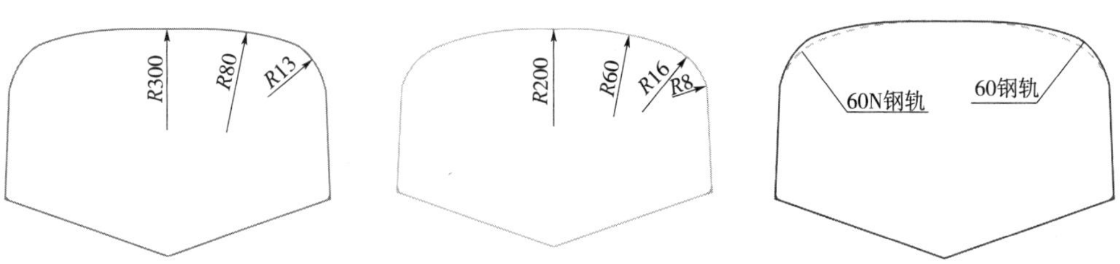


（a）60钢轨　（b）60 N钢轨　（c）外轮廓对比

图 4.3　60 钢轨与 60N 钢轨外廓比较（单位：mm）

法国、德国和日本等国高速铁路的研究和运营表明,高速铁路的轨道结构区别于普通线路的最重要的特点是对轨道不平顺的严格控制,体现在钢轨上则是对其表面尺寸质量、平直度、表面平整度和扭曲的严格要求。钢轨尺寸的精确和外形的平直是轨道平顺的基本保证之一。

我国高速铁路钢轨平直度容许偏差见表 4.10。

**表 4.10　我国高速铁路钢轨平直度容许偏差**

| 部　　位 | 项　　目 | | 容许偏差 |
|---|---|---|---|
| 距轨端 0 ~ 1.5 m | 平直度 | 垂直方向(向上) | 0 ~ 1 m:≤0.3 mm/1 m<br>0 ~ 1.5 m:≤0.35 mm/1.5 m |
| | | 垂直方向(向下) | ≤0.2 mm/1.5 m |
| | | 水平方向 | 0 ~ 1 m:≤0.4 mm/1 m<br>0 ~ 1.5 m:≤0.5 mm/1.5 m |
| 距轨端 0 ~ 2.5 m | 平直度 | 垂直方向 | ≤0.3 mm/1.5 m |
| | | 水平方向 | ≤0.5 mm/1.5 m |
| 轨身 | 平直度 | 垂直方向 | ≤0.3 mm/3 m<br>≤0.2 mm/1 m |
| | | 水平方向 | ≤0.45 mm/1.5 m |

## 二、轨　　枕

尽管在高速铁路的发展中无砟轨道所占的比例越来越大,在许多国家已成为轨道结构的首选,但有砟轨道仍然是高速铁路轨道结构的主要形式之一,混凝土枕的性能和质量仍是需要关注的重点。

由于混凝土轨枕可以给轨道提供更大的纵、横向阻力,使用寿命长,维修工作量少,由混凝土制品厂生产的轨枕形状、尺寸、性能都比较标准、均一,为钢轨支承的均匀性和轨面的动态平顺性提供了更可靠的条件,因而世界各国高速铁路有砟轨道均采用混凝土轨枕。我国既有铁路干线大部分铺设了混凝土枕,高速铁路则要求全部采用混凝土枕。

高速铁路混凝土轨枕类型大部分为整体式,如德国、意大利、西班牙和日本等国的各类轨枕,法国有砟轨道传统的轨枕结构是双块式,在高速铁路中仍然采用双块式轨枕,但在有砟桥上因设置护轮轨的需要,采用了整体式轨枕。表 4.11 是国外主要高速铁路有砟轨道混凝土轨枕的结构形式及适用速度范围。可以看出,随着行车速度的提高,各国高速铁路所采用的混凝土轨枕的形式尺寸、质量或配筋数量都相应增加。

**表 4.11　国外主要高速铁路混凝土轨枕的结构形式及适用速度范围**

| 国别 | 轨枕形式 | 轨枕型号 | 长度/mm | 轨下截面尺寸 | | 中间截面尺寸 | | 枕底面积/$cm^2$ | 质量/kg | 预应力筋 | | 列车最高速度/(km/h) |
|---|---|---|---|---|---|---|---|---|---|---|---|---|
| | | | | 高度/mm | 底宽/mm | 高度/mm | 底宽/mm | | | 根　数 | 质量/kg | |
| 日本 | 整体式 | 3T | 2 400 | 190 | 283 | 175 | 230 | 6 430 | 260 | 16$\phi$2.9×3 | 6.00 | 210 以下 |
| | | 3H | 2 400 | 220 | 310.5 | 195 | 250 | 7 040 | 325 | 20$\phi$2.9×3 | 7.50 | 210 ~ 270 |
| | | 4H | 2 400 | 220 | 310.5 | 195 | 250 | 7 040 | 325 | 4$\phi$13 | 9.98 | |
| 德国 | 整体式 | B70W | 2 600 | 210 | 300 | 175 | 220 | 5 930 | 304 | 4$\phi$9.7 | 6.42 | 250 |
| | | B90W | 2 600 | 210 | 320 | 180 | 240 | 6 680 | 330 | 4$\phi$9.7 | 6.42 | |
| | | B75 | 2 800 | 240 | 330 | 200 | 290 | 7 560 | 380 | 4$\phi$9.7 | 6.42 | |

续上表

| 国别 | 轨枕形式 | 轨枕型号 | 长度/mm | 轨下截面尺寸 | | 中间截面尺寸 | | 枕底面积/cm$^2$ | 质量/kg | 预应力筋 | | 列车最高速度/(km/h) |
|---|---|---|---|---|---|---|---|---|---|---|---|---|
| | | | | 高度/mm | 底宽/mm | 高度/mm | 底宽/mm | | | 根　数 | 质量/kg | |
| 法国 | 双块式 | U31 | 2 245 | 220 | 290 | 块高 | 680 | 3 944 | 218 | — | — | 160 |
| | | U41 | 2 415 | 220 | 290 | | 840 | 4 872 | 248 | — | — | 300 |

世界各国高速铁路有砟轨道的技术发展表明,整体式和双块式混凝土轨枕形式都可以满足高速运行在承载能力、耐久性和稳定性等方面的使用要求。但由于法国双块式轨枕在我国缺乏应用的基础,所以我国高速铁路采用整体式混凝土轨枕。

研究表明,混凝土轨枕的质量增减,对轨道各部分的动挠度影响不大,对钢轨和道床的振动加速度影响也甚微,但对轨枕本身振动加速度的影响较大,轨枕质量越小,振动加速度越高,且随行车速度的提高,加速度的增幅越大。轨枕加速度的增大,将使道床表面承受较大的动力荷载,加速道床的破坏和变形,增加线路的维修量。另外,轨枕质量的增加,将导致高频冲击力的增加,低频冲击力减小,有利于降低道床应力,减小道床下沉,有利于保持轨面的平顺度,减少养护工作量。至于高频冲击力的增加,可通过减少轨枕铺设的根数来弥补。我国高速铁路轨枕的铺设根数,因采用跨区间无缝线路,轨枕间距按 60 cm 等间距均匀布置,可有效地降低高频冲击力。

《高速铁路设计规范》(TB 10621—2014)中规定,正线有砟轨道应采用 2.6 m 长混凝土轨枕(Ⅲ型),每千米铺设 1 667 根(间距为 600 mm)。有挡肩 2.6 m 长Ⅲ型混凝土轨枕如图 4.4 所示,道岔区段应铺设混凝土岔枕。

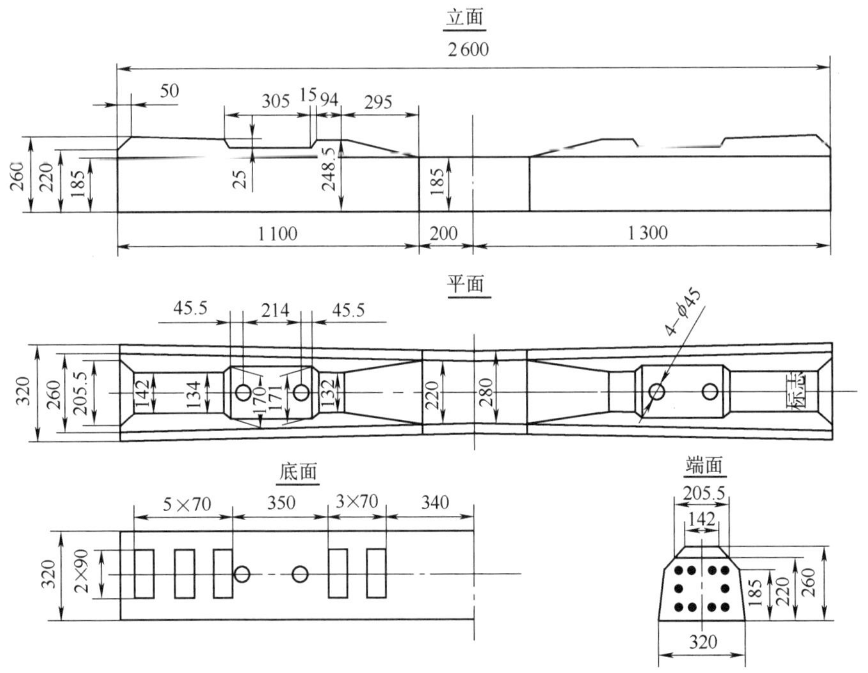


图 4.4　有挡肩 2.6 m 长Ⅲ型混凝土轨枕(单位:mm)

## 三、扣　件

高速铁路的扣件除要求具有足够的扣压力以确保线路的纵、横向稳定之外，还要求弹性好，以保证良好的减振、降噪性能；扣压力保持能力好，以降低日常维修工作量；绝缘性能好，以提高轨道电路工作的可靠性，延长轨道电路长度，降低轨道电路投资。

国外主要高速铁路的扣件形式和参数见表4.12。

**表4.12　国外主要高速铁路扣件**

| 国家 | 线　路 | 扣件形式 | 扣压力/kN | 胶　垫 | | 扣压弹性件弹程/mm |
|---|---|---|---|---|---|---|
| | | | | 厚/mm | 静刚度/(kN/mm) | |
| 日本 | 东海道、山阳 | 120双重弹性 | 6 | 10 | 60 | — |
| 法国 | TGV | Nabal | 11 | 9 | 70 | 8.1~9.1 |
| 德国 | 曼海姆—斯图加特 | HM | 11 | — | 70~80 | 14 |
| 英国 | — | 潘得罗 | 11 | 10 | 30~50 | 12 |

我国高速铁路有砟轨道采用与轨枕配套的弹条Ⅳ型(无挡肩，如图4.5所示)或弹条Ⅴ型(有挡肩，如图4.6所示)等扣件，橡胶垫板静刚度为60 kN/mm。严寒地区可采用调高量较大的弹性扣件，大跨度桥梁可根据无缝线路设计要求采用小阻力扣件，沿海或酸雨腐蚀严重的地区、隧道内应采用相应防腐蚀措施的扣件。

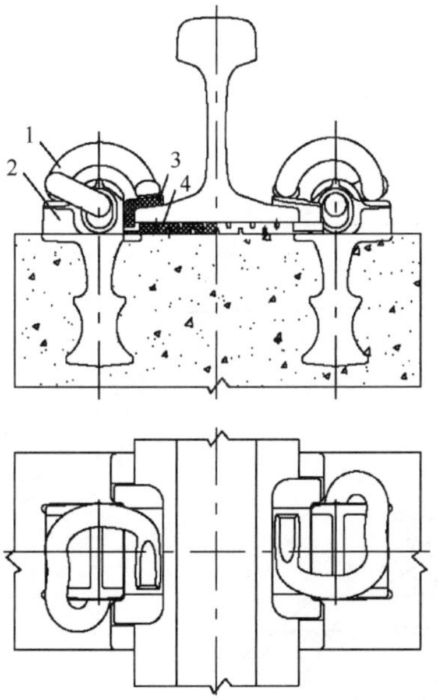


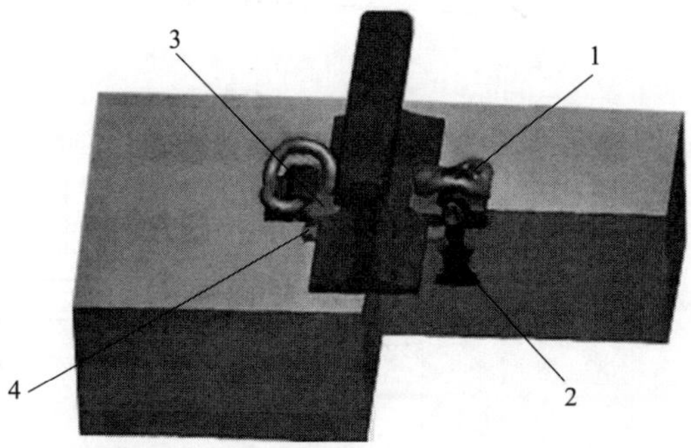


1—弹条；2—预埋铁座；3—绝缘轨距块；4—橡胶垫板。

图4.5　弹条Ⅳ型扣件

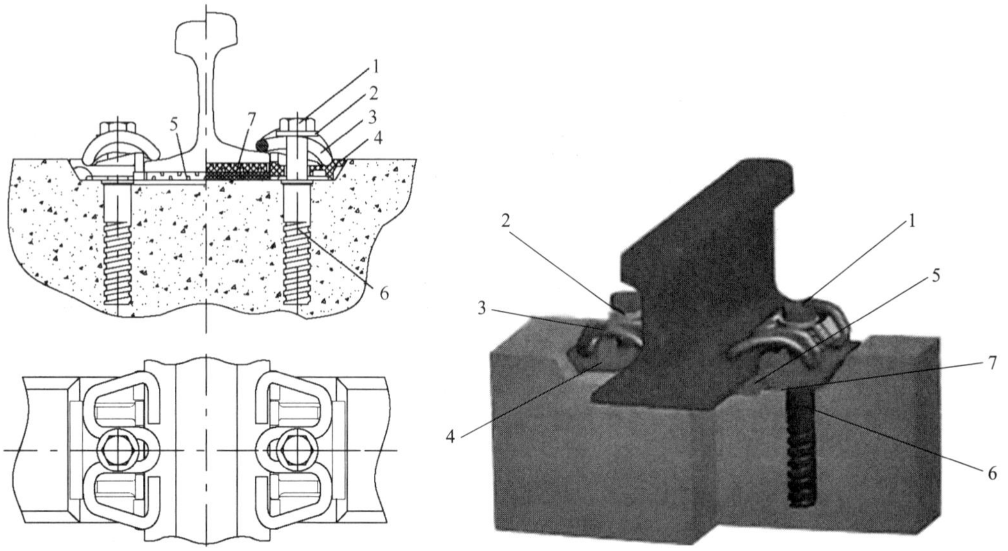

1—螺旋道钉;2—平垫圈;3—弹条;4—轨距挡板;5—垫板;6—预埋套管;7—调高垫板。

图 4.6　弹条Ⅴ型扣件

## 四、道　　床

道床是轨道结构的重要组成部分。散粒体道床不仅要承受轨枕传递的各种力的作用,保持轨道结构的稳定性,而且要便于进行养护。对高速铁路而言,散粒体道床的这些作用显得尤为重要。

图 4.7 为我国 350 km/h 高速铁路正线有砟轨道的线路断面。

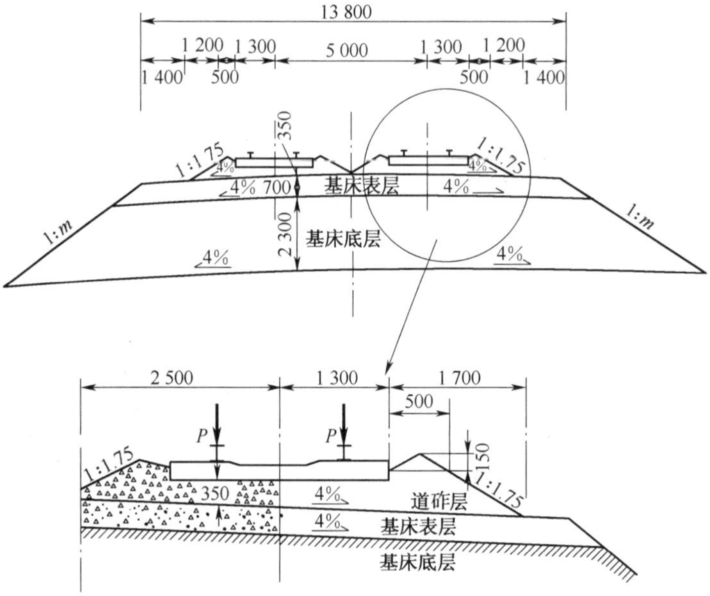

图 4.7　我国高速铁路线路断面(单位:mm)

《铁路轨道设计规范》(TB 10082—2017)中,高速铁路正线有砟道床设计应满足以下规定:

(1)应采用特级碎石道砟,其粒径级配应符合表 4.13 的要求。道砟上道前应进行清洗。

(2)道床顶面应低于承轨面 40 mm,且不应高于轨枕中部顶面。

(3)单线道床顶面宽度 3.6 m,道床厚度 0.35 m,道床边坡 1∶1.75,砟肩堆高 0.15 m。双线道床顶面宽度应分别按单线设计。

**表 4.13　特级碎石道砟粒径级配要求**

| 方孔筛孔边长/mm | | 22.4 | 31.5 | 40 | 50 | 63 |
|---|---|---|---|---|---|---|
| 过筛质量百分率/% | | 0 ~ 3 | 1 ~ 25 | 30 ~ 65 | 70 ~ 99 | 100 |
| 颗粒分布 | 方孔筛孔边长/mm | 31.5 ~ 50 | | | | |
| | 颗粒质量百分率/% | ≥50 | | | | |

注:检验用方孔筛系指金属丝编织的标准方孔筛。

(4)桥梁、隧道地段的道床厚度与两端线路的道床厚度应在桥台外、洞口外 30 m 范围内顺坡。

(5)桥梁地段砟肩至挡砟墙间应以道砟填平,隧道地段道床砟肩至边墙(或高侧水沟、电缆槽壁)间应以道砟填平。正线双线并行地段,除隧道检查井外,两线间宜采用道砟填平,填平地段两线间道床砟肩不再堆高。

(6)线路开通前,道床密实度不得小于 1.75 g/cm$^3$,道床支承刚度不得小于 120 kN/mm,道床纵向阻力不得小于 14 kN/枕,道床横向阻力不得小于 12 kN/枕。

(7)道砟性能及参数指标应符合表 4.14 的规定。

**表 4.14　特级道砟性能参数指标**

| 性　能 | 参　数 | 指　标 |
|---|---|---|
| 抗磨耗,抗冲击性能 | 洛杉矶磨耗率 LAA/% | ≤18 |
| | 标准集料冲击韧度 IP | ≥110 |
| | 石料耐磨硬度系数 $K_{干磨}$ | > 18.3 |
| 抗压碎性能 | 标准集料压碎率 CA/% | < 8 |
| | 道砟集料压碎率 CB/% | < 19 |
| 渗水性能 | 渗透系数 $P_m$/($10^{-6}$cm/s) | > 4.5 |
| | 石粉试模件抗压强度 $\sigma$/MPa | < 0.4 |
| | 石粉液限 LL/% | > 20 |
| | 石粉塑限 PL/% | > 11 |
| 抗大气腐蚀破坏 | 硫酸钠溶液浸泡损失率/% | < 10 |
| 稳定性能 | 密度/(g/cm$^3$) | > 2.55 |
| | 容重/(g/cm$^3$) | > 2.50 |
| 软弱颗粒 | 饱水单轴抗压强度/MPa | ≤20 |

## 第四节　无砟轨道结构

无砟轨道是以混凝土或沥青混合料等取代散粒道砟道床而组成的轨道结构形式。由于无砟轨道具有轨道平顺性高、刚度均匀性好、轨道几何形位能持久保持、维修工作量显著减少等特点,在各国铁路得到了迅速发展。特别是高速铁路,一些国家已把无砟轨道作为轨道的主要结构形式进行全面推广，并取得了显著的经济效益和社会效益。

## 一、国外铁路无砟轨道结构形式

国外铁路无砟轨道的发展，数量上经历了由少到多，技术上经历了由浅到深，品种上经历了由单一到多样，铺设范围上经历了由桥梁、隧道到路基、道岔的过程。无砟轨道已成为高速铁路的发展趋势。

1. 日本

日本是发展无砟轨道较早的国家之一。早在20世纪60年代中期，日本就开始了无砟轨道的研究与试验并逐步推广应用，无砟轨道比例愈来愈大，成为高速铁路轨道结构的主要形式。据统计，日本高速铁路无砟轨道比例，在20世纪70年代达到60%以上，而20世纪90年代则达到80%以上。

日本从20世纪60年代中期开始进行板式无砟轨道的研究，到大规模的推广应用已经走过了几十年的历程。对于最初提出的轨道结构方案，铁道综合技术研究所相继进行了设计、部件试验、实尺模型试验、设计修改、在营业线上试铺等工作。从津田沼、日野土木试验所内的实尺模型试验到既有线、新干线的桥梁、隧道和路基上的各种形式无砟轨道结构的试铺，总共建立了20多处近30 km的试验段，开展了大量的室内、营业线上动力测试和长期观测的试验研究工作，并在试验结果的基础上，不断的改进、完善结构设计参数和技术条件，最终将普通A型（图4.8）、框架型（图4.9）等板式轨道结构作为标准定型，在山阳、东北、上越、北陆和九州新干线的桥梁、隧道和路基上大量使用。

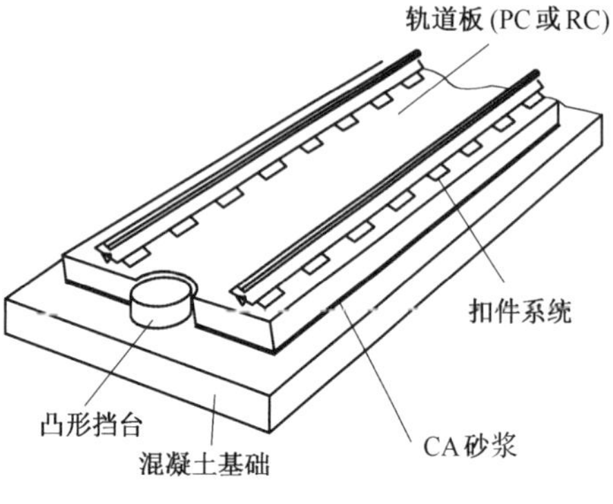


图4.8　普通A型轨道板

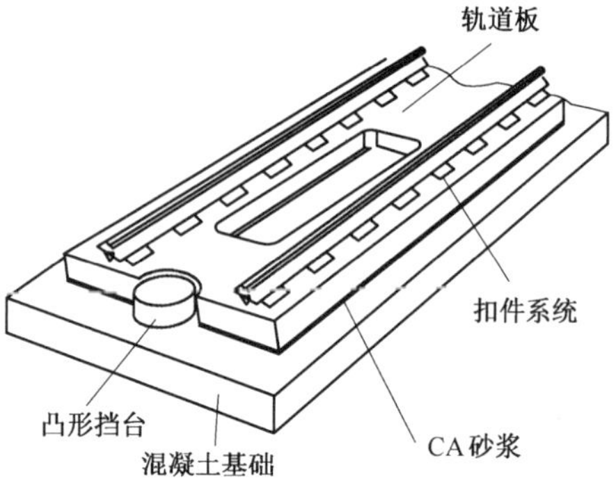


图4.9　框架型轨道板

在20世纪60年代后期到70年代中期，为解决新干线的噪声振动问题，实现高速铁路发展与社会环保兼容的目的，日本在东北新干线开工前建立了“小山试验线”，铺设了长度各200 m的24种形式的轨道结构（其中包括11种板式无砟轨道），观测其噪声振动效果，在进行技术、经济分析后，将防振G型板式轨道（图4.10）作为标准形式在减振降噪区段推广铺设。

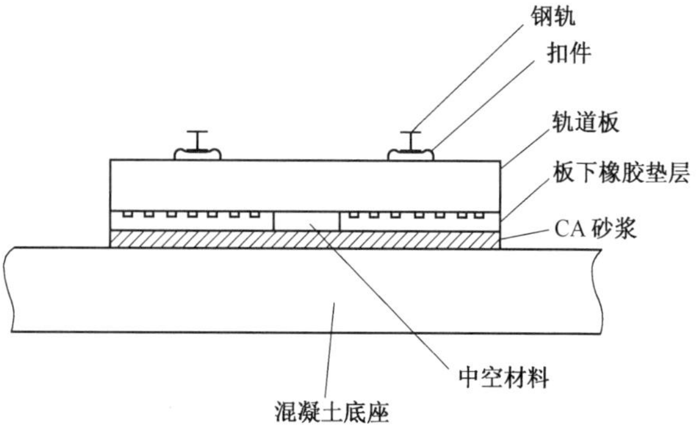


图4.10　防振G型板式轨道

日本板式轨道结构在土质路基上的发展与桥上、隧上板式轨道是同时起步的。1968 年提出 RA 型板式轨道，并在铁道综合技术研究所进行性能试验。1971 年在东海道本线 100 m 的营业线上进行初次试铺，1974 年在东海道新干线含慧桥站内共铺设 2. 3 km，共有 14 处作为现场试铺。但在个别试验段上发生了基础下沉、轨道板陷入铺装底座内等问题，为此开展了长期深入的研究。直到 1993 年，改进后的板式轨道结构（图 4. 11）在北陆新干线正式应用，铺设长度约 10. 8 km，占北陆新干线高崎—长野段总长的 4%，为土质路基上轨道的 25%。

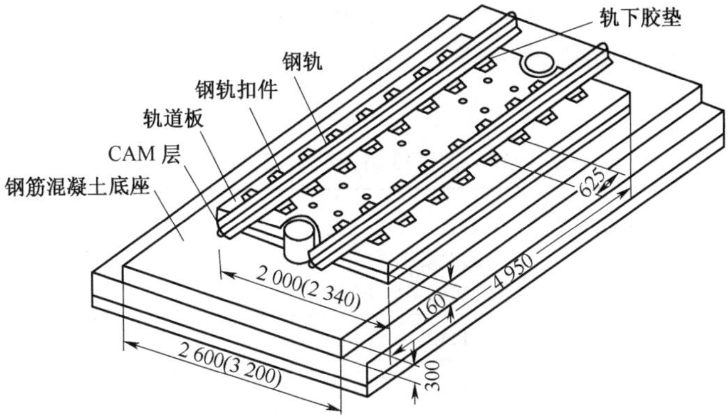


图 4. 11　土质路基上 RA 型板式轨道（单位：mm）

注：括号内的数字为标准轨，括号外的数字为窄轨。

总之，日本定型的板式轨道包括 A 型、框架型轨道板，适用于土质路基上的 RA 型轨道板和特殊减振区段用的防振 G 型轨道板，构成了适用于不同使用范围的轨道板系列。

日本在大量铺设板式轨道的同时，还开发了 B 型弹性轨枕直接轨道，在东北、上越新干线上都有铺设。为了扩大铺设，必须降低造价。最后，开发了简化结构的 D 型弹性轨枕直接轨道（图 4. 12），造价为 B 型的 3/4，减振性能较防振 G 型板式轨道还略有改善；同时解决了原结构部件更换困难的问题，更适合推广。

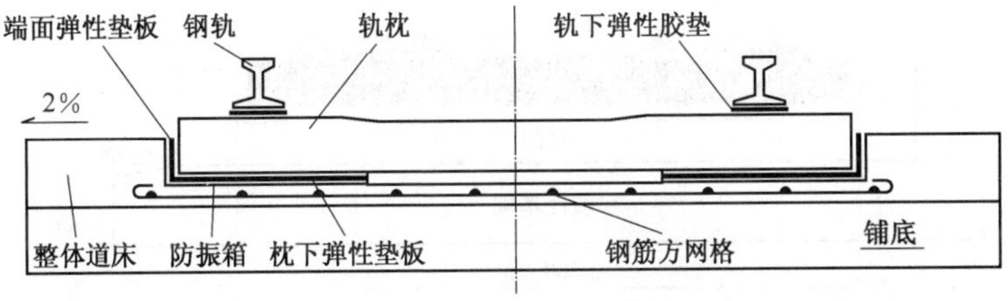


图 4. 12　D 型弹性轨枕直接轨道

日本曾研究过一种“梯子形”轨道，由两根纵向轨枕（梁）支承钢轨，横向每隔 3 m 用钢管将两根纵向枕连接成梯子形；在桥上纵向枕与轨道基础（梁面）之间每隔 1. 5 m 设减振支承装置组成“浮置式梯子形轨道”。其主要特点是：低振动、低噪声；变传统横向轨枕支承钢轨的方式为纵向支承；轨道自重轻，约为有砟轨道的 1/4；轨道高度的调整除利用扣件的调整量外，减振支承装置也有一定的调高功能。铺设在桥梁上的浮置式梯子形轨道，使整体结构系统实现了从“重型和传统”到“轻型和现代化”的根本变革。路基上的梯子形轨道，其纵向轨枕下仍然铺设有道砟，属于有砟道床与整体轨下基础的混合式结构。可见，轨道结构的发展出现了多样化形式。

2. 德国

德国也是研究无砟轨道较早的国家之一。德国铁路开展无砟轨道的研究始于20世纪60年代末，1972年首次在Rheda车站试铺了无砟轨道结构（故称“Rheda”型）。

德国铁路、高校研究所以及工业界自20世纪70年代一直进行无砟轨道的研究，形成了市场竞争的局面，推进了新技术的发展，其提出的结构形式多种多样。

德国曾试铺过10余种无砟轨道结构，其轨道的基础分钢筋混凝土和沥青混凝土两类。钢轨的支承方式多为分散支承（即点支承）。对于分散支承方式的无砟轨道，其道床结构大体上可分为两大类，一类为整体结构，另一类为直接支承方式，表4.15列出了德国铁路的无砟轨道结构类型。

**表4.15 德国铁路无砟轨道结构类型**

| 整体结构 | | | 直接支承结构 |
|---|---|---|---|
| 现浇混凝土（含轨枕或支承块） | 现浇混凝土（不含轨枕或支承块） | 预制板 | 轨枕或支承块 |
| RHEDA | FFC | BöGL | ATD |
| ZüBLIN | BES | | GETRAC |
| BERLIN | BTE | | BTD |
| HEITKAMP | HOCHETIEF | | SATO |
| | RESENGLEIS | | WALTER |

Rheda型无砟轨道（图4.13）为钢筋混凝土底座上的整体结构形式之一，在大量试铺和长期观测试验的基础上，在德国铁路高速线土质路基、桥梁和隧道区段全面推广应用，所铺设的360 km无砟轨道（含80多组道岔区）中，Rheda型约占一半以上。Rheda型无砟轨道结构从1972年开始试铺的普通型（带槽形板、埋入轨枕）到Rheda-2000型（无槽形板、埋入支承块）经历了几十年的发展历程。

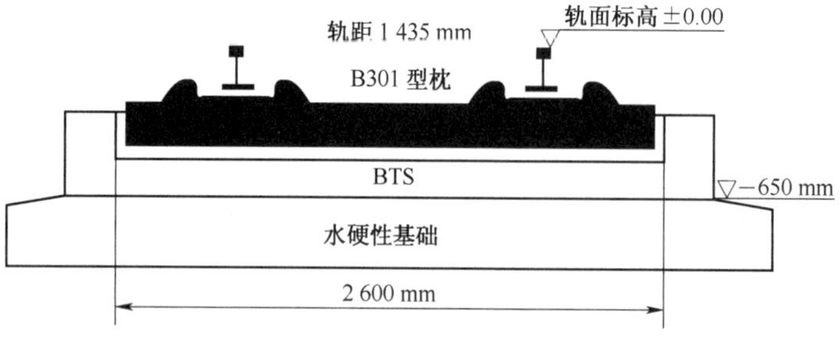


图4.13 普通Rheda型无砟轨道

Rheda-2000型无砟轨道（图4.14）在世界范围内得到推广。我国的CRTS双块式无砟轨道是将该技术进行了优化，在国内武广、石武、合福等高速铁路上大量铺设。其结构特点是：由2根桁架型配筋组成的特殊双块式轨枕取代了原Rheda型中的整体轨枕；取消了原结构中可能开裂和渗水的槽形板，统一了隧道、桥梁和路基上的形式，也可在道岔和伸缩调节器区段应用；同时，轨道结构高度从原来的650 mm降低为472 mm。Rheda-2000型中的支承块只保留承轨和预埋扣件螺栓部位的预制混凝土，其余为桁架式的钢筋骨架，使其与现场灌注混凝土的新、老界面减至最少，有利于提高施工质量和结构的整体性。建筑高度的下降，对降低轨道本身和线路的造价都是有利的。将无砟轨道的造价控制到有砟轨道的1.3～1.4倍是德国铁路力争的目标。

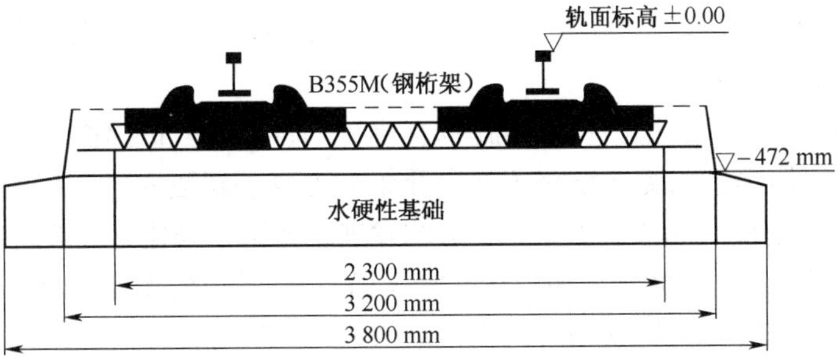


图 4.14　Rheda-2000 型无砟轨道

最典型的直接支承方式无砟轨道结构为 ATD、GETRAC 型,如图 4.15 和图 4.16 所示,上部的轨枕或支承块直接置于钢筋混凝土/沥青混凝土支承层上,成为一个独立的组成部分,在中部有多种方式设限位装置,以限制轨排纵、横向移动。

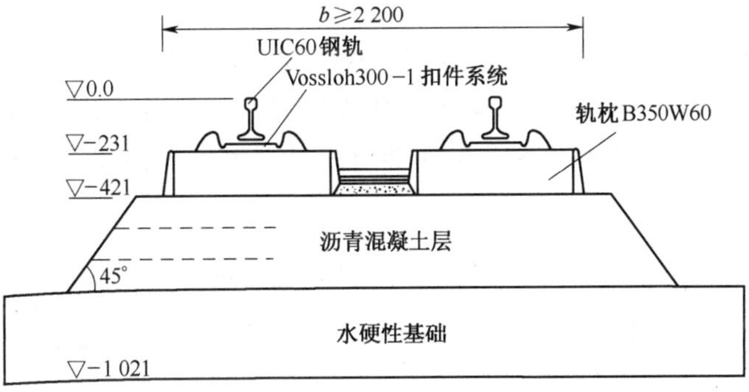


图 4.15　ATD 型无砟轨道结构(单位:mm)

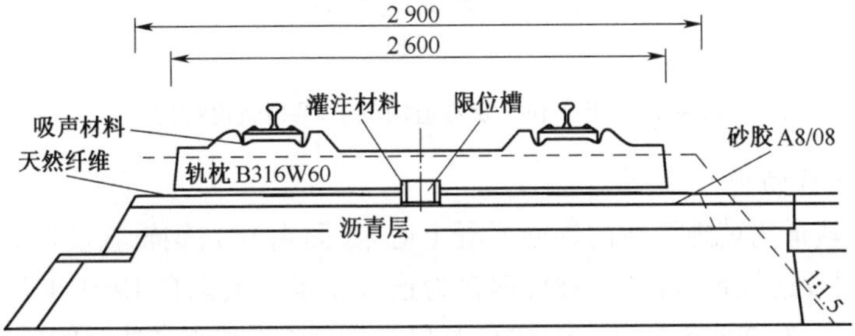


图 4.16　GETRAC 型无砟轨道结构(单位:mm)

由 Bögl 公司开发的博格板式无砟轨道结构由预制轨道板组成,轨道板结构高度(从水硬性材料支承顶面到钢轨顶面)474 mm,分为标准预制板、特殊预制板和补偿预制板三种形式,标准板的外形尺寸 6 450 mm × 2 500 mm × 200 mm,轨道板之间用钢筋连接,板底充填水泥沥青砂浆层。与现场浇筑的混凝土轨道板相比,博格板具有工厂化生产,加工精度高,固化时间短,不需要费时费工的现场制模和浇筑,必要时可进行轨道板高程调整等优势,但厂房和设备等一次性投入较高。我国在博格板式无砟轨道的基础上研发了 CRTS Ⅱ 型板式无砟轨道,在京沪、京石、京津城际等高速铁路上大量铺设。

Vossoloh 300 型扣件是目前德国铁路无砟轨道的标准形式，一般区段的无砟轨道结构设计必须与标准扣件形式相匹配。此扣件的高低最大调整量为$^{+26}_{-4}$ mm，轨距调整量为 ±5 mm，橡胶垫板厚度 12 mm，静刚度值(22.5 ±2.5)kN/mm。德国铁路使用的其他形式的扣件还有 336、A8、ERL/BWG 和 Krupp 型等。

从 20 世纪 80 年代开始，德国铁路实施私有化计划，即新建和扩建铁路由政府拨款，而养护维修则由德国铁路出资时，德国铁路董事会开始大力谋求新建铁路和扩建线路要尽量采用少维修轨道，这项措施极大地推动了无砟轨道的发展。德国在修建高速铁路的初期，无砟轨道仅占正线的 30% 以下，但 1998 年开通的柏林—汉诺威高速铁路，无砟轨道已达 80% 以上。

与其他国家不同的是，德国铁路首先在车站试铺无砟轨道，接着解决了土质路基铺设无砟轨道的技术问题，然后逐步推广到隧道和桥梁上，从而为全区间铺设无砟轨道创造了有利条件。基于高速铁路有砟轨道线路的维修工作量大，道砟粉化及道床累积变形速率加快，德国铁路根据其咨询公司对现行的有砟轨道和无砟轨道的综合技术经济比较得出的建议，决定在所有隧道内、道岔区、制动区间以及 300 km/h 的高速线上均采用无砟轨道。

3. 英国

(1)LVT 型无砟轨道

LVT 型无砟轨道是在双块式轨枕(或两个独立支承块)的下部及周围设橡胶套靴，在块底与套靴间设橡胶弹性垫层，而在双块式轨枕周围及底下灌注混凝土而成型，为减振型轨道。1993 年开通运营的英吉利海峡两单线隧道内全部铺设了独立支承块式 LVT 型无砟轨道(图 4.17)。

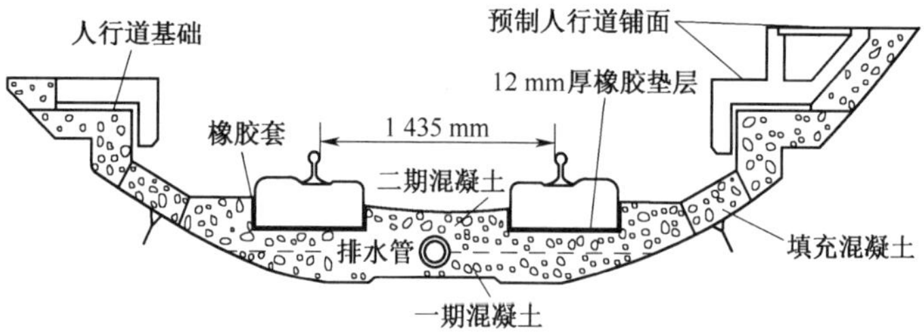


图 4.17　英吉利海峡隧道内的 LVT 型轨道结构

(2)PACT 型无砟轨道

PACT 型无砟轨道为就地灌注的钢筋混凝土道床(图 4.18)，钢轨直接与道床相连接，轨底与混凝土道床之间设连续带状橡胶垫板，钢轨为连续支承。英国自 1969 年开始研究和试铺，到 1973 年正式推广，并在西班牙、南非、加拿大和荷兰等国重载和高速线的桥、隧结构上应用，铺设总长度约 80 km。

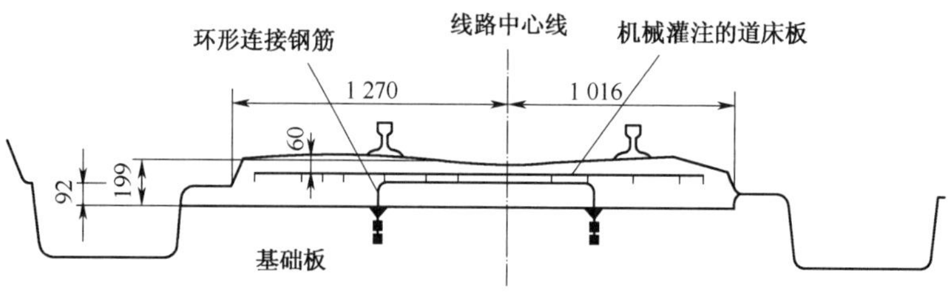


图 4.18　PACT 型无砟轨道(单位：mm)

4. 其他国家

一向坚持采用有砟轨道的法国,也在新建的地中海线的路基上和隧道内分别铺设了2 km、8 km 的双块式无砟轨道(属 LVT 型无砟轨道)。荷兰高速铁路土质不好,软土较多,但也积极采用无砟轨道。韩国在修建高速铁路时,也把无砟轨道作为重要工程内容。总之,无砟轨道结构在高速铁路上的大量铺设已经成为发展趋势。

## 二、我国前期研发的无砟轨道结构

国内对无砟轨道的研究始于20 世纪 60 年代,与国外的研究几乎同时起步。我国初期曾试铺设过支承块式、短木枕式、整体灌注式等整体道床以及框架式沥青道床等几种形式,但正式推广应用的仅有支承块式整体道床。支承块式整体道床在成昆线、京原线、京通线、南疆线等长度超过1 km 的隧道内铺设,总铺设长度约300 km。我国20 世纪 80 年代曾试铺过沥青整体道床、由沥青混凝土铺装层与宽枕组成的整体道床以及由沥青灌注的固化道床等,但并未正式推广。此外,在桥梁上试铺过无砟无枕结构,在京九线九江长江大桥引桥上全部采用了这种结构,长度约 7 km。

1994 年以后,随着京沪高速铁路可行性研究的进程,无砟轨道在我国重新被关注。参照国外经验及结构形式,提出了板式、长枕埋入式、弹性支承块式三种结构形式的无砟轨道及其设计参数。在秦沈客运专线选定了三座特大桥作为无砟轨道的试铺段。其中,沙河特大桥(直线、长 692 m)试铺长枕埋入式无砟轨道;狗河特大桥(直线、长 741 m)和双何特大桥(曲线、长 740 m)试铺板式轨道。西康线秦岭隧道Ⅰ线(长度为 18.5 km)内采用了弹性支承块式无砟轨道,已于2000 年正式开通运营。

1. 长枕埋入式(图 4.19)

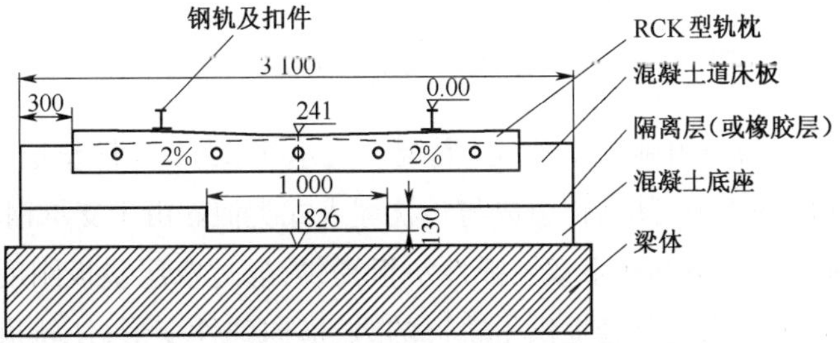


图 4.19 桥上长枕埋入式无砟轨道结构(单位:mm)

长枕埋入式无砟轨道由预应力混凝土轨枕、混凝土道床板和混凝土底座组成。其结构内没有易受环境或温度影响的橡胶、乳化沥青等材料,结构整体性和耐用性较好。混凝土枕制造和现场灌注混凝土的技术和设备均是成熟、配套的。采用我国较成熟的“钢轨支撑架”法自上而下施工,能适应曲线区段超高、超高顺坡和竖曲线区段顺坡等的铺设要求,道床板分块长度与桥梁跨度的匹配较为灵活,轨道维修主要是扣件涂油、调整等少量作业。

道床板和底座均为就地灌注而成,故现场施工量较大,施工进度相对较慢。混凝土表面为人工抹面成形,外观平整度不如板式。如在道床板下设弹性垫层,则施工较为复杂。

2. 板式(图 4.20)

板式无砟轨道由预制的轨道板、CA 砂浆填充层、混凝土底座和轨道板之间的凸形挡台组成。其轨道结构高度低，自重轻，可减小桥梁的二期恒载。轨道板为预制件，质量容易控制。现场的施工量少，施工进度较快，CA 砂浆的灌注日进度可达 200 m。对需要减振的地段，采用减振型轨道板，因在工厂已完成板下弹性垫层的粘贴，故不增加现场的作业量和难度。道床外表美观，轨道稳定，维修工作量小。

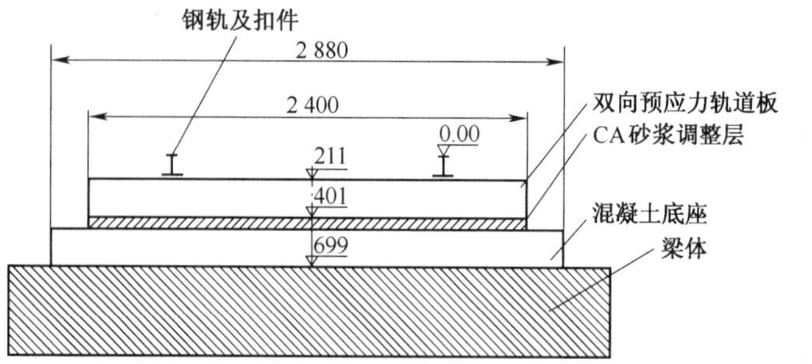


图 4.20　桥上板式无砟轨道结构(单位:mm)

3. 弹性支承块式(图 4.21)

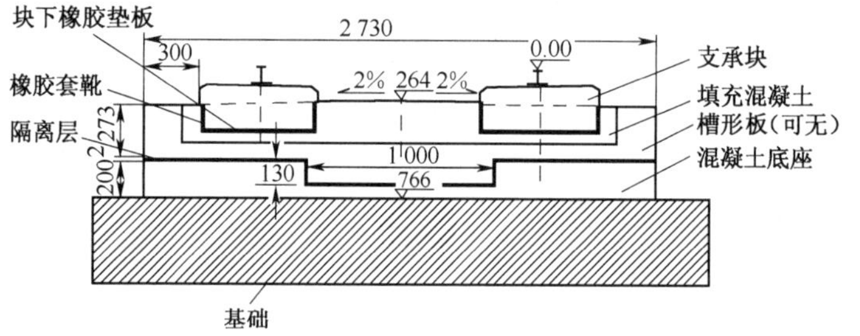


图 4.21　弹性支承块式无砟轨道结构(单位:mm)

弹性支承块式无砟轨道由弹性支承块(混凝土支承块、块下弹性垫层和橡胶靴套)、混凝土道床板、混凝土底座等组成，其结构组成与长枕埋入式类似。由于支承钢轨部分采用弹性支承块，轨道的垂直刚度由轨下和块下双层弹性垫板提供，通过双层垫板刚度的合理选择，使轨道的刚度满足使用要求。橡胶靴套提供了轨道的纵、横向弹性变形，使轨道在承载、动力传递和能量吸收方面更接近于有砟轨道，产生低振动的效应。

弹性支承块的现场混凝土施工量大，进度较慢。在露天条件下使用，雨水流入靴套内只能靠轮载的挤压排除，其对轨道的正常使用以及对橡胶耐久性等产生一定的影响，故一般将其限制在隧道内使用。

## 三、我国高速铁路无砟轨道技术体系

在技术消化、吸收再创新的基础上，我国现今采用的无砟轨道类型有 CRTS Ⅰ型板式无砟轨道、CRTS Ⅱ型板式无砟轨道、CRTS Ⅲ型板式无砟轨道、CRTS 双块式无砟轨道、道岔区轨枕埋入式无砟轨道、道岔区板式无砟轨道。其中，CRTS Ⅲ型板式无砟轨道、CRTS 双块式无砟轨道、道岔区轨枕埋入式无砟轨道最为成熟，应用效果好。

1. CRTS Ⅰ 型板式无砟轨道(图 4.22)

CRTS Ⅰ 型板式无砟轨道结构由钢轨、弹性扣件、轨道板水泥乳化沥青砂浆充填层、底座、凸形挡台及其周围填充树脂等组成,曲线超高在底座上设置,无仰拱隧道内超高可在隧道底板上设置。标准横断面结构如图 4.23 ~ 图 4.25 所示。

图 4.22　CRTS Ⅰ 型板式无砟轨道

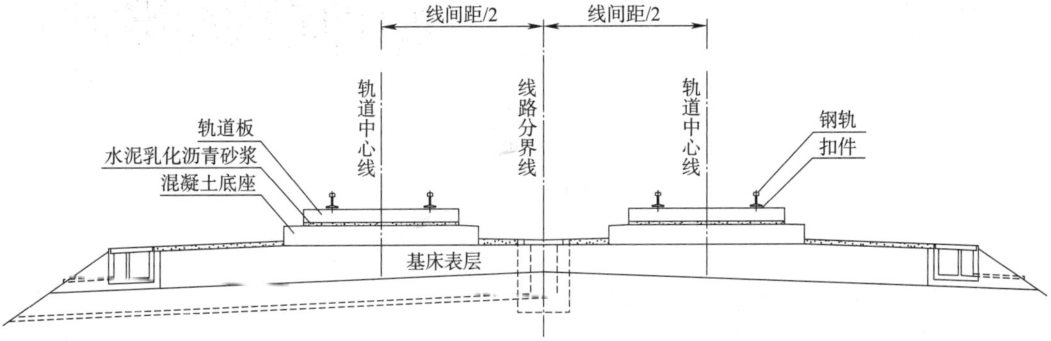


图 4.23　路基地段 CRTS Ⅰ 型板式无砟轨道标准横断面示意

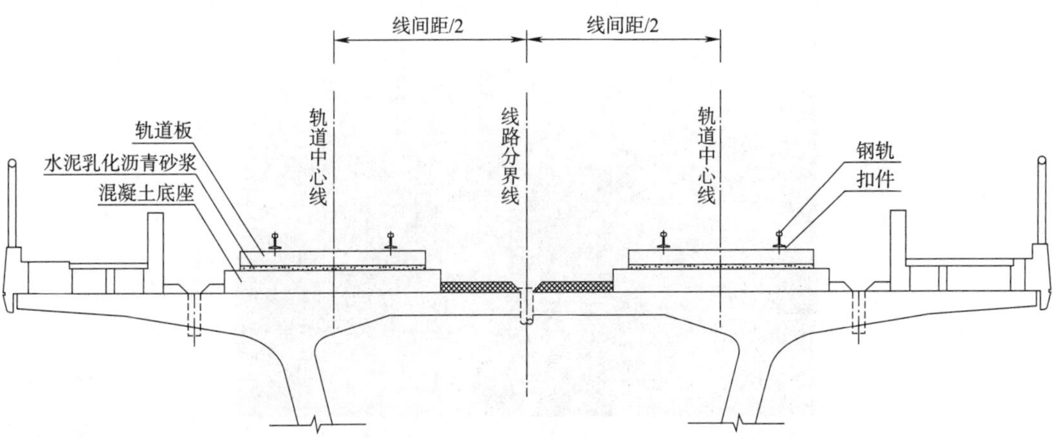


图 4.24　桥梁地段 CRTS Ⅰ 型板式无砟轨道标准横断面示意

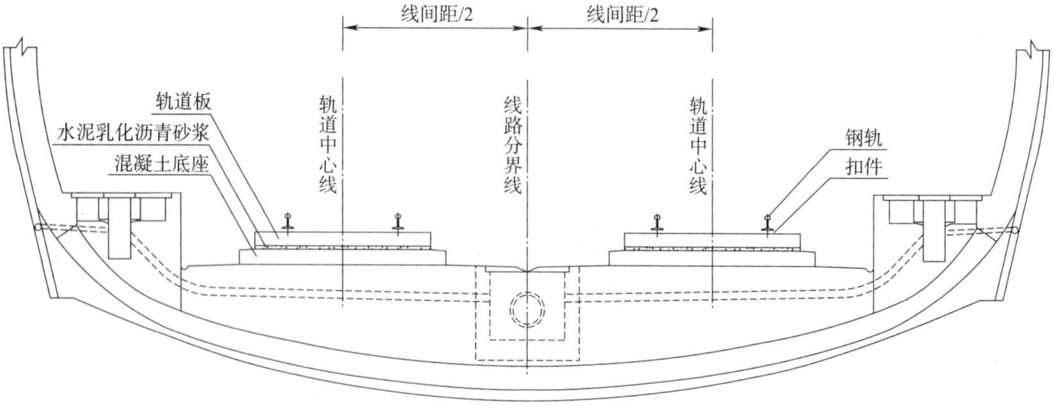


(a) 有仰拱隧道

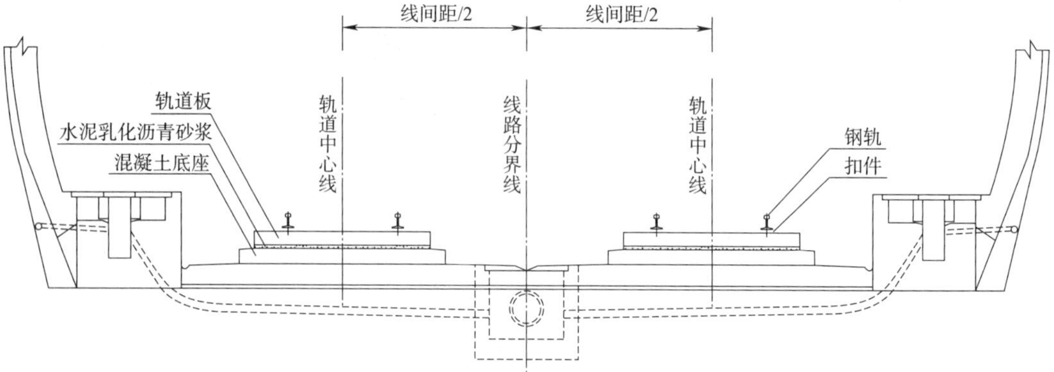


(b) 无仰拱隧道

图 4.25　隧道地段 CRTS Ⅰ 型板式无砟轨道标准横断面示意

2. CRTS Ⅱ 型板式无砟轨道(图 4.26)

路基地段 CRTS Ⅱ 型板式无砟轨道标准横断面结构如图 4.27 所示,轨道结构由钢轨、弹性扣件、轨道板、水泥乳化沥青砂浆充填层、支承层等组成。曲线超高在路基基床表层上设置。

图 4.26　CRTS Ⅱ 型板式无砟轨道

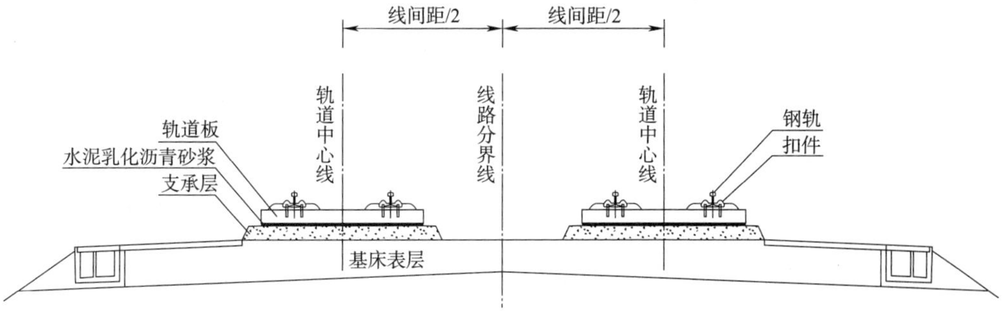


图 4.27　路基地段 CRTSⅡ型板式无砟轨道标准横断面示意

桥梁地段 CRTSⅡ型板式无砟轨道标准横断面结构如图 4.28 所示，轨道结构由钢轨、弹性扣件、轨道板、水泥乳化沥青砂浆充填层、底座板、滑动层、高强度挤塑板、侧向挡块及台后锚固结构等组成。曲线超高在底座板上设置，长大桥区段底座板设有钢板连接器后浇带。

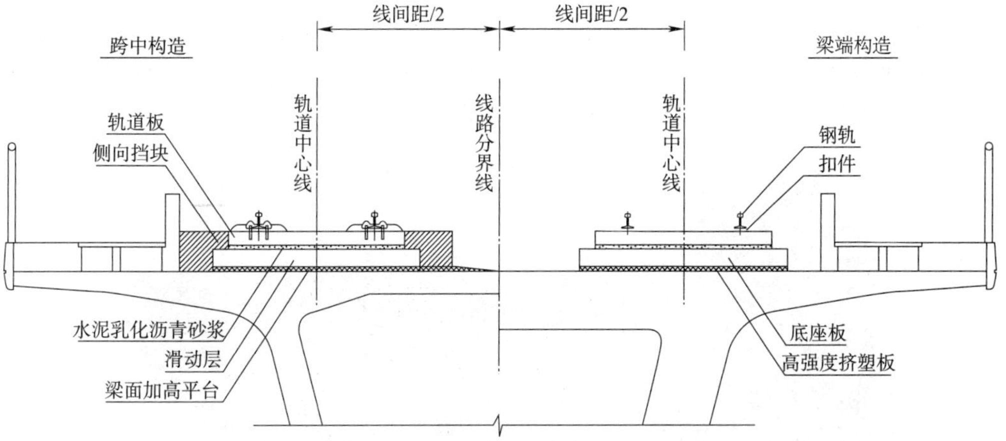


图 4.28　桥梁地段 CRTSⅡ型板式无砟轨道标准横断面示意

隧道地段 CRTSⅡ型板式无砟轨道标准横断面结构如图 4.29 所示，轨道结构由钢轨、弹性扣件、轨道板、水泥乳化沥青砂浆充填层及支承层等组成。支承层采用低塑性水泥混凝土时，曲线超高可在支承层设置；支承层采用水硬性混合料时，曲线超高应在隧道仰拱回填层（有仰拱隧道）或底板（无仰拱隧道）上设置。

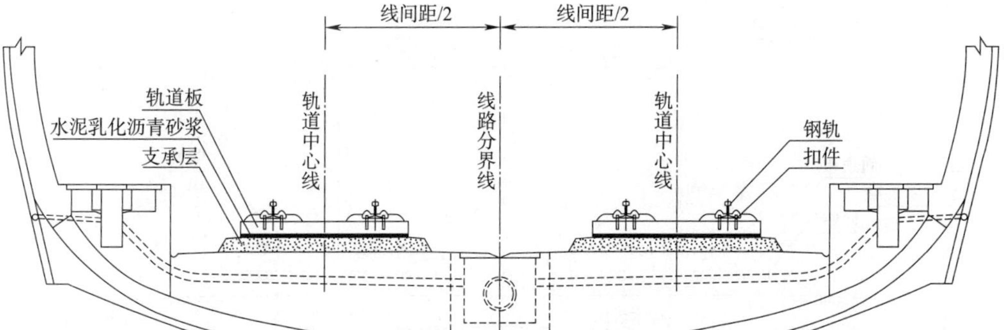


(a) 有仰拱隧道

图 4.29

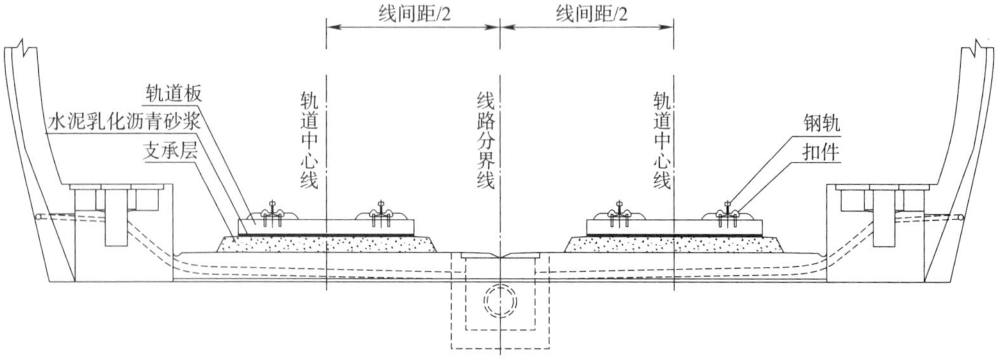


(b) 无仰拱隧道

图 4.29　隧道地段 CRTSⅡ型板式无砟轨道标准横断面示意

3. CRTSⅢ型板式无砟轨道(图 4.30)

CRTSⅢ型板式无砟轨道结构由钢轨、弹性扣件、轨道板、自密实混凝土层、隔离层、底座及凹槽周围弹性垫层等组成。底座沿线路纵向单元设置,底座间设横向伸缩缝,曲线超高在底座上设置。标准横断面结构如图 4.31 ~ 图 4.33 所示。

图 4.30　CRTSⅢ型板式无砟轨道

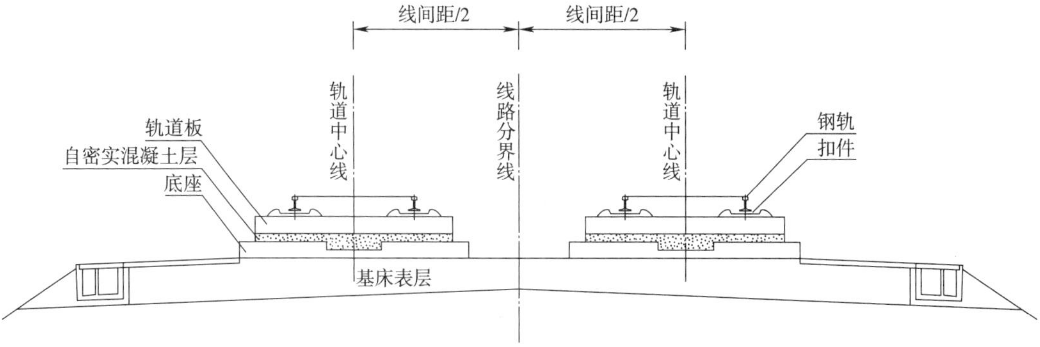


图 4.31　路基地段 CRTSⅢ型板式无砟轨道标准横断面示意

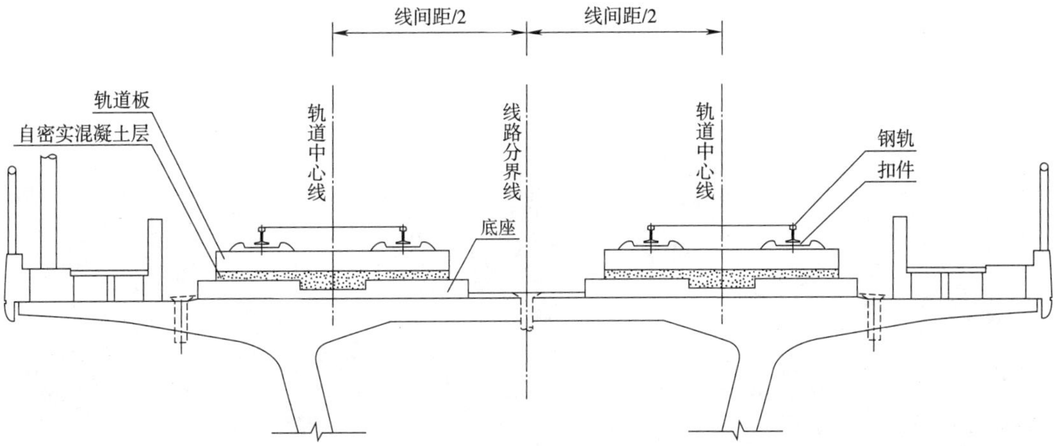


图 4.32　桥梁地段 CRTSⅢ型板式无砟轨道标准横断面示意

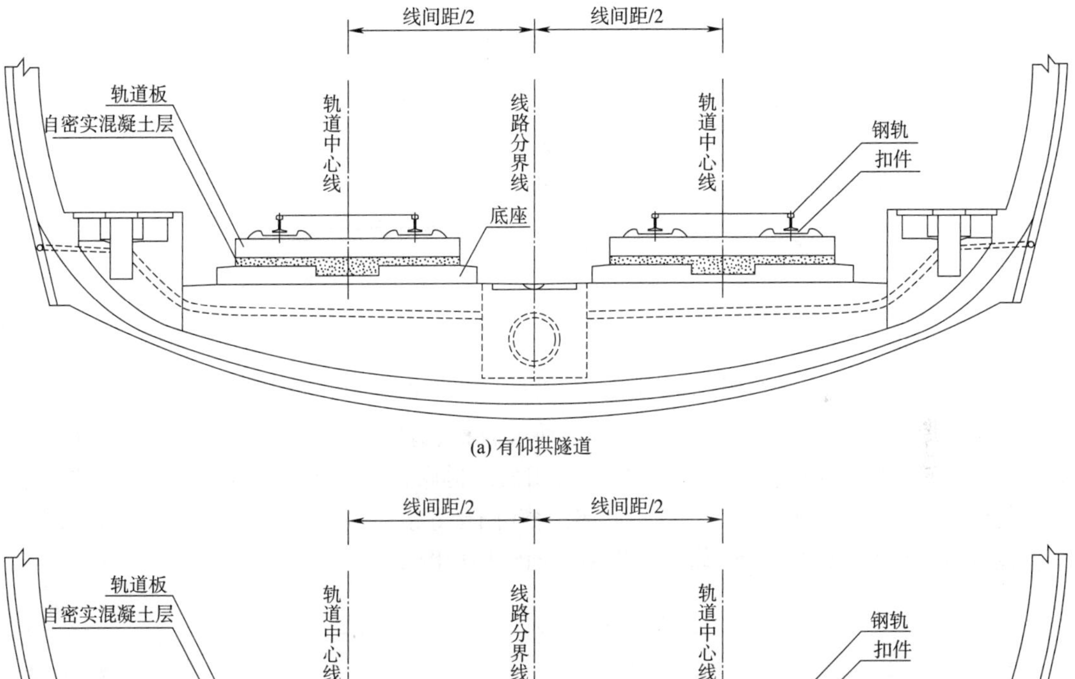


(a) 有仰拱隧道

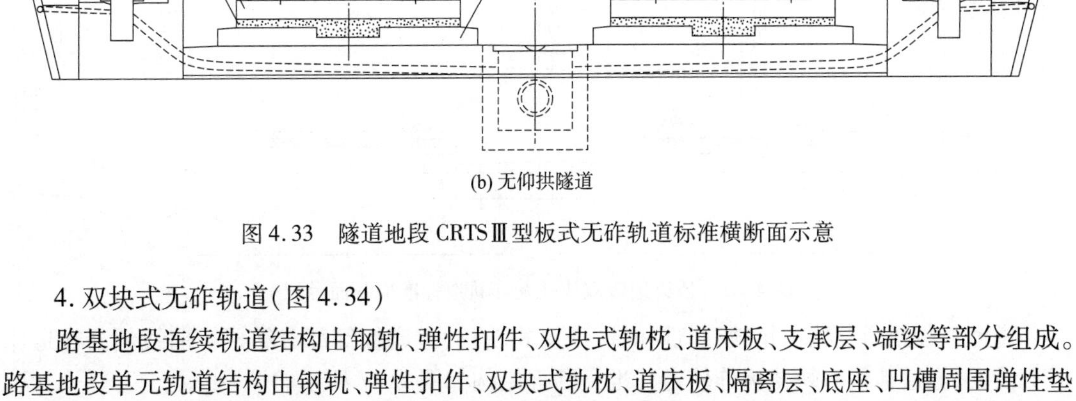


(b) 无仰拱隧道

图 4.33　隧道地段 CRTSⅢ型板式无砟轨道标准横断面示意

4. 双块式无砟轨道(图 4.34)

路基地段连续轨道结构由钢轨、弹性扣件、双块式轨枕、道床板、支承层、端梁等部分组成。路基地段单元轨道结构由钢轨、弹性扣件、双块式轨枕、道床板、隔离层、底座、凹槽周围弹性垫层等部分组成。曲线超高一般在基床表层或底座上设置,路基地段双块式无砟轨道标准横断面结构如图 4.35 所示。

图 4.34　双块式无砟轨道

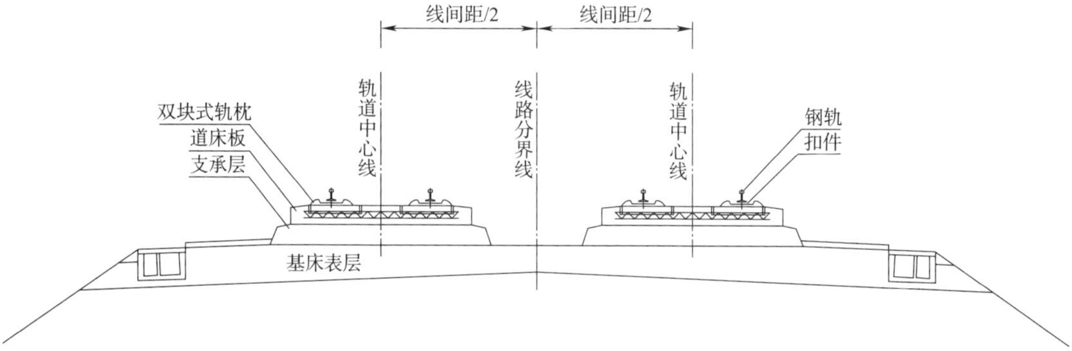


图 4.35　路基地段双块式无砟轨道标准横断面示意

桥梁地段轨道结构由钢轨、弹性扣件、双块式轨枕、道床板、隔离层、底座(或钢筋混凝土保护层)、凹槽(或凸台)周围弹性垫层等部分组成。道床板和底座沿线路纵向分块设置。道床板与底座(或保护层)间设置隔离层,底座凹槽(凸台)侧立面粘贴弹性垫层。曲线超高在底座上设置,桥梁地段双块式无砟轨道标准横断面结构如图 4.36 所示。

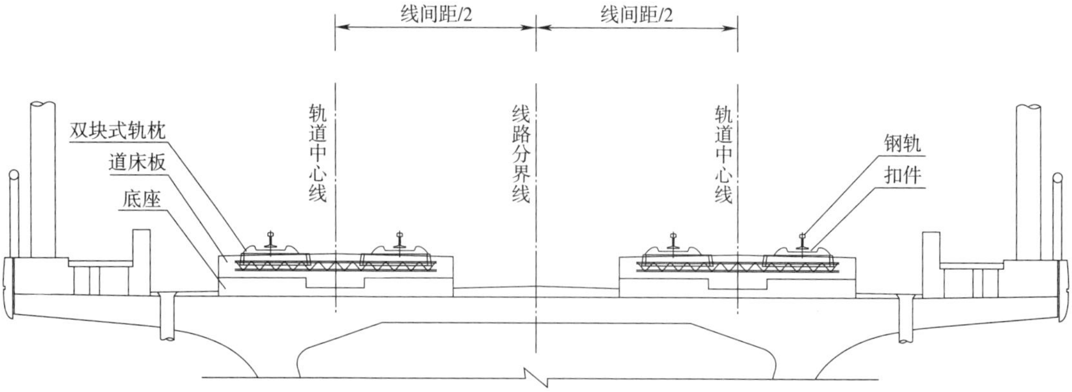


图 4.36　桥梁地段双块式无砟轨道标准横断面示意

隧道地段轨道结构由钢轨、弹性扣件、双块式轨枕、道床板等部分组成。曲线超高在道床板上设置,隧道地段双块式无砟轨道标准横断面结构如图 4.37 所示。

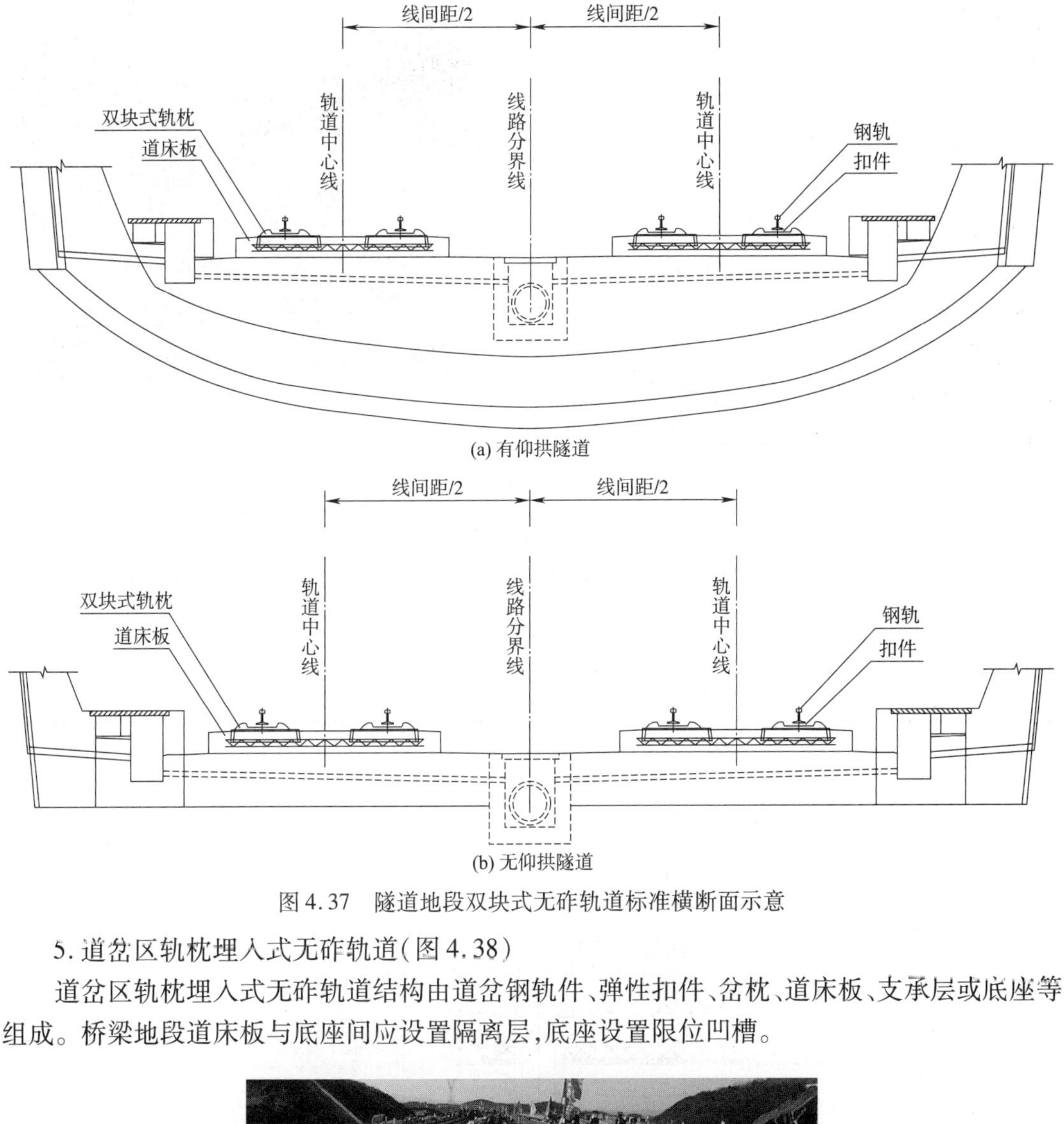


图 4.37　隧道地段双块式无砟轨道标准横断面示意

5. 道岔区轨枕埋入式无砟轨道(图 4.38)

道岔区轨枕埋入式无砟轨道结构由道岔钢轨件、弹性扣件、岔枕、道床板、支承层或底座等组成。桥梁地段道床板与底座间应设置隔离层,底座设置限位凹槽。

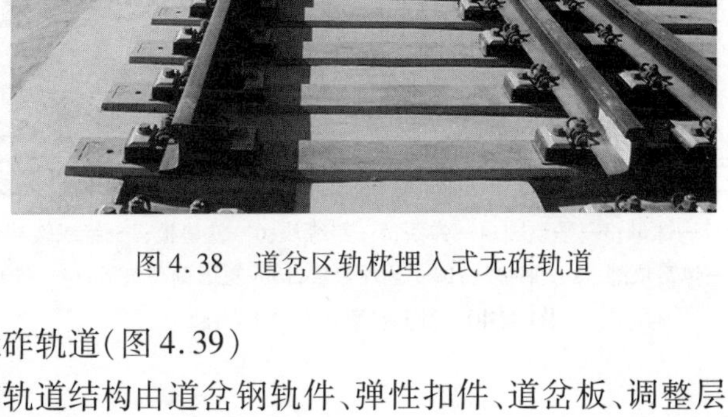

图 4.38　道岔区轨枕埋入式无砟轨道

6. 道岔区板式无砟轨道(图 4.39)

道岔区板式无砟轨道结构由道岔钢轨件、弹性扣件、道岔板、调整层(水泥乳化沥青砂浆

图 4.39　道岔区板式无砟轨道

或自密实混凝土）及底座等组成。道岔板与调整层间通过门型钢筋或植筋进行连接。底座采用单元结构时，调整层与底座间应设置隔离层，调整层与底座间设置限位凹槽，凹槽侧面设弹性垫层。

无砟轨道采用与轨道板或双块式轨枕配套的弹性扣件（表 4.16 和图 4.40 及图 4.41），其弹性垫层静刚度宜为 20 ~ 30 kN/mm。变形不易控制的特殊地质条件地段可采用调高量较大的弹性扣件，大跨度桥梁可根据无缝线路设计要求采用小阻力扣件，沿海或酸雨腐蚀严重的地区、隧道内应采用相应防腐蚀措施的扣件。

**表 4.16　无砟轨道扣件类型**

| 铁路等级 | 无砟轨道结构类型 | 采用扣件类型 |
| --- | --- | --- |
| 高速铁路 | CRTS 双块式 | WJ-7B、WJ-8B |
| | CRTS Ⅰ 型板式 | WJ-7B |
| | CRTS Ⅱ 型板式 | WJ-8 |
| | CRTS Ⅲ 型板式 | WJ-8B |

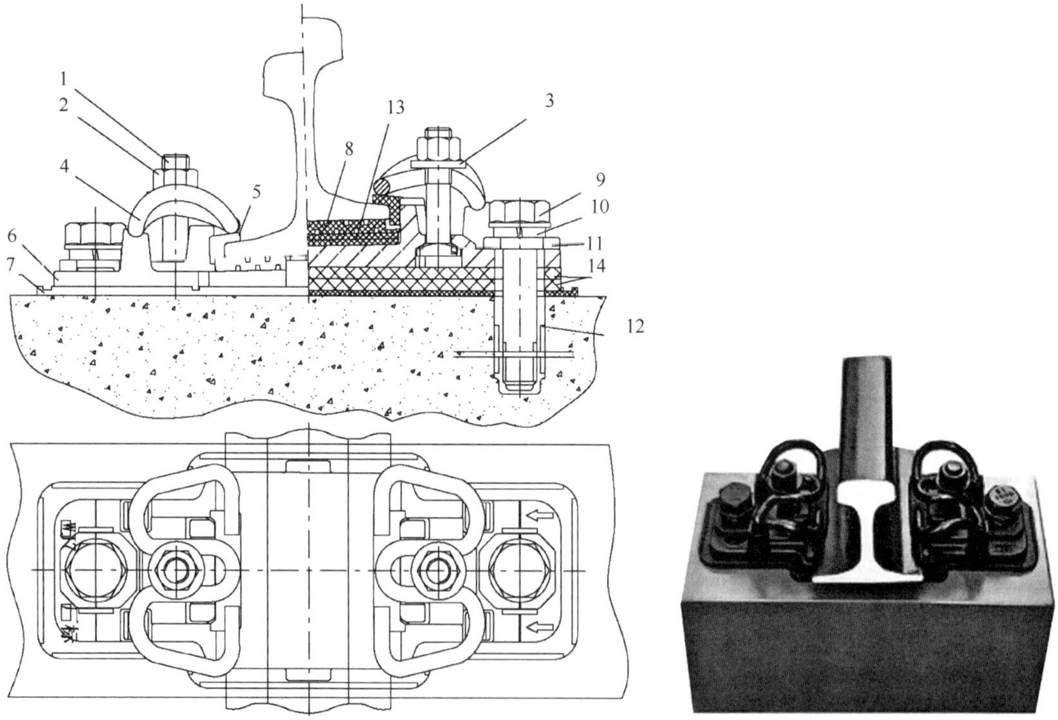


1—T 形螺栓；2—螺母；3—平垫圈；4—弹条；5—绝缘块；6—铁垫板；7—绝缘缓冲垫；8—垫板；9—锚固螺栓；10—弹簧垫圈；11—平垫块；12—预埋套管；13—轨下调高垫板；14—铁垫板下调高垫板。

图 4.40　WJ-7 型扣件（无挡肩）

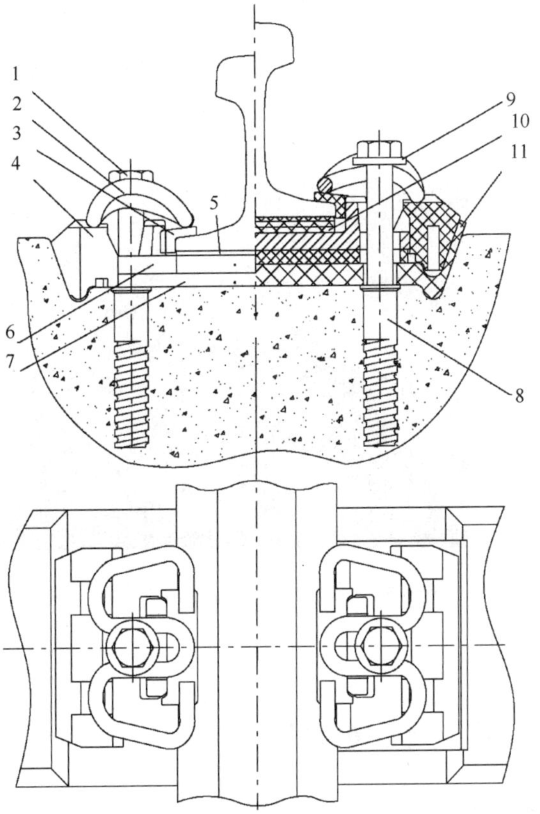

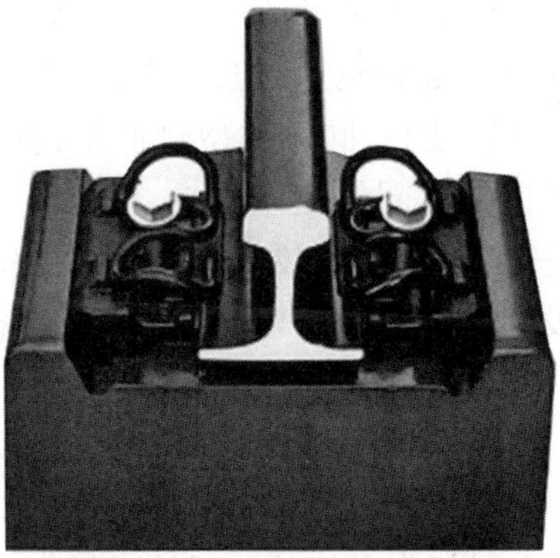

1—螺旋道钉;2—弹条;3—绝缘块;4—轨距挡板;5—垫板;6—铁垫板;7—铁垫板下弹性垫板;
8—预埋套管;9—平垫圈;10—轨下调高垫板;11—铁垫板下调高垫板。

图 4.41　WJ-8 型扣件(有挡肩)

## 四、轨道结构类型选择

运营实践表明,有砟轨道和无砟轨道均能满足高速铁路的要求,国外高速铁路发达国家中,日本、德国的高速铁路以无砟轨道为主,法国的高速铁路则以有砟轨道为主。在施工建设期阶段,铺设无砟轨道的工程投资相对较高。这除了受轨道结构自身的造价差异影响外,还有因铺设无砟轨道较有砟轨道在基础沉降控制方面更苛刻,而导致线下基础的工程投资增加的影响。在运营养护维修阶段,无砟轨道的维修工作量较有砟轨道大幅减少,同时无砟轨道配备定员及机具相对较少,从而节省一部分人工及设备费用。日本、德国等几个研究铺设了两种轨道结构类型的主要国家均认为,铺设无砟轨道较有砟轨道引起工程投资的增加费用,在无砟轨道全生命周期内能够得以偿还,即高速铁路采用无砟轨道较有砟轨道有更好的经济效益。

我国幅员辽阔,南北及东西的距离均超过了 5 000 km,列车长距离运行是我国高速铁路的一个主要特点。为适应高速铁路运营需求,轨道结构必须提供良好的平顺性、稳定性,特别是线路综合维修天窗设置时间越短越好。

根据我国国情、路情及已开通高速铁路的运营经验,综合考虑不同轨道结构类型全寿命周期的经济和社会效益,设计时速 300 km 及以上的高速铁路原则采用无砟轨道结构是适宜的。但与有砟轨道相比,无砟轨道结构调整能力弱,在活动断裂带、地面严重沉降区、冻结深度较大且地下水位较高的季节冻土区以及深厚层软土等区域变形不易控制的特殊地质条件地段，特殊工况下结构一旦受损，维修困难，将影响正常运营，因此在特殊地质条件地段宜采用有砟轨道结构。

根据我国前期建成的合宁、合武、石太、青荣高速铁路等工程项目多年的运营实践经验，设计时速250 km的高速铁路采用有砟轨道完全可以满足运营需要，同时可以大幅节省建设期的工程投资，因此主要以有砟轨道结构为主。但在长度超过1 km的隧道及隧道群等线下基础稳固地段，采用无砟轨道技术经济优势较为明显，宜采用无砟轨道结构。同时考虑到轨道刚度的均匀性及养护维修作业的便利，同一类型轨道结构应集中成段铺设。不同轨道结构应在相同下部基础上进行过渡（图4.42），不同轨道结构间的过渡段区域不应设置工地焊接接头和绝缘接头。

图4.42　有砟轨道结构与无砟轨道结构过渡段

## 第五节　高 速 道 岔

道岔是机车车辆从一股轨道转入或越过另一股轨道的线路设备，是铁路轨道的重要组成部分。道岔是线路上的薄弱环节，是影响列车行车速度和安全的关键之一。在高速铁路中，道岔有其十分重要的特殊地位。

高速道岔在功能上和结构上与普速道岔相比，虽没有原则上的区别，但它们的安全性和舒适性要求更高。近年来，各国铁路根据高速运行时机车车辆与道岔的相互作用的特点，对高速道岔的平纵断面、构造、制造工艺、道岔范围内的轨下基础及养护维修均进行了大量的研究，设计和制造出一系列适用于不同运行条件的高速道岔。

高速道岔分为三类：第一类是用于进站停车；这类道岔直向过岔速度与区间相同，不仅使用在新建高速线路上，并可用在由普通线路改建为高速铁路的线路上，使车站平面布置变动减少，道岔一般为常用号码道岔。第二类是用于区间渡线；这类道岔侧向最高通过速度160 km/h，可供维修工作中组织不间断行车服务。第三类是用于区间出岔；为提高运输效率，这类道岔要求侧向过岔速度进一步提高，可达220～230 km/h。

以下从平纵断面和构造方面来介绍国内外高速道岔的主要特征。

1. 平纵断面方面

(1)导曲线线形以圆曲线为主，也有少数采用变曲率曲线的，如法国用于渡线的UIC60轨 tan 0.015 4(1/65)道岔(图4.43)的导曲线采用单支三次抛物线，半径最大处位于导曲线终点(曲线形辙叉跟端)，侧向容许通过220 km/h(改善型为230 km/h)。瑞士铁路在UIC-54E1:25道岔中采用螺旋曲线。另外，德、英、意等国铁路也有采用缓和曲线作导曲线的。我国18号道岔导曲线采用单圆曲线线型(图4.44)，42号道岔和62号道岔导曲线采用圆曲线＋缓和曲线线型。

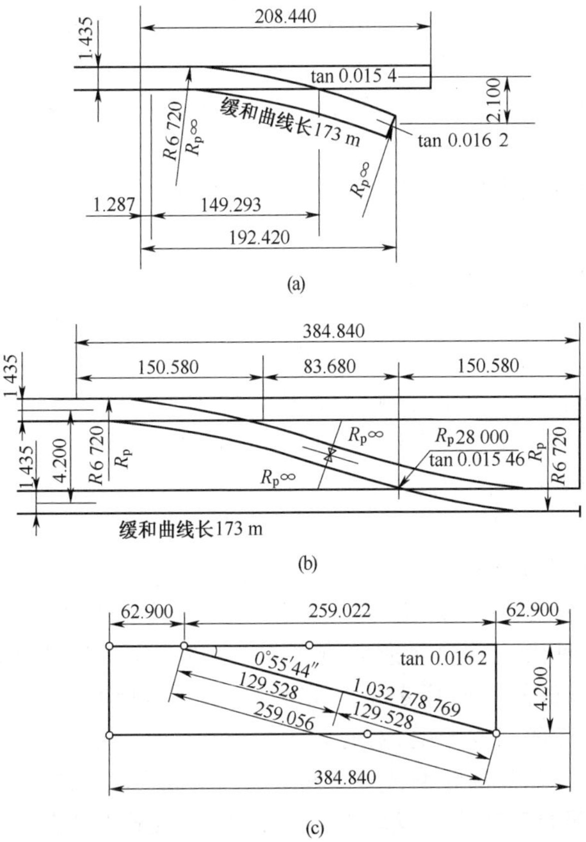


图 4.43　法国 UIC60 轨 tan0. 015 4 道岔平面线形及渡线尺寸(单位:m)

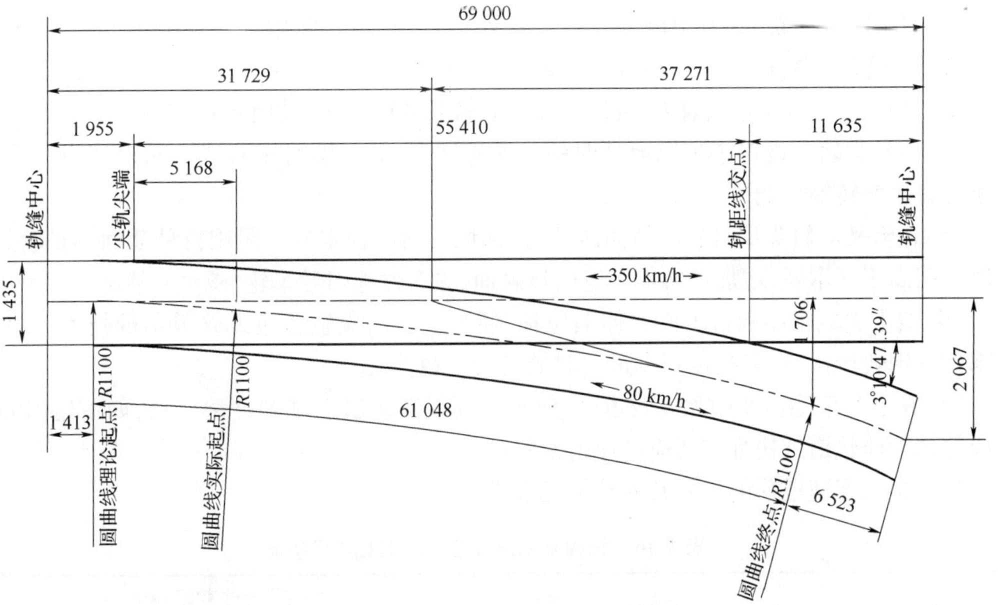


图 4.44　18 号道岔线形及主要尺寸(单位:mm)

(2)采用大半径的曲线形尖轨,从尖轨尖端到最大可能冲击断面的半径较导曲线部分为大。尖轨与基本轨工作边在平面上多为切线形,这样可减小列车逆向进入道岔侧线时的冲角。

(3)轨距设置无论直股或侧股轨道,均与区间轨道一致。一些国家曾一度缩减轨距设置尺寸,如法、德、苏联的单开道岔轨距分别缩减 2 ~5 mm 不等,但后来设计的道岔又有恢复原轨距的趋势。

(4)根据车轮滚动面及辙叉外形尺寸相互位置的分布情况,经数理统计分析,提出了优化的辙叉纵横断面。

(5)采用可动部件辙叉(如可动心轨、可动翼轨或其他可动部件)消灭有害空间。

(6)在大号码道岔中导曲线外轨设置超高。有些国家的道岔设置轨底坡或轨顶坡,以进一步改善乘车舒适度。

(7)大号码道岔全长大大增加,法国的 65 号道岔全长为 208.44 m,德国的 42 号道岔全长为 154 m,瑞士的 28 号道岔全长为 100 m。我国自主设计生产的 18 号道岔全长 69.0 m,42 号道岔全长为 157.2 m,62 号道岔全长为 201.0 m。

2. 构造方面

新型高速道岔在构造上采用了一系列加强措施。

(1)在基本轨与尖轨的贴靠部位,对基本轨轨距线以下的轨头下颚作 1∶3的刨切,以获得藏尖式结构。这种措施对确保逆向行车安全,防止尖轨尖端被轧伤,并使尖轨在动荷载作用下,能保持良好的竖向稳定是十分有效的。在可动心轨辙叉中,心轨与翼轨的贴靠部位同样采用这样的结构形式,对心轨尖端也起到良好的保护作用。

(2)采用高度比基本轨矮的矮型特种断面钢轨加工成尖轨,尖轨为弹性可弯式。尖轨跟部轧制成与普通轨相同的截面,与连接轨直接焊接相连。尖轨根部有局部刨切的,也有不作刨切的,这样可以大大提高转辙器的稳定性和可靠性。

(3)大号码道岔的尖轨一般较长,为保证尖轨转换可靠及扳动到位,常使用多根转辙杆。如法国 UIC60 轨 tan 0.015 4 道岔,尖轨长 57.50 m,采用 6 根转辙杆。德国 UIC60 轨 1∶26.5 道岔,尖轨长 31.740 m,采用 4 根转辙杆。我国自主研发生产的 18 号道岔尖轨长 21.45 m,采用 3 根转辙杆,42 号道岔尖轨长 44.24 m 采用 6 根转辙杆。

(4)在长尖轨下设置了尖轨扳动时的减摩擦装置,如减摩滑床板或滚轮滑床板。采用外锁闭装置改善转辙性能。

(5)在辙叉心轨尖端设置心轨防跳装置,保证心轨的稳定性。采用特种断面的护轨钢轨,护轨轨面高于基本轨,增加护轨与车轮的接触面,更有效地引导车轮,减少心轨磨耗。

(6)减小尖轨跟端和自由段的伸缩位移,使高速道岔尖轨适应无缝道岔的技术。焊接道岔部位的钢轨接头,提高高速列车过岔时的走行平稳性。

(7)在道岔范围内使用无砟轨道,以便和区间线路的轨下基础类型一致,如雷达(Rheda)等成熟的无砟轨道结构都有适应高速道岔的基础。

我国常用高速道岔的主要几何特征见表 4.16。

**表 4.16　我国常用高速道岔的主要几何特征**

| 道岔号数 | 图　　号 | 导曲线半径/m | 道岔全长/m | 容许通过速度/(km/h) | | 备注 |
|---|---|---|---|---|---|---|
| | | | | 直向 | 侧向 | |
| 18 | 客专线(07)001 | 1 100 | 69 | 250 | 80 | 无砟轨道 |

续上表

| 道岔号数 | 图　号 | 导曲线半径/m | 道岔全长/m | 容许通过速度/(km/h) | | 备注 |
|---|---|---|---|---|---|---|
| | | | | 直向 | 侧向 | |
| 18 | 客专线(07)009 | 1 100 | 69 | 350 | 80 | 无砟轨道 |
| | 客专线(08)016 | 1 100 | 69 | 350 | 80 | 有砟轨道 |
| | CN6118AS | 1 100 | 69 | 350 | 80 | 无砟轨道 |
| | CN-6118AB | 1 099.282 5 | 69 | 250 | 80 | 有砟轨道 |
| | CN-6118AT | 1 099.282 5 | 69 | 350 | 80 | 有砟轨道 |
| 42 | 客专线(07)006<br>CZ2686 | 1 100 | 157.2 | 350 | 160 | 无砟轨道 |
| | CN6142AS | 10 119/510/4 100/480 | 157.2 | 350 | 160 | 无砟轨道 |
| | CN-6142AT | 10 119/510/4 100/480 | 157.2 | 350 | 160 | 有砟轨道 |

## 第六节　一次铺设跨区间无缝线路

### 一、跨区间无缝线路

无缝线路是20世纪轨道结构最突出的改进与创新。无缝线路的出现,不但在理论上修正和丰富了轨道结构的设计、计算内容,而且在结构上消除了钢轨接头,减少了列车在接头区的冲击与振动,不仅延长了轮、轨部件的使用寿命,减少了线路维修费用,而且还提供了平滑的运行表面,给列车运营与行车安全也带来诸多好处。尤其对高速铁路来讲,无缝线路已成为不可或缺的轨道结构形式。

《高速铁路设计规范》(TB 10621—2014)中要求正线及到发线轨道应按一次铺设跨区间无缝线路设计。人们把轨条长度跨区间,且车站正线采用无缝道岔的线路定义为跨区间无缝线路。与之相对应的是区间无缝线路,它是指区间长轨条与道岔之间不直接焊接或胶接,而是通过缓冲轨与道岔相连。由于缓冲轨的存在,区间长轨条内的温度纵向力就会得到缓解,通过道岔传递的温度纵向力就像有缝线路一样,只有接头阻力。区间无缝线路的道岔及相邻区域是线路最薄弱的环节,这不仅是由于道岔的结构因素及钢轨接头的密集,而且作为长轨条的伸缩区会引起很大的钢轨纵向位移,并在伸缩区的端头产生应力集中。跨区间无缝线路正是为了消除上述缺点,将道岔区内及道岔两端的接头全部焊接或胶接,与区间长轨条一起,形成轨线完全连续的、真正意义上的无缝线路。

### 二、无缝道岔

在区间范围内,跨区间无缝线路与区间无缝线路的轨条,均处于固定区,其工作特点及设计要求没有本质区别,其根本区别在于出现了无缝道岔。

由于无缝道岔里侧的辙叉跟端承受着来自里侧长轨条的巨大的温度纵向力。这一纵向力将通过心轨、辙叉、翼轨、导轨及尖轨跟端向基本轨传递。在传递的过程中一部分克服各种阻力,使其用间隔铁连接的心轨和翼轨之间及用限位器连接的尖轨跟端与基本轨之间产生相对位移,另一部分则通过扣件、轨枕及尖轨跟端限位器传给基本轨,形成道岔基本轨附加温度纵向力。无缝道岔的设计就是要把这两部分力的分配及由于这些力所引起的相对位移和对基本轨强度和稳定性的影响进行最佳处理。

为了行车安全和可动心轨道岔心轨和尖轨拨动的灵活性，以及道岔联锁信息的正确显示和传递，必须严格限制尖轨尖端相对于基本轨、心轨尖端相对于翼轨的纵向位移。这两处的相对纵向位移愈小，则里轨条温度纵向力在传递过程中用于克服各种阻力而消耗的部分就愈小，通过限位器、轨枕、扣件传给基本轨的附加温度纵向力就愈大，这将给基本轨的强度和稳定构成威胁。反之，如果将心轨翼轨之间的间隔铁螺栓或尖轨、基本轨之间的限位器螺栓适当放松，则这两部分的相对位移会适当增大，由此而引起的尖轨、导轨、辙叉、翼轨、心轨乃至岔后的长轨条的纵向位移都相应增大，整个道岔及岔后伸缩区延长，从而用于克服伸缩区内各种阻力的温度纵向力部分增大，通过限位器、轨枕及扣件传给基本轨的附加温度纵向力就小。通过道岔结构、扣件及连接零件的合理设计和参数的合理选用，使上述两处的相对位移及基本轨的附加温度纵向力都处于合适的范围之内，就是无缝道岔所要解决的核心问题。

## 三、有砟轨道一次铺设跨区间无缝线路

"一次铺设"是相对于传统的"换轨铺设"而言的。无缝线路的长轨条内随着温度的变化而存在巨大的温度力，过大的纵向温度压力是造成无缝线路丧失稳定的直接原因。影响无缝线路稳定性的线路内在因素是道床的纵、横向阻力，轨道框架刚度及轨道的原始弯曲度。新建线路由于路基松软、道床松散，道床纵、横向阻力低，在线路铺设初期难于保证线路的稳定性。所以在国内，传统的无缝线路铺设方法是先铺短轨有缝线路，通过临管甚至商业运营，使路基逐渐稳定，道床逐渐密实，道床纵、横向阻力充分提高，之后，再在不移动轨枕、不松动道床的条件下，拆除短轨，换铺长钢轨，并焊接成无缝线路。这样，长钢轨一经上道，无缝线路一经形成，就有足够的道床纵、横向阻力保证无缝线路的稳定性，这就是所谓"换轨铺设"法。这种方法的最大缺点就是在铺设短轨有缝线路之后，要经过一段相当长时期（例如一年或两年）的临管或商业运营，才换铺成无缝线路。由于接缝的存在，在这一时期内会给接头处的道床，甚至路基带来危害，如道砟破碎粉化，甚至路基翻浆、局部软化等。也就是在这一时期内，已在接头部位的道床和路基内形成了隐患。换铺无缝线路时只换钢轨，不动轨枕和道床，故换铺后的无缝线路在原先接头部位的隐患依然存在。换铺通车后，这些存在隐患的部位仍然会出现有缝线路接头部位经常出现的那些病害，如道床坍塌、轨面下沉，车辆通过时出现周期性的高低不平顺等。这就是人们通常称为的接头"记忆现象"。

一次铺设跨区间无缝线路就是要取消在短轨有缝线路状态下的临管或商业运营，及由此而引起的接头隐患及换铺无缝线路以后的接头"记忆现象"。高速铁路只有一次铺设跨区间无缝线路，才能保证轨道具有良好的平顺性。长钢轨铺设是一次铺设跨区间无缝线路的关键技术。根据国内外有砟轨道铺设无缝线路的经验，新线铺设长钢轨轨道可归纳为两类铺设方式。

第一类是消化并吸收国外的技术装备和作业方法，用铺轨车铺枕、铺轨。此种铺轨方式在国外已有较成熟的技术和装备，又可分为单根轨枕铺设法和长轨排铺设法。

1. 单根轨枕铺设法

单根轨枕铺设法也称"单枕铺设法"，即将长钢轨和轨枕运至工地，先将长钢轨拖卸在线路两侧底层道床上，再将轨枕按设计间距布放在底层道床上，然后用收轨装置将长钢轨收入轨枕承轨台，铺枕铺轨车边布枕、边收轨，随即上扣件，构成浮放在道床上的长钢轨轨道。秦沈客运专线长钢轨铺设采用的就是单枕铺设法。有两种铺枕铺轨设备：一种是从瑞士马蒂萨公司引进的TCM60 型铺轨机组；一种是从美国坦帕公司引进的 NTC 型铺轨机组。图 4.45 和图 4.46 分别为TCM60 型铺轨机组作业流程和 NTC 型铺轨机组作业流程。如今这类铺轨机组早已实现国产化。

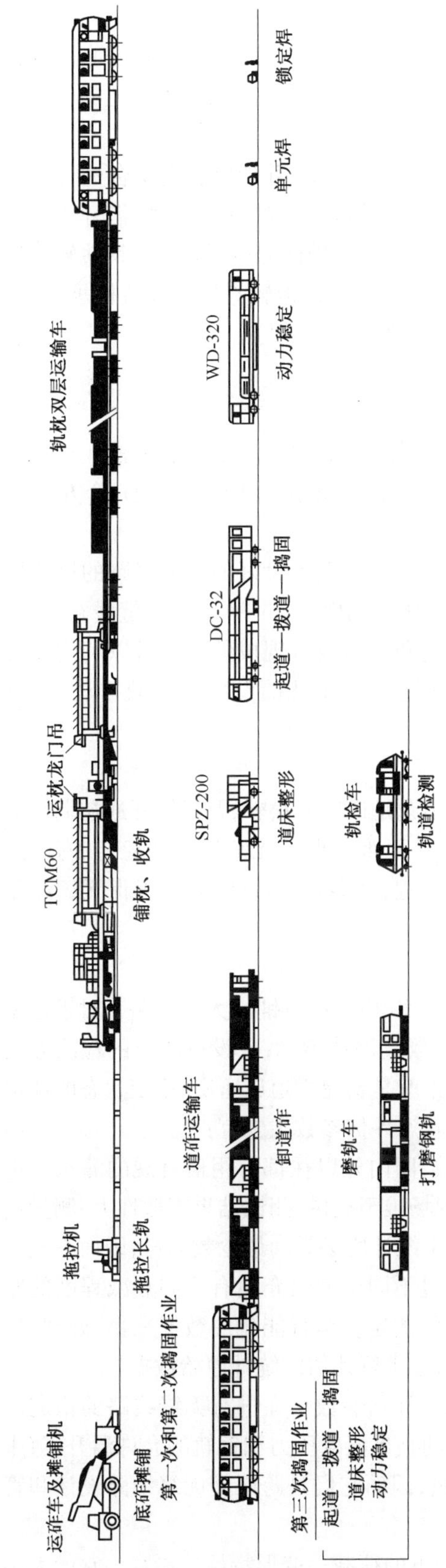


图 4.45　TCM60 型铺轨机组作业流程

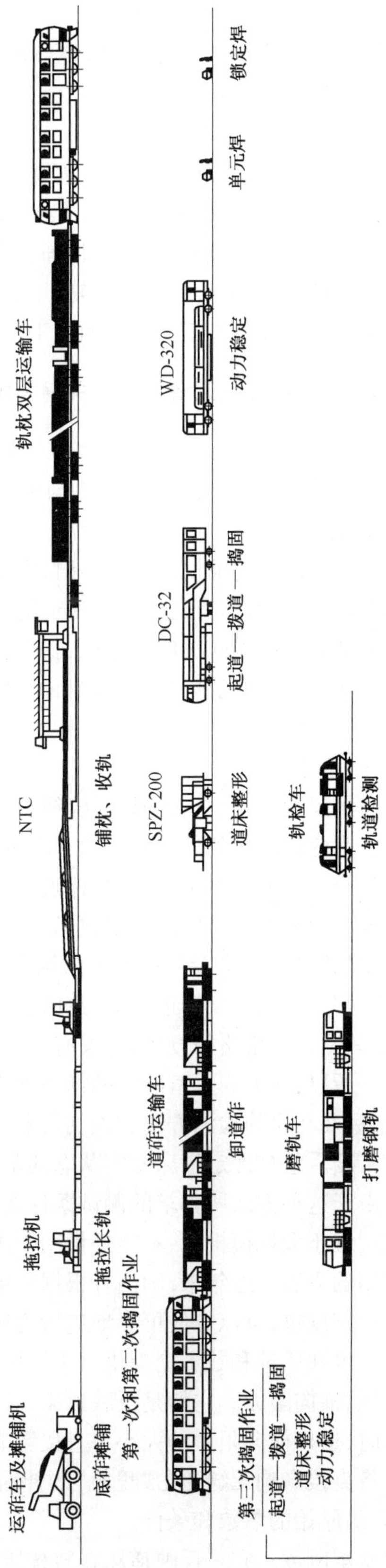


图 4.46　NTC 型铺轨机组作业流程

2. 长轨排铺设法

长轨排铺设法也称“长轨排法”，即将长钢轨和轨枕组装成长轨排，用专用的运输机械将长轨排运送到工地，再用多台龙门吊将长轨排吊放在底层道床上，构成浮放在道床上的长钢轨轨道。

第二类是充分利用我国铁路轨道工程现有的工程机械和技术，并加以合理组合进行无缝线路长钢轨铺设施工，此法称为“工具轨换铺法”，即先用钢轨轨枕双层运输车将临时轨排和长钢轨运至工地，再用常规铺轨机将轨排铺设在底层道床上，轨排铺完后铺轨机及钢轨轨枕运输车退至临时轨排铺设起点，拆除工具轨，用长钢轨推送装置将长钢轨直接推入轨枕承轨槽，上好扣件完成长钢轨铺设施工。随后回收工具轨，运回铺轨基地再用。

### 四、有砟轨道一次铺设无缝线路的关键技术

一次铺设无缝线路的方法、程序有多种多样，可以采用前面提到的“工具轨换铺法”，还有所谓的“单枕铺设法”“长轨排法”等，但其中与传统换轨法不同的关键技术无外乎下列几个方面。

1. 长钢轨的运输与放送技术

按传统的换轨铺设法铺设无缝线路时，由于是要把一条已经铺设好的有缝线路的钢轨换铺成无缝钢轨，因而原有的有缝线路就是运输和放送长钢轨的轨道。一次铺设无缝线路时，面对的只是一条铺有底层道砟的施工路面，长钢轨的运输和放送没有现成的轨道可以利用而必须采用新的方法、工艺和机具。上面提到的“工具轨换铺法”“单枕铺设法”“长轨排法”均已很好地解决了这一问题。

2. 上砟整道技术

正如前面所提到，新线一次铺设无缝线路最大的难题是道床的松软，及新线开通初期轨道几何状态的急剧变化而导致轨道原始弯曲度的扩大，从而难于保证无缝线路的稳定和强度。上砟整道就是要采用大型养路机械，加速道床的稳定过程，并通过参数的检测，确保无缝线路上道后的强度和稳定性。其中的主要技术有：

(1)道床状态评估参数及其检测方法和设备

国内以往都是在列车长期运营后，道床已经达到密实、稳定后再铺设无缝线路。对于道床的密实、稳定只有一个粗略的概念，并没有量的评定参数及评估指标，更没有相应的检测方法和检测仪器。所以，在上砟整道阶段的第一项主要技术就是要建立道床密实、稳定状态的评定参数，评估指标及相应的检测方法和检测仪器。道床状态评估参数主要有：

①道床密度。它是评定道床密实状态的基本参数，国内外以往都曾用最直观的灌水法进行测量。但由于这种方法所要求的测试条件在铁路现场难于提供，测试结果离散性大，测量过程费工、费事，难于大规模推行，不能提供用于进行结果统计所必需的最少数据量，因而不是一种工程上实用的方法。近年来，国内外根据 $\gamma$ 射线穿过不同密度的介质有不同衰减程度的原理制成的道床密度仪，可以方便可靠地进行道床密度的测定。全智能化的数据采集、处理、打印、储存功能，可在质量和数量上提供对于道床密实状态进行评估的统计原始数据。

②道床纵、横向阻力。它们是反映道床稳定状态的评估参数。在进行无缝线路的稳定性设计和检算时，道床横向阻力的大小将直接影响钢轨的临界温度压力和钢轨的允许温升；道床的纵向阻力将直接影响无缝道岔“里轨”的伸缩位移量，因而它们是跨区间无缝线路设计和管理的最基本、最原始的参数和条件。

③轨枕支承刚度。它是反映道床在轨枕压力作用下的荷载—变形特性的参数。它的大小

直接影响列车荷载在轨道各部件中的传递和分布。在无缝线路设计和强度检算中,它将直接影响钢轨的拉应力和钢轨的允许温降。因而它也是跨区间无缝线路设计和管理的最基本、最原始的参数和条件。

道床纵横向阻力及轨枕支承刚度的测量都是基于对与钢轨脱离的轨枕分别在轨道纵向、轨道横向、轨道垂向施加荷载,同时,在加载过程中测量荷载及在加载方向的位移,再根据荷载—位移资料来求算相应的参数值。以往的测量方法和设备过于原始,测量荷载要用人工读取油压表或压力计的指针显示;测量位移,要人工读取百分表的显示,同步读数,同步记录。再加上加力架、压力环、百分表的复杂安装及其后的室内数据整理,使道床纵、横向阻力及轨枕支承刚度的测试变得十分繁杂,非常费工、费人、费力。因此,尽管明知这些参数对无缝线路设计和运营管理的重要性,但因无法获取而不得不参考、借用国内外相关材料,使设计和计算的真实性大打折扣,使管理中的不确定性大大增加。近年来,随着传感器技术、非电量电测技术、数据采集和计算处理技术的发展,国内已研制出集轨枕支承刚度,道床纵、横向阻力测试功能于一身的专用测试仪。该仪器采用压力传感器检测荷载,位移传感器检测位移,检测信号输入主机实现信号放大、整形、信息采集、模数转换、分析计算、储存、打印的全智能化过程,从而为这些参数的测量提供了方便有利的条件。

(2)道床密实稳定技术

上砟整道阶段的另一项主要技术是如何使松散的道床尽快达到所要求的密实、稳定和承载能力的程度。近年来,随着大型起拨道捣固机、轨道整形机和动力稳定车的引进和生产,使道床的密实稳定可以完全脱离传统的列车碾压方式,通过机械作业可以使之在较短时期内达到所要求的密实、稳定程度和指标。

## 五、无砟轨道长钢轨铺设

目前,无砟轨道长钢轨铺设一是采用钢轨纵向推送直接入槽的方法,称为“推送法”(图4.47);二是采用钢轨纵向拖拉直接入槽的方法,称为“拖拉法”(图4.48)。纵向推送法的主要铺轨设备由机车、长钢轨运输车、长钢轨推送车、导向装置等组成;拖拉法的主要铺轨设备由机车、长钢轨运输车、牵引车、导向车、滚轮小车等组成。如今长钢轨铺设已经实现智能化。

图4.47　推送法

图4.48　拖拉法

无砟轨道精调整测量(图4.49)是关键的施工工序,用轨道几何状态测量仪进行检测,并对超标点进行反复调整,直到轨道状态符合标准要求,并按相关规定提交检测成果资料。

图 4.49　无砟轨道精调测量

钢轨焊接是无缝线路的又一关键工序，随着行车速度的提高对其平直度提出了更高的要求。表 4.17 列出了我国高速铁路钢轨焊接作业后接头平直度的要求。钢轨厂焊应采用固定闪光焊，现场焊应优先采用移动闪光焊或数控气压焊，道岔及调节器内钢轨焊接、道岔及调节器与相邻两端钢轨的焊连等可采用铝热焊。

表 4.17　钢轨焊接作业后接头平直度要求

| 部位 | 平直度要求 | | | 说明 |
|---|---|---|---|---|
| | 厂焊接头 | 现场焊接头 | | |
| | | 闪光/气压焊 | 铝热焊 | |
| 轨顶面/(mm/1 m) | +0.3<br>+0.1 | +0.2<br>0 | +0.3<br>+0.1 | “+”表示凸出 |
| 轨头内侧工作边/(mm/1 m) | +0.2<br>-0.1 | +0.3<br>0 | +0.3<br>0 | “+”表示凹进，使轨距增大；<br>“-”表示凸出，使轨距减小 |
| 钢轨闪光焊、<br>气压焊轨底面焊筋高度/mm | 0 ~ +0.5 | | — | “+”表示焊筋凸出 |

注：①厂焊接头在焊轨基地检验；

②平直度以焊缝为中心进行测量。

跨区间无缝线路除采用无缝道岔外，还广泛应用了钢轨胶接绝缘接头(图 4.50)。大跨度桥梁地段选线设计应考虑钢轨伸缩调节器(图 4.51)与桥梁孔跨、结构的关系，预留设置条件。

图 4.50　钢轨胶接绝缘接头

图 4.51　钢轨伸缩调节器

特别强调的是，无缝线路设计锁定轨温是无缝线路铺设、养护维修作业和管理的重要依据，是保证线路安全稳定的前提，确定合理的无缝线路设计锁定轨温是无缝线路设计技术的核心。锁定轨温的确定应考虑线路条件、运营条件、气候条件及轨道类型等因素，同时进行强度、稳定性、断缝安全性等检算。此外，无缝线路设计时应针对重点地段，如长大连续梁、道岔区、桥上岔区等进行专项检算，确定合理的设计锁定轨温。

## 复习思考题

1. 要达到高速铁路轨道高平顺性，必须满足哪些条件？
2. 高速铁路轨道的设计荷载如何确定？请简要说明。
3. 高速铁路有砟轨道结构有何特点？请简要说明。
4. 请简要分析我国高速铁路无砟轨道体系。
5. 请从平、纵断面和构造方面分析高速道岔的主要特征。
6. 试述一次铺设跨区间无缝线路施工中长钢轨铺设的方式。

# 第五章 高速铁路桥梁

## 第一节 概 述

### 一、设计原则

高速铁路的高速度、高舒适性、高安全性以及高密度连续运营等特点对桥梁工程提出了更高的要求，由于速度大幅提高，高速列车对桥梁结构的动力作用远大于非高速列车。桥梁若出现较大挠度会直接影响桥上轨道的平顺性，造成结构物承受很大的冲击力，旅客舒适度受到严重影响，轨道状态不能保持稳定，甚至影响列车的运行安全。此外，为保证轨道的平顺性还必须限制桥梁的预应力徐变上拱和不均匀温差引起的结构变形，这些都对高速铁路桥梁的刚度和整体性提出了严格要求。各国高速铁路桥梁设计基本上遵循以下原则：

(1)采用双线整孔桥梁，主梁整孔制造或分片制造整体联结。双线桥梁一方面可提供很大的横向刚度，同时在经常出现的单线荷载下，其竖向刚度也比单线桥增大了一倍。

(2)除了小跨度桥梁外，大都采用双线单室箱形截面。

(3)增大梁高，欧洲各国高速铁路预应力混凝土简支梁高跨比一般在 1/12 ~ 1/9。

(4)尽量选用刚度大的结构体系，如简支梁、连续梁、连续刚构、斜拉桥、拱及组合结构等。

(5)桥梁跨度不宜过大。

按照不同的用途，高速铁路桥梁可分为以下三类：

(1)高架桥，用以穿越既有交通路网、人口稠密地区及地质不良地段，高架桥通常墩身不高，跨度较小，但桥梁很长，往往伸展达十余公里。

(2)谷架桥，用以跨越山谷，跨度较大，墩身较高。

(3)跨河桥跨越河流的桥梁。

### 二、特 点

1. 占线路比例大，高架长桥多

高速铁路由于采用全封闭行车模式，线路平纵面参数限制严格以及要求轨道高平顺性，导致桥梁比例明显增大。尤其在人口稠密地区和地质不良地段，为了跨越既有交通路网、节省农田，避免高大路基阻挡视线和路基不均匀沉降，大量采用高架线路。例如，为了节省可耕种的土地，减少对城市的分割，保持轨道的高稳定性，在我国中、东部地区建设的高速铁路大量采用了高架桥的建设形式。在已建和在建的高铁线路中，高架桥占线路比例多数都在 50% 以上，其中京津城际铁路、京沪高速铁路、广珠城际铁路桥梁占线路比例高达 87.7% 、80.5% 和 94.2% 。这些高速铁路跨越了中国的四大江河流域和密布的公路、水运网，需要建设大跨度和超大跨度的桥梁。我国西南山区山峰纵横、沟谷深切、河流湍急，需要建造高桥墩大跨度的桥梁。日本近 2 000 km 的高速铁路中，高架桥占线路总长的 36% ，全部桥梁占线路总长的

47%。可见，桥梁比例大，高架桥且长桥多是高速铁路桥梁的主要特征，桥梁已成为高速铁路土建工程的主要组成部分。

2. 以中小跨度为主

由于高速铁路对线路、桥梁、隧道等土建工程的刚度要求严格，因此高速铁路桥梁的跨度不宜过大，应以中小跨度为主。例如，法国高速铁路直到修建地中海线时才首次采用100 m以上跨度的桥梁。

3. 刚度大、整体性好

列车高速、舒适、安全行驶，要求高速铁路桥梁必须具有足够大的刚度和良好的整体性，以防桥梁出现较大的挠度和振幅，同时，必须限制桥梁的预应力徐变上拱和不均匀温差引起的结构变形，以保证轨道的高平顺性。一般来说，高速铁路桥梁设计主要由刚度控制，强度基本上不控制其设计。尽管高速铁路活载小于普速铁路，但实际应用的高速铁路桥梁，在梁高、梁重上均超过普速铁路。

4. 限制纵向力作用下结构产生的位移，避免桥上无缝线路钢轨的受力出现过大的附加应力

高速铁路要求一次铺设跨区间无缝线路，而桥上无缝线路钢轨的受力状态不同于路基，结构的温度变化、列车制动、桥梁挠曲等会使桥梁在纵向产生一定的位移，引起桥上钢轨产生附加应力。过大的附加应力会造成桥上无缝线路失稳，影响行车安全。因此，墩台基础要有足够的纵向刚度，以尽量减少钢轨附加应力和梁轨间的相对位移。

5. 重视改善结构耐久性，便于检查、维修

高速铁路是极其重要的交通运输设施，任何中断行车都会造成很大的经济损失和社会影响，为此，桥梁结构物应尽量做到少维修或免维修，这就需要在设计时将改善结构物的耐久性作为主要设计原则，统一考虑构造细节并在施工中严格控制质量。另一方面，由于高速铁路运营繁忙，列车速度高，造成桥梁维修与养护难度大，费用高，因此，桥梁结构构造应易于检查与维修。

6. 桥梁上部结构多采用混凝土材料

尽管各国对高速铁路的建桥材料不作限制，但90%以上的桥梁都选用混凝土结构，主要是混凝土梁具有刚度大、噪声低、养护工作量少，而且造价较为经济等优点。当桥下交通繁忙，需要快速施工、减少干扰时，还经常选用钢混结合梁桥。

7. 强调结构与环境的协调

高速铁路作为重要的现代交通运输线，应强调结构与环境的协调，重视生态环境的保护。这主要指桥梁造型要与环境相一致并注重结构外观和色彩；在居民点附近的桥梁应有降噪措施；避免桥面污水损害生态环境等。

## 三、技术发展趋势

近年来，我国高速铁路桥梁建造技术得到了快速发展，拥有了世界上运营里程最长、设计荷载最大、运营速度最快的桥梁。与此同时，随着高速铁路跨海通道、沿海通道建设需求的增加，高速铁路桥梁发展将迎来更大机遇和挑战。

1. 高速铁路桥梁设计理论和新结构

为进一步减小桥梁预应力徐变变形，宜适时研究部分预应力梁的设计；为保证高速铁路大跨度桥梁在复杂极端环境下的运营安全，应从高速行车的角度，基于车—线—桥—环境耦合分析，开展高速铁路桥梁结构设计优化；为适应我国复杂的地质、地形和环境条件，开展具有更大

跨越能力的斜拉—悬吊协作结构体系、钢—混凝土组合结构、轻型结构桥梁以及大型深水基础等新结构体系的研究。

2. 高速铁路桥梁新材料开发及应用

针对复杂环境和超千米大跨度桥梁建设,开展长寿命混凝土和高耐久性混凝土结构技术的研究;开展强度等级 600 ~ 800 MPa 超高强度、高耐久性钢结构技术的研究;开展强度等级 2 100 ~ 2 300 MPa 超高强度钢丝和钢绞线技术的研究;开展海洋环境石墨烯高耐久性新材料及节能环保新技术的研发;为减轻桥梁结构自重,开展纤维复合材料研究等。

3. 高速铁路桥梁建造新设备和新技术

开展大型运输、起吊和安装设备研究,开展适应百米水深、深厚覆盖层条件下新的基础结构、施工装备及相关技术的研究;建造一批跨度 1 500 ~ 2 000 m 铁路或公铁两用桥和水深 100 m以上跨海大桥,以适应近期宁波—舟山铁路、通苏嘉甬铁路跨越杭州湾工程等的建设需要,为将来建设更多海峡通道积累经验和储备技术。

4. 高速铁路桥梁信息化和智能化技术

开展 BIM 技术在高速铁路大跨度桥梁规划、设计、施工和运营维护全寿命周期中的应用研究,实现高速铁路桥梁建设、运营维护的信息化、自动化和智能化;通过大数据智能化转换,实现数据高效传递,达到桥梁全寿命期 BIM 应用,形成桥梁监控体系和桥梁施工智能设计与管理体系;建立面向复杂环境的桥梁智能感知、智能解析和智能决策理论及方法;研究数据与物理模型融合的桥梁服役性能(安全)智能评价与预测理论及方法;开展桥梁智能防灾和服役性能提升理论及技术研究,实现桥梁全寿命服役期的结构可靠性和行车安全舒适性,使人工智能与桥梁全寿命周期深度融合,推进高速铁路桥梁工程向安全、智能、绿色、低碳方向发展。

## 第二节　高速铁路桥梁设计荷载

桥梁设计荷载分为主力、附加力及特殊荷载三种。桥梁结构设计应根据结构的特性,按表 5.1所列的荷载,就其可能的最不利组合情况进行设计计算。具体计算参见相关规范。

**表 5.1　桥梁荷载**

| 荷载分类 | | 荷载名称 |
| --- | --- | --- |
| 主力 | 恒载 | 结构构件及附属设备自重<br>预加力<br>混凝土收缩和徐变的影响<br>土压力<br>静水压力及水浮力<br>基础变位的影响 |
| | 活载 | 列车竖向静活载<br>公路(城市道路)活载<br>列车竖向动力作用<br>离心力<br>横向摇摆力<br>活载土压力<br>人行道人行荷载<br>气动力 |

续上表

| 荷载分类 | 荷载名称 |
| --- | --- |
| 附加力 | 制动力或牵引力<br>支座摩擦阻力<br>风力<br>流水压力<br>冰压力<br>温度变化的作用<br>冻胀力<br>波浪力 |
| 特殊荷载 | 列车脱轨荷载<br>船只或排筏的撞击力<br>汽车撞击力<br>施工临时荷载<br>地震力<br>长钢轨纵向作用力(伸缩力、挠曲力和断轨力) |

注:①如杆件的主要用途为承受某种附加力,则在计算此杆件时,该附加力应按主力考虑;
②流水压力不与冰压力组合,两者也不与制动力或牵引力组合;
③船只或排筏的撞击力、汽车撞击力,只计算其中的一种荷载与主力相组合,不与其他附加力组合;
④列车脱轨荷载只与主力中恒载组合,不与主力中活载和其他附加力组合;
⑤地震力与其他荷载的组合应符合现行《铁路工程抗震设计规范》(GB 50111—2006)的相关规定;
⑥无缝线路纵向作用力不参与常规组合,其与其他荷载的组合按现行《铁路无缝线路设计规范》(TB 10015—2012)及相关规定执行。

高速铁路的荷载设计图式,是高速铁路桥梁设计的基础,是最重要的参数之一,尤其是活载标准的制定历来为各国所重视。活载标准应满足运输能力的需要,满足机车车辆发展的需要,并保证据此确定的承重结构具有足够的可靠度,能确保运输安全。对于高速铁路还要考虑较高的旅客乘坐舒适度的要求。

桥梁是铁路线上的主要承重结构,占全线很大比例,活载图式制定得合理与否,直接影响到行车安全和工程造价,如果选定的活载图式标准偏低,则会危及行车安全或影响运输能力,标准过高则会造成浪费。所以说,活载设计图式的选定不仅是个技术问题,更是一个经济政策的问题,同时,也反映一个国家的技术发展水平和综合国力。

影响设计活载图式的因素很多,活载的图式和大小不仅与线路上运行的机车车辆本身的参数,如列车类型、轴距、轴重、编组以及车辆的发展有密切的关系,还与运输模式(是单一的客运还是客货混运)、速度指标、不同结构体系的加载方式等密切相关。所以说,实际运行的机车车辆本身的参数,并不等于活载图式。这牵涉到“设计活载”和“运营活载”的概念差别。简言之,在考虑了以上诸多因素后确定的设计活载图式在桥梁上产生的静、动效应,应大于各类实际运行的机车车辆所产生的静、动效应,同时考虑其发展以及其他难以预见的因素,还应留有适当的强度储备。

国外高速铁路活载图式大体上分为两种体系。其一是欧洲普遍采用的 UIC 活载,其基本图式是一致的(图 5.1),仅根据各国具体情况有所补充。UIC 活载包括了 6 种运营列车的活载图式(图 5.2),能够概括当前和可预见的将来在欧洲铁路上出现的荷载,它包括的运营列车有最高时速为 80 km 的特重列车、最高时速为 120 km 的重型货车、最高时速为 250 km 的长途客车和最高时速为 300 km 的高速轻型客车。该活载标准同时也规定除国际铁路外,各国其他线路可根据具体情况,将图式中的集中荷载和均布荷载乘以系数(如 1.1UIC、1.2UIC、0.8 UIC 等)作为设计荷载。

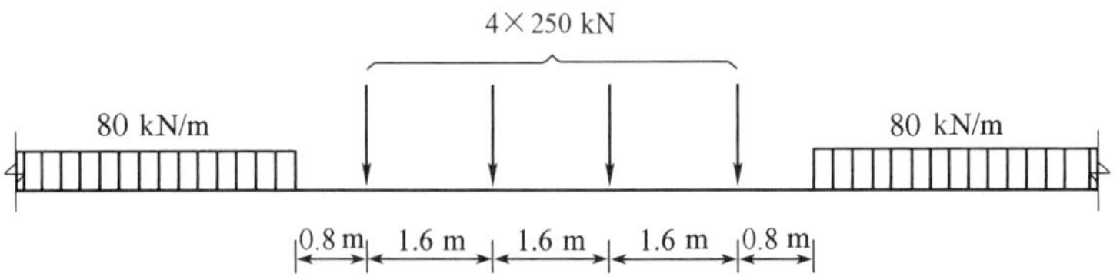


图 5.1　UIC 活载图式

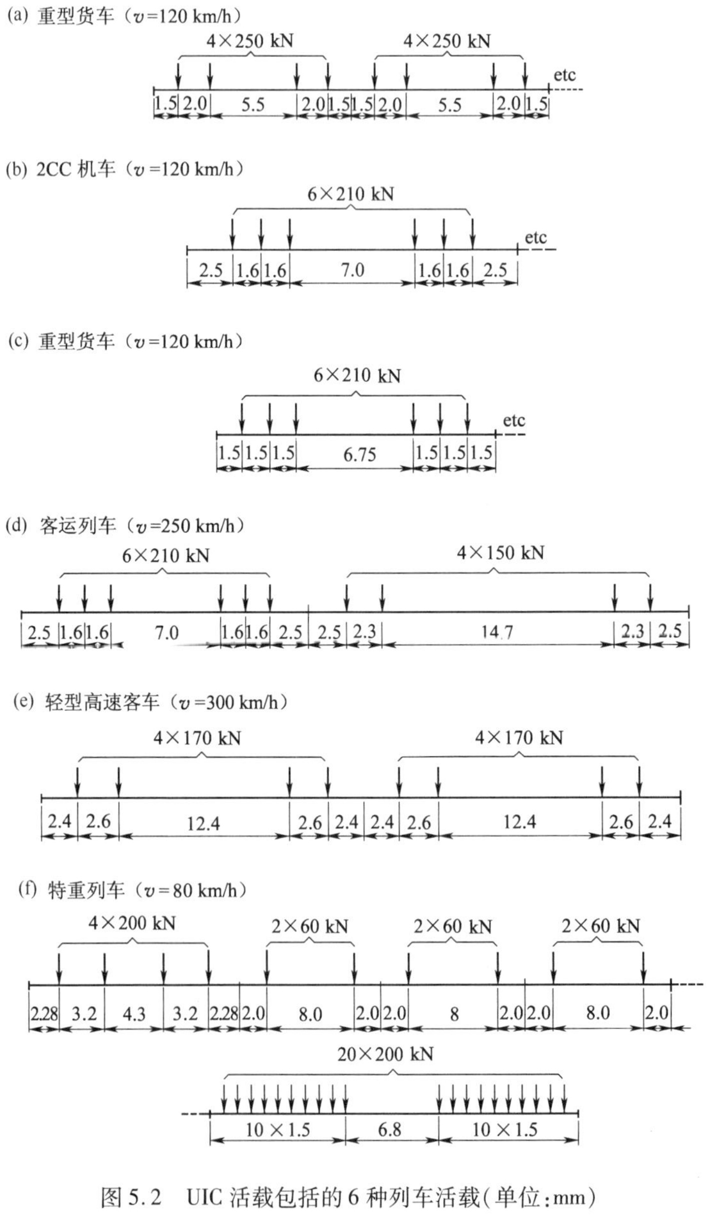


图 5.2　UIC 活载包括的 6 种列车活载(单位:mm)

另一种活载图式体系是只允许运行高速列车的日本高速铁路采用的高速列车专用荷载——N、P活载(图5.3),其非常接近日本实际的高速运营列车活载。

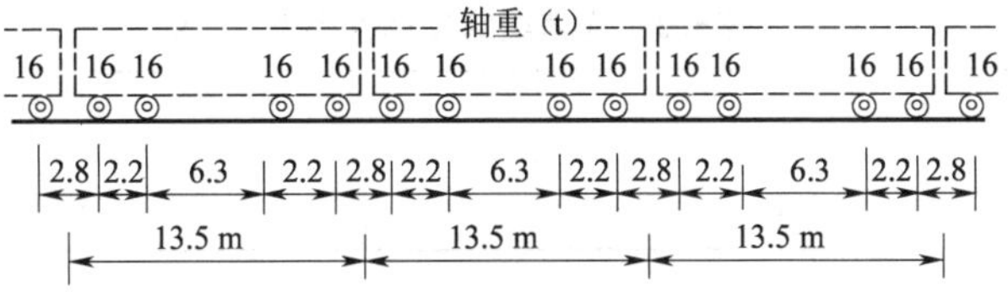


(a)N标准活载

注:图内轴距长度单位为m。

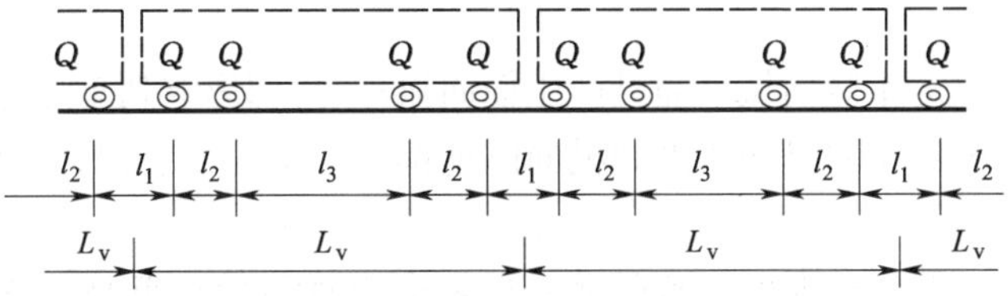


| 轴重 $Q$/t | 轴距/m | | | |
|---|---|---|---|---|
| | $L_V$ | $L_1$ | $L_2$ | $L_3$ |
| 16 | 20 | 2.8 | 2.2 | 12.8 |
| 17 | 20 | 3.5 | 2.2 | 12.1 |

(b)P标准活载

图5.3　日本N、P活载

我国在制订高速铁路活载图式时,首先是考虑基础设施按350 km/h的要求,同时也要考虑我国跨线旅客列车轴重较大的可能。我国过去没有高速铁路,只能参考借鉴国外高速铁路的经验,特别是同我国高速铁路目标值和运营模式相近的外国高速铁路,对我们就更具有参考价值了。

分析当前国外高速铁路活载图式的两种体系,日本基本上是单一的轻型高速列车体系。而UIC活载则概括了现在欧洲的轻型和重型运营列车活载,并留有列车发展的余地,这与我国高速铁路的目标值和高中速混运的模式是很接近的。同时,应考虑必要时高速铁路线可运行货物列车,另外应考虑高速铁路活载图式向国际标准靠拢。所以,参照UIC活载的模式来制订我国高速铁路活载图式是比较合适的。经过分析比较,0.8UIC作为高速铁路桥梁设计活载,其静、动载效应均大于跨线旅客列车和高速列车的静、动载效应,并有一定余量,且设计活载与实际运营活载间的余量和既有铁路设计活载(中—活载)与实际运营活载间的余量相当,其作用于结构上的内力变化与实际运营活载内力变化规律协调,还有利于向国际标准靠拢,加强国际间的交流。此外,0.8UIC较UIC荷载可节省材料用量约10%(跨度24 m梁)。因此,我国采用0.8UIC作为我国高速铁路桥梁设计活载——ZK标准活载,其图式如图1.10所示。

对于跨度或影响线加载长度等于或小于6.0 m的结构,需要采用UIC标准活载才能满足特殊情况下运营货物列车的要求,故将UIC标准活载中的集中力部分作为跨度或影响线加载长度等于或小于6.0 m的结构设计荷载——ZK特种活载,其图式如图1.11所示。

我国高速铁路桥梁结构动力系数$(1+\mu)$按式(5.1)计算,且不小于1.0。

$$1+\mu=1+\left(\frac{1.44}{\sqrt{L_\varphi}-0.2}-0.18\right) \tag{5.1}$$

式中 $L_\varphi$——加载长度(m):加载长度小于3.61 m时,应取3.61 m;简支梁应取梁的跨度;连续梁可按平均跨度乘以跨度调整系数(表5.2)确定,且不应小于最大跨度。

表5.2 连续梁跨度调整系数

| 跨数 | 2 | 3 | 4 | ≥5 |
| --- | --- | --- | --- | --- |
| 跨度调整系数 | 1.2 | 1.3 | 1.4 | 1.5 |

## 第三节 结构变形、变位和自振频率的限值

列车过桥时,不仅产生竖向振动而且产生横向振动,这都影响列车运行的安全性和旅客乘坐舒适性,并且对桥梁结构的竖向刚度和横向刚度都有一定的要求,因而对梁体的变形应给予一定的限制。

列车运行的安全性主要涉及车辆在桥上是否会出现脱轨的问题。对于这一问题,车辆动力学上,是用脱轨系数 $Q/P$、轮重竖向减载率 $\Delta P/P$ 及轮轨横向水平力等几个参数来限定。

除了行车安全性问题外,乘坐舒适性问题也是判定桥梁竖向和横向刚度是否合适的一个重要标准。乘坐舒适性的标准,在国内外有多种形式,综合起来,主要有如下几种:①SPerling(斯佩林)评价指标;②以国际标准化组织(ISO)标准为基础的舒适度标准(简称ISO 2631标准);③Janeway(杰奈威)舒适性系数;④加速度最大限值标准。

上面谈的是车辆运行安全性与舒适性,仅涉及车辆的振动,若车辆与桥梁振动的耦合性不太强,则仅考虑车辆的振动并不一定能控制桥梁的振动大小。过大的桥梁振动会使桥上线路的保持(维护)困难,使桥梁疲劳强度降低。因此有必要对桥梁的振幅提出限值。

我国高速列车的安全性和舒适性的动力响应评判标准为:

(1)脱轨系数 $Q/P \leqslant 0.8$。

(2)轮对竖向减载率 $\Delta P/P \leqslant 0.6$。

(3)轮轨横向水平力 $Q \leqslant 10 + P_0/3$($P_0$ 为静轴重)。

(4)车体竖向振动加速度 $a_z \leqslant 1.3\ \mathrm{m/s^2}$(半峰值),车体横向振动加速度 $a_y \leqslant 1.0\ \mathrm{m/s^2}$(半峰值)。

(5)SPerling(斯佩林)舒适度指标($W$):$W \leqslant 2.50$ 为优;$2.50 < W \leqslant 2.75$ 为良;$2.75 < W \leqslant 3.0$ 为合格。

(6)桥面板在强振频率20 Hz及以下的竖向振动加速度有砟桥面不大于 $3.5\ \mathrm{m/s^2}$,无砟桥面不大于 $5.0\ \mathrm{m/s^2}$。

(7)混凝土桥梁的横向振幅(半峰值):$A_y \leqslant L/16.5$(mm)($L$ 为桥梁跨度,单位m)。

但是,在桥梁设计时,不可能都作动力响应分析来判断其刚度是否符合要求。各国均通过对桥梁挠度和变形做出一定的限值来满足刚度要求。经过综合分析国内外桥梁规范关于桥梁刚度的限制规定,我国采用竖向及横向挠跨比等作为衡量刚度大小的标准。在《高速铁路设计规范》(TB 10621—2014)中规定:

1. 梁体竖向挠度的限值应符合下列规定:

(1)梁部结构在列车竖向静活载作用下,梁体的竖向挠度不应大于表5.3所列数值。

表 5.3　梁体的竖向挠度限值　mm

| 设计速度 | 跨度范围 | | |
|---|---|---|---|
| | $L \leqslant 40$ m | 40 m $< L \leqslant 80$ m | $L > 80$ m |
| 250 km/h | $L/1\ 400$ | $L/1\ 400$ | $L/1\ 000$ |
| 300 km/h | $L/1\ 500$ | $L/1\ 600$ | $L/1\ 100$ |
| 350 km/h | $L/1\ 600$ | $L/1\ 900$ | $L/1\ 500$ |

注：① 表中限值适用于3跨及以上的双线简支梁；3跨及以上一联的连续梁，梁体竖向挠度限值按表中数值的1.1倍取用；2跨一联的连续梁、2跨及以下的双线简支梁，梁体竖向挠度限值按表中数值的1.4倍取用；

② 单线简支或连续梁的梁体竖向挠度限值按相应双线桥限值的0.6倍取用；

③ 表中 $L$ 为简支梁或连续梁检算跨的跨度。

(2)梁部结构在列车竖向静活载作用下，梁端竖向转角应符合表5.4的规定。梁端竖向转角如图5.4所示。

表5.4　梁端转角限值

| 桥上轨道类型 | 位　　置 | 限　　值/rad | 备　　注 |
|---|---|---|---|
| 有砟轨道 | 桥台与桥梁之间 | $\theta \leqslant 2.0‰$ | — |
| | 相邻两孔梁之间 | $\theta_1 + \theta_2 \leqslant 4.0‰$ | — |
| 无砟轨道 | 桥台与桥梁之间 | $\theta \leqslant 1.5‰$ | 梁端悬出长度≤0.55 m |
| | | $\theta \leqslant 1.0‰$ | 0.55 m<梁端悬出长度≤0.75 m |
| | 相邻两孔梁之间 | $\theta_1 + \theta_2 \leqslant 3.0‰$ | 梁端悬出长度≤0.55 m |
| | | $\theta_1 + \theta_2 \leqslant 2.0‰$ | 0.55 m<梁端悬出长度≤0.75 m |

注：相邻两孔梁的转角之和($\theta_1 + \theta_2$)除应满足本规定的限值外，每孔梁的转角尚应满足本表中“桥台与桥梁间转角限值”规定。

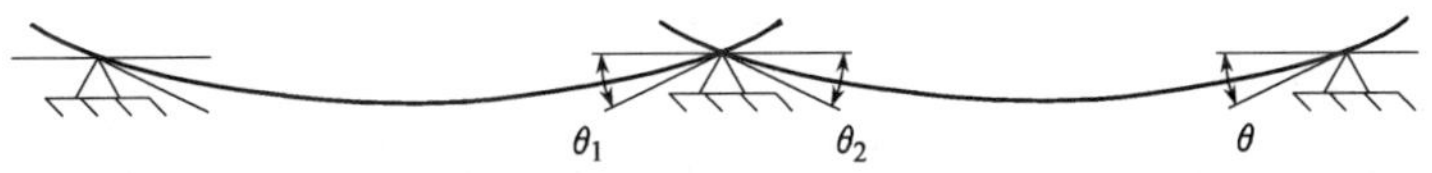


图5.4　梁端转角示意

(3)拱桥和刚架桥的竖向挠度，除考虑列车竖向静活载作用外，尚应计入温度变形的影响。此时梁体竖向挠度，按下列情况之不利者取值，并满足上述限值的要求：①列车竖向静活载作用下产生的挠度值与0.5倍温度引起的挠度值之和；②0.63倍列车竖向静活载作用下产生的挠度值与全部温度引起的挠度值之和。

2. 无砟轨道桥梁梁缝两侧钢轨支承点间的相对竖向位移不应大于1 mm；对于设有纵向坡度的桥梁，尚应考虑由于活动支座纵向水平位移引起的梁缝两侧钢轨支承点间的相对竖向位移。

3. 梁体横向变形的限值应符合下列规定：

(1)在列车横向摇摆力、离心力、风力和温度的作用下，梁体的水平挠度应小于或等于梁体计算跨度的1/4 000。

(2)无砟轨道桥梁相邻梁梁端两侧的钢轨支点横向相对位移不应大于1 mm。

4. 活载作用下梁体扭转引起的轨面不平顺限值为：以一段 3 m 长的线路为基准，ZK 静活载作用下，一线两根钢轨的竖向相对变形量 $t \leqslant 1.5$ mm，如图5.5所示。

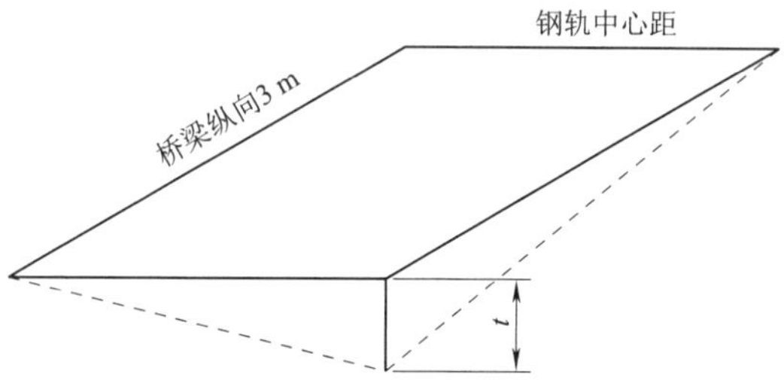


图 5.5　桥面允许扭转变形示意

5. 桥梁的竖向固有频率（自振频率）是促使桥梁动力系数出现峰值的根本原因。桥梁动力系数出现峰值，就意味着发生共振，意味着激烈的振动，这就会造成道床不稳定、钢轨损伤，影响轨道结构的正常工作，也会引起混凝土开裂、结构疲劳、承载力降低，甚至危及桥梁的安全。所以应对桥梁的最小自振频率加以限制。高速铁路简支梁竖向自振频率不应低于表 5.5规定的限值，跨度 16 m 简支梁竖向自振频率不应低于 6.25 Hz。

**表 5.5　简支梁竖向自振频率限值**

| 跨度/m | 限值/Hz |
|---|---|
| $L \leqslant 20$ | $80/L$ |
| $20 < L \leqslant 96$ | $23.58L^{-0.592}$ |

注：表中 $L$ 为简支梁跨度（m）。

高速铁路运行车长 24 ~ 26 m 动车组、跨度不大于 32 m 的混凝土双线简支箱梁，当梁体竖向自振频率不低于表 5.6 的限值要求时，梁部结构设计可不进行车桥耦合动力响应分析。

**表 5.6　常用跨度双线简支箱梁不需进行动力检算的竖向自振频率限值**

| 跨度/m | 设计速度/（km/h） | | |
|---|---|---|---|
| | 250 | 300 | 350 |
| 20 | $100/L$ | $100/L$ | $120/L$ |
| 24 | $100/L$ | $120/L$ | $140/L$ |
| 32 | $120/L$ | $130/L$ | $150/L$ |

注：表中 $L$ 为简支梁跨度（m）。

6. 位于有砟轨道无缝线路固定区的混凝土简支梁，墩台顶纵向水平线刚度应满足表 5.7 所列限值的要求。

**表 5.7　墩台顶纵向水平线刚度限值**

| 桥墩/桥台 | 跨　　度/m | 最小水平线刚度/（kN/cm） | |
|---|---|---|---|
| | | 双　　线 | 单　　线 |
| 桥墩 | ≤12 | 100 | 60 |
| | 16 | 160 | 100 |
| | 20 | 190 | 120 |
| | 24 | 270 | 170 |
| | 32 | 350 | 220 |
| | 40 | 550 | 340 |
| | 48 | 720 | 450 |

续上表

| 桥墩/桥台 | 跨　度/m | 最小水平线刚度/(kN/cm) | |
|---|---|---|---|
| | | 双　线 | 单　线 |
| 桥 台 | | 3 000 | 1 500 |

注:高架车站到发线有效长度范围内双线桥梁墩台的最小水平线刚度限值按表内单线桥梁墩台的最小水平线刚度限值的2.0倍取值。

7. 墩台纵向及横向水平线刚度应满足高速行车时列车安全性要求和旅客乘车舒适度要求,应对最不利荷载作用下墩台顶纵向及横向计算弹性水平位移进行控制。在ZK活载、横向摇摆力、离心力、风力和温度的作用下,墩顶横向水平位移引起的桥面处梁端水平折角应不大于1.0‰。图5.6为水平折角示意。

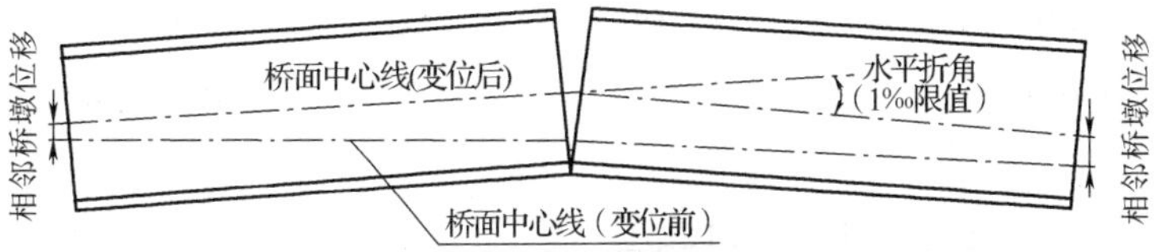


图5.6　水平折角示意

8. 为了保证墩台发生沉降后,桥头和桥上线路坡度的改变不致影响列车的正常运行,即使要进行线路高程调整,其调整工作量也不致太大,需要对墩台基础工后沉降及工后沉降差给予一定的限值(按恒载计算):

(1)墩台均匀沉降量:对于有砟轨道桥梁为30 mm;对于无砟轨道桥梁为20 mm。

(2)静定结构相邻墩台沉降量之差:对于有砟轨道桥梁为15 mm;对于无砟轨道桥梁为5 mm。

(3)对于超静定结构,其相邻墩台沉降量之差的容许值,除要满足静定结构相邻墩台沉降量之差的要求外,还应根据沉降时对结构产生的附加应力的影响而定。

9. 为了控制路基与涵洞间的不均匀沉降以保证高速铁路轨道平顺性,涵洞沉降控制标准应与相邻路基控制标准相同,地基处理方式宜一致。

## 第四节　桥面布置与结构形式

### 一、桥面布置

国外高速铁路的桥上轨道,欧洲与日本各不相同。欧洲国际铁路联盟UIC规范要求高速铁路桥上轨道与线路相同,德国则明确规定,铁路桥原则上必须采用有砟轨道。实际上早期高速铁路在德国、法国、意大利、西班牙等国的桥上轨道基本上都采用有砟轨道。与此相反,日本在高架桥和混凝土桥梁上大量采用无砟轨道。近年,鉴于无砟轨道维修养护作业少,能节省大量维修养护费用,故世界各国高速铁路都在大力发展无砟轨道。

桥上有砟轨道和无砟轨道各有利弊。桥上有砟轨道有利于改善行车舒适度和降低噪声,有利于桥上线路高程的调整,有利于铺设渡线,有利于养路机械的连续作业,不足之处是桥梁的二期恒载大,维修工作量大等;桥上无砟轨道性能均匀、稳定,养护维修工作量很少,桥梁上二期恒载较有砟轨道小很多,有利于桥梁的设计,不足之处是一次性投资较大。

日本新干线大量采用了无砟轨道，建造和铺设日益标准化，其工程造价日益降低，据有关资料介绍，与有砟轨道相比，工程造价已从原来高30%降到仅高10%左右。德、法等国和我国通过多年实践已经体会到有砟轨道的养护维修工作太大，现已越来越多地采用无砟轨道。

国外高速铁路桥梁的桥面布置，均比普速铁路桥梁宽松，以适应高速列车运行的需要。在构造上十分注意改善结构的耐久性，并使结构便于检查、养护及更换，尽可能达到少维修，易养护，减少使用期内养护维修费用的目的。

图5.7～图5.13为中国、日本、法国、德国、西班牙和意大利高速铁路桥梁的桥面布置示意。

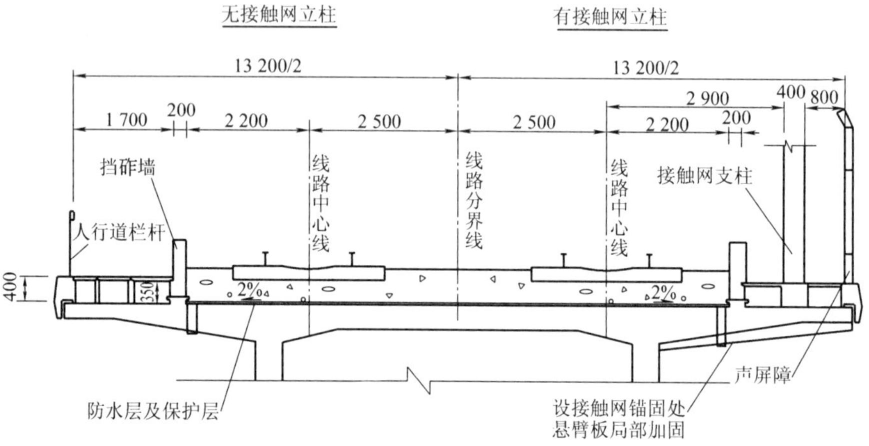


图5.7　我国有砟桥面布置(单位:mm)

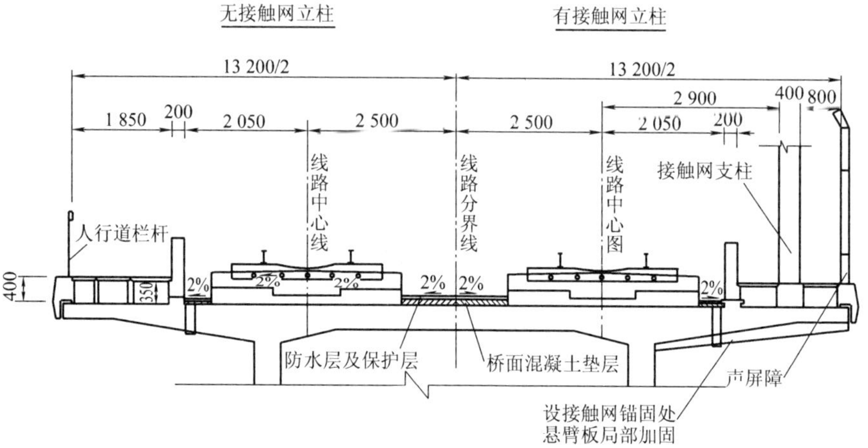


图5.8　我国无砟桥面布置(单位:mm)

分析各国高速铁路桥面布置的有关数据，我国高速铁路桥面的布置应符合下列规定：

(1)桥上有砟轨道轨下枕底道砟厚度不应小于0.35 m。

(2)桥上应设置防护墙兼作挡砟墙，其顶面与相邻轨道轨面等高。直线地段有砟轨道桥梁的线路中心线至挡砟墙内侧净距不应小于2.2 m。

(3)曲线地段桥上建筑限界加宽应符合《高速铁路设计规范》(TB 10621—2014)的有关规定。

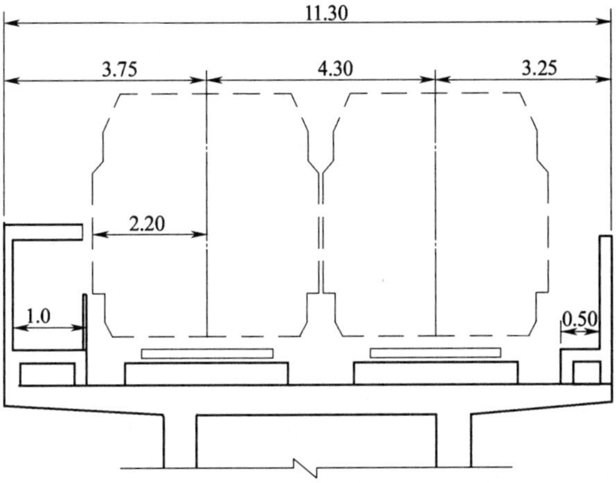


图 5.9　日本高速铁路桥梁桥面布置(单位:m)

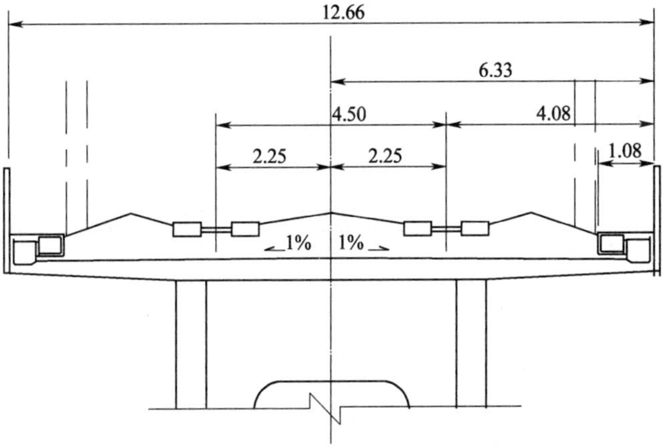


图 5.10　法国高速铁路桥梁桥面布置(单位:m)

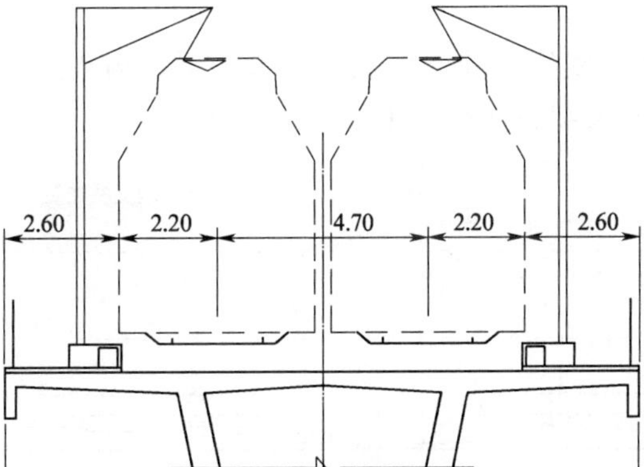


图 5.11　德国高速铁路桥梁桥面布置(单位:m)

(4)桥面应为接触网支柱、电缆槽等有关设施的安装预留位置。

(5)桥上栏杆宜采用工厂化集中预制的混凝土构件,在踏面以上的高度不宜小于 1.0 m。

(6)接触网支柱在桥上的位置应根据接触网的技术要求和曲线内侧限界加宽要求确定。

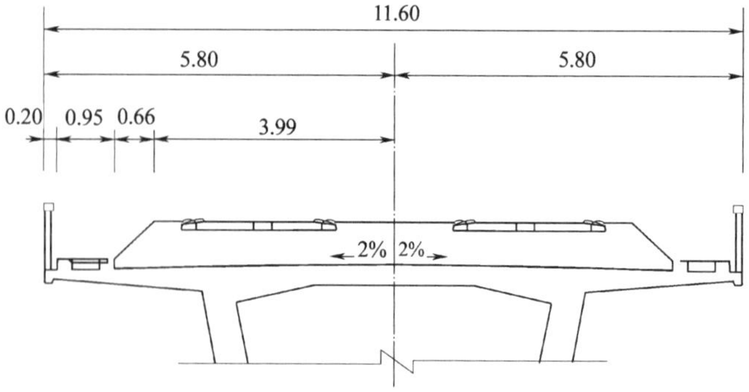


图 5.12　西班牙高速铁路桥梁桥面布置(单位:m)

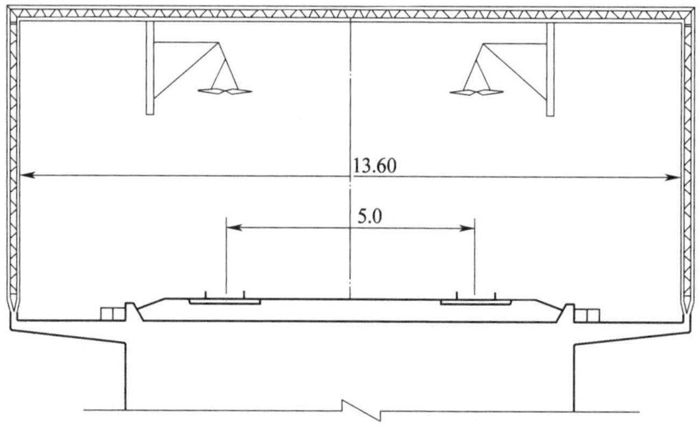


图 5.13　意大利高速铁路桥梁桥面布置(单位:m)

接触网支柱设置在桥面上时,不宜设在梁跨跨中。

(7)主梁翼缘悬臂板端部宜设遮板。

(8)桥面宽度应按照建筑限界、作业维修通道或人行道、电缆槽、接触网立柱、养护维修方式等要求确定。

应当指出的是,随着工程实践的不断深入,桥梁桥面布置及构造会得到逐步优化。例如,优化后的高速铁路无砟轨道简支梁桥面布置如图 5.14 所示。

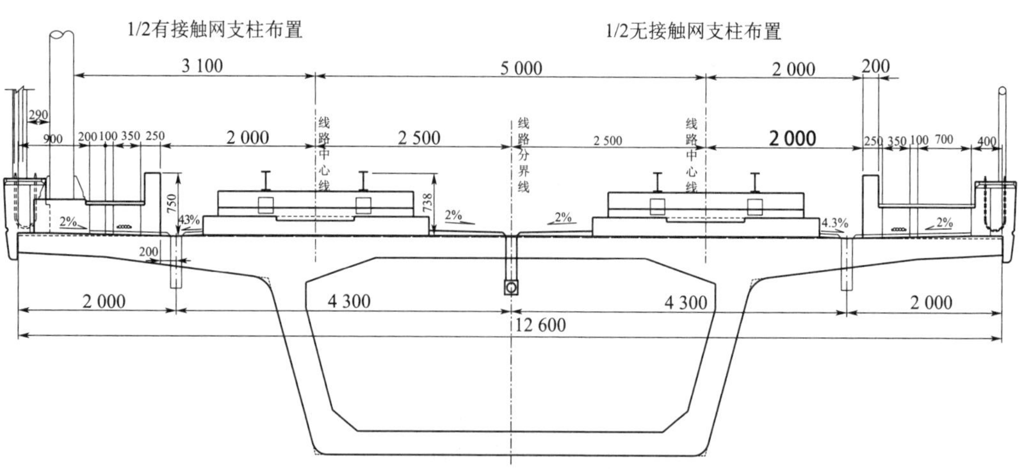


图 5.14　优化后的高速铁路无砟轨道简支梁桥面布置(单位:mm)

### 二、常用跨度桥梁的结构形式

分析各国高速铁路常用跨度桥梁的结构形式,可大致归纳为:

(1)由于桥梁数量大,为了便于施工和运营期间的养护管理,尽可能采用标准化设计,精简规格品种,并以混凝土梁为主。随着建桥水平的提高及预应力混凝土结构的广泛应用,同时人类对环境的要求越来越高,国外近年修建的高速铁路新线,绝大部分采用钢筋混凝土及预应力混凝土结构。

(2)桥梁较长、墩身不高的高架桥在高速铁路中占有很大比例。德国、意大利、西班牙等国都采用等跨布置的25 m混凝土简支梁结构;韩国高速铁路则采用3×25 m或2×40 m混凝土连续梁;日本十分注重结构的抗震性能,大量采用跨度为10 m的钢筋混凝土连续刚构,每联含有4~10跨,各联间以简支梁过渡。我国高速铁路大量采用以24 m、32 m简支箱梁为主和48~100 m的中等跨度连续箱梁为辅的常用跨度桥梁结构体系。高架桥型的选择应避免在桥上设置无缝线路伸缩调节器。

(3)高速铁路有不少谷架桥,桥墩最高达100 m。在德国一般选用等跨布置44 m、56 m两种跨度的混凝土连续梁或简支梁。西班牙和法国均选用连续梁,跨度不超过80 m。由于桥墩高,纵向刚度弱,因此都采用传力装置将制动力直接传递到桥台上。

(4)桥梁截面形式一般有板梁、T梁和箱梁。小跨度梁通常采用连续板梁或简支T梁。德国曾采用最大跨度为30 m的混凝土板梁。多片式T梁必须配置强劲的横隔板并采用整体桥面,以保证其良好的整体性。日本在北陆新干线上采用了6片式T梁,跨度达到44 m,西班牙一般采用25 m跨度5片式T梁,也用过9片式T梁,跨度为39 m。在大多数情况下,由于箱形截面具有良好的刚度,在跨度25 m及以上的桥梁中被大量采用,我国绝大部分为箱梁。出于检查及维修要求,箱内净高应适应养护人员正常行走。

(5)在交通繁忙地区为缩短桥梁的施工时间,经常选用钢混结合梁;在建筑高度受限制的特殊场合下,采用槽形梁能提供足够的刚度。

(6)简支梁和连续梁是最常用的两种结构形式。简支梁的优点是对支座沉降不敏感,不需设置钢轨伸缩调节器,可采用工业化预制。连续梁较简支梁外形纤细,结构变形和墩帽尺寸较小,但支座沉降对结构有影响,多跨度连续梁一般需要设置钢轨伸缩调节器。

## 第五节　高速铁路大跨度桥梁

当高速铁路线跨越大江、大河或宽大山谷等障碍物时,往往需要修建大跨度桥梁。大跨度桥梁由于对外界激励的敏感性强,且结构庞大,不易更换,故对其材料的物理力学性能及结构的可靠性要求较高。为确保高速铁路线路的平顺、稳定与可靠,大跨度桥梁不仅应具有必要的强度和刚度,而且应有足够的耐久性。

大跨度混凝土桥由于具有刚度大、噪声小、成本低与维修养护方便等优点,已在高速铁路上获得较广泛的应用。大跨度钢桥因其跨越能力大,材质离散性小,加工精度高,施工建造较为方便等特点,在一定条件下,也具有一定程度应用。大跨度桥梁具体是采用混凝土桥还是钢桥,要根据具体情况进行技术经济综合分析比较后确定。

我国多条高速铁路跨越了四大江河流域和密布的公路、水运网。在西南山区,山峰纵横,沟谷深切,河流湍急,需要建造高桥墩大跨度的桥梁。我国高速铁路上建造了大量大跨度桥梁，如目前世界上最大跨度公铁两用桥的武汉天兴洲特大桥(98 m + 196 m + 504 m + 196 m + 98 m，双塔三索面斜拉桥)，目前世界最大跨度客货共线高速铁路特大桥的南盘江特大桥(主跨 416 m)，世界首座六线铁路大桥的南京大胜关长江特大桥(主跨 336 m)。图 5.15 为武汉天兴洲特大桥。

图 5.15　武汉天兴洲特大桥

我国通过消化、吸收再创新，探索和积累了符合国情的高速铁路桥梁建设的技术标准、设计技术、建造技术，在高速铁路桥梁设计、施工、科研以及建设管理等方面实现了重大跨越。表 5.8列出了高速铁路具有代表性的大跨度桥梁。

**表 5.8　高速铁路具有代表性的大跨度桥梁**

| 国　家 | 桥　梁 | 所在线路名称 | 主　跨/m | 结构形式 |
|---|---|---|---|---|
| 中　国 | 镇江京杭运河大桥 | 京沪高速铁路 | 180 | 预应力混凝土连续梁与钢管混凝土拱组合结构 |
| | 北京五环特大桥 | 京津城际铁路 | 128 | 预应力混凝土连续梁桥 |
| | 武汉天兴洲长江特大桥 | 京广高速铁路 | 504 | 公铁两用双塔三索面钢桁斜拉桥 |
| | 南京大胜关长江特大桥 | 京沪高速铁路 | 336 | 连续钢桁拱桥 |
| | 南盘江特大桥 | 云桂高速铁路 | 416 | 劲性骨架混凝土拱桥 |
| | 五峰山长江大桥 | 连镇高速铁路 | 1 092 | 悬索桥 |
| 日　本 | 第二千曲川桥 | 北陆新干线 | 135 | 预应力混凝土密束斜拉桥 |
| 德　国 | 法伊茨赫希海姆美因河桥 | 汉诺威—维尔茨堡线 | 162 | 上承式钢筋混凝土拱桥 |
| 法　国 | 旺塔布伦桥 | 地中海线 | 100 | 预应力混凝土连续梁桥 |
| | 莫尔那斯桥 | 地中海线 | 121.4 | 双层曲线钢箱拱系杆拱桥 |
| 瑞　典 | 伊格尔斯塔桥 | 格鲁亭线 | 158 | 预应力混凝土刚构桥 |

1. 高速铁路大跨度混凝土桥梁

根据已有的文献资料，世界上高速铁路建造跨度大于80 m 的混凝土桥梁大部分集中在中国、日本、德国、法国和瑞典。

我国高速铁路上大量采用大跨度混凝土桥梁，如京津城际铁路上采用连续梁结构形式的北京五环特大桥(80 m + 128 m + 80 m),厦深铁路上采用连续梁结构形式的九龙江西溪大桥(70.5 m + 154 m + 80 m),温福铁路上采用的连续刚构结构形式的白马河特大桥(80 m + 3 × 145 m + 80 m),京沪高速铁路上采用预应力混凝土连续梁与钢管混凝土拱组合结构的镇江京杭运河大桥(90 m + 180 m + 90 m)。图 5.16 为白马河特大桥。

图 5.16　白马河特大桥

自 20 世纪 70 年代至 80 年代,日本在东北、山阳及上越新干线上修建的跨度 80 m 以上的预应力混凝土连续桥梁有 8 座,连续刚构桥、拉板桥及拱桥各一座,连续梁的最大跨度达110 m(太田川桥),连续刚构跨度达 109.5 m(吾妻川桥),拉板桥跨度达 108.6 m(名取川桥),拱桥的拱跨达 116 m(赤谷川桥)。20 世纪 90 年代日本在北陆新干线上接连设计与修建了三座预应力混凝土斜拉桥,即屋代南桥、屋代北桥及第二千曲川桥。其中跨径最大的是第二千曲川桥,其位于北陆新干线 K81 + 386.5 处,该桥系由 2 跨 135 m 独塔式预应力混凝土斜拉桥组成,是日本新干线上跨度最大的圬工桥,主塔为 H 形断面,塔高 65 m,缆索共计 11 对,采用竖琴形布置,主梁为 3 室预应力连续箱梁,侧面为圆形面,梁高 3.0 m,桥宽 12.3 m,采用塔梁墩固结,有一部分位于缓和曲线上,为平坡桥。

据不完全统计,德国在 1980—1991 年期间修建的两条高速铁路上跨度超过 80 m 的混凝土桥梁有 7 座。其中除一座连续刚构桥、两座拱桥外,其余四座全是所谓的 A 形刚架桥。这些 A 形刚架桥都布置在又长又高的山谷桥中,设置 A 形刚架的目的不是为了满足桥下净空的特殊要求,而是为了解决纵向水平力的传递问题。因为在这种桥中,如果让制动力通过单独的桥墩或桥墩组来承受,就会使钢轨应力超过允许值,而且在梁端钢轨伸缩调节器处的伸缩量也会超量。在桥中央设置的 A 形刚架纵向刚度很大,可以作为全桥在纵向的固定点,从而使上部结构在端部的纵向变形量减半。该 A 形刚架承受的纵向力达 17 ~ 18 MN,它由两根向上微弯的斜腿和顶部结构组成。斜腿微弯有利于承受自重荷载,顶部除了有承受垂直力的支座外,还有传递纵向力的混凝土榫及合成橡胶支座构造。富尔达摩申桥是这类桥的一个代表,如图 5.17所示,其总体布置为 12 × 58 m(简支梁) + 116 m + 11 × 58 m(简支梁)。主跨135 m的格明登美茵河桥是一座 3 跨连续 V 形刚构桥。其正桥为 82 m + 135 m + 82 m 的预应力混凝土连续刚构,北引桥长 330.5 m,南引桥长 164 m。该桥之所以采用 V 形刚构,主要出于景观的考虑。另一座大跨度混凝土桥梁是法伊茨赫希海姆美茵河桥。这座桥的主要承重结构是一座主跨 162 m 的上承式钢筋混凝土坦拱，矢跨比为 1/6. 48，拱上为预应力混凝土连续箱梁。20 世纪 90 年代德国新建科隆—法兰克福和汉诺威—柏林两条高速线，在新建线路中改变过去主要采用有砟线路的状况，在桥上使用无砟轨道。

法国的拉科蒂尔桥在高速铁路大跨桥梁的多跨连续方面创造了一个纪录（9 孔 88 m），它的另一个特点是桥梁布置在 31‰ 的纵坡及半径 4 000 m 的曲线上。

主跨 158 m 的瑞典伊格尔斯塔桥是跨度仅次于德国法伊茨赫希海姆美因河桥的高速铁路大跨度混凝土桥梁，是一座既通行重货车，又通行轻型高速客车的新型铁路桥梁。双线桥梁全长 2 074 m，桥面高出水面 49 m，主桥为 90 m + 158 m + 90 m 的预应力混凝土刚构桥。

图 5.17　德国富尔达摩申桥

由此可知，大跨度混凝土连续梁、连续刚构、斜拉桥、拱桥等结构形式均已实际应用于高速铁路。

高速铁路大跨度混凝土桥的主梁一般采用箱形截面，因为这种截面在减少结构横向振动及扭转振动方面颇为有效。为加强结构整体性，桥梁应尽量减少施工接头，消除构造上的薄弱环节。

高速铁路大跨度混凝土桥梁在结构耐久性、可维修性及可更换性方面需予以充分的重视。现有的高速铁路大跨度混凝土桥在纵向一般采用全预应力设计，并严格控制徐变拱度，横向大多布置有预应力筋。在可更换性方面既有考虑全桥更换的实例，如德国格明登美因河桥，其采用了混凝土铰，在桥梁被毁的紧急情况下可以方便地将铰的颈部切断，把被毁的桥挪开，并换上新桥；也有考虑构件更换的例子，如日本三座斜拉桥的设计均考虑了在不中断行车条件下更换斜拉索的可能性；还有许多桥梁的支座设计均考虑了可调整性和可更换性，如德国的法伊茨赫希海姆美因河桥所有支座均能在 80% 的运输荷载下，抬高不超过 5 mm 时更换，拱上的液压盆式橡胶支座的垂直调整量达 20 mm。

由于高速铁路行车密度高，结构动力响应大，对大跨度桥梁的维修养护更应加强。在结构设计时应力求各部分构造简洁，在桥梁结构的相应位置留有必要的人员及设备进出口及通道，以便检查维修。

高速铁路往往修建在重要城市之间，桥梁设计在美观方面也应予以特别的关注。

2. 高速铁路大跨度钢桥

由于噪声等原因，高速铁路桥梁中钢桥所占比例要比混凝土桥小得多。例如日本早期建设的东海道新干线上，钢桥和结合梁桥所占比例较大，为全线桥梁工程总量的 45% 。但在 20 世纪70 年代修建的山阳新干线上，钢桥的比例仅占 4% 。往后建设的东北、上越、北陆新干线上的桥梁大多为钢筋混凝土和预应力混凝土桥，钢桥和结合梁桥甚少。

国内外高速铁路钢桥的桥型主要有钢筋混凝土板与板梁、箱梁、桁架结合的结合梁桥以及采用道砟桥面或板式轨道无砟桥面的桁梁桥两大类型。

日本新干线上跨度大于 80 m 的钢桥有东北新干线上的荒川桥、第一北上川桥、第二北上川桥、新河岸川桥及北陆新干线的第三千曲川桥。荒川桥及新河岸川桥均为简支结合钢箱梁，跨度分别为86.7 m及102.4 m。第一北上川桥及第二北上川桥均为钢桁梁桥，跨度分别为90 m及101 m。第三千曲川桥为3×82.7 m+3×103.0 m六跨连续钢桁梁桥。

德国高速铁路线钢桥常采用钢桁梁或钢箱梁混凝土桥面结合梁，最大跨度达96 m。

法国高速铁路线钢桥结构形式有上承式钢板结合梁、下承式钢桁结合梁、反拱钢弦杆结合梁、大跨度钢系杆双层拱桥等。图5.18为法国地中海线上的莫尔那斯桥，该桥桥长约887 m，为主跨121.4 m的双层曲线系杆拱桥（两片拱立体联结并采用钢与混凝土组合结构的有砟桥面）。

在我国高速铁路建设中，钢桁拱、钢箱拱桥如雨后春笋般涌现，已建成通车的大胜关长江大桥（图5.19）代表了我国铁路钢桥建造的较高水平。在钢桥使用材料方面，普遍采用具有良好低温韧性的14MnNBq钢，为我国铁路桥梁向更大跨度发展准备了条件。大胜关长江大桥为双主跨336 m钢桁拱桥式，部分杆件采用了Q420级钢材。

图5.18　法国地中海线上的莫尔那斯桥

图5.19　大胜关长江大桥

下承式钢桁结合梁由于建筑高度低、跨越能力大，在福厦铁路、厦深铁路、京津城际等多条线路上应用。高速铁路钢桥绝大多数采用了有砟桥面，仅在武广客专汀泗河140 m钢箱拱桥上铺设了无砟轨道。桥面系的结构形式有纵横肋加劲的正交异性整体钢桥面、纵横梁结合梁桥面、密布横梁结合梁桥面及纵横梁加混凝土道砟槽板桥面。下承式拱桥由于结构高度低、外形美观而在高速铁路上大量采用，如福厦铁路跨越福厦高速公路采用了128 m的提篮式系杆拱桥，哈大高速铁路跨越长春市富民大街采用了138 m钢箱叠拱，武广高速铁路跨越京珠高速公路采用了140 m钢箱系杆拱桥。

在高速铁路大跨度钢桥的设计中，必须对桥面结构、防噪声措施及结构抗疲劳细节予以特别的注意。

由于明桥面对桥梁结构及防噪声不利，桥面结构倾向于采用有砟桥面和板式轨道的无砟桥面。

在高速铁路钢桥的防噪声方面，常常同时采用几种措施。如对有砟的上承板梁桥，在道砟底部设置道砟垫板，在腹板安设减振件，在下翼缘灌注混凝土。对有砟的下承板梁，除仍需采用上述方法降噪声外，在行车系的底部设置消音钢板。对下承桁梁，在道砟槽设道砟垫板，在行车系的底部设消音板，并在左、右侧设置倒L形隔音板。个别桥梁也有采用将行车系的纵梁和横梁外包混凝土的方案。

高速铁路钢桥疲劳及构造处理，在国外给予了高度重视。钢桥随着焊接构件的增多和高速列车行车频次增加，疲劳设计除在规范中有改进外，设计上应尽量避免采用导致应力集中严重的构造。

3. 高速铁路悬索桥

连镇高速铁路是一条连接江苏省连云港市至镇江市的高速铁路。五峰山大桥（图 5.20）是连镇高速铁路跨越长江的关键工程，也是江都—宜兴高速公路（苏高速 S39）跨越长江的工程。于 2015 年 10 月 28 日动工兴建，于 2020 年 12 月 11 日投入运营。主桥长 1 428 m，上层为双向八车道高速，设计速度为 100 km/h，下层为双向四线高速铁路，设计速度为 250 km/h。

图 5.20　五峰山大桥建设现场

长江下游河段因水深条件好，水上运输繁忙，航道限制要求苛刻，所以铁路一直绕道南京，无法用桥梁实现直接跨越。悬索桥虽然具有最强的跨越能力，但结构容易变形，高速铁路国际上没有成熟的经验，面临许多技术挑战。主跨 1 092 m 刚好覆盖一跨过江的水域，第一次使铁路桥梁实现一跨越过长江，国内外均无类似的工程案例。

五峰山大桥采用全新的结构设计、理论分析和技术对策，解决大跨、多线铁路悬索桥面临的行车安全性和舒适性问题。为提高结构整体刚度，加劲梁上、下层桥面均采用板桁结合的正交异性板整体钢桥面，是世界首次采用的板桁结合新型加劲梁结构。为提高耐久使用性能，钢桁梁结构设计采用工厂焊接整体制造，将现场连接减到最少；铁路道砟桥面世界首次采用轧制不锈钢复合钢板，并研发了铁路桥面复合钢板焊接工艺及无损检测的整套技术及设备；为改善公路桥面正交异性桥面板受力及疲劳性能，研发了正交异性桥面板 U 形肋与顶板之间全熔透焊接及检测新工艺。

此外，五峰山长江大桥主缆直径达 1.3 m，是世界上主缆直径最大的悬索桥，全过程从严控制主缆钢丝制造和架设精度，研制新型设备对索夹所有螺栓实现同步紧固施工。五峰山长江大桥北岸锚碇采用大型沉井基础，沉井纵向长 100.7 m，横向宽 72.1 m，竖向高 56 m，面积超过一个标准的足球场，是世界上最大面积的桥梁沉井基础。

五峰山长江大桥在高速铁路悬索桥技术史上开辟了崭新的一页，相关技术与实践经验将引领和促进国际悬索桥技术的发展。

进入 21 世纪以来，我国高速铁路建设方兴未艾，武汉天兴洲长江大桥一举突破了 500 m 主跨跨度，随后主跨超千米的沪苏通铁路长江大桥、连镇铁路五峰山长江大桥相继建成通车。2024 年 12 月 19 日，甬舟铁路西堠门公铁两用跨海大桥（图 5.21 和图 5.22）首个主塔下横梁完成浇筑作业，标志着世界跨度最大的公铁大桥建设取得突破性进展。该桥是甬舟铁路及甬舟高速公路复线跨越西堠门水道的共用跨海桥梁，连接金塘岛和册子岛，是全线关键性控制工程。大桥主跨 1 488 m，是世界跨度最大的公铁两用大桥，桥面宽 68 m，是世界最宽跨海大桥，为公铁平层设计，中间通铁路，两侧通公路。桥式方案也从斜拉桥、悬索桥发展到斜拉—悬索协作体系桥梁，我国铁路桥梁建造技术已处于世界领先水平。

图 5.21　西堠门公铁两用跨海大桥效果图

图 5.22　西堠门公铁两用跨海大桥施工现场

## 复习思考题

1. 简述高速铁路桥梁的特点。
2. 高速铁路为什么选择 0.8UIC 作为桥梁设计列车活载？请简要分析。
3. 请查阅资料列出各国高速铁路桥梁对结构变形、变位和自振频率的要求。
4. 请结合高速铁路桥面布置图，简要分析高速铁路桥面布置的特点。
5. 请归纳总结国外高速铁路大跨度桥梁的特点。

# 第六章 高速铁路隧道

## 第一节 概　　述

伴随着高速铁路的发展，必然出现大量的隧道工程，这主要是与线路的标准有关，如高速铁路最小曲线半径在多数情况下都大于 4 000 m 等。

以我国为例，石太客运专线全长 225 km，有隧道 32 座，隧道长度占全线的 58.7%；其中太行山隧道（图 6.1）下行线全长 27.839 km，上行线全长 27.848 km。贵广高速铁路全长 861.7 km，隧道 209 个，总长度 456.022 km，隧道长度占全线的 53.2%。西成高速铁路自北向南穿越关中平原、秦岭山区、汉中平原和大巴山区，地质条件极为复杂，其中，在穿越秦岭山区地段线路总长 135 km，隧道里程高达 127 km，隧道占该地段的比例高达 94%，10 km 以上特长隧道共有 6 座。武广高速铁路的大多数隧道通过岩溶地区，郑西、石太客运专线部分隧道通过黄土地区。此外还有下穿高速公路和长沙市区的浏阳河隧道（图 6.2），下穿天津市区的海河隧道，还有通过采空区的山岭隧道等，建设环境和地质情况复杂。台北到高雄的高速铁路，全长 333 km，共有总延长 39 km 的 50 座隧道，最长的隧道约 8.4 km，隧道占线路全长的 11.7%。我国的高速铁路隧道建造技术已经处于先进水平。

图 6.1　太行山隧道

图 6.2　浏阳河隧道

日本是个多山的国家，新干线隧道比例较大。山阳新干线隧道延长占线路总长度的 50%，北陆新干线更达 63%，日本营业新干线中隧道总长度达 635 km（不包括秋田、山形小型新干线），约占新干线线路总长 33%。世界上最长的海底隧道——青函隧道位于本州到北海道的津轻海峡，全长 53.6 km，跨越海峡部分为 23.3 km，隧道最深处离海平面 240 m，离海底面 100 m。青函隧道于 1988 年建成，使青森—函馆所需时间从以前渡船运输 3 h 50 min 缩短到 2 h。青函隧道是按新干线规格设计的，铺设三轨，为北海道新干线预留了运行条件。2016 年，北海道新干线（青森—函馆段）建成，利用青函隧道通过津轻海峡，东京—函馆只需 3 h

50 min 即可到达。

德国于 20 世纪 80 年代初期动工修建的从汉诺威至维尔茨堡的高速铁路,长327 km,隧道总长 118 km,占线路总长的 37% ,包括长达 10. 747 km 的兰德吕肯隧道。另一条从曼海姆到斯图加特的线路总长 100 km,隧道约占 30% (30 km)。2002 年开通的运行速度为 300 km/h 的科隆—法兰克福高速铁路,隧道占线路总长 21. 3% 。

高速铁路隧道的勘测、设计、施工与维修养护管理与普速铁路隧道有许多共同点,对高速铁路隧道设计参数的特殊要求主要是由于高速列车进入隧道诱发的空气动力学效应,本章主要介绍空气动力学对隧道设计的影响。

## 第二节　高速铁路隧道—列车空气动力学效应

### 一、空气动力学效应

当列车进入隧道时,原来占据空间的空气被排开。空气的黏性以及隧道壁面和列车表面的摩阻作用使得被排开的空气不能像隧道外那样及时、顺畅地沿列车两侧和上部形成绕流。于是,列车前方的空气受压缩,列车后方则形成一定的负压。这就产生一个压力波动过程,这种压力波动又以声速传播至隧道口,形成反射波——马赫波,回传,叠加,诱发对运营产生一系列负面影响的空气动力学效应。主要是:由于瞬变压力,造成旅客不适,并对铁路员工和车辆产生危害;列车高速进入隧道时,会在隧道出口产生微压波,引起爆破噪声并危及洞口建筑物;行车阻力加大,引起对列车动力和能耗的特殊要求;列车风加剧,影响在隧道中待避的作业人员;其他,如隧道内热量的积聚、空气动力学噪声等。

列车高速进入隧道的空气动力学效应受多种因素影响,包括:

(1)机车车辆方面。行车速度、车头和车尾形状、列车横断面、列车长度、列车外表面形状和粗糙度、车辆的密封性等。

(2)隧道方面。隧道净空断面面积,双线单洞还是单线双洞,隧道壁面的粗糙度,洞口及辅助结构物形式,竖井、斜井和横洞,道床类型等。

(3)其他方面。列车在隧道中的交会等。

### 二、列车进入隧道引起的瞬变压力

高速列车进入隧道引起的压力变化由两部分叠加,一是列车移动时从挤压、排开空气到留下真空整个过程引起的压力变化;二是列车车头进入隧道产生的压缩波以及车尾进入隧道产生的膨胀波在隧道两洞口之间来回反射产生的压力变化。当双线隧道中同时有不同方向列车相向行驶时,叠加所产生的情况则更为复杂。

1. 瞬变压力的阈值和舒适性准则

高速列车运行时的舒适度与高速列车通过隧道时产生的压力波动有关,这也是高速列车通过隧道时产生的主要效应。当这种压力波动,特别是在极短时间内的压力突变(称为瞬变压力)传到人体时,会产生生理上的不适——即耳膜压感不适,从而大大降低乘车的舒适度。然而人们对这种瞬变压力的舒适感是有值域区分的,超过一定值时,会明显不适。因此,控制压力波动的阈值是以乘客乘车舒适度为基准的。

评定压力波动程度一般采用的参数有:①"峰对峰"最大值 $\Delta P_{max}$,即最大压力变化的绝对值;②压力变化率的最大值$\left(\frac{dP}{dt}\right)_{max}$。将这两种指标单独使用均不能合理地同人的生理反应和乘客的舒适度相联系。例如,对于变化缓慢的压力过程,即便变化幅度较大,但由于来得及对耳腔压力进行主动(如做吞咽动作)或被动(外界降压时中耳通道将自动开启)调节,不会造成很大不适。当然,对于变化急剧的情况,尽管变化率较大,但只要变化幅度不大,也不会有多大问题。因此,目前较通用的评估参数是相应于某一指定短时间内的压力变化值,例如 3 s 内最大压力变化值或 4 s 内最大压力变化值。所谓 3 s 或 4 s 大致相当于人完成耳腔压力调节所需的时间。

日本新干线提出了很“严厉”的阈值:$\Delta P_{max} = 1$ kPa,$\left(\frac{dP}{dt}\right)_{max} = 0.3$ kPa/s,相应的,车辆采用了特殊密封装置和自动控制的通风和压力调节系统。近年来,国外的一些高速铁路对瞬变压力的阈值要求倾向于严格。例如,德国铁路的相关标准规定在高速铁路隧道设计时要考虑的舒适度准则是:在很少通过的隧道为1.25 kPa/3 s,在经常通过的隧道为 0.80 kPa/3 s。

对于高速铁路的一般情况,则应根据隧道分布密度,最不利瞬变压力显现的概率和具体的运输环境来确定舒适度标准。英国 British Railway Board(R. G. Gawthorpe)根据铁路运营种类提出了相应的舒适度准则,见表 6.1。

**表 6.1　英国 British Railway Board(R. G. Gawthorpe)提出的舒适度准则**

| 铁路运营类型 | 隧道长度(占线路比例) | 瞬变压力/(kPa/4 s) | | 车　辆 | 不舒适度 |
|---|---|---|---|---|---|
| | | 极端场合 | 正常场合 | | |
| A 常规型 | <10% | 4.0 | 2.5 | 不密封 | 4.5 |
| B 常规型 | >25% | 3.0 | 2.0 | 不密封 | 3.5 |
| C 高舒适型 | >25% | 1.25 | 0.8 | 密　封 | 2.5 |
| D 地铁及城市轨道交通 | >50% | 1.0 | 0.7 | 不密封 | 2.0 |

注:表中“密封”车辆的密封指数 $\tau = 3.0 \sim 8.0$ s;不舒适度是按 7 级给出的。

2. 车辆密封性

从人员乘车的舒适度出发,旅客关心的是车内压力的瞬变情况。车辆的密封使车内外压力波动情况产生差异。可以认为,当车外压力 $P_a$ 不变时,车内压力随时间的变化可以用指数规律来描述:

$$P_i = P_a(1 - e^{-\frac{t}{\tau}}) \tag{6.1}$$

其中,具有时间量纲的参数 $\tau$ 用以描述车辆的密封程度,称为“密封指数”。按上述定义,可从文献中得出关于密封指数的参考值:“不密封”的标准车辆,$\tau = 0.7$ s;密封“好”的标准车辆,$\tau = 5.0$ s,密封空调车,$\tau = 7.0$ s 以上。考虑车外压力为时间的函数,则有

$$P_i(t) = \frac{1}{\tau}\int_0^t P_a(t) e^{-\frac{t}{\tau}} dt \tag{6.2}$$

3. 压力瞬变程度主要影响因素

(1)隧道断面阻塞比

对于压力波动,在诸因素中,隧道断面阻塞比 $\beta$(列车横截面积与隧道内轨顶面以上净空面积之比)是最重要的因素。

（2）车速

压力瞬变现象是随着车速的提高而加剧的，ORE 的研究报告曾提出压力波动同列车速度平方成正比的经验公式。

$$(\Delta P/3\ \text{s})_{max} = kv^2\beta^N \tag{6.3}$$

式中　$k$——实测数据反分析系数；

$N$——系数，其中单一列车在隧道内运行时 $N = 1.3 \pm 0.25$，考虑列车交会时 $N = 2.16 \pm 0.06$；

$(\Delta P/3\ \text{s})_{max}$——3 s 内压力变化的最大值；

$v$——行车速度（km/h）；

$\beta$——阻塞比。

（3）隧道长度

研究表明，隧道长度对压力瞬变特征有明显的影响。值得指出的是，压力波动的程度并不随隧道长度的减小而缓解。对于长隧道，以声速传播的马赫波来回反射的周期较长，同时，在反射过程中能量有所衰减。当隧道长度增大到一定值时，压力波动反而有缓解的趋势。而对于短隧道，马赫波反射的周期较短，在反射中能量损失也较少，致使压力波动程度加剧。根据法国高速铁路资料，当列车长度为 360 m 时，考虑在隧道中点会车时瞬变压力的最不利情况，隧道最不利长度如下：速度 300 km/h 时为 299 m、485 m、1 254 m；速度 350 km/h 时为 257 m、415 m、1 075 m。

（4）车辆密封性

计算结果表明，车辆对压力波动的影响可以归结为车内压力波动相应于车外压力的“缓解”和“滞后”。德国在 Einmalberg 隧道实测的结果证实了这一点（图 6.3）。

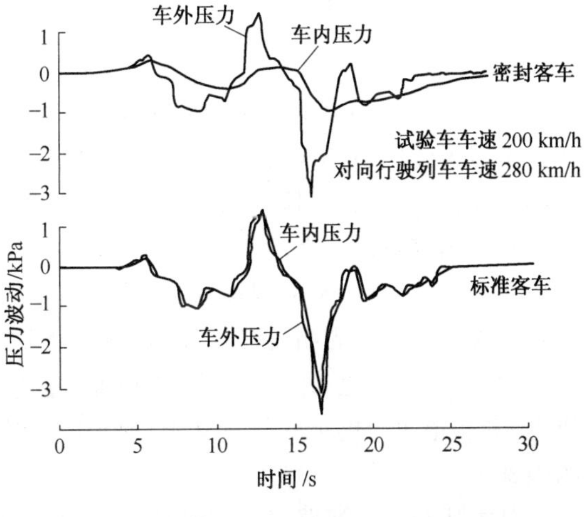


图 6.3　德国 Einmalberg 隧道的实测结果

（5）辅助坑道的影响

辅助坑道可以减缓隧道内的空气动力学效应，其效果与坑道的个数、断面面积有关。有关研究表明，当坑道的断面面积为隧道断面积的 1/2 时，可使最大压力波动减少 40% 左右。

根据有关研究报告，竖井位置对减压效果的影响很大，并不是处于任何位置的竖井都能有较好的效果。根据马赫波叠加情况，可在理论上得到竖井的最佳位置。

$$\frac{X}{L} = \frac{2M}{1+M} \tag{6.4}$$

式中　$X$——竖井距隧道进口的距离（m）；

$L$——隧道长度（m）；

$M$——马赫数，即 $M = v/C$（$v$ 为车速，$C$ 为声速）。

从减压效果方面，竖井断面积 5 ~ 10 $m^2$ 较合适，竖井断面面积过大，减压效果并不会显著提高。从技术经济综合考虑，辅助坑道应以满足施工需要为主，在满足施工的前提下，施工辅助坑道的位置应尽量靠近最佳位置。

(6)列车交会的影响

双线隧道列车在隧道中交会可引起压力波动的叠加,情况十分复杂。根据相关研究报告,列车交会时,压力波动最大值是单一列车运行情况的 2.8 倍。实际上,列车交会时所产生的压力波动同列车长度、隧道长度、会车位置、车速等多种因素有关。

## 三、列车进入隧道引起的微压波

微压波是隧道出口微气压波的简称,是高速铁路隧道运营过程中产生的另一个空气动力学问题。微压波是指列车进入隧道时产生的压缩波在另一端释放时产生的爆破噪声现象,微压波影响周围环境,严重的可使建筑物的玻璃破碎,对环境造成声污染,其发生的实际状态如图 6.4 所示。

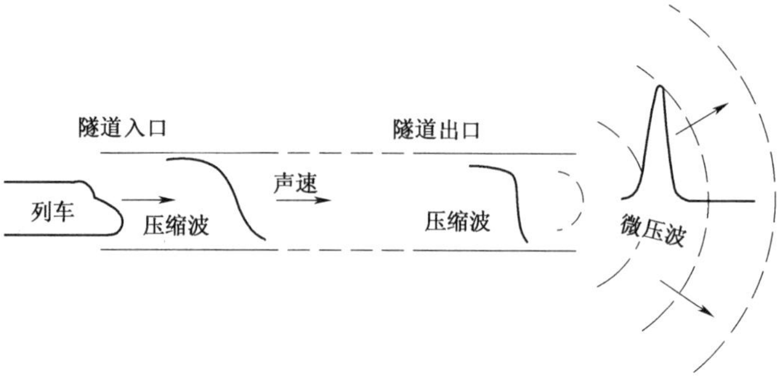


图 6.4　隧道微压波的产生过程

1973 年,Hammitt 通过对有关隧道空气动力学问题的理论研究,提出微压波问题。1975 年,在日本新干线冈山以西段的试运营过程中首次观察到。此后,随着新干线投入运营和列车速度的提高,在日本其他地方也相继出现了由微压波产生的洞口气压噪声现象。

欧洲国家对此研究较少,而日本由于采用的隧道断面较小,微压波问题特别突出,为了全面地研究此现象,日本从现场测试、模型实验及数值模拟等多方面进行了大量的研究,取得了重要的成果。研究表明,微压波的影响因素主要有列车进入隧道的速度、列车头部形状、列车头部的长细比、隧道的阻塞比、隧道长度、隧道内部条件(如轨道结构,有无竖井、斜井和横通道等)和隧道出口的地形等。其中,列车进入隧道的速度、隧道的阻塞比是最为重要的两个影响因素。

日本从新干线运营以来,为研究隧道的微压波的问题,曾在数座隧道中进行了微压波的测试,分别测试了微压波的波形、隧道内的压力波形、微压波的最大值等。微压波的波形是一个中央具有峰值、呈山形的压力脉冲。图 6.5 是日本大仓隧道测试实例。图中的 $v$ 是列车的入洞速度,测点距离是指距隧道出口的距离。由图可知,列车入洞速度越大,压力最大值也在增加,压力脉冲的时间间隔变小。比较山阳(碎石道床)和东海道(板式道床)新干线的微压波可以看出:东海道的微压波是单一的脉冲波,而山阳的微压波有一个约 12 Hz 的后波。东海道微压波的时间幅较大,山阳微压波的时间幅较小。

根据日本测试资料,把微压波最大值换算为列车入洞速度 200 km/h 的值和距出口距离的衰减情况示于图 6.6 中。由图可知,微压波最大值与距出口距离 $r$ 成反比。

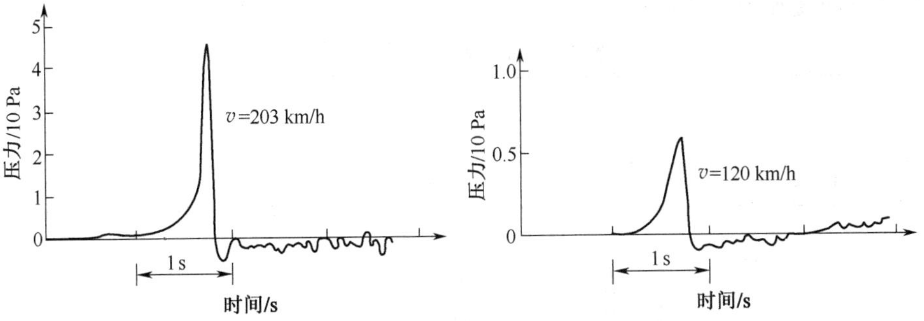


图 6.5 大仓隧道微压波测试实例(测点距离:18 m)

## 四、隧道群空气动力学效应

我国山区很多,隧道群较多,空气动力学问题变得更加复杂,研究人员从压力波动、空气阻力和微气压波几方面入手,研究了隧道群的动力学效应问题。

1. 隧道群与单个隧道空气动力学效应的差异

(1)压力波动

车长为 200 m 的列车以 350 km/h 的速度,通过由 3 个长度分别为 370 m、630 m 和 1 000 m的隧道(明线间距均为 50 m)组成的隧道群时,其车头气压曲线如图 6.6 所示。

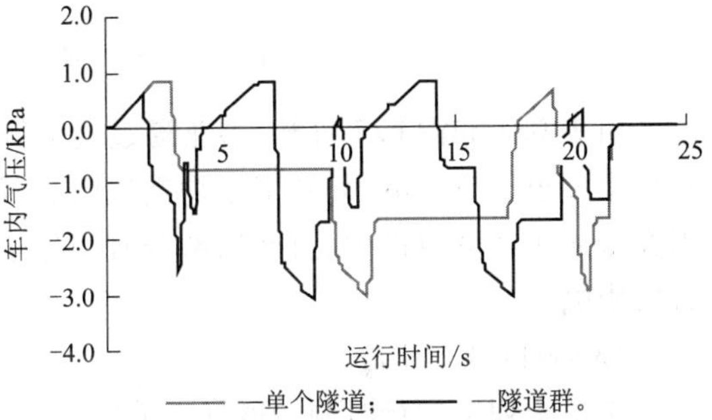


图 6.6 列车通过隧道群时的车头压力波动曲线

由图 6.6 可以看出,较之等长(含明线间距)单个隧道,列车通过隧道群过程中,由于较为“频繁”地进出隧道,使得隧道群内列车车体承受的压力波动次数明显增多,即列车在隧道群中运行时,车体表面保持压力恒定的时间明显短于单个等长隧道。组成隧道群的隧道长度越短,明线间距越小,这种现象就越明显,对车体强度和车内乘客舒适度的保持就愈加不利。

(2)空气阻力

为考察隧道群与单个隧道在空气阻力方面的差异,分别对列车通过等长单一隧道和隧道群的空气阻力进行计算,计算工况见表 6.2。其中,隧道群由 3 个长度分别为 1 km、3 km 和 5 km的隧道组成,明线间距均为 50 m。

**表 6.2 空气阻力计算工况表**

| 项　　目 | 参　　数 | 计算工况 |
|---|---|---|
| 隧道(群) | 长度/km | 8.1 |
| | 净空面积/$m^2$ | 100 |
| 列车 | 车长/m | 200 |
| | 车速/(km/h) | 350 |
| | 运营方式 | 单车运行 |

列车分别通过隧道群及等长单个隧道时的空气阻力计算结果见表 6.3,列车通过隧道群

时的空气阻力曲线如图 6.7 所示。

**表 6.3　空气阻力计算结果表**

| 工　况 | 平均空气阻力/kN | 最大空气阻力/kN |
|---|---|---|
| 隧道群 | 87.26 | 114.97 |
| 等长单个隧道 | 88.66 | 115.31 |

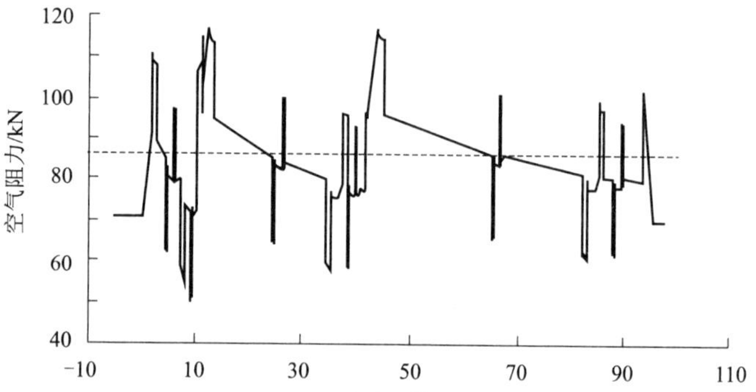


图 6.7　列车通过隧道群时的空气阻力曲线

由表 6.3 和图 6.7 可知，列车通过隧道群时的平均空气阻力和最大空气阻力均较通过等长单个隧道时有所减小，其中平均空气阻力减小了 1.6%，最大空气阻力减小了 0.3%。其原因在于列车在隧道群中运行时，部分时间处于明线之上，且前一座隧道的活塞风对后一座隧道有所影响。

(3)洞口微气压波

①单个列车运行时洞口微气压波的差异

车速 350 km/h、车长 200 m 的列车分别通过明线间距为 30 m、50 m、75 m、100 m 的隧道群时，第一个隧道出口 20 m、50 m 处的微气压波峰值和单个隧道（隧道长与隧道群中的第一个隧道长度相等）同一位置处的微气压波峰值计算结果见表 6.4，相对量曲线如图 6.8 所示。隧道断面面积为 70 $m^2$，隧道群中每个隧道的长度均为 1 000 m。

**表 6.4　微气压波计算结果**

| | 间距/m | 微气压波峰值/Pa | | 微气压波峰值相对量/% | |
|---|---|---|---|---|---|
| | | 距隧道出口 20 m 处 | 距隧道出口 50 m 处 | 距隧道出口 20 m 处 | 距隧道出口 50 m 处 |
| 列车通过隧道群时 | 30 | 130.62 | — | 17.89 | — |
| | 50 | 119.33 | 45.34 | 7.7 | 4.43 |
| | 75 | 112.54 | 44.01 | 1.57 | 1.36 |
| | 100 | 110.85 | 43.43 | 0.05 | 0.03 |
| 列车通过单个隧道时 | | 110.82 | 43.42 | — | — |

由表 6.4 和图 6.8 可知，受相邻隧道洞门墙的影响，隧道群明线间距上测点的微气压波峰值较单个隧道同一位置处有所增大，且明线间距越小，增大越显著。隧道群明线间距大于 100 m时，隧道群洞口微气压波峰值与单个隧道基本相同。

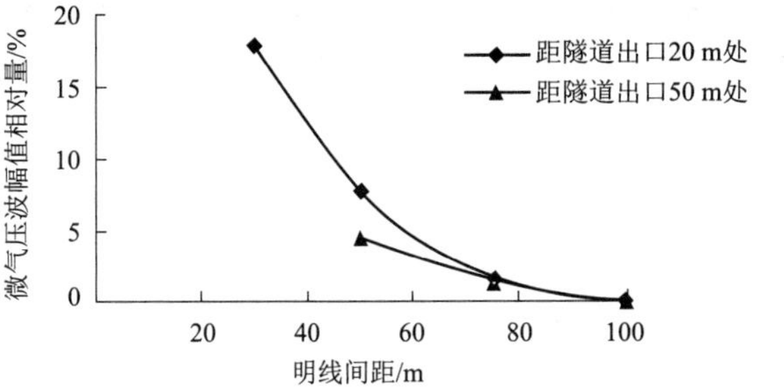


图 6.8　微气压波峰值相对量

②两列列车相向运行时洞口微气压波的差异

两列列车分别从隧道群两侧相向运行时，两隧洞口的微气压波可能会同时出现在明线范围，当微气压波频率十分接近时，两隧洞口的微气压波会在明线某处产生叠加，使得微气压波峰值大幅增加，如图 6.9 所示。

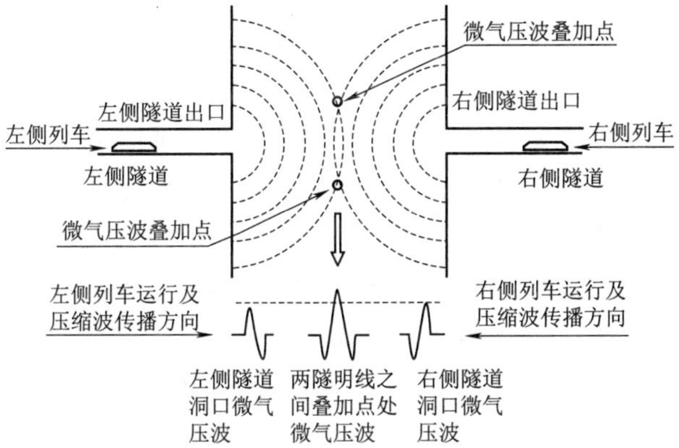


图 6.9　隧道群微气压波叠加示意

2. 隧道群空气动力学效应变化规律

隧道群是由具有一定明线间距的单个隧道组成的，单个隧道的空气动力学效应变化规律同样适用于隧道群，但隧道群和单个隧道在空气动力学效应上的差异，使得道群空气动力学效应的影响因素及变化规律具有独特之处。

(1)隧道群压力波动

①隧道内及车体表面压力波动

模型试验和数值模拟结果均表明，高速列车通过隧道群时，隧道间距对隧道内及车体表面压力波动的影响不大，可以忽略。

②密封列车车内压力波动

计算车长为 200 m 的列车，以 350 km/h 的速度通过由 3 个隧道组成的隧道群时，车头和车尾内的瞬变压力，以考察不同明线间距下密封列车车内瞬变压力的变化规律，3 个隧道的断面面积均为 100 $m^2$、长度均为 0.5 km。列车动态密封指数为 2～20 s(2 s 为 1 个计算间隔)。隧道群中各隧道之间明线间距相同，分别为 30 m、50 m、100 m、150 m 和 200 m。列车通过隧道群时车内瞬变压力的计算结果见表 6.5。计算结果表明，列车通过明线间距为 30 m 的隧道群时密封列车车头瞬变压力与明线间距无关，车尾瞬变压力总体上随着明线间距的增大而减小。

表 6.5 列车通过隧道群时车内瞬变压力计算结果表

| 密封指数/s | 瞬变压力最大值/kPa | | | | | |
|---|---|---|---|---|---|---|
| | 车头 | 车尾 | | | | |
| | | 间距 30 m | 间距 50 m | 间距 100 m | 间距 150 m | 间距 200 m |
| 2 | 1.547 | 1.710 | 1.699 | 1.672 | 1.654 | 1.640 |
| 4 | 0.914 | 1.062 | 1.047 | 1.010 | 0.981 | 0.956 |
| 6 | 0.662 | 0.734 | 0.723 | 0.694 | 0.674 | 0.674 |
| 8 | 0.517 | 0.537 | 0.533 | 0.530 | 0.530 | 0.530 |
| 10 | 0.424 | 0.467 | 0.436 | 0.436 | 0.436 | 0.436 |
| 12 | 0.359 | 0.415 | 0.379 | 0.370 | 0.370 | 0.370 |
| 14 | 0.311 | 0.372 | 0.341 | 0.322 | 0.322 | 0.322 |
| 16 | 0.275 | 0.337 | 0.310 | 0.287 | 0.287 | 0.281 |
| 18 | 0.246 | 0.308 | 0.284 | 0.262 | 0.262 | 0.262 |
| 20 | 0.222 | 0.284 | 0.262 | 0.240 | 0.240 | 0.240 |

(2)隧道群空气阻力

通过计算列车通过 3 个长度相同、明线间距不同的隧道群时对应的空气阻力,来考察明线间距对隧道群空气阻力的影响。研究表明,较之单个隧道,隧道群明线间距为 50 m 时,列车平均空气阻力和最大空气阻力分别增大 0.15% 和 2.38%;明线间距为 100 m 时,列车平均空气阻力和最大空气阻力分别增大 0.28% 和 1.68%;明线间距为 150 m 时,列车平均空气阻力和最大空气阻力分别增大 0.54% 和 0.75%。这说明隧道群的列车平均空气阻力和最大空气阻力较单个隧道均有一定程度的增加随着明线间距的增大,列车在明线上运行时间的占比提高,最大空气阻力增加的趋势有所减小;但前一个隧道活塞风对后一个隧道影响的减弱,使得平均空气阻力的增加趋势有所提升。

(3)隧道群洞口微气压波

①单列列车通过隧道群

隧道群明线间距小于 100 m 时,隧道群洞口微气压波峰值有所增大,但其随着明线间距的增加而减小;明线间距大于 100 m 时,隧道群洞口微气压波峰值基本与列车通过单个隧道时相同。这一变化规律无论对有砟轨道隧道群还是无砟轨道隧道群均适用。

②两列列车相向运行通过隧道群

两列列车在隧道群中相向运行且在同一个隧道内交会时,隧道洞口微气压波变化规律与单列列车通过隧道群时洞口微气压波的变化规律相同,两列列车相向运行但未在同一个隧道内交会时,两隧道洞口微气压波在明线上可能存在叠加现象(微气压波频率十分接近时);车速为 350 km/h 的两列列车相向运行,通过明线间距为 50 m 的有砟轨道和无砟轨道隧道群(断面面积为 100 $m^2$)时,距前一隧道出口 20 m 处明线叠加点有微气压波,微气压波的叠加效应随明线间距的增大而减弱,当明线间距大于 100 m 时,基本上可以不考虑微气压波的叠加效应。

## 五、列车进入隧道引起的行车阻力

当车速超过 200 km/h 时,空气阻力成为行车总阻力的主要部分。在隧道中,这种阻力又比在明线运行时有明显的增加,这是在线路设计时要考虑的。隧道内空气阻力的大小同车速、车头形状、隧道长度和断面大小有关。此外，由于气流的非恒定性，列车在隧道运行过程中，空气阻力并不是常数。

计算表明，空气阻力随隧道长度的增加而单调地增加，但增长率越来越小。例如，当阻塞比 $\beta=0.1$ 时，隧道长度超过 3 000 m 后，空气阻力趋于常数。

解决行车阻力问题主要是加大隧道断面面积，根据中国铁道科学研究院集团有限公司的研究报告，在隧道净空面积为 100 $m^2$ 时，最大行车阻力只比明线增大 15%～30%，会车时的空气阻力较明线的增大值也不超过 30%。

## 第三节　高速铁路隧道横断面

### 一、高速铁路隧道基本参数与实态

高速铁路隧道的设计特点主要体现在隧道横断面的设计上。隧道的横断面面积通常是根据隧道建筑限界和列车运营的要求决定的，但在高速铁路的条件下，还必须考虑满足列车—隧道空气动力学的要求。从世界高速铁路修建史看，为了消减空气动力学效应所采用的措施大致可分为两类。

1.“小断面”方式

以日本早期修建的新干线为代表，为了节省投资，采用了相对较小的内净空面积。相应的阻塞比用得较大。主要通过提高车辆的密封程度和修建洞口缓冲结构来消减瞬变压力和洞口微压波。例如，东海道新干线隧道净空面积为 60.5 $m^2$，阻塞比为 0.22；山阳新干线隧道净空面积为 63.4 $m^2$，阻塞比为 0.20～0.21（图 6.10）。在车辆密封系统上则大下功夫，要求不仅有很好的密封程度，而且能提供新鲜空气。高密封性能车辆的制造和维护不但在技术上有难度，而且会加大费用，缓冲结构的修建当然也会增加造价。因此，在日本仍然有人提出“还是把截面加大些好”的议论。尽管日本采用洞口增设缓冲结构及密封车辆措施来降低空气动力效应，但当列车速度为 300 km/h 时，也产生了扩大隧道有效净空面积为 85 $m^2$ 的设想。

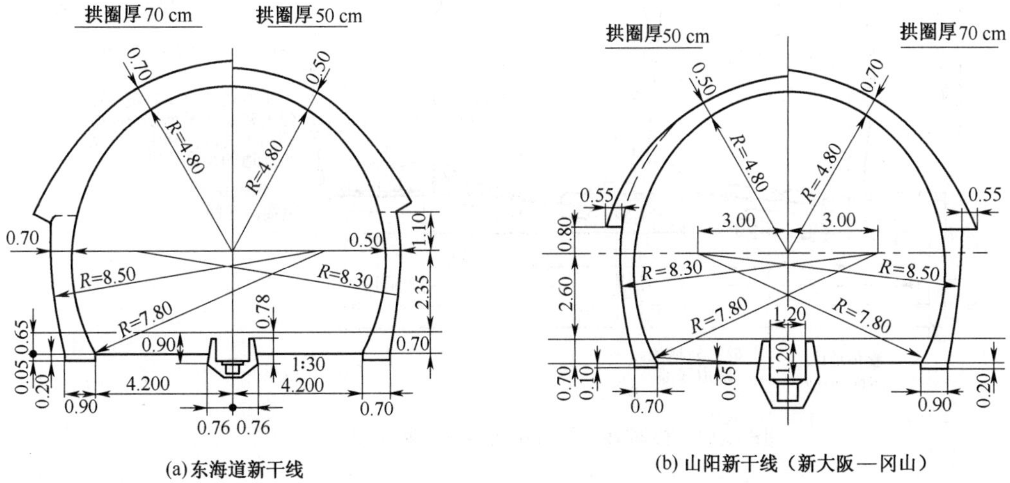


图 6.10　日本东海道新干线及山阳新干线隧道断面（单位：m）

2.“大断面”方式

以德国为代表，主要通过放大截面来解决问题。被称为“第一代高速铁路”的曼海姆—斯图加特（隧道占线路 30%）和汉诺威—维尔茨堡（隧道占线路 37%）线，其行车速度为 250 km/h，采用隧道净空面积 82 $m^2$（曲线地段 94 $m^2$），阻塞比 0.13，其直线区段及曲线区段的隧道断面如图 6.11 所示，出于安全考虑，最近的新规范又将跨度从 11.9 m 改为 12.9 m。对于运行速度 300 km/h 的"第二代高速铁路"则采用隧道净空面积 100 $m^2$，尽可能使有效净空面积加大，有利于克服空气动力学效应，增加旅客舒适度，其隧道断面图如图 6.12 所示。

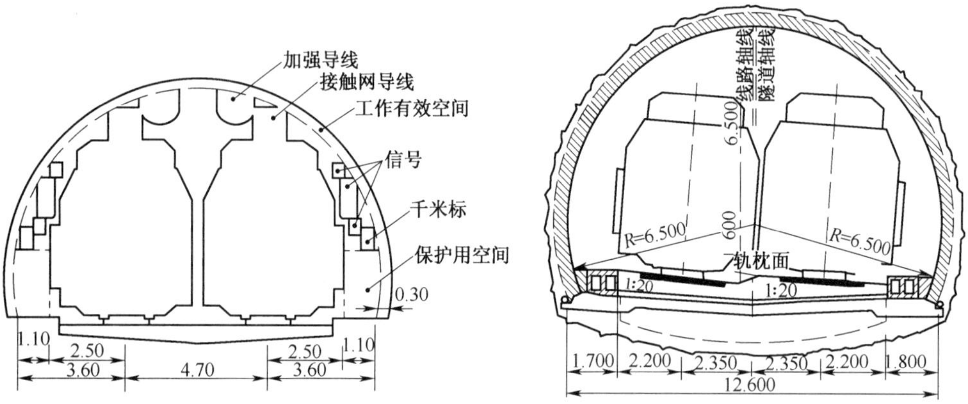


(a) 直线区段 $A_s$ =82 $m^2$　　(b) 曲线区段 $A_s$ =94 $m^2$

图 6.11　德国第一代高速铁路直线区段及曲线区段的隧道断面（单位：m）

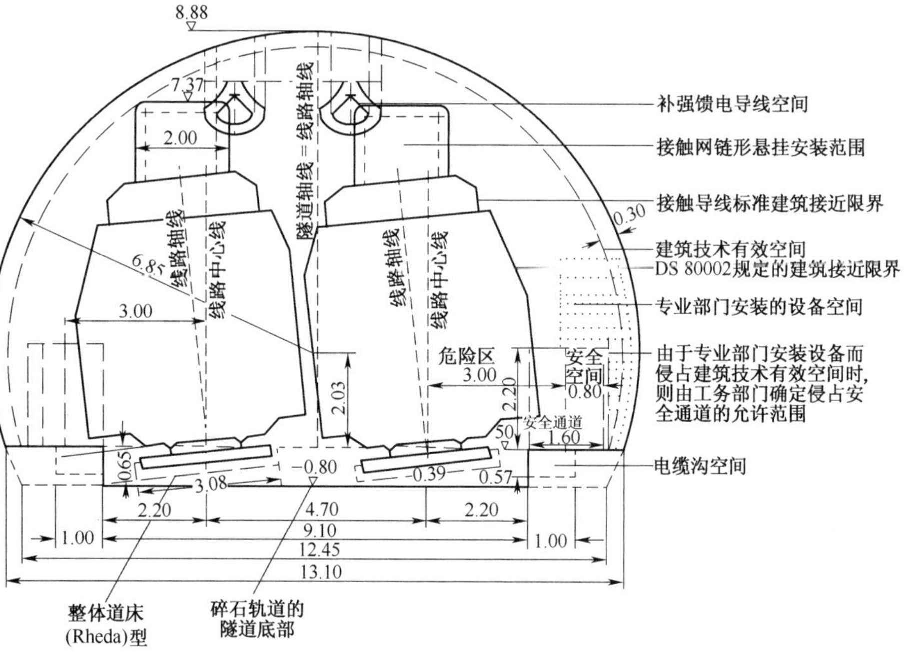


图 6.12　德国第二代高速铁路隧道断面图（单位：m）

由于增加隧道横断面面积对空气动力学效应有整体减缓作用，"大断面"方式已成为国内外高速铁路隧道设计的一种倾向性做法。例如：韩国首尔—釜山高速铁路的隧道总长为 136.6 km，占线路长的 38%，初定隧道净空面积 100 $m^2$，最后改为 107 $m^2$；我国台北—高雄线路上，隧道净空面积采用 90 $m^2$；意大利第二期高速铁路上的隧道断面由 2 个不同圆心和半径的圆弧组成的，一个弧的半径是 5.75 m，另一个弧的半径是 7.7 m，由于运行速度提高到 300 km/h，隧道内断面有效面积约 95 $m^2$；西班牙高速铁路在列车速度为 300 km/h 时采用 100 $m^2$。

法国已制定当列车速度为300 km/h 及以上时，隧道有效净空面积为100 $m^2$。法国现行的运营列车速度为 270 km/h 的高速铁路上，双线隧道阻塞比 $\beta$ 取 0.13 ~ 0.15，隧道有效净空面积为 71 $m^2$，列车横断面面积为 10 $m^2$，车辆限界同 UIC 限界。

《高速铁路设计规范》（TB 10621—2014）对隧道净空有效面积作了下列规定：①设计速度为300 km/h、350 km/h 时，双线隧道不宜小于 100 $m^2$，单线隧道不宜小于 70 $m^2$；②设计速度为 250 km/h时，双线隧道不宜小于 90 $m^2$，单线隧道不宜小于 58 $m^2$。

我国时速 350 km 高速铁路双线隧道衬砌内轮廓如图 6.13 所示，时速 250 km 高速铁路双线隧道衬砌内轮廓如图 6.14 所示。

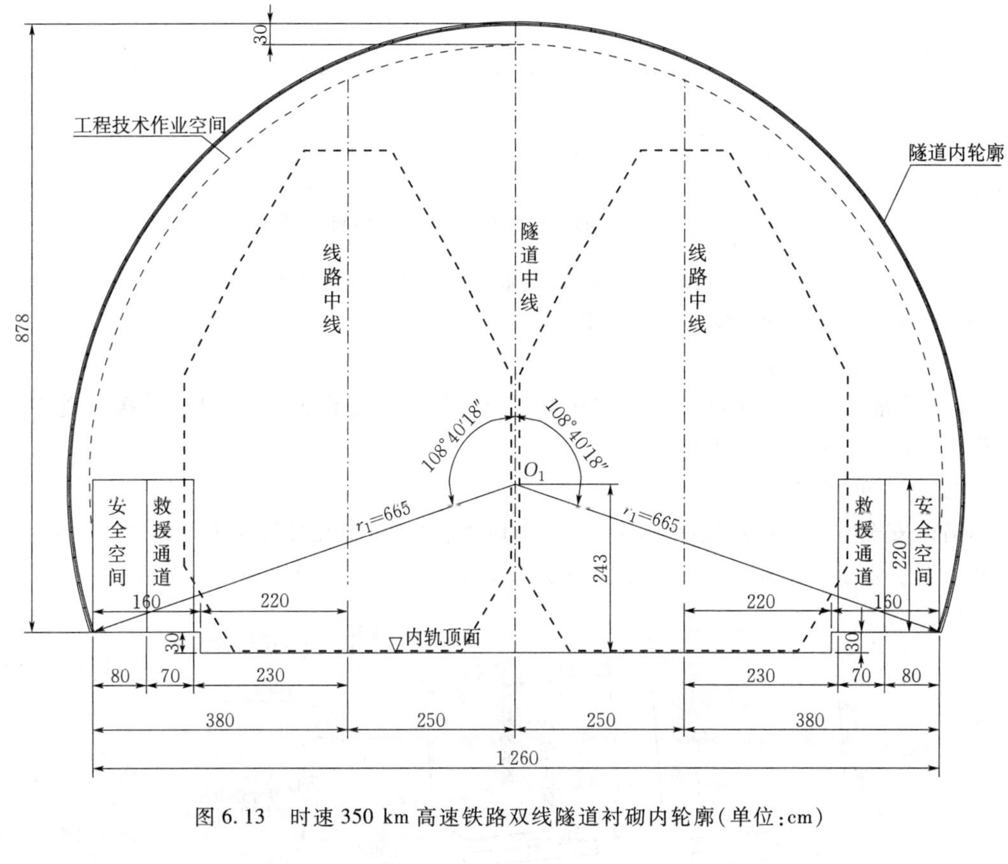


图 6.13　时速 350 km 高速铁路双线隧道衬砌内轮廓（单位：cm）

## 二、隧道横断面的构成

隧道断面不仅要满足空气动力学特性的要求，还要满足在隧道内列车高速安全运行的要求，以及救援通道、工程技术作业及通风、照明、通信等设施的空间要求。

一般来讲，隧道的横断面由下列空间构成：

（1）隧道建筑界限。

（2）线路轨道横断面。

（3）线间距。

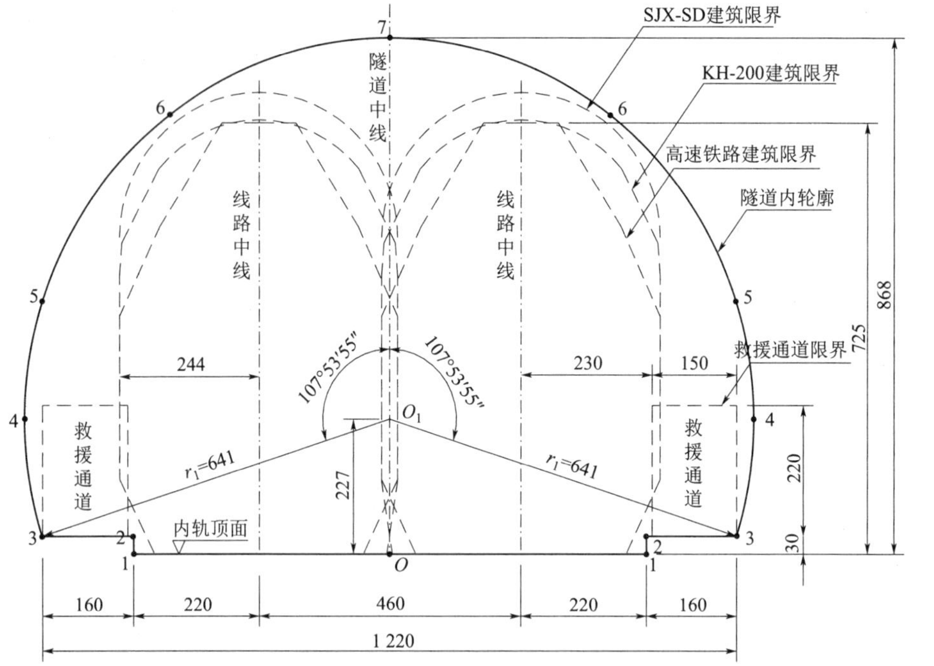


图 6.14　时速 250 km 高速铁路双线隧道衬砌内轮廓(单位:cm)

(4)隧道内的使用空间,如安全空间,救援通道、工程技术作业空间等。

(5)考虑空气动力学影响所需的空间。

(6)设备安装空间等。

《高速铁路设计规范》(TB 10621—2014)中要求隧道内应设置安全空间、救援通道和工程技术作业空间,并应符合下列规定:

1. 安全空间(图 6.15)

隧道内安全空间应在距线路中心线 3.0 m 以外,单线隧道在救援通道一侧设置,多线隧道在两侧设置。安全区间的尺寸高度不应小于 2.2 m,宽度不小于 0.8 m。

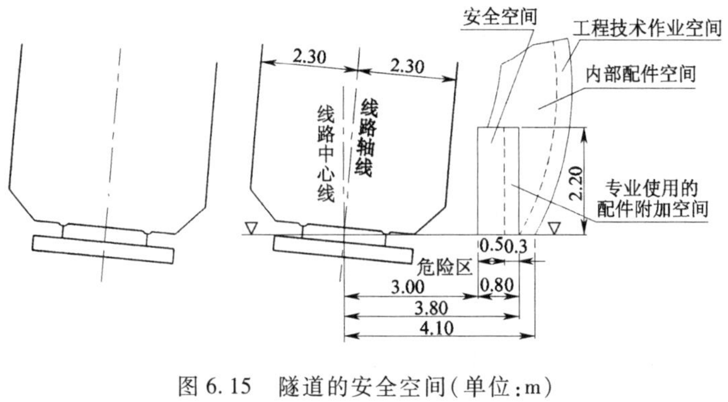


图 6.15　隧道的安全空间(单位:m)

2. 救援通道(图 6.16)

隧道内应设置救援通道,用于自救和外部救援。《高速铁路设计规范》(TB 10621—2014)对隧道救援通道的设置作了下列规定:①救援通道应贯通设置,单线隧道单侧设置,多线隧道双侧设置,救援通道距线路中线不应小于 2.3 m;②救援通道的宽度宜为 1.5 m,在装设专业设施处可适当减少;高度不应小于 2.2 m;③救援通道走行面不应低于轨面,走行面应平整、铺设稳固。

3. 工程技术作业空间

工程技术作业空间用来预留设备安装或加强衬砌以及安装降噪声护墙板。工程技术作业空间应沿隧道衬砌内轮廓环向设置,其宽度宜为 0.30 m。不得用工程技术作业空间来满足隧道建设的施工误差。

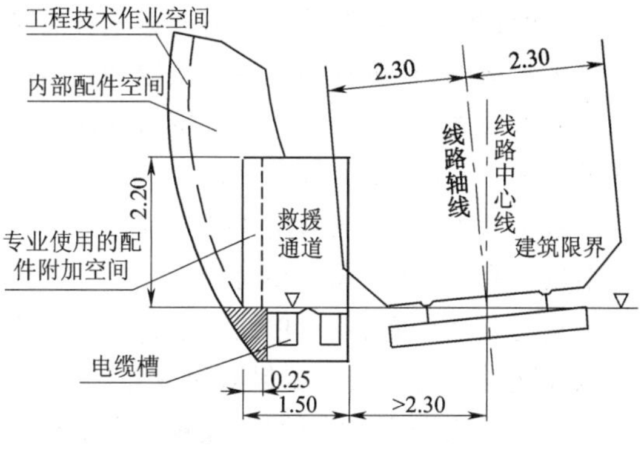


图 6.16 隧道的救援通道(单位:m)

## 三、隧道衬砌

高速铁路隧道的横断面较大,受力比较复杂,且列车运行速度较高,隧道维修有一定的时间限制,复合式衬砌比喷锚衬砌安全,且永久性较好。而喷锚衬砌耐久性和防水性能均存在一些问题,因此《高速铁路设计规范》(TB 10621—2014)中规定矿山法施工的隧道应采用复合式衬砌,明挖隧道应采用整体式衬砌,不应采用喷锚衬砌。

考虑到大断面隧道的受力情况不利,Ⅲ ~ Ⅵ级围岩隧道衬砌应采用曲墙有仰拱的形式,Ⅰ、Ⅱ围岩隧道衬砌宜采用曲墙式带底板的形式。隧道衬砌内轮廓宜采用圆形断面,边墙与仰拱应圆顺连接。

隧底结构由于在长期列车动载作用及地下水侵蚀的影响下极易产生破坏,从而引起基底沉陷、道床翻浆冒泥等病害,不但增加养护维修工作量,而且严重影响运营安全,尤其是高速铁路对隧道底部的强度较普速铁路要求更高,且高速铁路隧道的断面跨度较大,因此要求隧道衬砌混凝土强度等级不应低于 C30,钢筋混凝土强度等级不应低于 C35。Ⅰ、Ⅱ级围岩隧道衬砌底板厚度不应小于 30 cm,混凝土强度等级不应低于 C35,并应配置双层钢筋。仰拱填充混凝土强度等级不应低于 C20。

## 四、隧道防排水

根据我国的实践,隧道渗漏水的危害巨大,因此高速铁路隧道防排水采用国家标准《地下工程防水技术规范》(GB 50108—2008)的一级防水等级的规定,即隧道内不允许渗水、衬砌结构表面无湿渍。采用复合式衬砌的隧道,应根据隧道的工程地质、水文地质和环境条件等综合因素研究在初期支护与二次衬砌之间铺设分离式防水板,防水板厚度不得小于1.5 mm。一般应设置双侧水沟和中心水沟,隧道衬砌背后应设置与排水沟配套的纵、环向排水盲管。

## 五、单洞双线和双洞单线方案比选

高速铁路均设计为双线,隧道工程设计需进行一座双线隧道(单洞双线)与两座单线隧道(双洞单线)的方案比较分析。

在特长隧道方案设计时,具体选择何种方案,应从地质条件、建设工期、施工难度和方法、运营通风、防灾救援和人员疏散、工程投资等多方面综合考虑,高速铁路隧道还要考虑列车在隧道内运行的空气动力学效应。

采用单洞双线隧道方案和采用双洞单线隧道方案各有其优缺点。就高速铁路隧道而言,采用单洞双线隧道方案,阻塞比较小,在满足洞内会车最不利条件的前提下,可有效地提高乘车舒适度;而采用双洞单线隧道方案十分有利于防灾救援,当一座隧道出现重大事故时,另一座可正常运营,且可利用其进行救援和旅客的疏散。

从地质条件看,在软弱破碎围岩地段,考虑施工难度和风险,宜选用跨度较小的双洞单线隧道方案,当地质条件好时,可选用单洞双线隧道方案。

从施工方法看,当采用 TBM 或盾构施工时,考虑施工风险,采用直径较小的双洞单线隧道方案较为有利,施工风险相对较小。

从运营通风看,双洞单线隧道方案可以充分利用列车活塞风改善隧道内的环境条件,而单洞双线隧道方案利用活塞风效果较差。

就工程投资而言,双洞单线隧道方案通常较单洞双线隧道方案造价高 20%~40%,特别在硬岩地段,单洞双线隧道方案具有明显的价格优势。故在确定隧道方案时,应结合线路的隧道分布和隧道两端引线等相关工程的具体情况综合考虑。

在单洞双线和双洞单线方案比较中,采用单洞双线的横断面积要比双洞单线隧道横断面积总和小,经济性较好。这是日本新干线隧道采用双线隧道方案的主要原因。在欧洲,当隧道长度较短时,采用单洞双线隧道较为普遍。

我国高速铁路隧道设计时是选择“单洞双线”还是选择“双洞单线”方案,通常可遵循下列原则:

(1)当隧道长度小于 10 km 时,一般采用单洞双线隧道方案,可利用施工时的辅助坑道作为防灾救援和人员疏散的紧急出口。

(2)当隧道长度为 10~20 km 时,应结合隧道两端引线、车站布点等相关工程情况进行系统的经济、技术比选,也可结合防灾救援及养护维修考虑,采用双线隧道加贯通平导的方案进行比较。例如,霞浦隧道(长 13 099 m)采用双线隧道加贯通平导的设计方案,贯通平导对养护维修非常方便;武广高速铁路大瑶山隧道群之大瑶山一号隧道(长 10 181 m)为全线最长的山岭隧道,主要考虑隧道群及两端引线相关工程情况并结合空气动力学因素的影响,也设计为双线隧道,断面净空有效面积为 100 $m^2$。

(3)当隧道长度大于 20 km 时,从防灾救援方面考虑,一般采用双洞单线隧道方案,例如,已竣工通车运营的兰武二线乌鞘岭隧道(长 20 050 m)和石太客运专线太行山隧道(长 27 839 m)等。

## 第四节　降低微压波的技术措施

为降低微压波的影响,在列车进洞速度超过 160 km/h 时,都要采取相应措施。一种措施是扩大隧道横断面到一定程度;另一种方法是不增大隧道断面积,而在隧道入口处设置相应的缓冲段。例如,日本因新干线隧道的断面积只有 64 $m^2$,因此当列车速度提高后,就不得不采取在入口段设置不同类型的缓冲段的措施。

入口缓冲段的结构形式主要有:断面积不变,具有一定长度的缓冲段;断面积扩大,具有一定长度及侧面开口的缓冲段等,主要视洞口地形、洞内设施安装条件等而定。例如,日本在山阳、上越、东北等新干线上主要采用断面积不变、侧面开口、混凝土结构的缓冲段,缓冲段的长度视隧道长度而变化,在 11~16 m。日本备后隧道在两洞口设置的入口缓冲段概貌如图 6.17 所示,东口的缓冲段是上部长,为 18 m;横断面积是一定的,为 101 $m^2$(隧道断面积的 1.57 倍,隧道断面积是 64.3 $m^2$)。西口的缓冲段也是上部长,为 13.87 m,横断面积(入口宽)是 114 $m^2$,是隧道断面积的 1.77 倍;沿线路方向断面积是变化的。

意大利初期的隧道断面积只有 53.8 $m^2$,断面偏小。为了降低微压波的影响,在某些隧道中设置了洞口缓冲段,如图 6.18 所示。

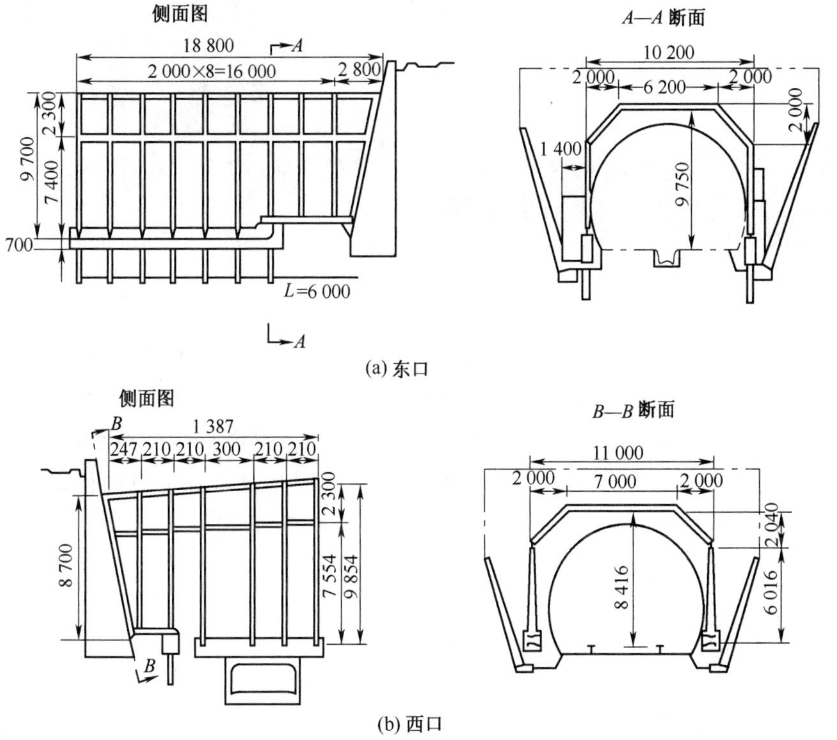


图 6.17　日本备后隧道缓冲段结构图(单位:mm)

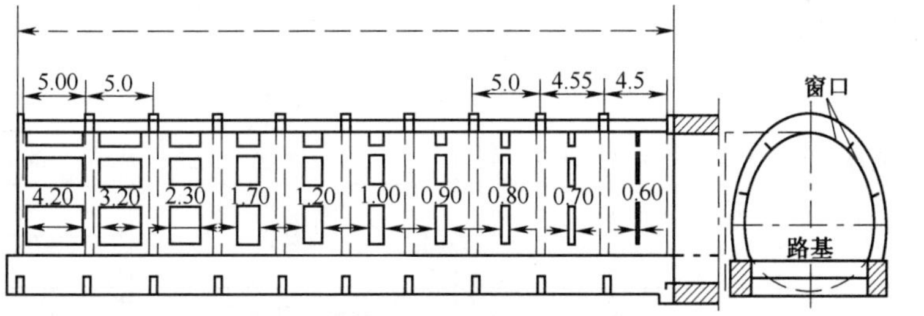


图 6.18　意大利隧道洞口缓冲段结构图(单位:m)

德国采用的隧道横断面积虽然较大,但在行车速度 300 km/h 的科隆—法兰克福高速铁路线上,仍采用了洞口设置扩散段的措施以消减洞口微压波(图 6.19)。

从国外高速铁路的工程实例看,洞口缓冲段主要有以下几种形式:

(1)无侧面开口或开槽的扩大断面型。试验表明,全封闭、不开口的洞口缓冲结构若其长度大于隧道直径,其效果基本为定值,不会因长度的增加而明显改善,其净空断面积为隧道净空断面积的 1.55 倍较为适宜。

(2)有侧面开口或开槽的扩大断面型。在洞口缓冲结构侧边开口(开窗),可以显著降低微压波,进一步改善缓冲结构的效果。开口面积可为隧道净空截面积的 0.2 ~0.3 倍,开口长度(沿隧道轴线)可为缓冲结构长度的 1/2。

图 6.19　德国科隆—法兰克福高速铁路上的隧道洞口扩散段

(3)喇叭形。分直线形和曲线形两种,这种缓冲结构具有较好的功能,缓冲结构的净空截面积从外向内逐渐过渡到隧道净空截面积,但因其结构较复杂,施工有所不便。

设置洞口缓冲结构应考虑的因素有:列车类型及长度;隧道长度及横断面净空面积;隧道内轨道类型;隧道洞口附近地形和洞口附近情况。由于列车进入隧道时的压缩波的压力坡度与进洞速度 $v^3$ 成比例,洞口缓冲段长度可近似地用式(6.7)确定。

$$L_h = D\left[\left(\frac{v}{v^*}\right)^3 - 1\right] \tag{6.5}$$

式中　$D$——隧道等效直径(m);

$v$——列车入洞速度 km/h;

$v^*$——列车视速度 km/h,即相应于距洞口 20 m 处微压波峰值 $P_{max}=50$ Pa 的列车速度。

我国高速铁路的隧道净空面积较大,一般情况下隧道洞口可不设置缓冲结构。当隧道洞口有建筑物或特殊环境要求时,可考虑设置缓冲结构,并满足表 6.6 的要求。图 6.20 是我国秦东隧道洞门及缓冲结构。

**表 6.6　洞口缓冲结构设置标准**

| 建筑物与洞口距离 | 建筑物有无特殊环境要求 | 基准点 | 微压波峰值标准 |
|---|---|---|---|
| <50 m | 有 | 建筑物 | 按要求 |
| | 无 | | ≤20 Pa |
| ≥50 m | 有 | 距洞口 20 m 处 | <50 Pa |

除在入口设置缓冲段外,还可以采取以下方法:

(1)利用斜井、竖井。例如日本上越、山阳等新干线有些隧道采用了此方法。

(2)做带有开口的防护棚。例如日本在上越新干线,曾在洞口设置的防雪棚上开口,对于降低微压波也是有效的。

(3)采用密闭车辆,或改善车头部形状或缩小列车面积等都有一定的效果。

(4)采用碎石道床的隧道,对长隧道也有降低微压波的效果等。

(5)在埋深小的洞口段开挖竖井来降低压缩波的坡度。模型实验表明,距离入口近的竖井,深度越深越好。

(6)对于隧道群,可以通过连接明洞来减缓隧道空气动力效应。

前面所说的方法都是被动的方法。也可主动的方法,如:①在隧道内设置水幕。②在隧道内喷水滴。③在隧道入口设通风机等。

图 6.20　秦东隧道洞门及缓冲结构

综上所述，针对隧道空气动力学的特性，应采取的技术措施为：

(1)增大隧道净空面积，该措施对空气动力学效应有整体减缓作用。

(2)改善洞口形状，设置洞口缓冲结构，在隧道内和出口处增设其他主、被动型减缓微压波的设施或结构，以减少微压波的冲击。

(3)洞内设施尽量隐蔽设置，使隧道表面平整光滑，减少列车运行时产生的阻力对设施的破坏。

(4)在洞内设置减压通风竖井、斜井或横洞。

(5)改善轨道结构，提高洞内列车运行的稳定性和舒适度。

(6)使高速列车具有良好的空气动力学特性的外形。

## 复习思考题

1. 高速铁路隧道与普速铁路隧道的主要区别是什么？
2. 影响高速铁路隧道瞬变压力程度的主要因素有哪些？请简要分析。
3. 高速铁路隧道洞口微压波是如何产生的？其有何特点？
4. 高速铁路隧道的横断面是由哪些部分构成的？
5. 请对高速铁路隧道单洞双线和双洞单线方案做一简要对比分析。
6. 降低高速铁路隧道微压波的技术措施有哪些？请简要说明。

# 第七章

# 高速列车及牵引供电

## 第一节　高速列车的分类与发展概况

目前世界上拥有自主开发并已成功运用高速列车的国家有中国、日本、法国、德国、意大利等，它们的共同之处是在高速列车各部件都大力应用高新技术，但又各具特色，即根据本国的运用条件和传统经验，特别是在转向架结构、列车动力配置及构成形式、电传动及控制技术等方面都有各自的特点。

### 一、高速列车的分类

高速列车的分类是根据国外已成功运用的高速列车的几种不同特点进行的，这些特点主要表现在列车动力驱动轴的分布、动力设备的配置以及列车车辆之间的连接方式和组成结构，一般可将它们划分为图 7.1 所示的不同类型。

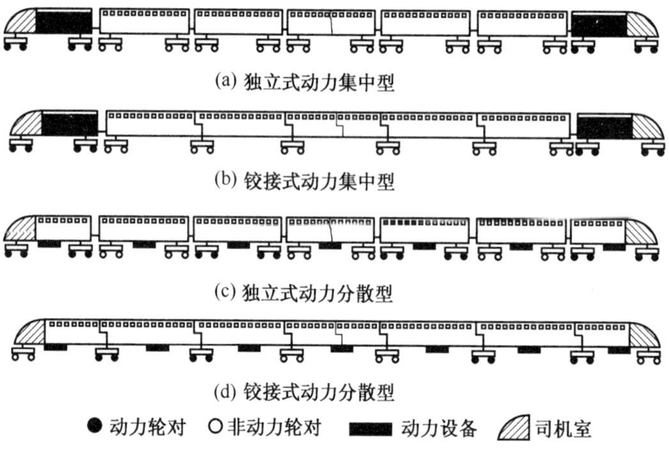


图 7.1　高速列车分类示意图

高速列车按列车动力轮对的分布和驱动设备的设置分为动力分散型和动力集中型；按列车车辆转向架布置和车辆之间的连接方式分为独立（转向架）式和铰接（转向架）式。较为典型的如我国的 CRH 系列高速列车、日本各系高速列车和德国的 ICE3 高速列车，为动力分散型、独立转向架；法国的 TGV 高速列车，为动力集中型、铰接转向架；德国的 ICE1、ICE2 高速列车，为动力集中型、独立转向架；法国的 AGV 高速列车，为动力分散型、铰接转向架。

动力分散型列车是将由电机驱动的动力轮对，分散布置在全部列车或列车的多组轮对上，同时将主要电器及机械设备吊挂在车辆下部，列车的全部车辆都可载客，如图 7.1(c)、(d)所示；动力集中型列车是将电器和动力设备集中安装在位于列车两端的动力车上，仅有动力车的轮对是受电机驱动的动力轮对，动力车不载客，只有中间拖车（无动力轮对）载客，如图7.1(a)、(b)所示。

独立式列车的每节车辆的车体都置于两台转向架上，车辆与车辆之间用密接式车钩相连接，每节车辆从列车上解挂后，可以独立行走；铰接式列车是将车辆的车体间以弹性铰相连接，在相邻车体的连接处放置一个共用转向架，因此每节车辆不能从列车中解开成为一个独立可行的车辆。

由列车动力轮对两种分布类型和车辆连接与转向架布置的两种方式相互组合就出现了如图7.1所示的4种形式不同的高速列车。

动力集中型高速列车具有以下优点：

(1)它与传统的列车相似，便于按习惯进行运行管理和维修管理。

(2)故障相对较高的电器、机械设备集中在头车，运用中便于监测和进行技术保养，这些设备的工作环境也较清洁。

(3)机械、电气设备与载客车厢相隔离，车厢内噪声、振动较小。

(4)牵引头车可以摘挂（虽然不像传统列车的自动车钩那样方便摘挂），使列车进入既有线，甚至可更换内燃机车使列车直接进入非电气化铁路运行。

动力集中型高速列车的缺点在于：

(1)动力头车不能载客，相对减少了载客量。

(2)动力头车集中了全部动力设备，动力头车重量较重，减轻设备重量比较困难，而高速列车要求列车的轴重尽量轻。

(3)高速度的列车需要头车产生足够大的黏着牵引力，因而动力车轮的轴重不能太轻，这与(2)条提到的要求形成难以克服的矛盾。

(4)速度越高，列车的功率越大，大功率动力设备的重量也相应增大，这与减轻重量的要求又相互矛盾。

(5)动力头车的制动能力受到黏着的限制，需要拖车分担部分制动功率，因此列车的制动性能欠佳。

动力分散型高速列车的优点是：

(1)可较充分利用车辆载客，增加列车载客量。

(2)将牵引动力设备和牵引电机的功率和重量分散，由列车的各个车辆负担，较易实现高速列车减轻轴重的要求。

(3)列车的牵引力分散在各个动力车轮上，可解决高速列车大牵引力与轴重限制之间的矛盾。

(4)列车制动力由全列车各车辆分担，可充分利用动力制动功率，因而列车具有较好的制动性能。

动力分散型高速列车也存在一定的缺点：

(1)车辆下部吊装动力设备，其产生的振动和噪声会影响车厢内旅客的舒适度，为隔振降噪增加技术难度。

(2)动力设备安装在车下，要求体积小，工作环境差，分散的动力设备故障率相对较高。

(3)列车只能单元编组，不能驶入非电气化铁路运行。

(4)与传统运营、维修管理体制和习惯不适应，必须建立一套新的维修保养体系。

(5)动力设备分装在各车辆，给车辆本身的减重又增加了一定困难。

## 二、高速列车的发展概况

下面围绕日本、法国、德国、意大利、中国等国高速列车介绍世界高速列车的发展概况，摆式列车另见本章第四节。

1. 日本新干线高速列车

日本是建设高速铁路较早的国家。1964 年，世界上第一条铁路高速运营线——东海道新干线建成，0 系高速列车投入运营，最高试验速度 256 km/h，最高运行速度 210 km/h。1982 年，东北、上越新干线开通，200 系高速列车投入运营，最高运行速度 240 km/h。1989 年又研制成功 300 系高速列车，最高运行速度 270 km/h。1991 年为了实现新干线与既有线路的直通客运，日本又研制出 400 系高速列车，最高试验速度 345 km/h，1992 年正式投入运营。从 1992 年开始，日本先后研究制造出 WIN350（试验列车）、STAR21（试验列车）、E1 系、300X（试验列车）、E2 系、E3 系、E4 系、500 系及 700 系等高速列车，还设计了 800 系概念车。

图 7.2、图 7.3 所示为日本新干线部分高速列车的外形。

图 7.2　日本 300 系高速列车外形

图 7.3　日本 500 系高速列车外形

2. 法国 TGV 高速列车

法国是继日本之后，在欧洲首先发展高速铁路的国家。1965 年，法国提出了发展高速铁路的设想。1969 年，法国国铁向 Alstom 公司订购了 TGV001 样车，这是对 TGV 乃至世界高速列车历史产生深远影响的样车，它是 TGV 的雏形。1972 年 4 月样车出厂，TGV001 型是由 5 辆车组成的燃汽轮动车组，其主要特点是采用铰接转向架，当年最高试验速度已达 318 km/h。由于受到世界石油危机的影响，法国放弃研制以燃汽轮为动力的高速列车，加速研制高速电动车组。1974 年对研制的 Z7001 电动车组进行了高速试验，其中有 48 次列车以 300 km/h 的速度运行，奠定了高速运行的基础。

1981 年，首列第一代 TGV 高速列车 TGV-PSE 以 260 km/h 的速度在巴黎—里昂正式运营，1983 年速度提高到 270 km/h，其最高试验速度 380 km/h；1989 年，第二代 TGV 高速列车 TGV-A 投入运营，最高运行速度 300 km/h，1990 年创下了当时试验速度515.3 km/h的世界纪录；TGV-R 于 1993 年投入运用，环绕巴黎将几条高速线连成一体，最高速度 300 km/h；TGV-E 即欧洲之星 EUROSTAR 于 1994 年运行在巴黎—伦敦—布鲁塞尔之间，是穿越英吉利海峡隧道的高速列车，最高速度 300 km/h，在英吉利海峡隧道内 160 km/h，在比利时200 km/h；TGV-PBKA，即TGV-Thalys运行于 4 个欧洲国家，联结巴黎（P）—布鲁塞尔（B）—科隆（K）—阿姆斯特丹（A）四国首都，是一种适应 4 种电流制的列车，最高速度 300 km/h，1996 年投入运用。TGV-R、TGV-E、TGV-PBKA、西班牙 AVE、韩国 TGV-KTX，均属于同一代产品，车体结构与

TGV-A 大致相同，仅在外形、内部设备和一些技术装备有所差别。

1995 年，第三代 TGV 高速列车——TGV-2N 型全双层高速列车（图 7.4），在北方新干线投入运营，运行速度 300 km/h。TGV-2N 高速列车采用了很多新技术、新工艺、新材料（铝质车体）。该列车的投入运营标志着法国铁路客车制造技术达到了新水平，位居当时世界高速列车制造业前列。2001 年，开发出新一代 TGV-AGV 电动车组（图 7.5），最高运行速度 350 km/h。AGV 与以前的 TGV 列车主要区别是采用了动力分散式，只有拖车组铰接在标准的 TGV 车组上。

图 7.4　法国 TGV-2N 高速列车外形

图 7.5　法国 TGV-AGV 高速列车外形

TGV 高速列车的主要特点是采用了铰接技术，将相邻车体铰接，转向架置于铰接处，增强了列车的整体性，减少了转向架数量和列车运行阻力，提高了列车的运行平稳性和安全性。

TGV 使法国在传统轮轨高速领域处于技术领先地位。1996 年，欧盟各国的国有铁路公司经联合协商后确定以法国技术作为全欧高速客车的技术标准，同时 TGV 技术被出口至韩国、西班牙和澳大利亚等国，是运用最广泛的高速轮轨技术。1992 年 4 月，西班牙国有铁路开通了马德里—塞维利亚电气化高速铁路，并投入运营了从法国定购的 AVE 动力集中式高速列车（图 7.6）。一部分 AVE 高速列车在西班牙境内组装，该列车 10 节编组，最高运行速度可达 300 km/h。AVE 高速列车是在 TGV-A 的基础上设计的，由于要通过西班牙山区 17 处隧道，对列车密封作了改进。韩国的高速列车招标中，法国 Alstom 公司于 1993 年中标。根据合同，法国提供 46 列（KTX 型），韩国自行研究制造 34 列（KHST 型）。2004 年 4 月，韩国高速铁路线投入运营。KTX 型高速列车（图 7.7）一列编组 20 辆，是 TGV 定员最多（1 000 人）、功率最大（13 200 kW）的高速列车，运营速度 300 km/h，采用法国 TGV-R 技术，列车长度比“欧洲之星”短，但座位较密，定员较多，可以满足大运量的要求。

图 7.6　AVE 高速列车外形

图 7.7　韩国 KTX 高速列车外形

3. 德国 ICE 高速列车

ICE 型高速列车真正投入运营在 20 世纪 90 年代初，比 TGV 约晚 10 年，有 ICE1、ICE2、ICE3 等几种类型。

1985 年，德国试制成功 ICE 高速列车。ICE-V 高速列车（试验型 ICE）于 1988 年 5 月试验速度达 406.9 km/h。1991 年 7 月 ICE1 高速列车正式投入运营，最高运行速度 280 km/h。1996 年，德国成功地制造出 ICE2 型高速列车（图 7.8），其结构与 ICE1 基本相同，可两列联挂，1998 年投入运营。1999 年初，ICE3（图 7.9）问世并投入试运行，2000 年秋投入运营，该列车 8 节编组。ICE1、ICE2 是动力集中式，ICE3 采用动力分散式驱动装置。与动力集中方式相比，动力分散方式可以使列车拥有更大的坐席容量，更均匀的重量分布，更好的低黏着牵引性能，具有动力制动的比例更高，较小的动轮使得簧下质量更低，加上较低的静轴重而使线路负载降低。ICE3 最高试验速度 363 km/h，最高构造速度可达 330 km/h。由于该车运营于科隆—法兰克福新线，最大坡度为 40‰，故列车装有可靠的制动系统，每辆动车安装再生制动系统，拖车装有线性涡流制动系统，所有车辆均装有盘形制动装置，从而保证了该列车在长大下行坡道上安全行驶。它代表了当时德国铁路客车最新技术水平，引起世界各国的关注。2003 年，有 4 列 ICE3 交付给了荷兰国家铁路使用。

图 7.8　德国 ICE2 高速列车外形

图 7.9　德国 ICE3 高速列车外形

西班牙铁路在 2004 年投入运营 Velaro E（西门子的注册商标）高速列车（图 7.10），它是以德国铁路和荷兰铁路制造的 54 辆 ICE3 列车为基础经改进而成的，其运营速度达 350 km/h。

4. 意大利 ETR 型高速列车

意大利高速铁路有其自己的特点：客货列车混跑，利用原有线车站，根据不同线路特点选用不同车型的列车。对于曲线较多的高速线路，选用 ETR-450 型等摆式车体高速列车，对于曲线较少的高速线，则选用技术标准较高的 ETR-500 型高速列车（图 7.11）。ETR-500 型高速列车有 2 动 11 拖和 2 动 8 拖两种不同编组。它先经过 1 动 1 拖的试验型，2 动 3 拖的改进型，而后完善定型于 1991 年投产，1995 年开始供货，最高运行速度 300 km/h。ETR-500 独特的动力转向架及其驱动系统、电/空制动安全控制系统等技术，使它成为一种不可忽视的高速列车类型。

5. 我国的 CRH 和 CR 系列高速列车

我国铁路开行的高速列车主要有 CRH 和 CR 两个系列，目前开行的 CRH 系列高速列车主要有 CRH1、CRH2、CRH3、CRH5、CRH380A、CRH380AL、CRH380B、CRH380BL、CRH380C、CRH380D、CRH6 等，如图 7.12 ~ 图 7.20 所示。CR 系列高速列车现在有两个基本型号，即 CR400AF 和 CR400BF 型，如图 7.21 和图 7.22 所示，CR 系列高速列车是由国铁集团牵头组织研制，具有完全自主知识产权，达到世界先进水平的高速列车，CR 系列高速列车命名为“复兴号”。下面简要介绍具有代表性的动车组型号。

图 7.10　西班牙 Velaro E 型高速列车外形

图 7.11　意大利 ETR-500 型高速列车外形

图 7.12　CRH1 型动车组

图 7.13　CRH2 型动车组

图 7.14　CRH3 型动车组

图 7.15　CRH5 型动车组

图 7.16　CRH380A 型动车组

图 7.17　CRH380B 型动车组

图 7.18　CRH380C 型动车组

图 7.19　CRH380D 型动车组

图 7.20　CRH6 型动车组

图 7.21　CR400AF 动车组

图 7.22　CR400BF 动车组

CRH1:青岛四方—庞巴迪铁路运输设备有限公司(BST)生产。原型车以庞巴迪为瑞典 AB 提供的 Regina C2008 为基础。CRH1B 为 16 节大编组动车组。CRH1E 为 16 节车厢的大编组卧铺动车组。200 km 级别(营运速度 200 km/h,最高速度 250 km/h)。

CRH2:中国中车四方机车车辆股份有限公司负责国内生产。以川崎重工新干线 E2-1000 型动车组为基础,200 km 级别(营运速度 200 km/h,最高速度 250 km/h)。CRH2B 为 16 节长大编组动车组,在 CRH2A 基础上扩编至 16 节。CRH2E 为 16 节长大编组的卧铺动车组,CRH2C(300 km级别)作为京津城际高速铁路的用车,在 2008 年 8 月投入使用。标称时速 300 km,最高营运时速为 350 km。

CRH3:中国中车集团唐山轨道客车有限责任公司负责国内生产,以西门子 ICE3(Velaro)为基础。300 km 级别(营运速度 350 km/h,最高速度394 km/h)。

CRH5：中国中车集团长春轨道客车股份有限公司负责国内生产。以法国阿尔斯通的Pendolino宽体摆式列车为基础，但取消了装设的摆式功能，而车体以法国阿尔斯通为芬兰国铁提供的SM3动车组为原型。200 km级别（营运速度200 km/h，最高速度250 km/h）。

CRH380A：该型动车组由中国中车青岛四方机车车辆股份有限公司在CRH2C（CRH2-300）型电力动车组基础上自主研发的，是世界上商业运营速度较快、科技含量较高、系统匹配较优的动车组，最高时速380 km。列车的总定员为494人，车内设有观光区、一等座包间、一等座车、二等座车、餐车等，可满足不同层次旅客的个性化出游。

CRH380AL：该型动车组设有带VIP座席的商务车（SW）1辆、一等座车（ZY）2辆、二等座车（ZE）10辆、带观光座的一等座车（ZYG）2辆和餐车（CA）1辆。其中一等座采用2+2方式布置，二等座为2+3布置，商务车和观光座为1+2布置。除了带酒吧的二等座车外，其他车厢所有座位均能旋转。前期列车商务座定员28人、一等座定员162人、二等座定员838人、全列定员1 028人。后期列车商务座定员26人、一等座定员112人、二等座定员923人、全列定员1 061人。

CRH380B：该型动车组由中国中车集团唐山轨道客车有限责任公司、长春轨道客车股份有限公司在CRH3C型电力动车组基础上自主研发，也是“中国高速列车自主创新联合行动计划”的重点项目之一，并将以此为基础研制时速400 km的CIT400B检测车。

CRH380BL：该型动车组在设计上集成了现代机械、电子、材料、化工科学的最新技术并融汇了国内外铁路、航空、公路等各种交通工具的优点，可满足大众化和高、中端不同层次乘客旅行、餐饮，以及娱乐、休闲、会议等需求，被誉为“钢轨上的星级酒店和商务中心”。CRH380BL动车组在徐州东站至蚌埠南站之间的京沪高铁先导段上跑出了487.3 km/h的试验速度。“和谐号”CRH380BL动车组设置VIP座车一辆，一等座车4辆，二等座车10辆，二等座车与餐车合造车一辆。VIP车采取1+2布置，设高级可躺座椅，一等车座席采取2+2布置，其中一辆一等车内设一个4人VIP座椅半包间以及2个6人商务半包间，二等车座席采用2+3布置。餐座合造车设二等座席区和餐座区，二等座席区采用2+3布置，餐座区采用2+2布置，两端车前部各设一个休闲观光区，全车定员1 005人。

CRH380C：该型动车组是在CRH3C、CRH380BL基础上研发的新一代高速动车组，与CRH3C相比，持续运营时速由300 km提高至350 km，最高运营时速由350 km提高到380 km，最高试验时速为420 km，性能优化以提高牵引功率、降低传动比及动车组气动外形减阻为主，而列车舒适度优化方面主要采取提高列车减振性能、车厢降噪、加强车内气压控制等方式。列车由1辆商务车（又称VIP座车）、4辆一等座车、10辆二等座车和1辆餐车组成，定员为1 009人。

CRH380D：该型动车组是由青岛四方庞巴迪铁路运输设备有限公司基于庞巴迪ZEFIRO平台研发的CRH系列高速动车组。设计标称运行时速为380 km。2013年4月，在宁杭甬高铁的试验中，跑出最高时速420 km。CRH380D动车组采用动力分散式，每列8节编组，共4节动车和4节拖车（4M4T）。列车可透过两组联挂方式增至16节。列车设有一等座/特等座车（ZY）、二等座车（ZE）和带酒吧的二等座车/餐车（ZEC）。其中一等座采用2+2方式布置，二等座为2+3布置。

CRH6型动车组采用3辆、4辆、6辆、8辆、16辆、20辆编组，编组长度201.4 m。根据运输距离、站点和乘客群的不同，CRH6型动车组分为两大类型，运营速度分别为时速200 km和160 km两个等级。

CR400AF 型动车组是在 CRH380A 型动车组基础上,由中车青岛四方机车车辆股份有限公司主导生产的,其运营速度为 350 km/h。2016 年 7 月,CR400AF 和 CR400BF 型动车组在郑徐高铁上成功实现时速 420 km/h 两车交会及重联运行的目标。2017 年 6 月,CR400AF 型动车组正式在京沪高铁线运营。CR400AF 采用 8 辆编组,4 动 4 拖的统一动力配置形式,由 2 个基本动力单元组成。为满足不同乘客需求,列车设有商务座、一等座、二等座,另外在乘车空间、空调系统、行李架设置、车厢照明、无障碍设施等方面做了改善。为适应节能环保要求,CR400AF 型动车组整车采用全新低阻力流线型头型设计和车体平顺化设计,降低气动阻力,减少持续运行能量消耗。目前,随着不同的需求,CR400AF 系列动车组有多个衍生型号,如长编组的 CR400AF-A/AZ、CR400AF-B/BZ,双层动车组的 CR400AF-S,适用于高寒风沙的 CR400AF-G,智能动车组 CR400AF-C/Z,高速卧铺动车组 CR400AF-AE 等。

CR400BF 型动车组是在 CRH380B 型动车组基础上,由中车长春轨道客车股份有限公司主导生产的,其运营速度为 350 km/h。CR400BF 同样采用 8 辆编组,4 动 4 拖的形式组成。CR400BF 和 CR400AF 型动车组大部分参数一致,主要差异体现在动力系统方面,CR400BF 配备了 16 台 650 kW 的电机,轮周功率为 10140 kW,略高于 CR400AF 配备的 16 台 625 kW 的电机,轮周功率为 9750 kW。目前,CR400BF 系列动车组也有多个衍生型号,如长编组的 CR400BF-A/AZ、CR400BF-B/BZ,双层动车组的 CR400BF-S,适用于高寒风沙的 CR400BF-G,智能动车组 CR400BF-C/Z 等。

## 三、国内外高速列车的发展趋势

根据各国高速列车的发展情况和运用经验,高速列车的发展趋势具有以下几方面特点:

(1)速度不断提高,表现在以提高试验速度为基础,不断提高运营速度。国内外高铁最高运营速度达 350 km/h,2024 年 11 月,随着 CR450AF 正式下线,进入动态调试阶段,我国即将具备 400 km/h 运营速度能力。

(2)车体结构和动力设备不断轻量化。车体结构和部分机械零部件大量采用铝合金。大型挤压型材、蜂窝结构和高分子复合材料等新材料、新工艺,在保证强度的前提下可大幅度减轻重量,如日本 500 系列车轴重已降到 108 kN 左右。减轻车体及设备重量一方面可以增加载客量,如日本 E4 系双层客车,一节车厢定员达到 133 席;另一方面减轻轴重可降低线路维修费用。

(3)向动力分散布置方向发展。针对轮轨黏着系数随速度提高而下降的物理现象,一方面提高黏着控制技术,另一方面为进一步提高速度和列车的加速能力,在轮轨黏着牵引力的限制下,不得不增加动力轮对数量,自然形成向动力分散布置方向发展。如原采用动力集中方式的德国 ICE 列车,又新开发了动力分散型 ICE3,法国也已将铰接式拖车转向架发展成为动力转向架,设计了动力分散式 AGV 列车。所以说动力分散型高速列车是列车增加载客量,提高速度、加速能力,提高运输能力,降低运输成本的需要。

(4)电力牵引传动系统向功率大、体积小、重量轻、高可靠性和低成本方向发展。主要是源于新型电力电子器件和现代控制技术的发展与应用。表现在:

① 新型大功率半导体开关元件(如 GTO、IGBT、IPM 以至 IGCT)的发展和应用,为电传动系统提供了体积小、重量轻、损耗小、可靠性高的变流器。

② 交流电机控制技术的发展,使列车获得了优良的调速与黏着性能。

③ 牵引变压器、变流器、牵引电机等不断提高效率,降低重量。

④ 列车控制系统向网络通信方向发展,列车诊断、监测及安全防护系统不断改进与完善。

(5)车内环境和设备不断改善,提高了旅客乘坐舒适度和服务质量。

(6)将列车的安全防护系统通过网络通信技术与高速铁路的安全保障系统、列车检修、运用系统构成统一的运营系统,实现列车运行及安全保障自动化,提高列车使用效率,降低运营成本。

(7)智能化是高速列车的主要发展方向。我国以京张高铁智能动车组为典型代表。京张高铁智能动车组 2019 年 12 月 30 日正式亮相,其定位于"复兴号"的智能型,在智能化、安全舒适、绿色环保、综合节能等方面实现新发展、新突破。智能动车组列车与北斗导航系统相连,具备车站自动发车、区间自动运行、运行时间依计划自动调整、到达车站自动精确停车、车门自动控制等功能。

(8)随着"一代一路"倡议的逐步实施,适用于不同轨距的高速列车是一个重要发展方向。2020 年 10 月 21 日,我国自主研发的时速 400 km 跨国互联互通高速动车组,在中车长春轨道客车股份有限公司下线。列车可在不同气候条件、不同轨距、不同供电制式标准的国际铁路间运行,能让国际旅行更便捷。

## 四、高速列车自动驾驶技术

我国京张高铁自动驾驶技术(CTCS-3 + ATO)是时速 200 km 以上的动车组自动驾驶技术,在世界范围内的首次应用,极大地提升了我国列控装备的国际竞争力,对于保持我国高铁技术在国际上的先进性有重要的意义,有助于我国进一步跻身全球铁路建设市场,并为推动"一带一路"倡议实施提供技术优势支撑,是未来高速铁路列控技术发展的必然趋势。ATO 包括五大功能模块。

(1)车站自动发车。车载设备处于 AVI 模式时,出站信号开放、车门/站台门关闭,"ATO 启动"按钮指示灯闪烁,司机按压"ATO 启动"按钮确认后,动车组从车站自动发车。

(2)区间自动运行。在区间运行时,ATO 车载设备根据地面设备提供的运行计划或按照预选驾驶策略,控制列车加速、自动巡航、惰行、减速或停车,实现自动运行。

(3)车站自动停车。ATO 车载设备通过精确定位应答器进行位置校正,并根据地面设备提供的停车定位基准点位置及列车运行状况,自动控制列车在车站股道停车定位基准点处停车。

(4)车门自动开门(防护)。动车组进入车站股道停车后,ATP 判断动车组停准、停稳,并根据接收的站台侧信息,对动车组车门进行开门防护。ATO 接收到运行计划且该站办理客运业务时自动开门;ATO 接收到运行计划且该站不办理客运业务,或未接收到运行计划时,由司机开启相应站台侧的动车组车门,ATP 提供站台侧车门防护功能。动车组关门仍需司机与车长联控后人工操纵。

(5)车门站台门联动。车站设置站台门时,ATO 系统实现车门/站台门联动控制功能。

## 五、国内外高速列车的总体技术参数

表 7.1 列出了一些具有一定代表性的高速列车的总体技术参数,包括日本 300 系、500 系、700 系、E4 系;法国 TGV-PSE、TGV-A、TGV-2N、EUROSTAR(欧洲之星)、韩国 TGV-KTX;德国 ICE1、ICE2、ICE3 及中国 CRH380D、CR400AF、CR400BF-A。

表 7.1 高速列车的总体技术参数

| | 制造国别 | 日本 | | | 法国 | | | 韩国 | 德国 | | 中国 | | |
|---|---|---|---|---|---|---|---|---|---|---|---|---|---|
| | 车型 | 500系 | 700系 | E4系 | TGV-PSE | TGV-A | EUROSTAR | KTX | ICE2 | ICE3 | CRH380D | CR400AF | CR400BF-A |
| | 运行线路 | 山阳 | 东海—西日本 | 东北新干线 | 东南线 | 大西洋线 | 巴黎—伦敦布鲁塞尔 | | | | 京沪、沪宁、沪深 | 京沪、京津、京广 | 京沪、京广 |
| | 制造年份 | 1996 | 1997 | 1997 | 1981 | 1989～1992 | 1989 | 1998 | 1996 | 1999 | 2010—2016 | 2015至今 | 2017至今 |
| | 运营时间 | 1996 | | 1997 | 1981 | 1989 | 1994 | 2004 | 1998 | 2000 | 2015 | 2017 | 2018 |
| | 运营速度/(km/h) | 300 | 270(285) | 240 | 270 | 300 | 300<br>160(海峡) | 300 | 250 | 330 | 350 | 350 | 350 |
| | 试验最高速度/(km/h) | | | | | 515.3 | | | | | 420 | 420 | 420 |
| 列车组成 | 列车编组 | 16M | 12M4T | 4M4T | 2L8T | 2L10T | 2L18T | 2L18T | 2L7T | 4M4T | M+T+M+T+<br>M+T+M+T | 4M4T | 8M8T |
| | 动力配置方式 | 4M分散 | 6M2T分散 | 2M2T分散 | 4M4T分散 | 两端集中 | 两端集中 | 两端集中 | 一端集中 | 2M2T分散 | 4M4T分散 | 4M4T分散 | 8M8T分散 |
| | 动/从(M/T)转向架构成 | 32M | 24M/8T | 8M/8T | 6M/7T | 4M/11T | 6M/18T | 6M/17T | 2M/14T | 8M/8T | 8M/8T | 8M/8T | 16M/16T |
| | 动/从(M/T)轴构成 | 64M | 48M/16T | 16M/16T | 12M/14T | 8M/22T | 12M/36T | 12M/34T | 4M/28T | 16M/16T | 16M/16T | 16M/16T | 32M/32T |
| | 总轴数 | 64 | 64 | 32 | 26 | 30 | 48 | 46 | 32 | 32 | 32 | 32 | 64 |
| | 客车总数 | 16 | 16 | 8 | 8 | 10 | 18 | 18 | 7 | 8 | 8 | 8 | 16 |
| | 编组长度/m | 404.00 | 400.80 | 210.40 | 200.12 | 237.59 | 293.72 | 387.43 | 205.40 | 200.00 | 215.3 | 208.95 | 414.26 |
| | 编组质量 空车/t | 620 | 634 | 428 | 385 | 435 | 752 | 699 | 420 | 405(420) | 464.7 | — | — |
| | 编组质量 定员/t | 700 | 713.4 | 477 | 418 | 479 | 816 | 774 | 453 | 440/454 | 510 | — | — |
| 定员 | 编组合计/人 | 1 324 | 1 323 | 817 | 368 | 485 | 794 | 1 000 | 393 | 415/404 | 554 | 576 | 1 193 |
| | 一等车/人 | 200 | 200 | 54 | 108 | 116 | 210 | 184 | 105 | 141(420) | 32 | 28 | 148 |
| | 二等车/人 | 1 124 | 1123 | 763 | 260 | 369 | 584 | 816 | 265 | 250(244) | 510 | 538 | 1 023 |
| | 餐车(酒吧)/人 | | | | | | | | 23 | 24 | 商务12 | 商务10 | 商务22 |
| | (定员/编组长)/(人/m) | 3.28 | 3.30 | 4.06 | 1.84 | 2.04 | 2.02 | 2.58 | 1.91 | 2.08(2.02) | 2.57 | 2.75 | 2.88 |
| 特点 | 联结方式 | 车钩 | 车钩 | 车钩 | 铰接 | 铰接 | 铰接 | 铰接 | 车钩 | 车钩 | 车钩 | 车钩 | 车钩 |
| | 组合运用 | 不能 | 不能 | 能 | 能 | 能 | 不能 | 不能 | 能 | 能 | 能 | 能 | 能 |
| | 其他特征 | | | 双层 | | | 1/2可分离 | | | | — | — | — |

续上表

| 制造国别 | | 日本 | | | 法国 | | | 韩国 | 德国 | | 中国 | | |
|---|---|---|---|---|---|---|---|---|---|---|---|---|---|
| 车型 | | 500 系 | 700 系 | E4 系 | TGV-PSE | TGV-A | EUROSTAR | KTX | ICE2 | ICE3 | CRH380D | CR400AF | CR400BF-A |
| 单位定员质量/(t/人) | | 0.53 | 0.54 | 0.58 | 1.14 | 0.99 | 1.03 | 0.77 | 1.15 | 0.98/1.04 | 0.92 | — | — |
| 轴重 | 最大/t | 11.1 | | 15.6 | 17.0 | 17.0 | 17.0 | 17.0 | 19.5 | 15.0 | 17 | 17 | 17 |
| | 平均/t | 10.9 | 11.15 | 14.9 | 16.0 | 16.0 | 17.0 | 16.8 | 14.2 | 12.5 | — | — | — |
| (额定输出功率/例)/kW | | 18 240 | 13 200 | 6 720 | 6 800 | 8 800 | 12 200 | 13 200 | 4 800 | 8 000 | 9 600 | 9 750 | 20 280 |
| 人输出功率/(kW/人) | | 13.78 | 9.98 | 8.23 | 18.48 | 18.14 | 15.37 | 13.20 | 12.21 | 19.21/19.8 | 17.33 | 16.93 | 16.99 |
| 单位质量功率/(kW/t) | | 26.06 | 18.50 | 14.09 | 16.27 | 18.37 | 14.95 | 17.05 | 10.60 | 18.18/17.62 | 18.82 | — | — |
| 供电制式 | | 25 kV/<br>60 Hz | 25 kV/<br>60 Hz | 25 kV/<br>50 Hz | 25 kV/<br>50 Hz<br>1.5 kV/DC | 25 kV/<br>50 Hz<br>1.5 kV/DC | 25 kV/<br>50 Hz<br>2 kV/DC<br>750 V/DC | 25 kV/<br>50 Hz | 15 kV/<br>$16\frac{2}{3}$ Hz | 15 kV/<br>$16\frac{2}{3}$ Hz<br>12 kV/50 Hz<br>1.5 kV/DC<br>3 kV/DC | 25 kV/50 Hz | 25 kV/50 Hz | 25 kV/50 Hz |
| (牵引电机数/编组)/台 | | 64 | 48 | 16 | 12 | 8 | 12 | 12 | 4 | 16 | 16 | 16 | 32 |
| 起动加速度/[km/(h·s)] | | 1.6(1.92) | 1.6(2.0) | 1.65 | | | | | | 2.52(计算) | 1.728 | 1.908 | 1.764 |
| 平直线均衡速度/(km/h) | | | 328 | | | | | | | | — | — | — |
| 起动牵引力/kN | | | | | 210 | 212.5 | | | 200 | 300 | — | — | — |
| 列车人均面积/($m^2$/人) | | 1.013 | 1.016 | 0.821 | | 1.38 | 1.368 | 1.086 | 1.171 | 1.424/1.463 | — | — | — |
| 平均制动减速度/[km/(h·s)] | | 3.12 | 2.53 | | 3.16 | 3.57 | | | | 2.7 | — | — | — |
| 车外噪声/[dB(A)·h/km] | | ≤75/300 | ≤75/270 | ≤75/240 | | ≤95/300 | | | | | — | — | — |
| | | | | | | | | | | | | | |
| | | | | | | | | | | | | | |
| | | | | | | | | | | | | | |
| | | | | | | | | | | | | | |

注:M 表示有动力,T 表示无动力,L 表示动力头车(机车)。

## 第二节　高速列车关键技术

高速列车是高速铁路的核心，它涉及许多方面新的技术问题，对它的基本要求是启动快、速度高、停得住、运行平稳、振动与噪声小。为满足上述基本要求，必须采用相应的高新技术。高速铁路的技术水平和技术难度集中反映在高速列车上。限于篇幅，以下仅列出高速列车关键技术要点，有兴趣的读者可参阅相关文献。

1. 以交—直—交变流技术为核心的大功率电力传动与驱动技术

高速列车要求启动快，使其能在最短的时间和距离内达到额定最高运行速度。为此必须加大牵引功率，以增加其启动牵引力。同时当列车速度达到额定最高运行速度后，为保持其恒速运行，必须要有足够的持续牵引力来克服列车运行阻力。列车单位运行阻力 $W = a + bv + cv^2$，其中第三项是由空气阻力所决定的，它与列车速度的平方成正比；当速度达到 300 km/h 时，空气阻力约占总阻力的 80% 以上。随着速度的提高，列车单位重量所需的牵引力成倍增长，机车额定功率随之成倍增加，这将导致机车轴功率的提高，使其达到 1 200 kW/轴及其以上。轴功率转换成轴牵引力必须以相应的轴重和轮轨黏着为前提。轴功率加大，电机重量必然增加，导致轴重及簧下质量增加。为减轻列车对轨道的作用，高速列车又必须严格限制轴重和簧下质量。因此，对高速列车牵引动力的基本要求是功率大、轴重轻、自重小、黏着利用好、整机控制好。

世界上直流牵引电机的最大功率仅能达到 1 000 kW 左右，而且电机的重量大、体积大，不利于降低列车轴重及簧下质量，安装也很困难。而三相交流异步电机除了功率大、重量轻、体积小之外，还有结构简单、易于制造、维修工作量小、环境适应性强、过载能力强等优点。

采用交流电机时，网上的单相交流电经变压、整流之后，还必须通过逆变器变成三相交流电，才能作为交流电机的驱动电流。整个变流过程是从单相交流变直流，再由直流变三相交流。这套交—直—交变流技术，特别是交流牵引电机的控制技术，是高速列车牵引技术的核心。

2. 复合制动技术

制动系统的可靠性是高速列车行车安全的基本保证。在高速行车条件下制动系统失灵的后果将不堪设想。制动系统的可靠性应通过复合制动系统的科学设计来保证。它要求在正常条件下，复合制动中的各种制动形式能合理地分担制动能量（制动力）。一旦其中的某种制动形式发生故障，其他制动形式能提供补充，保证在紧急制动时能在规定的距离内使列车停下来。

高速列车的制动系统采用计算机控制网络的电气指令制动方式。整个控制指令过程需要大量的输入信息、数字运算和指令输出。在这复杂的控制指令系统中，为避免发生故障，系统的设计应充分考虑相应的补充防患措施。

高速列车复合制动系统通常由控制系统、动力制动系统、空气制动（包括盘形制动和踏面制动）系统、计算机控制的防滑器和非黏着制动装置等组成。

复合制动模式是不同制动方式的综合作用模式。在正常情况下应当优先并充分发挥动力制动能力，不足部分以空气制动作为补偿；在失电情况下以空气制动为主，在紧急制动时除空气制动和动力制动外，还有非黏着制动的保障作用。

计算机控制的制动控制系统由电气部分和气路阀类部分组成。利用这套控制系统可以操纵两种制动装置：其一是正常情况下使用的采用计算机控制的直通式电空制动装置；其二为在电空制动失效的情况下使用的处于热备用状态下的自动空气制动装置。整个制动系统分成三级控制：网络控制、电空制动控制和空气制动控制。上述三种控制的安全级别以空气制动最高，其余依次为电空制动和网络制动。而其指挥级别以网络控制最高，电空制动控制次之，空气制动控制最低。

3. 高性能转向架技术

机车、车辆转向架是直接参与轮轨相互作用，并决定列车走行性能最关键的部件。一定型号的转向架，按其结构形式和结构参数，都有其规定的适用速度范围。各国的高速列车都有特定型号的转向架以保证列车的走行性能。高速列车转向架既要与高速列车的总体模式相容，又要提供更高的乘车品质，使列车的牵引、制动、减振降噪、荷载的传递与分配、导向及曲线通过性能和运行平稳性能达到良好的统一。各国提高列车走行性能的研究都以开发转向架为先导，以轮轨关系的系统研究为基础。

"稳定性"是评定转向架走行性能最重要的指标。车辆一旦失稳，轮对在横向对钢轨产生严重冲击，轻则损坏车轮和钢轨，导致车体严重振动，重则造成轨距扩大、轨排横移、车辆脱轨等重大行车事故。速度越高，研制满足"稳定"要求的转向架就愈加困难，但这确是保证高速列车行车稳定性的关键所在。

高速客车转向架的主要技术除稳定性外，还有舒适性、曲线通过性能、轻量化、动力转向架的牵引电机悬挂和传动技术等。

4. 高速受流技术

采用电力牵引的高速列车必须通过弓网受流系统不间断地从接触网上获取电能。弓网受流系统必须满足的基本条件是：良好的受流质量，良好的安全性能，足够的使用寿命，尽可能减少对周围环境产生噪声。良好的受流质量依赖于弓网系统的动态稳定和跟随性，应保证弓网间有良好的接触，不离线，不产生火花。

弓网接触噪声及受电弓本身所产生的噪声是高速铁路噪声的主要组成部分，改善弓网接触关系，改进受电弓形式及结构设计，是减少高速铁路噪声的一个重要方面。

为了保证弓网受流系统有良好的受流性能、安全的运行性能、足够的使用寿命和减小对环境的影响，必须对接触网的结构形式及其结构参数和性能参数进行合理的设计和选择。

5. 车体结构设计及其轻量化技术

高速列车车体无论在设计上还是在制造工艺上都有新的更高的要求，主要表现在以下几个方面：

（1）列车到达最高速度时，所需要的牵引功率与列车重量呈线性关系。减轻列车重量是减少对牵引功率的需求，也是降低轴重，减小轮轨作用力，实现高速运行的重要措施之一。

（2）车体结构设计应最大可能地减少列车运行阻力，进一步减少能耗，列车阻力是速度的二次方函数，列车速度提高后空气阻力非常突出。在车体结构设计上减少空气阻力的措施是：车端做成流线型；车体侧墙、门窗和车辆之间的折棚要求平滑；在车体下部加底板和裙板；在可能范围内降低车体高度。细尖的车头外形不仅可减少阻力，还有利于减少会车时的压力波，图 7.23所示的日本高速列车车头外形的变化就体现了该原理。

（3）当高速列车通过隧道或两列高速列车交会特别是在隧道内会车时，车外气压在短时间内会产生很大的压力波动，这种压力波动大小几乎与列车运行速度的平方成正比。如果车体结构不完全密封，车外的压力波会迅速地传至车内，使车内的压力产生较大的波动，旅客会有声浪冲击耳膜的感觉,令人难以忍受,因而影响了旅客的舒适性。提高车体的气密性是发展高速列车的一项关键技术。

实现结构轻量化主要有两个途径,一是采用新材料,二是合理优化结构设计。

采用新材料是减轻结构重量的重要措施,世界各国在开发高速铁路技术时都在这方面做了大量工作。

合理优化结构设计是减轻重量的有效措施,优化金属结构是在保证兼顾车体强度和刚度的基础上,利用强度理论和优化设计分析程序,把车体设计成为充分利用材料强度的整体承载筒形结构。经验证明,通过优化结构设计,金属结构重量至少可减轻10%。

| 列车车头外型 | 头部长度/m |
| --- | --- |
| 0系 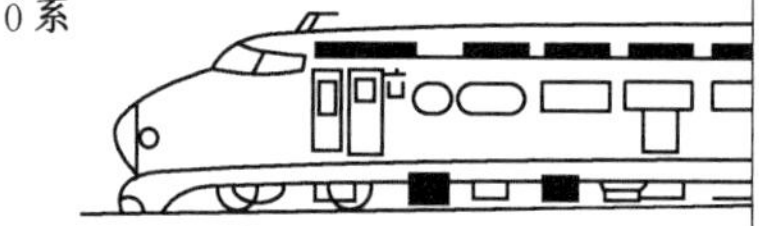 | 4.4 |
| 100系 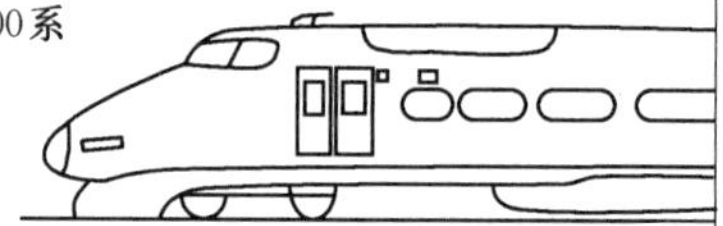 | 5.5 |
| 300系  | 6.0 |
| 700系 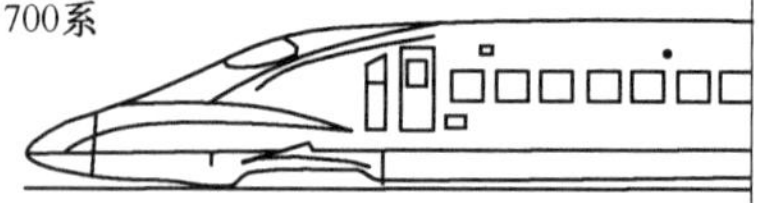 | 9.2 |

图 7.23　日本高速列车车头外形

6. 车辆连接技术

高速列车的车辆连接包括机械连接(铰接和车钩连接)、风管连接、电气连接和通过台风挡连接。车辆间的牵引缓冲装置是关系到缓和列车冲击,提高旅客舒适性和列车安全的重要部件,高速列车对牵引缓冲装置提出了更高的要求。

世界各国高速列车(如日本、德国)普遍采用密接式车钩连接装置,该装置两车钩连接面的纵向间隙一般都小于 2 mm,上下、左右偏移也很小,对提高列车的运行平稳性和电气线路、制动软管的自动对接提供了保证。而以法国 TGV 为代表的铰接式高速列车连接结构主要由车体连接装置、空气弹簧支承座、牵引销和车体间纵横向减振器组四个部分组成。

7. 车厢密封、环境控制及卫生排污技术

密封、环控和卫生排污是高速列车必须解决好的几个技术问题,这些问题直接关系到旅客的舒适性,世界各国高速铁路都在这方面进行了大量的试验研究工作。以下内容主要引自我国制定的“高速试验列车供水、采暖、卫生、密封等技术条件”中的规定。

(1)气密性

气密性要求是指车内压力由 ±4 000 Pa 降(或升)至 +1 000 Pa 的时间必须大于 50 s。因此,车窗要采用整体密封式,安装时应采用密封胶条和密封胶进行压力密封。车厢上的侧门采用压力密封式塞拉门。风挡采用气密性连接风挡,车内连通到车外的各种电缆、电气管路和其他风水管采用密封结构并采用密封材料或密封胶进行封堵密封。以上各项技术及密封材料均应符合相关的技术条件要求。

(2)环境控制

环境控制即控制环境参数,环境参数包括车内气压力、温度、湿度、空气流速、噪声和空气清洁度。

车内压力控制:是指上述气密性要求。

车内温度控制:对高速列车而言,车厢内理想的温度条件应尽可能与地面上设有空调和通风设备的房间一样。夏季当车外温度高于 35 ℃时,客室的平均温度按式(7.1)控制。

$$t_1 = 20 + 0.5(t_N - 20) \tag{7.1}$$

式中　$t_1$——室内平均气温(℃);

$t_N$——车外空气温度(℃)。

冬季客室内的平均温度在任何情况下不得低于18 ℃。司机室内的控制温度,冬夏两季均在18～25 ℃。

车内湿度控制:参照UIC有关标准。

车内空气流速控制:车内平均微风流速不得超过0.3 m/s;制冷系统工作时,气流速度应高于0.07 m/s,以避免出现"静态区域"。

噪声控制:《欧洲高速铁路联网高速列车技术条件》规定,旅客间的噪声级在区间直线上以300 km/h速度运行时,不得超过68 dB(A),应力求达到不高于65 dB(A);在隧道内以250 km/h运行时,不得超过70 dB(A)。

车内空气清洁度控制:客室和司机室内空气中的$CO_2$容积浓度不大于0.15%,含尘量不得超过0.5 mg/m³。新鲜空气量客室人均夏季为15～20 m³/h,冬季为10～15 m³/h,司机室夏季为人均30 m³/h,冬季为25 m³/h。

(3)卫生与排污

高速列车的车辆上必须设有密封性能良好的给排水系统和密封的便池冲洗、污物汇集及排放设备。

8. 高速列车新材料技术

高速铁路的发展除了当今信息技术、轨道动力学和轮轨关系等一系列理论问题有所突破并得以应用外,新材料、新工艺的进展也推动着高速铁路的发展。

(1)高速列车轻量化材料

目前国外高速车辆车体材料主要有两大类:不锈钢(或耐候钢)及铝合金。几种车体材料性能比较见表7.2。

**表7.2　几种车体材料性能比较**

| 材　质 | 弹性模数 $E$/MPa | 密度/(g/cm³) | 车身质量/(kg/m) | 车体重/% |
|---|---|---|---|---|
| 普通低碳钢 | $2.1\times10^5$ | 7.8 | 9 650 | 100 |
| 含铜耐候钢 | $2.1\times10^5$ | 7.8 | — | 85～95 |
| 18-8不锈钢(1/4硬度) | $1.9\times10^5$ | 7.8 | 299～364 | 65～75 |
| 6005铝合金 | $0.69\times10^5$ | 2.7 | 238 | 50～60 |
| 复合材料(玻璃钢) | $0.196\times10^5$ | 2.0 | — | 30～40 |

为了进一步减轻重量,改善隔声性能及便于设计、制造等,国外用纤维增强塑料(FRP)夹层结构代替金属制造客车车体的试验工作。若用碳纤维制造车体,其重量可以减少到铝车体的一半。

FRP具有质轻、高比强度、高疲劳强度、低的裂纹扩展速率、较好的结构阻尼性、隔热和耐蚀性能等优点。其缺点是弹性模数$E$低,抗弯扭刚度比金属差,抗道砟打击强度小,价格贵,经优化改进,可考虑为下一代高速列车材料。

(2)高速列车减振、密封用橡胶和高分子聚合材料

铁道车辆中大量采用橡胶制作各种减振、密封部件,如各种阀中的密封圈、胶垫、油封、门窗密封条、减振垫,以及大型橡胶缓冲器、空气弹簧、联轴节橡胶件等。主要采用的橡胶种类有:天然橡胶(NR)、丁腈橡胶(NBR)、聚氨酯橡胶(UR)、聚硫橡胶(TR)、硅橡胶(SR)、丁基橡

胶(HR)等。

高速铁路应用的高分子聚合材料有:阻燃剂、绝缘材料、减振降噪和吸声材料、玻璃纤维增韧尼龙和含油铸型尼龙(聚酰胺工程塑料类)。

另一类高分子材料是粘结剂和涂料。国外车辆窗帘大多采用偏二氯乙烯树脂材质的卷帘式窗帘和丙烯酸树脂(MMA)窗帘。

(3)高速列车制动材料

高速列车使用的制动盘首先应满足制动功率的要求,要有稳定的摩擦系数;其次要有优良的抗热疲劳性能、耐磨性能。在满足制动功率要求下,应尽量轻量化,以降低簧下质量。高速列车制动材料主要有合金钢制动盘、陶瓷粒子(如 SIC)增强铝基复合材料制动盘、碳纤维复合盘等。

(4)耐火材料

车辆的耐火材料主要指阻燃、低烟、低毒高分子材料和耐火涂料。英、法两国规定,通过海峡隧道区间列车的内装饰和包覆材料必须使用阻燃无毒的酚醛 FRP 材料。目前,国内也在大力开发酚醛玻璃钢材料,用来制造车内设备、装修板、通风管道等。国外车辆为了提高窗帘隔热和耐火程度,采用聚酯纤维上喷镀不锈钢或采用玻璃纤维作基底的编织窗帘布。

9. 列车自动控制及故障诊断技术

高速列车是一个复杂的高速运动系统,必须对它进行全面、统一、综合、准确地控制,才能保障系统的正常工作。控制与诊断系统保障了高速列车各车辆以及每一车辆中的各受控设备按照行车指挥命令与司乘人员的操纵协调地工作;及时发现列车运行中的故障,确定故障的位置,并提出应急处理方案或通知地面维护部门准备采取措施;迅速准确地检测出控制与诊断所需的全部信号,必要时给予显示。高速列车控制与诊断系统是保证运行安全、快捷、舒适、节能所必需的系统,是高速行车的重要技术之一。

全列车控制、监测与诊断系统是一个包括超速防护、牵引控制、制动控制、车辆控制在内的测控系统。该系统在结构上分为三个层次:列车级、车辆级和子系统级,以计算机构成网络。图 7.24 所示为我国高速列车监控与诊断系统的组成框图。

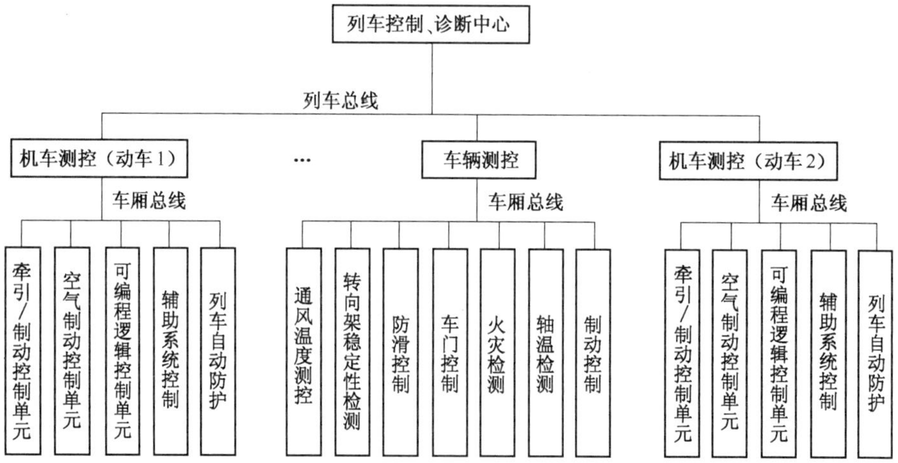


图 7.24 高速列车控制、监测与诊断系统方框图

## 第三节 高速铁路牵引供电系统

由于电力机车功率大、拉的多、跑得快,世界各国的高速铁路几乎都采用电力机车牵引。电力机车与蒸汽机车和内燃机车不同,它本身不带能源,必须由外部供应电能。为了给电力机

车供应电能,需要在铁路沿线架设一套牵引供电系统。高速铁路的牵引供电系统,与普速铁路的牵引供电系统不同,它的供电能力和供电可靠性必须满足高速列车运行的要求。

经过几十年的实践和发展,各国高速铁路的牵引供电系统都有了很大的改进,达到了很高的水平,而且都各具特色。最具有代表性的是日本、法国和德国高速铁路的牵引供电系统。高速铁路的牵引供电系统主要包括牵引供电和接触网两大部分。下面就其采用的主要技术标准做个简单的介绍。

1. 牵引供电部分

(1)牵引供电方式:高速铁路要求接触网受流质量高,分段和分相点数量少。目前各国大多采用自耦变压器(AT)供电方式和带回线的直接(RT)供电方式。自耦变压器(AT)供电方式是每隔 10 km 左右在接触网与正馈线之间并联接入一台自耦变压器,其中性点与钢轨相连。自耦变压器将牵引网的供电电压提高一倍,而供给电力机车的电压仍为 25 kV,如图 7.25 所示。带回线的直接(RT)供电方式是在接触网支柱上架设一条与钢轨并联的回流线,如图 7.26所示,利用接触网与回流线之间的互感作用,使钢轨中的电流尽可能地由回流线流回牵引变电所,因而能部分抵消接触网对邻近通信线路的干扰。

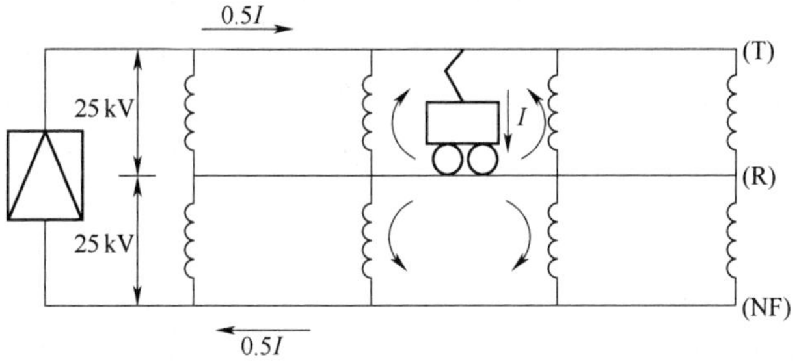


图 7.25　自耦变压器(AT)供电方式

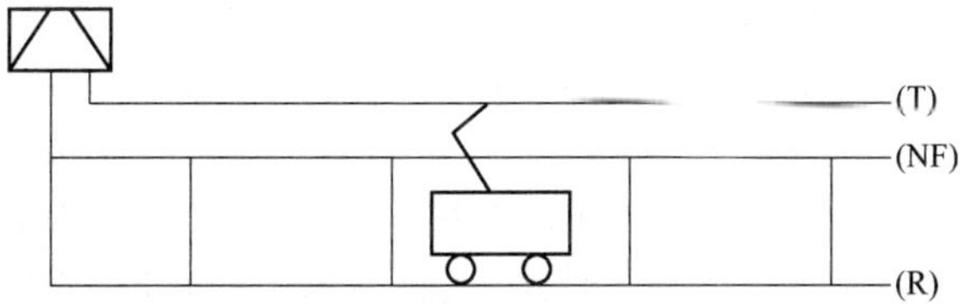


图 7.26　带回线的直接(RT)供电方式

日本、法国采用 AT 供电方式;德国、意大利和西班牙采用 RT 供电方式。AT 供电方式的优点是:供电质量高,变电所数量少,便于牵引变电所选址和电力部门的配合,牵引变电所间距大、分相点少。因此,便于高速列车运行,防干扰效果也好。我国高速铁路牵引供电优先采用 2 ×25 kV(AT)供电方式。

(2)电源电压等级:高速铁路负荷电流大,对电力系统的不平衡影响也大。为了减少对电力系统的影响,高速铁路一般都采用较高的电源电压。日本采用 154 kV、220 kV 和 275 kV 三种电压等级,法国采用 225 kV 电压等级,德国采用 110 kV 电压等级,意大利采用 130 kV 电压等级,西班牙采用 132 kV 和 220 kV 两种电压等级。我国高速铁路牵引供电所采用两回独立进线,并互为热备用,供电电压为 220 kV。

(3)接触网电压:接触网的电压对电力机车功率发挥及机车运行速度有很大影响,而且直接关系到牵引供电设备技术参数的选定和供电系统的工程投资,各国都非常重视这一技术标准。日本接触网的标准电压为 25 kV,最高电压为 30 kV,最低电压为 22.5 kV。法国分别为 25 kV、27.5 kV 和 18 kV。德国分别为 15 kV、17 kV 和 12 kV。西班牙分别为 25 kV、27.5 kV

和 19 kV。意大利采用直流供电，分别为 3 kV、3.6 kV 和 2 kV。我国京沪高速铁路接触网的标称电压为 25 kV，长期最高电压拟定为 27.5 kV，短时(5 min)最高电压为 29 kV，设计最低工作电压为 20 kV。

(4)牵引变压器结线形式：牵引变压器是牵引供电系统中最重要的设备。它对牵引供电系统和工程投资起决定性的影响，不同类型的牵引变压器对电力系统产生不同的不平衡影响。日本采用斯科特结线和变形伍德桥结线三相变压器。法国、德国、意大利和西班牙采用单相变位器。单相变压器的优点是变压器容量大、利用率高、经济效果好，最适合在高速铁路上应用。我国高速铁路牵引变压器结线形式优先采用单相结线。

(5)牵引变电所继电保护和自动控制装置：日本、法国、德国及西班牙高速铁路的牵引变电所均按无人值班设计，采用运动装置在电力调度中心监控。牵引变电所的继电保护和自动控制系统仍采用传统的控制保护盘方式，计算机控制保护和全部自动化等技术都还没有采用。但在保护系统的配置、继电器的特性、控制回路的联动等方面比较先进，系统的安全性和可靠性也比较高。

(6)电力调度和运动系统：日本列车运行指挥中心集列车、车辆、信号、牵引供电、防灾报警、旅客服务等多种业务调度为一体，构成一个综合调度处理系统。电力调度及运动是其中的一个子系统。法国高速铁路的综合调度系统由行车调度和电力调度组成。德国和西班牙高速铁路的牵引供电调度及运动系统则是一个设在调度中心的独立系统。由调度所对高速线上所有开关设备和接触网柱上开关进行遥控。为了便于列车调度指挥，电力调度和运动系统集中设在行车调度室内。

2. 接触网部分

(1)接触网悬挂形式：接触网直接架设在线路的正上方，工作环境恶劣，而且没有备用。接触网悬挂性能的优劣直接关系到高速运行状态下的电力机车受电弓能否良好取流和列车能否安全运行。因此，接触网一直被各国专家视为高速技术的难点，弓网的最佳匹配也一直是各国专家追寻的目标和研究的课题。表 7.3 列出了接触网悬挂方式。日本在 20 世纪 90 年代以前，一直是采用重型复链型悬挂，在新建的北陆新干线高崎至长野段开始采用简单链型悬挂，行车速度为 270 ~ 300 km/h。法国最初在东南高速线上采用弹性链型悬挂，后来都采用简单链型悬挂。德国一直是采用弹性链型悬挂，而且按不同的速度段形成了 Re200、Re250、Re330 不同标准系列。西班牙引用德国的 Re250 标准系列，其结构、材质和主要参数与德国完全一样。意大利是采用 3 kV 直流供电的高速铁路，接触网采用双式简单链型悬挂，其接触网采用 2 根 150 $mm^2$ 的铜导线，承力索为 2 根 155 $mm^2$ 的钢绞线。国外高速铁路的运营经验表明，复链型悬挂、弹性链型悬挂、简单链型悬挂均能满足高速运行要求，我国高速铁路可采用全补偿简单链型悬挂或全补偿弹性链型悬挂，并经综合比较后确定；双弓或多弓取流时宜采用弹性链型悬挂。

表 7.3　接触网悬挂方式

| 悬挂形式 | 结构示意图 | 主要采用国家 |
| --- | --- | --- |
| 简单链型悬挂 | 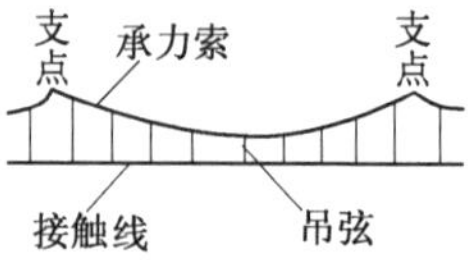  | 法国、日本、中国 |
| 双式简单链型悬挂 | 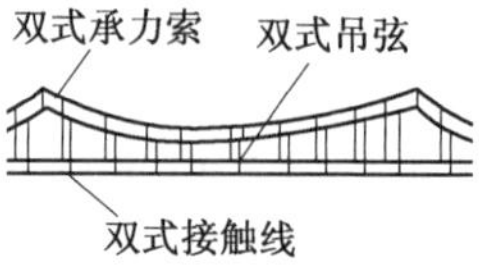  | 意大利 |

续上表

| 悬挂形式 | 结构示意图 | 主要采用国家 |
| --- | --- | --- |
| 弹性链型悬挂 | 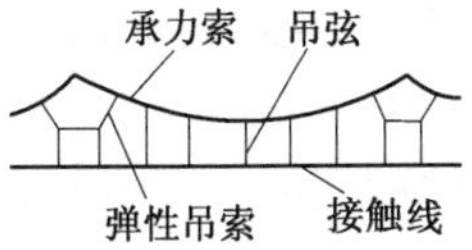 | 德国、法国、西班牙、中国 |
| 复链型悬挂 | 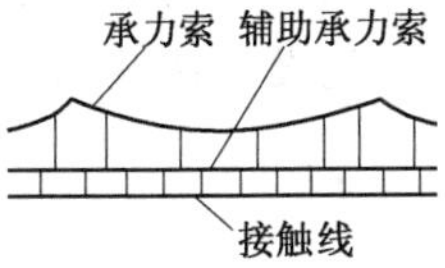 | 日本 |
| 弹性复链型悬挂 | 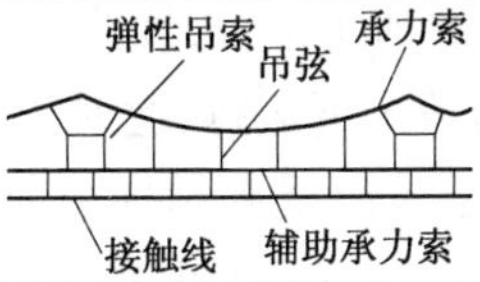 | 日本 |

(2)接触网支柱和基础:日本高速铁路接触网支柱一般采用圆形混凝土支柱,镀锌钢支柱主要使用在桥梁上和用于支持较大的硬横梁,支柱基础采用杯形基础。德国采用横腹杆式钢支柱和圆形混凝土支柱,站场硬横跨或软横跨采用斜腹杆式钢支柱,基础采用机械钻孔,现场灌注混凝土基础。德国采用镀锌工字钢或槽钢支柱,基础也采用机械钻孔现场灌注混凝土基础。我国采用 H 型钢支柱,基础采用旋挖钻钻孔现浇混凝土。

(3)接触网支持装置:高速铁路的接触网支持装置必须牢固稳定,才能保证导线高度受外界环境影响最小。为此,高速铁路站场接触网一般采用硬横跨。日本、法国和我国采用硬横跨,德国采用硬横跨和软横跨。区间腕臂形式,日本采用钢管腕臂,法国和德国采用铝合金管腕臂。定位器形式,日本和德国采用带限位的定位器,法国采用不带限位的定位器。

(4)接触网线岔:高速铁路接触网线岔是弓网事故多发地点。为保证高速行车安全,接触网正线线岔最好采用无交叉式的。日本原来采用交叉式线岔,后来改为无交叉式线岔。德国采用交叉大线岔,法国是在道岔处采用一组“辅助悬挂”设备,无论机车从正线到渡线,还是从渡线到正线,“辅助悬挂”都能起过渡作用,但这种“辅助悬挂”设备,结构复杂,施工调整困难。

(5)接触网电分相装置:日本采用地面开关站自动切换过分相方式。法国、德国、西班牙都采用车上自动切换过分相方式。这两种过分相方式各有优缺点。地面开关站自动切换过分相的优点是机车可不做任何操作,满负荷通过,停电时间短,冲击和失速也小。其缺点是地面开关站设备复杂,切换过程中容易引起真空开关过压重燃,导致切换失败,发生异相短路。车上自动切换过分相的优点是对接触网无特殊要求,可充分利用列车自动控制系统的轨道电路和机车断路器,不需额外增加设备。其缺点是机车停在无电区时,需要短时间给无电区供电,机车才能驶出。

(6)接触网零部件:高速铁路接触网零件,日本一般采用铜和钢系列。德国采用铝系列,法国采用铜和铜合金系列。铜及铜合金导电性能好,耐腐蚀能力强,适合于高速、大电流、高张力特点。接触网补偿装置,日本采用变比鼓轮式,德国采用棘轮式,法国采用滑轮组式。变比鼓轮加工复杂,而且由于并联下锚,使得接触线和承力索在机械上不独立,不能随温度变化而自由伸缩。棘轮式补偿装置只有一个传动轮,由于其传动比固定,因而适用范围较小,而且其制造精度要求也高。滑轮组式补偿装置的补偿滑轮由高强度耐腐蚀的铝合金制成,制造相对简单,适用范围也较大。该补偿装置的补偿绳一般采用不锈钢丝绳,防腐性能好,基本达到了无维修或少维修，是高速铁路接触网首选的补偿装置。

## 第四节 摆式列车技术

在修建高速铁路发展高速旅客运输的同时，一些国家还在机车车辆上采取相应措施，以克服既有线路小半径曲线的限制因素，提高旅客列车的速度。虽然这种方案的机车车辆结构复杂、载客量小，且造价较高，但不必耗巨资建设高速铁路新线或改造已具备相应标准的铁路线路，于是各种类型的摆式列车应运而生。

1. 摆式列车的基本原理

由于铁路线路上有多种不同速度的列车运行，线路超高一般按“均衡速度”设计。快速旅客列车一般都是在高于“均衡速度”的情况下运行，此时列车的稳定性及轨道作用力虽均属安全范围，但旅客却总在“欠超高”的状态下感受到横向力对身体的作用而向曲线的外侧倾斜。摆式列车就是将车体设计成能在不同速度条件下可实时倾摆的车体，用以改变作用在旅客身上的力，如图 7.27 所示。车体倾摆相对水平面产生了一个倾斜角度，等同于增加了曲线的超高，从而降低或消除作用在旅客身上的不平衡力，改善旅客在列车通过曲线时的舒适性。在不降低舒适度的条件下，通过小半径曲线的速度可提高 25%～35% 。

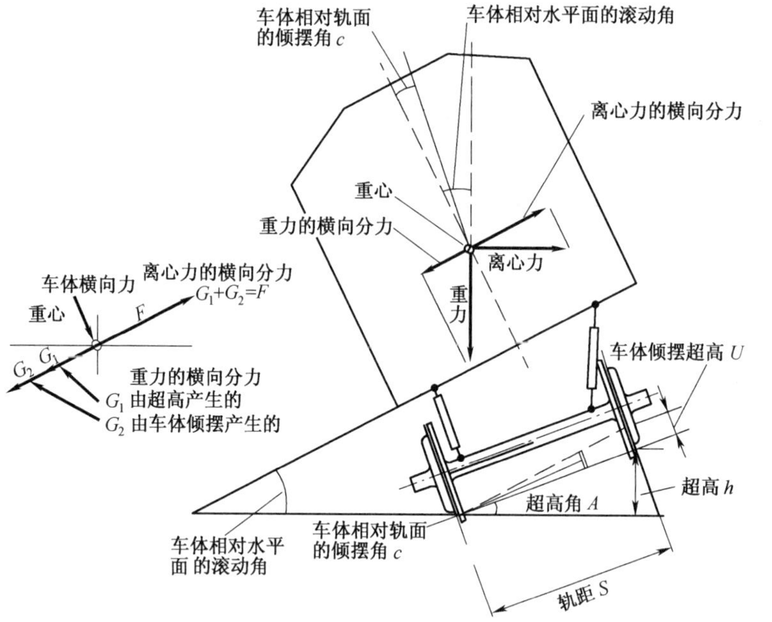


图 7.27 车体倾摆对作用在旅客身上的力的影响

2. 摆式列车的倾摆方式

摆式列车按其倾摆方式可分为主动式（也称动力源式或强制式）和被动式（也称无动力源式或自然式）。近年来还发展了一种带控制的摆式列车。

主动式摆式列车由连杆机构支承，在转向架上装有振动加速度仪及陀螺仪检测曲线位置。当车辆进入曲线时，由于受横向加速度作用产生一个与此成正比的信号，经处理后通过伺服阀控制液压缸或风缸动作，使车体产生倾摆。该倾摆车体的倾摆中心低，能抑制车体重心的移动。主动式摆式列车的技术关键是线路数据的实时采集、处理、转换、控制及驱动系统的可靠性，其结构复杂，技术要求高，维修和运用成本高，其成功范例是瑞典的 X2000 型列车、意大利的 ETR 型摆式列车。图 7.28 为瑞典 X2000 型的主动式倾摆系统原理图。

被动式倾摆车体的原理比较简单，它利用车体与转向架间特殊的悬挂装置和杠杆机构，使车体的摆动中心高于车体的重心。当车辆通过曲线时，由于离心力的作用，车体下部向外侧摆动，而摆动中心以上部分则向内侧摆动，致使车体整体地向内侧摆动。采用这种结构的倾摆车体无须任何动力源，也不必设置传感器，更不会发生控制失效的情况。被动式倾摆车体的动力来源于列车运行时作用在车体上的离心力，其优点是不需要动力装置，技术含量低，结构较简单，成本低，维修性和可靠性好，但是乘客舒适度较主动式摆式列车差，其成功范例是西班牙的 Talgo 列车、瑞士的 Neiko 列车。

带控制的摆式列车是在被动式摆式列车上附加相应的控制装置组成，即根据车上计算机存储的曲线信息在进入相应的缓和曲线前作平缓的侧倾控制，以达到减小侧倾角速度、提高舒适度的目的。

3. 径向转向架

摆式列车的车体可降低或消除作用在旅客身上的不平衡力，但不能降低车辆对轨道的水平作用力。通常 160 km/h 速度以上的摆式列车要与低轴重、低簧下质量、径向转向架等新技术相结合，因此径向转向架与车辆倾摆系统同属于摆式列车的关键技术。之所以采用径向转向架是因为它通过曲线的性能大大优于传统转向架。

图 7.29(a)所示为传统转向架，它在曲线上运行时两个轮对基本上处于平行状态，从而造成前导轮对的大冲角。轮对在向前纯滚动的同时横向朝曲线中心移动，由于轮轨接触面上的蠕滑力不足以推动轮对横移，从而形成外侧导轮轮缘紧贴钢轨，产生较大的轮缘力，造成一系列不利后果，如轨距挤宽、钢轨磨损、轮缘垂直磨耗等，直接影响列车的安全性(增加了脱轨的危险)，故传统转向架在曲线上的高速运行受到了限制。

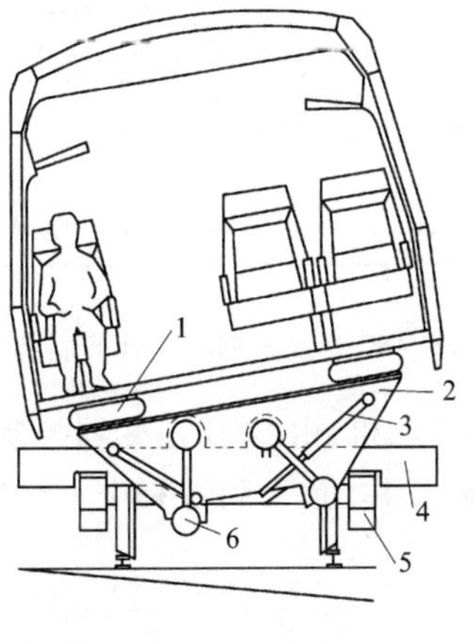


1—空气弹簧；2—上摇枕；3—液压缸；4—下摇枕；5—转向架构架；6—摆杆。

图 7.28　瑞典 X2000 型的主动式倾摆系统原理

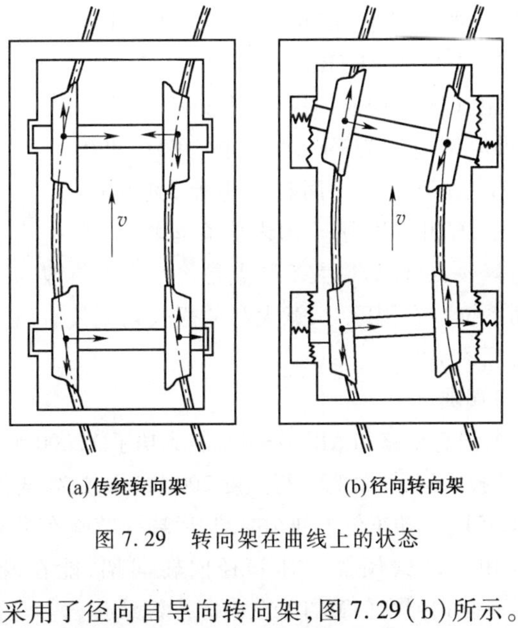


(a)传统转向架　　(b)径向转向架

图 7.29　转向架在曲线上的状态

瑞典 X2000 摆式列车的动车和客车都采用了径向自导向转向架，图 7.29(b)所示。动车径向转向架轮对的一系悬挂采用人字形金属橡胶弹簧，它使轮对在转向架平面内有较大的活动度，使两根轴为柔性结构。车辆在曲线上行驶时，两根轴基本上与曲线半径平行，使车轮与轨道冲角接近零，从而大大减小轮轨间的横向作用力，减轻了轮轨磨耗，增强了抗脱轨的安全性。X2000 型摆式列车中的拖车径向自导向转向架的设计原理与动车转向架相同，差别在于拖车转向架上设有倾摆机构。测试结果表明，采用径向转向架机车车辆对钢轨的横向作用力较传统的刚性转向架减少 30% 左右。

4. 摆式列车发展概况

摆式列车能充分利用既有线路，投资小、收益快，所以得以迅速推广。世界上首辆摆式车，是在 20 世纪 40 年代美国制造的，1950 年运到西班牙运用。20 世纪 50 年代欧洲开始研究并迅速推广应用。目前能够掌握这一技术并推广应用的国家主要有意大利、瑞典、西班牙、美国、法国、德国、日本、加拿大、英国、中国等。以下介绍几个发展摆式列车较快的国家。

(1)意大利

意大利在铁路高速客车发展方面着重研制摆式电动车组。意大利是最早研制主动式摆式列车的国家之一，称为“Pendolino”。意大利 Fiat 公司在 20 世纪 70 年代研制成功的第一代摆式车体 ETR-401 型电动车组的基础上，充分采用和吸纳系统结构、大功率电子学、信息处理、诊断、测量等领域的新技术，开发了第二代 ETR-450 型摆式列车。ETR-450 型摆式列车车体倾斜装置如图 7.30 所示。

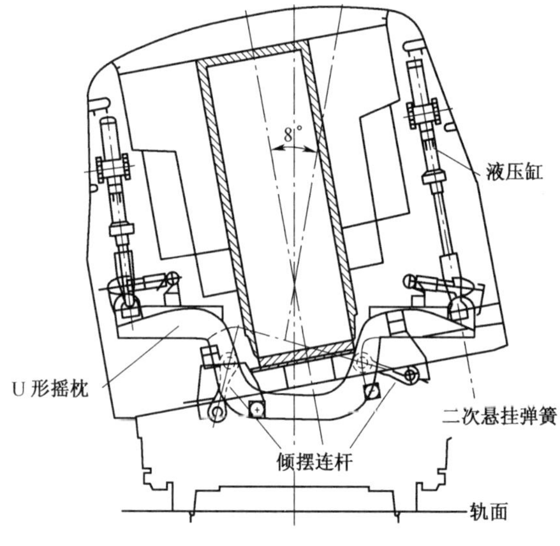

图 7.30 ETR-450 型摆式列车车体倾斜装置示意

ETR-450 型摆式列车为电动车组，采用 10 节动车和 1 节拖车编组，总功率为 6 750 kW，直流电机牵引，电压为直流3 000 V，最高运行速度为 250 km/h。ETR-450 型摆式列车于 1988 年 5 月在罗马—米兰既有线上投入运营。

继第一代和第二代摆式车体动车组的成功以后，Fiat 公司于 1992 年又开发出第三代摆式车体动车组：ETR-460 型、ETR-470 型和 ETR-480 型。ETR-460 是 1995 年投入运营的，由 6M3T 构成，采用动力分散式驱动方式，供电网电压为3 kV直流电。ETR-470(图 7.31)适于交直流两种供电制，列车可直通瑞士；ETR-480 用于国内旅客运输。第三代与第一、二代的最大不同点是将牵引电机改为三相异步电机，由 GTO 逆变器控制，采用交流传动系统。在国际上，意大利的摆式列车具有较大影响，据称，意大利占有全世界摆式列车市场份额的 70% 。

(2)瑞典

瑞典国有铁路和 ABB 公司研制成功了 X2000 型摆式高速列车(图 7.32)。该列车于 1991 年 9 月正式投入运营，最高运行速度 200 km/h，最高试验速度 275.7 km/h。列车采用动力集中驱动方式(1M5T)。动车位于列车前端，后端一节拖车带有驾驶室，但不带动力装置。X2000 型摆式列车采用主动式倾摆车体和径向转向架，能在既有传统线路上高速行驶。1996 年，瑞典 X2000 型摆式列车(1M6T )在中国广深线运营。

(3)西班牙

西班牙国有铁路为了振兴铁路客运事业，先后在 11 条既有线上投入多批 TALGO 摆式高速列车,最高运行速度可达 200 km/h。Tren Arlticulado Ligero Goicoechea Oriol 为西班牙语,译为“轻型结构铰接联结式列车组”。其特点是车体短(车长 13.14 m),铝制结构,装用自由轮对走行机构,被动式倾摆,具有良好的走行平稳性和旅客舒适度。自从 1989 年 9 月在巴塞罗那—伯尔尼(瑞士)区间投入运用后,得到了世界铁路行家的好评。1998 年 10 月新一代 Talgo 列车 TalgoXXI 型摆式高速列车(图 7.33)在巴塞罗那首次亮相,为被动式倾摆、内燃牵引,最高速度(既有线)220 km/h,1999 年投入运用。1998 年西班牙 Talgo 公司和德国 ADtranz、西门子公司决定共同研制 Talgo350 试验型高速列车(图 7.34),样车于 2000 年面世,最高试验速度达 359 km/h。

图 7.31　意大利 ETR-470 型摆式列车外形

图 7.32　瑞典 X2000 型摆式列车外形

图 7.33　西班牙 TalgoXXI 型摆式列车外形

图 7.34　西班牙 Talgo350 型摆式列车外形

(4)美国

1996 年,美国铁路客运公司 Amtrak 购买了由加拿大庞巴迪和法国 GEC-阿尔斯通联合设计和制造的“飞人”(Acela)号高速摆式列车,该车以 TGV 高速列车为基本列车,并对其进行设计改造,在纽约—波士顿试运行,速度 240 km/h,1999 年正式投入运营。

(5)法国

为了实现既有线提速,法国于 1998 年还研制了一列 TGV 摆式列车,在高速新干线上速度可达 320 km/h,在经过改造的现有线路上运行,速度可达到 250 km/h。2002 年 TGV 摆式列车投入运营。

(6)德国

德国铁路 1999 年投入运营 43 列 ICE-T 电动摆式列车及少量 4 节编组的摆式内燃动车组

ICE-TD,设计速度 230 km/h,采用了液压倾摆装置,仅限于城间旅客运输,从而缩短了传统的区间运行时间。

此外,日本新干线高速列车研制已接近极限,除进一步研制磁浮和加强高速出口外,另一个目标是制造摆式车体新干线高速列车。2003 年,日本准备试制摆式车体新干线高速列车 N700 系。按照设计,将能以最高速度 300 km/h 在山阳新干线上运行,能以 270 km/h 速度通过半径为 2 500 m 的曲线。一套高度精确的列车速度和位置信息系统将用于控制每节客车上的车体摆动机构。为了进一步改进列车的空气动力学性能,列车的两节车辆之间的部位全密封。所有的车辆上都安装半主动式减振控制装置。

## 复习思考题

1. 试比较动力集中型与动力分散型高速列车的优缺点。
2. 请简要分析国外高速列车的发展趋势。
3. 高速列车有哪些关键技术?请简述之。
4. 高速铁路接触网悬挂形式有哪几种?请绘图说明。
5. 请简要说明摆式列车的基本原理。

# 第八章

# 高速铁路信号和通信系统

高速铁路的信号系统和通信系统都是高速铁路的最主要组成部分之一,在高速铁路的运营中起着非常重要的作用。信号系统用来保证列车运行的安全,以及实现行车调度指挥自动化。通信系统用来传输行车等信息,被誉称为铁路的“顺风耳”。

## 第一节　高速铁路信号系统

我国的高速铁路有 200 ~ 250 km/h、300 ~ 350 km/h 两个等级。它们的信号系统大体相同,都包括计算机联锁系统、列车运行控制系统、调度集中系统和信号设备集中监测系统,以及信号系统安全信息传输网络,但也有所区别。高速铁路的信号系统应具有一定的兼容性,既能适应本线最高运行速度列车的运行,还能兼顾跨线列车的运行。

### 一、高速铁路对信号系统的要求

由于高速铁路列车运行速度高,列车追踪间隔时间短,一般可在 5 min 以下。因此,需要采用一系列铁路信号新技术,才能确保高速列车的运行安全,满足高密度运行的需求。

1. 对列车运行控制系统的要求

在高速铁路上,由于速度高,司机辨认地面信号是非常困难的,因此必须采用高可靠、高安全的列车速度控制系统。列车速度控制系统应不受环境因素影响,具有很高的抗干扰能力,确保接收信息在整个列车运行中的正确率达 100% ,保证高速行车的绝对安全。为考虑旅客的舒适性,当没有紧急情况时,一般采用常用制动。列车速度控制系统必须具有故障降级功能,使系统的安全、可靠性大大提高。

列车运行控制系统还必须与防灾系统、异物侵限系统接口,在地震、塌方、落物、泥石流、暴风雨雪等自然灾害预报后分析处理,作出是否对高速铁路有影响的判断,以便采取对策,防止行车事故。

2. 对车站联锁系统的要求

车站联锁设备应考虑与列车速度控制和行车调度指挥系统结合,应采用高可靠、高安全的计算机联锁。为适应高速行车安全的需要,必须采用侧向通过速度在 160 km/h 或 200 km/h 以上的大号码道岔,解决道岔转换设备的转换力、密贴、锁闭等关键问题。为适应高密度行车的需要,进路控制必须自动化,尽量摆脱人员的参与。车站应采用与区间相同的轨道电路,以连续不断地向列车发送信息。

3. 对行车指挥自动化系统的要求

为提高运营效率、优化管理和减轻调度员的劳动强度,必须采用行车指挥自动化系统,它必须具有自动排列进路、编制运行图、自动进行运行调整、旅客向导服务等功能。此外,还应有综合信息管理系统，包括动车组管理、供电管理、旅客运输和运行管理等，以提高运营效率。

## 二、高速铁路的计算机联锁系统

1. 计算机联锁

高速铁路的车站、线路所、动车段(所)应采用计算机联锁。为保证计算机联锁系统的可靠性，车站、线路所采用二乘二取二计算机联锁，动车段(所)可采用双机热备计算机联锁。

计算机联锁完成车站联锁功能，它采集道岔位置、轨道电路状态、信号机状态等信息，接收车站值班员或 CTC 的进路命令，进行逻辑运算，操纵转辙机和信号机，实现道岔、信号机、进路之间严密的联锁关系。

高速铁路计算机联锁系统必须具备与调度集中系统(CTC)、无线闭塞中心(在采用 CTCS-3 级列控系统时)、列控中心、信号集中监测等设备的接口能力。

二乘二取二计算联锁系统的联锁机有两套，每套内有双 CPU，满足“故障导向安全”要求。

计算机联锁系统由人机界面层、联锁逻辑层、执行层组成，系统结构如图 8.1 所示(以 DS-K5B 型计算机联锁为例)。

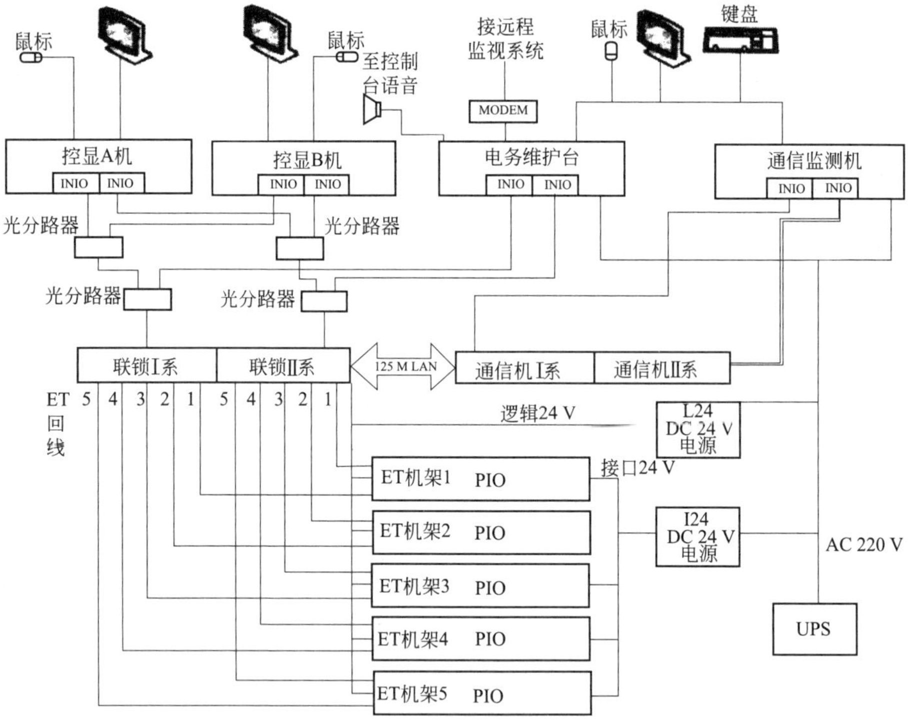


图 8.1　计算机联锁系统组成

各种型号的计算机联锁系统的具体组成不尽相同。

人机界面层包括控制台和电务维护台。控制台由控显机和车站值班员办理行车作业的鼠标、显示器组成，实现控制台操作、站场图形显示。电务维护台包括电务维修机、通信监测机、键盘、显示器等，实现系统设备故障监视等功能。

联锁逻辑层为联锁机，联锁机包括联锁逻辑部和前置通信机。联锁逻辑部实现联锁逻辑运算、输入输出控制、诊断信息处理及二重系管理等。前置通信机实现与外部接口(无线闭塞中心、列控中心系统及邻站计算机联锁)的通信功能。

执行层为输入输出接口,通过接口电路驱动现场设备、采集现场设备状态。

各种设备安装在相应的机柜中。

2. 车站信号基础设备

(1)信号机

信号机采用组合式色灯信号机,双灯泡。

车站(含区间无配线站)应设进站、出站信号机。根据需要,作业量较大的车站可设进路信号机、调车信号机和复示信号机。作业较为单一的中间站、越行站在列车进路上可不设调车信号机。在运行非动车组列车的 200 ~ 250 km/h 高速铁路,区间设通过信号机,车站的进、出站信号机常态点灯。在仅运行动车组列车的 200 ~ 250 km/h 高速铁路和 300 ~ 350 km/h 高速铁路,区间不设通过信号机,车站的进、出站信号机常态灭灯,需要时应经人工操作后转为点灯状态。

(2)轨道电路

站内正线原则上采用与区间同制式的有绝缘轨道电路(又称一体化轨道电路)。中间站、越行站站内咽喉区比较简单,为减少站内轨道电路制式并简化工程设计,站内其他轨道区段也采用了与正线同制式的有绝缘轨道电路。大站的正线及到发线采用与区间同制式的有绝缘轨道电路。只有大站的站内其他轨道电路区段才采用 25 Hz 相敏轨道电路。

(3)转辙设备

站内正线和到发线采用 18 号道岔,联络线采用 42 号、62 号道岔。18 号及以上道岔均采用外锁闭方式,由交流转辙机牵引,必须多点牵引多点检查。其他道岔采用 ZD6 系列电动转辙机。密贴检查器用于检查尖轨和心轨的密贴状态,也可以用于道岔挤岔时切断表示。在可动心轨辙叉中,安装辙叉下拉装置可防止可动心轨和弹性支撑翼轨之间的相对移动,使得高速列车通过心轨尖端时不会产生惯性力。在我国 0 ℃等温线(秦岭—淮河)以北地区,且 20 年年平均降雪日在 10 天及以上的车站,接、发动车组列车进路上的道岔应设置道岔融雪系统。当发生降雪或温度变化时,系统可自动或人工启动电加热融雪电路。

(4)信号电源

信号电源采用信号智能电源屏,为信号系统提供可靠、稳定、安全的交、直流电源。智能电源屏为模块化结构,运用电力电子技术,具有智能监控功能。不仅为计算机联锁供电,还为区间轨道电路、列控中心、CTC 车站自律机、信号集中监测系统站机和采集机供电。

### 三、高速铁路的列控系统

列车运行控制系统简称列控,它直接控制高速列车的运行,是确保列车安全、快速运行的设备,是高速铁路信号最重要的系统。完整的列车运行控制系统包括车载设备和地面设备。为保证行车安全,高速铁路必须采用列车运行控制系统。

1. 列车超速防护

列车超速防护系统(ATP)是指列车能根据自身的运行速度和前方列车位置及线路状态对采取制动操作的时机作出逻辑判断,对列车运行速度进行实时控制的技术。随着列车运行速度的增加,由司机去完成这一任务是十分困难的。

当列车运行速度提高到 200 km/h 时,紧急制动距离将超过 2 000 m,而司机视觉能力对信号作出判断的最少时间为 3 ~ 5 s(遇到阴、雨、雪、雾判断更为困难)。随着列车速度的提高,当判断时间内列车走行距离不能小于制动距离时,便会构成不安全因素,必须靠列车超速防护系统去控制列车运行。

ATP 的功能主要有:停车点防护;超速防护;列车间隔控制(移动闭塞时);测速测距;车门控制。

2. CTCS

CTCS 就是中国列车运行控制系统(Chinese Train Control stem)的英文字头。CTCS 分为 CTCS-0 级、CTCS-1 级、CTCS-2 级、CTCS-3 级和 CTCS-4 级五个级别。

目前,我国高速铁路采用的是 CTCS-2 级和 CTCS-3 级。

CTCS-2 级是基于轨道电路(模拟或数字轨道电路)传输信息的列车运行控制系统。

CTCS-3 级是基于无线(GSM-R)传输信息,并采用轨道电路等方式检查列车占用的列车运行控制系统。

时速 250 km 以下的高速铁路一般采用 CTCS-2 级列控系统,时速 250 km 以上的高速铁路一般采用 CTCS-3 级列控系统。CTCS-4 级是完全基于无线传输信息的列车运行控制系统,是我国铁路未来的发展方向。CTCS-2 级以上设备具备超速防护功能。

(1)CTCS-2 级列控系统

CTCS-2 级列控系统是基于轨道电路加应答器传输列车运行信息的点连式系统。系统通过轨道电路完成列车占用和完整性检查,连续向列车传送控制信息,并采用点式应答器向高速列车传送定位信息、进路参数、线路参数、限速和停车信息等。由轨道电路和点式应答器传输列车运行许可信息,并按目标—距离连续速度控制模式监控列车安全运行,满足动车组 250 km/h运行速度的要求,也满足 200 km/h 动车组上线运行,以及车载 ATP 兼容 CTCS-2 级列控系统的 300 km/h 动车组下线运行的要求。

动车组在 CTCS-2 级区段按列控车载设备方式行车;在列控车载设备故障(机车信号故障除外)、列控地面设备故障情况下的 CTCS-2 级区段,可按 LKJ 方式行车。按列控车载设备方式行车时,LKJ 具备线路数据、运行状态和司机操纵等显示记录功能

CTCS-2 级列控系统包括列控车载设备和列控地面设备,其总体结构如图 8.2 所示。

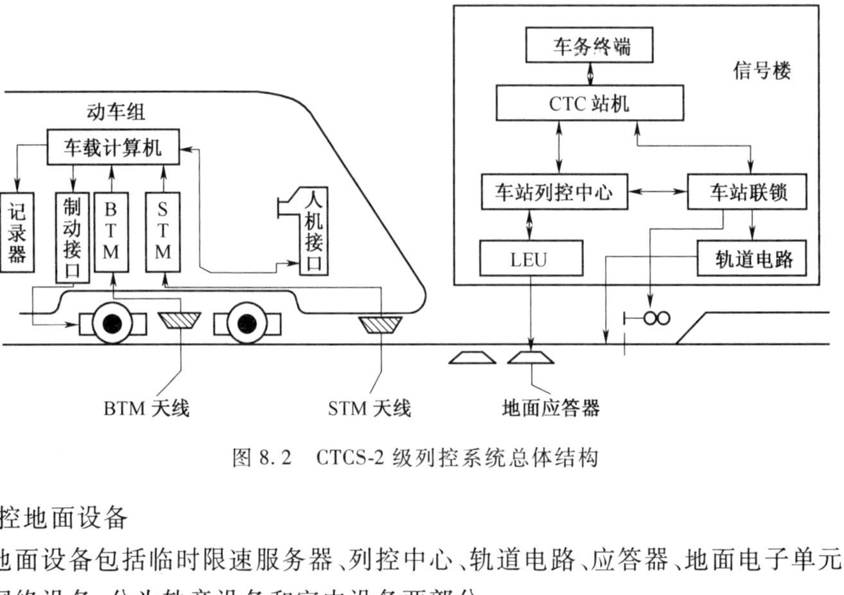


图 8.2　CTCS-2 级列控系统总体结构

① 列控地面设备

列控地面设备包括临时限速服务器、列控中心、轨道电路、应答器、地面电子单元(LEU)以及相关的网络设备,分为轨旁设备和室内设备两部分。

临时限速服务器系统(TSRS)根据调度员的临时限速操作命令,并在校验、拆分后向各列

控中心、无线闭塞中心(只有 CTCS-3 列控系统才有)传递临时限速信息。分配和集中管理临时限速指令,可保证施工限速计划的顺利实施。

列控中心(TCC)是设于各个车站以及区间信号中继站(当站间距离超过 15 km 时,为保证区间轨道电路的正常传输,需设置区间信号中继站)的列控核心安全设备,与车站联锁、CTC 接口。列控中心根据调度命令、进路状态、线路参数等产生进路及临时限速等相关控车信息,并根据列车占用情况及进路状态,通过设置在车站进、出站处的有源应答器向列车发送可变信息报文,具有发送接车进路信息、临时限速信息以及进站信号机降级显示等主要功能。列控中心将轨道电路纳入控制,实现了区间自动闭塞的继电编码向数字编码的转变,对于区间运行方向、区间信号点灯进行控制。

应答器分为无源应答器和有源应答器。无源应答器向车载设备传送线路坡度、轨道区段长度、线路最大允许速度等线路参数和定位信息。有源应答器向车载设备传送临时限速、车站进路等信息。

LEU 周期性地接收来自车站列控中心的报文,与有源应答器连接,可连续不断地向有源应答器发送可变信息的报文。

② 列控车载设备

列控车载设备的功能是:接收与处理轨道电路信息、应答器信息,测速测距,超速防护。列控车载设备由主机、人机界面、速度传感器、应答器信息接收天线、轨道电路信息接收天线等组成。车载安全计算机根据地面设备提供的行车许可、线路参数、临时限速等信息和动车组参数,按照目标距离连续速度控制模式生成动态速度曲线,监控列车安全运行。

动车组同时装备列控车载设备与列车运行监控装置(LKJ)。LKJ 作为列控车载设备的后备模式。正常情况下,两种控车模式通过 CTCS 级间转换应答器由列控车载设备实现自动切换(无须停车转换);故障情况下,停车手动转换。LKJ 通过列控车载设备接收或记录有关列控状态数据及其对应的操作状态信息。

(2)CTCS-3 级列控系统

CTCS-3 级列控系统是基于 GSM-R 实现车—地信息双向传输、无线闭塞中心生成行车许可的列控系统,对高速运行的列车进行运行速度、运行间隔等实时监控和超速防护,以目标距离连续速度控制模式、设备制动优先的方式监控列车安全运行,并可满足列车跨线运营的要求。

CTCS-3 级列控系统兼容 CTCS-2 级列控系统。CTCS-3 级列控系统为 300 km/h 及以上高速动车组的主用列控系统,CTCS-2 级列控系统为 200 ~ 250 km/h 动车组的主用列控系统和 300 km/h 及以上高速动车组的备用列控系统。

车载设备与地面设备配套兼容,300 km/h 及以上的动车组的车载设备应具有 CTCS-3 级(兼容 CTCS-2 级)系统功能。

CTCS-3 级列控系统包括地面设备和车载设备,以及 GSM-R 无线传输网络。地面设备除了临时限速服务器、列控中心(TCC)、ZPW-2000 轨道电路、应答器(含 LEU)外,还有无线闭塞中心(RBC)和 GSM-R 通信接口设备等组成。车载设备除了车载安全计算机、轨道电路信息接收单元、应答器信息传输模块、记录单元、人机界面、列车接口单元等外,还有 GSM-R 无线通信单元(RTU),用于车载子系统和 RBC 之间的数据交换。

RBC 是 CTCS-3 级列控系统的地面核心设备,集中设置,每台 RBC 控制一定范围。RBC 根据所控制列车的状态、控制范围内的轨道占用、列车进路状态、临时限速命令、灾害防护和线路参数等信息,产生针对所控列车的行车许可控制信息,并通过 GSM-R 无线通信系统将行车许可、线路参数、临时限速传输给车载子系统,保证其管辖范围内列车的运行安全。同时通过GSM-R无线通信系统接收车载设备发送的位置和列车数据等信息。

TCC接收轨道电路的信息,并通过联锁系统传送给RBC;同时,TCC具有轨道电路编码、应答器报文储存和调用、站间安全信息传输、临时限速功能,满足后备系统需要。

应答器向车载设备传输定位和等级转换等信息,同时满足后备系统需要。应答器传输的信息与无线传输的信息的相关内容含义保持一致。

CTCS-3列控系统的临时限速服务器要实现对各无线闭塞中心分配和集中管理临时限速指令,而且要保证RBC和TCC临时限速命令的一致性、完整性、有效性,以及冲突检测等功能。

CTCS-3级地面设备与车载设备间的信息采用GSM-R无线传输方式和轨道电路加应答器的传输方式。其中轨道电路按照CTCS-2级列控系统的要求传输信息;应答器除传输CTCS-2级列控系统的有关信息外,还应传输CTCS-3级列控系统所需的列车定位、与RBC链接等信息;RBC与车载设备之间通过GSM-R系统相互传输行车许可、线路数据、应答器链接、临时限速、列车参数等信息。

(3)CTCS-3级列控系统与CTCS-2级列控系统的异同

① CTCS-3级列控系统与CTCS-2级列控系统的相同处

运行方式相同:满足正线双线双方向运行,正向按自动闭塞追踪运行,反向按自动站间闭塞运行的要求;为固定自动闭塞方式。

监控列车方式相同:都是对高速运行下的列车进行运行速度、运行间隔等实时监控和超速防护,以目标距离连续速度控制模式、设备制动优先的方式监控列车安全运行。

配套系统相同:都必须配套调度集中、车站联锁、信号集中监测。

车载设备基本相同:CTCS-3级列控系统车载设备除GSM-R无线通信单元(RTU)外,其他均与CTCS-2级列控系统相同。

列车定位相同:车载设备依据地面应答器收到的信息并以此为基准点通过测速单元等设备测量列车运行距离来获得列车位置。

列车占用检查相同:均采用轨道电路。

② CTCS-3级列控系统与CTCS-2级列控系统的不同处

CTCS-3级列控系统与CTCS-2级列控系统的不同见表8.1所列。

**表8.1　CTCS-3级列控系统与CTCS-2级列控系统的不同处**

| 列控系统 | CTCS-3级 | CTCS-2级 |
|---|---|---|
| 适用范围 | 300~350 km/h高速铁路 | 200~250 km/h高速铁路 |
| 车—地信息通道 | GSM-R及部分应答器 | 轨道电路及应答器 |
| 地面主要控制设备 | 无线闭塞中心 | 车站列控中心 |
| 备用系统 | CTCS-2级 | LKJ |
| 临时限速 | 通过连续的无线通信传送给车载设备 | 由应答器传送给车载设备 |
| 区间地面信号机 | 设 | 不设,只设停车标 |
| 车站地面信号机 | 常态为点灯 | 常态为灭灯 |
| 发送分相区信息 | RBC | 应答器 |
| 工作模式 | 7种 | 另外有部分监控模式和机车信号模式 |

## 四、高速铁路的调度集中系统

调度集中（CTC）是高速铁路信号系统的主要组成部分，是实现行车调度指挥现代化的重要手段。高速铁路的 CTC 与列控中心、RBC 的结合，再开发其他配套功能，可满足高速铁路调度指挥的需要。CTC 系统与相邻线路的 CTC/TDCS 之间应能交换信息，分界明确，控制范围不重叠。CTC 系统应与国铁集团调度中心交换信息，分界明确。

1. 分散自律调度集中

分散自律调度集中是新一代调度集中（CTC），“分散”是相对于集中控制而言的，由各个车站设备独立地控制各自的列车和调车作业，并在不影响列车运行的原则下，允许调度中心和车站通过调度集中自主进行调车，这是一种功能的分散，不同于传统调度集中的集中控制。“自律”指的是依据各站的特点，可对调度中心的控制指令和车站输入的控制指令进行自动排序，自动协调列车作业和调车作业，自动控制列车进路和调车进路。新一代调度集中系统采用了分散自律的理念，即调度中心将行车计划下达至车站，由车站系统根据列车运行调整计划完成进路选排、冲突检测、控制输出等核心功能。

现在采用的调度集中均为新一代分散自律调度集中，以下简称调度集中。

2. 调度集中的功能

调度集中除了涵盖列车调度指挥系统（TDCS）的全部功能（即监督列车运行、运行图编制、运行自动调整）外，还应实现列/调车进路自动和人工选排、列车编组信息管理、调车作业管理、综合维修管理等功能，其中主要是具有列车进路和调车作业的集中控制功能。

（1）列车进路自动控制

调度集中以列车运行调整计划为依据实现列车进路控制自动化，将列车运行人工控制变为列车运行调整计划计算机自动调控；系统按照列车运行调整计划，由自律机自动自主控制列车进路，实现进路的自动控制；将过去车务人员的操作和行车管理均改由系统处理。

（2）调车作业自动控制

将调车计划纳入分散自律控制的范围，实现调车作业计划的计算机管理、编制和调整，解决了调度集中条件下沿线车站列车和调车相互干扰的问题。按照调车作业计划，由自律机根据机车请求和列车运行状况，自动自主控制调车进路并对调车状况进行监控和报警，实现调车进路的自动控制。

（3）临时限速

可在调度所由调度集中设置临时限速命令，通过临时限速服务器传给车站列控中心（使用 CTCS-2 时）或无线闭塞中心（使用 CTCS-3 时），再通过应答器或 GSM-R 传给车载 ATP。

（4）传送调度命令

调度集中与无线通信系统结合，可实现行车凭证、调度命令、接车进路预告信息、调车作业通知单等向司机的书面传送，并能通过无线通信系统获取车次号校核、调车请求及签收回执等信息。

3. 调度集中系统的组成

调度集中系统包括沿线各车站、线路所、动车所的调度集中系统和调度所调度集中系统和相关网络设备。

调度集中系统（CTC）由铁路局集团公司 CTC 中心子系统、车站 CTC 子系统和网络子系统组成，其系统结构如图 8.3 所示。车站级子系统指车站、线路所及动车段子系统。调度集中系统采用通用的互联网体系结构，通过安装在调度所的交换机将各调度所设备连接成一个局域网，各站的交换机将车站设备连接成一个局域网，然后通过路由器将局域网连接成为广域网。调度集中系统是一个庞大的计算机分布式系统。在调度所网络环境下设服务器和工作站，并且运行相应的应用软件。在车站网络环境下设置工业控制计算机，运行相应功能的应用软件。调度所和车站的设备协同工作，实现系统的整个功能。

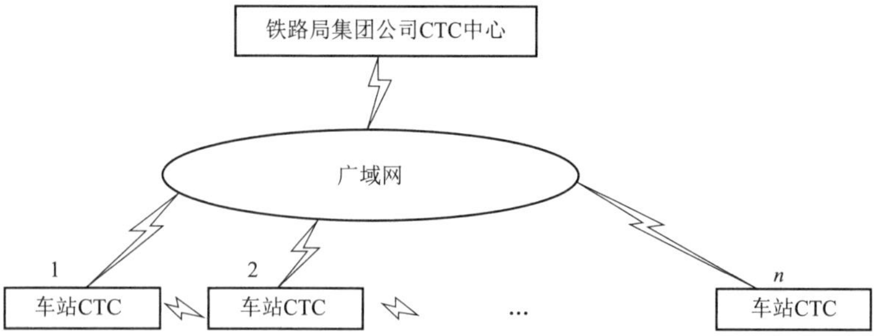


图 8.3　调度集中系统

(1)铁路局集团公司 CTC 中心子系统

铁路局集团公司 CTC 中心子系统是调度集中系统的控制中心，简称 CTC 中心，一般设在铁路局集团公司调度所，负责指挥整个调度区段内列车的运行，故称调度所子系统。调度所子系统包括调度所设备、调度集中中心机房设备和调度集中维修设备，其组成如图 8.4 所示。

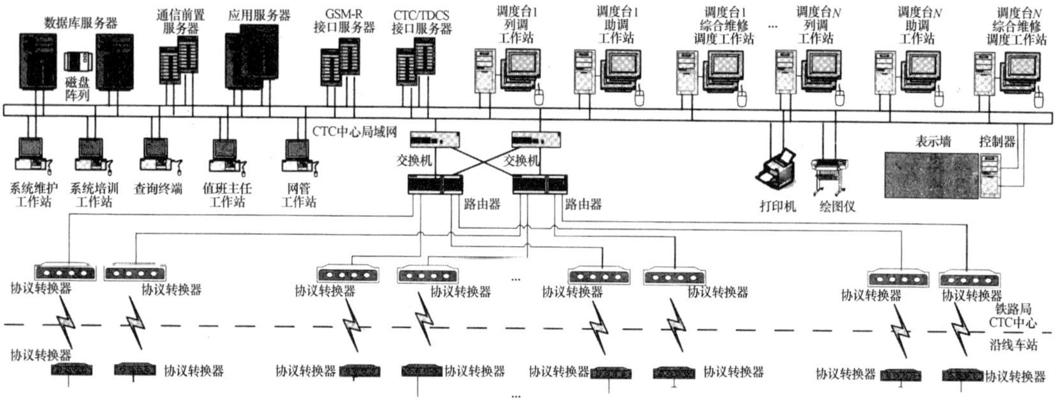


图 8.4　铁路局集团公司调度所 CTC 子系统

调度所设备包括工作站、表示墙系统或大屏幕显示系统、绘图仪及打印机，主要提供调度所各相关人员的操作界面和培训功能。

调度所设置的应用工作站包括：列车调度员工作站、助理调度员工作站、值班主任工作站、控制工作站、计划员工作站、统计员工作站、综合维修工作站、仿真培训工作站以及 $N+I$ 备份工作站和绘图仪、打印机等，根据需要也可为其他工种调度台设置相应终端。此外，根据运输需要并结合调度所房屋条件，可选配大屏幕投影显示设备，并可与其他系统合并设置。

CTC 中心机房设备包括数据库服务器、应用服务器、通信服务器、GSM-R 接口服务器、与其他高速铁路调度所（其他铁路局集团公司调度所或国铁集团中心）接口服务器、其他应用系统（电力调度、动车组、计划、旅客、综合维修、灾害报警等）对外信息提供服务器、无线闭塞中心(RBC)接口服务器、系统维护工作站、时钟校核设备、电源设备、防雷设备等。根据需要配置复示终端查询服务器。

系统维护工作站是调度集中维修设备,用于维护管理调度所和各车站中的所有 CTC 设备,进行系统的设置、调试和技术支持。

(2)车站 CTC 子系统

车站 CTC 子系统是调度集中系统的重要组成部分,安装于调度集中控制范围内的各个车站和动车段,是系统实现分散自律功能的基本节点。调度所 CTC 中心将行车计划下达至车站,车站子系统根据列车运行调整计划完成进路选排、冲突检测、控制输出等核心功能。同时车站子系统还可以实现调车作业计划单编制及调车作业进路控制功能。

对于有行车值岗人员的车站,车站 CTC 子系统主要设备包括车站自律机、采集及控制设备、车务终端(根据现场需求可增设信号员)、电务维护终端、电源设备、防雷设备、接口设备(以及网络设备、网络安全设备)等,分设在信号机械室和车站运转室。对于无行车值岗人员的车站,车站 CTC 子系统主要设备包括车站自律机、综合维修终端、电务维护终端、防雷设备、接口设备等,设在信号机械室。车站 CTC 子系统如图 8.5 所示。

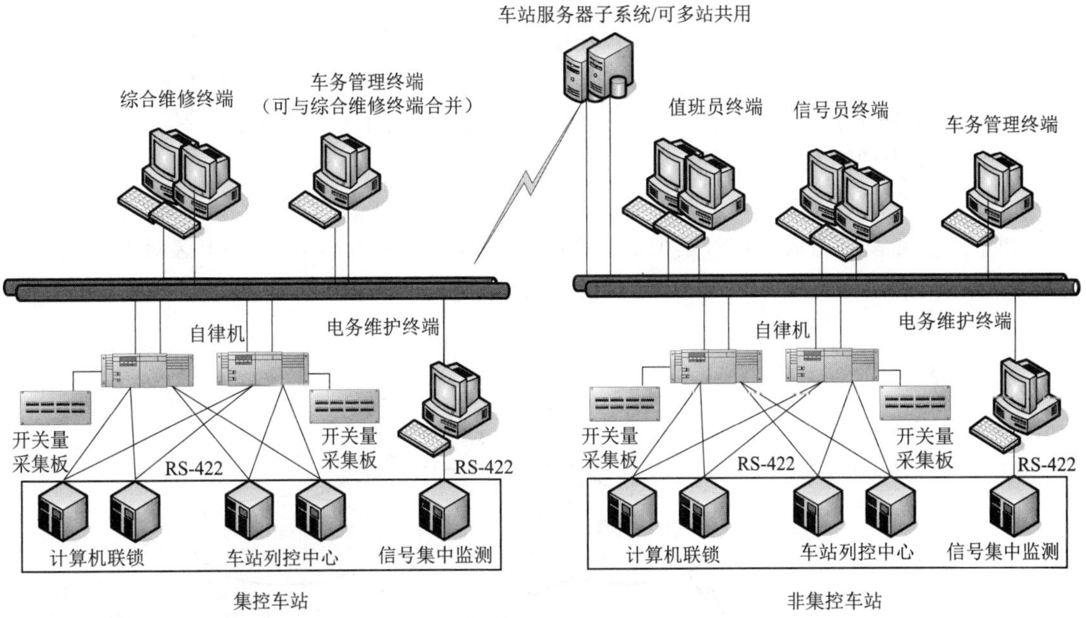


图 8.5 车站 CTC 子系统

(3)网络子系统

网络子系统是由网络通信设备和传输通道构成的计算机广域网络,应采用迂回、环状、冗余方式提高其可靠性。网络子系统包括调度所 CTC 中心局域网、车站局域网及系统广域网三部分。CTC 中心局域网由 CTC 中心交换机、网线和各计算机设备的以太网适配器等构成。车站局域网由车站交换机、网线和车站计算机设备的以太网适配器等构成。系统广域网包括调度所 CTC 中心与车站间以及车站与车站间的广域网、调度所 CTC 中心与调度所 CTC 中心间的广域网。系统广域网由路由器、协议转换器等网络通信设备和传输通道构成,传输通道采用迂回、环状及冗余等方式,并尽可能采用具有自愈功能的双环形结构,以提高系统的可靠性。

## 五、高速铁路的信号集中监测系统

信号集中监测系统是高速铁路信号系统的组成部分,可实现信号设备的实时监测、故障分析、诊断和人机对话、显示与查看。信号集中监测系统为高速铁路信号系统的运用和维护提供现代化的手段,极大地方便了各级电务部门的管理。

1. 信号集中监测系统的作用

信号集中监测系统是为适应电务系统对高速铁路信号设备维护的更高要求而发展的,以充分发挥其在铁路信号设备维护工作方面的指导作用。

信号集中监测系统是保证行车安全、加强信号设备结合部管理、监测信号设备状态、发现信号设备隐患、分析信号设备故障原因、辅助故障处理、指导现场维修、反映设备运用质量、提高电务部门维护水平和维护效率的重要行车设备。

信号集中监测系统完善了传统铁路信号维护的手段,用先进的检测技术和计算机网络技术,实现监测系统网络化,为维修体制改革、健全维修管理制度提供技术基础,使实现信号设备预防性状态修成为可能。

2. 信号集中监测系统的监测内容

信号集中监测系统的监测内容包括:外电网监测、电源屏监测、轨道电路监测、转辙机监测、道岔表示监测、电缆绝缘监测、电源对地漏泄电流监测、列车信号机的工作交流电流监测、环境状态监测、防灾异物侵限监测、站(场)间联系电压监测、开关量监测等。

3. 信号集中监测系统的组成

信号集中监测系统由国铁集团电务监测中心、铁路局集团公司电务监测中心、电务段监测中心和车站监测设备组成。信号集中监测系统的网络结构分为车站、信号工区对电务段之间通信的基层网和电务段或铁路局集团公司对国铁集团之间通信的上层网,系统组成如图 8.6 所示。

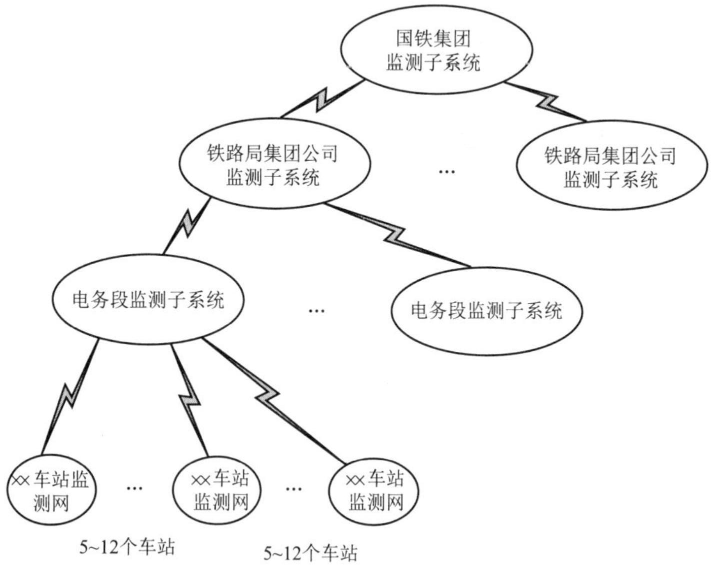


图 8.6　信号集中监测系统组成

国铁集团配置通信管理机和监测终端。铁路局集团公司电务监测中心配置应用服务器、监测终端和维护工作站。电务段监测中心是网络系统的中枢部分，是电务段管内各站的监测数据和网络通信的管理中心。电务段监测中心配置应用服务器、监测终端和维护工作站。车站监测设备由站机、采集机、机柜、隔离转换单元组成，是信号计算机监测系统的基础部分，负责数据的采集、分类、处理和存储。

站机是车站电务监测系统的核心，负责监测系统的数据采集、分类、逻辑分析处理、报警、数据统计、汇总、存储、回放等。站机通过统一的标准接口与 CTC、列控、计算机联锁等系统通信，获取监测信息，提供统一的显示界面。

采集机在线采集各种信号设备的质量数据和状态数据，并对数据进行预处理。

信号集中监测系统与计算机联锁、CTC、列控、信号智能电源屏、转辙机表示缺口报警系统之间采用通信接口连接，获取有关信息。

### 六、高速铁路的数据通信网

高速铁路的信号数据通信网包括信号安全数据网、CTC 数据通信网、信号集中监测系统数据通信网。

1. 信号安全数据网

信号安全数据网是由专用光缆构成的，满足信号安全信息传输要求的冗余工业以太网，用于实现 RBC 与车站联锁设备、RBC 与邻线 RBC 之间的信息交换。

RBC 设备及联锁设备采用双以太网接口接入安全通信网，对双以太网接口中业务信息的判别及倒换由 RBC 设备及联锁设备自身完成。

RBC/联锁安全数据通信以太网络采用高可靠性的工业以太网交换机，由高速铁路两侧不同物理路由的两条干线光缆中的各 4 芯光纤构成。网络结构采用双环冗余方案，全线车站和调度所的交换机以环形方式构成两个独立运行的环形千兆以太网。

2. CTC 系统数据通信网

CTC 数据通信网是由网络通信设备和传输通道构成的计算机广域网络，包括调度所 CTC 中心局域网、车站局域网及系统广域网。

3. 信号集中监测系统数据通信网

信号集中监测系统数据通信网是由网络通信设备和传输通道构成的计算机广域网络，包括国铁集团监测中心局域网、铁路局集团公司电务监测中心局域网、电务段监测中心局域网、车站电务监测局域网及系统广域网。

信号数据通信网的广域网均通过通信的 2M 数字通道构成。

### 七、200～250 km/h 高速铁路的信号系统集成

200～250 km/h 高速铁路的信号系统包括调度集中系统（CTC）、列车运行控制系统、计算机联锁系统和信号设备集中监测系统四个部分，信号系统如图 8.7 所示（图中未包括车载设备）。

各系统之间通过信号数据通信网连接，起核心作用的是列控中心。车站列控中心与各系统的关系如图 8.8 所示。

车站列控中心通过接口与计算机联锁接口（Q 口）、CTC 车站自律机（及临时限速服务器）接口（P 口）、LEU 接口（S 口）、信号集中监测接口（R 口）、轨道电路接口（T 口）、相邻列控中心间接口（U 口）、信号点灯控制接口（V 口）等相连。接口关系如图 8.9 所示。

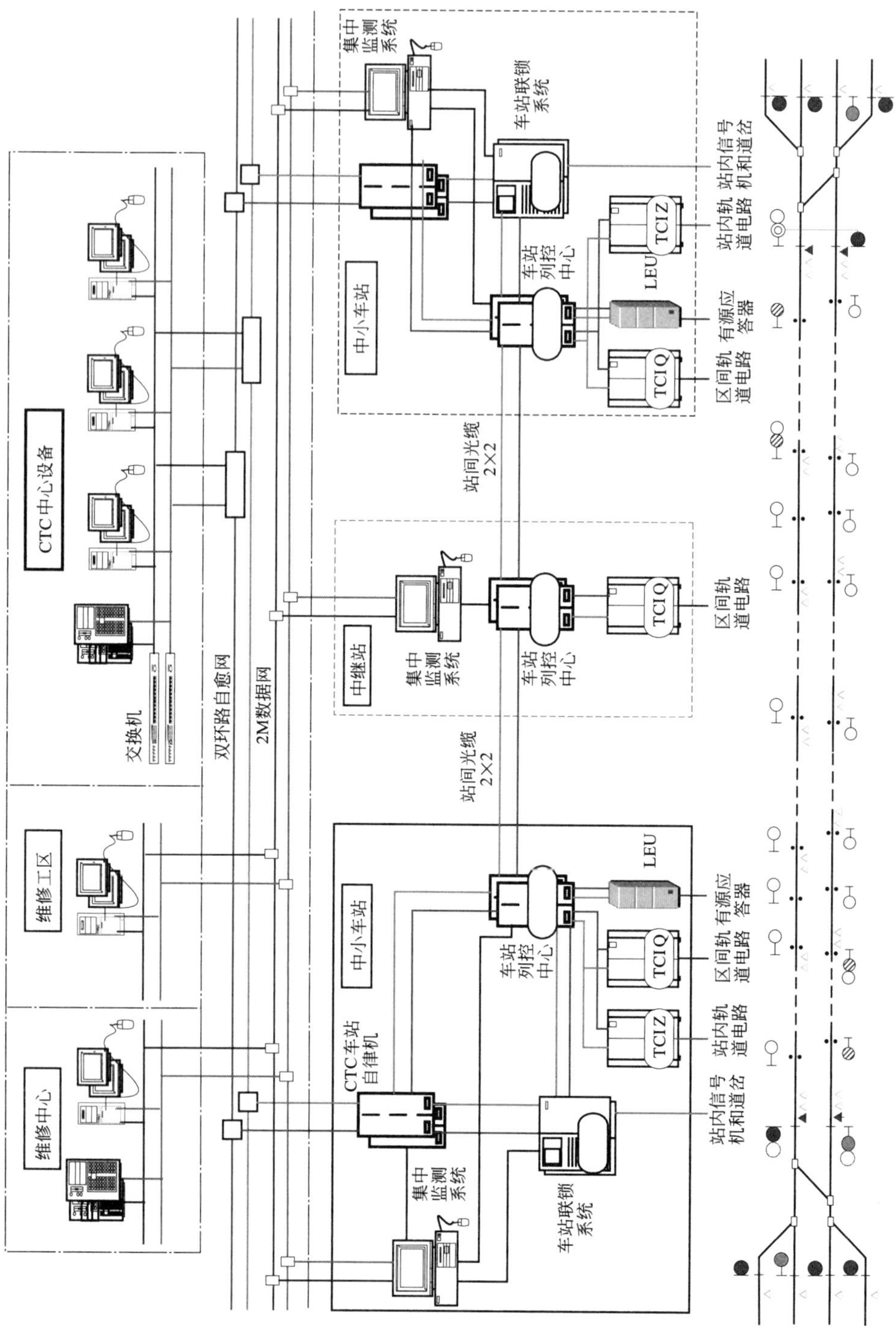


图 8.7　200～250 km/h 高速铁路信号系统示意

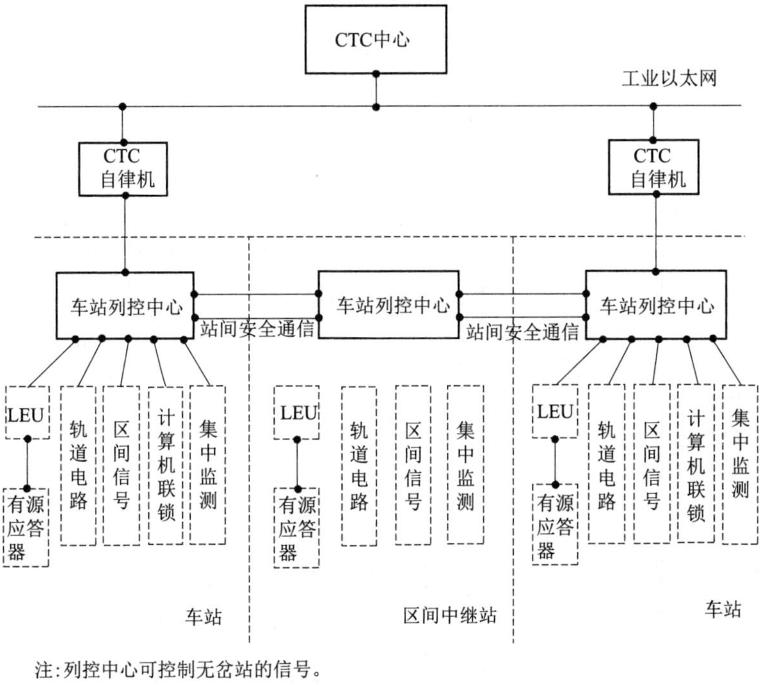


图 8.8　车站列控中心与外部系统的关系

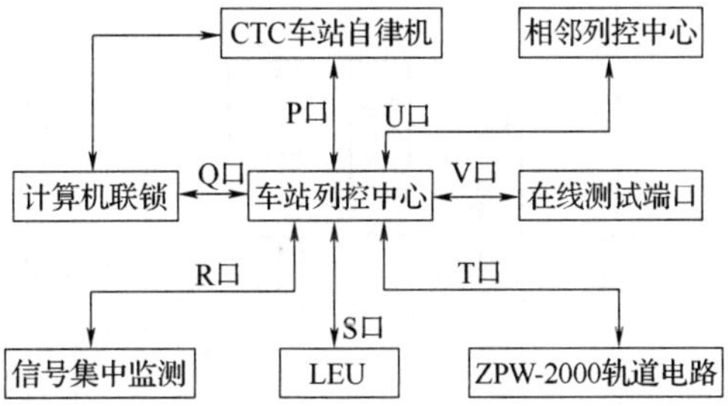


图 8.9　车站列控中心接口关系

## 八、300～350 km/h 高速铁路的信号系统集成

300～350 km/h 高速铁路信号系统主要由调度集中、列车运行控制系统、车站联锁、信号集中监测系统等构成。300～350 km/h 高速铁路信号系统如图 8.10 所示。

各系统之间通过信号数据通信网连接,起核心作用的是无线闭塞中心,其接口关系如图 8.11所示。

RBC 设备外部接口包括:通过信号安全数据网与计算机联锁系统的接口及与临时限速操作服务器的接口,通过专用数据网与 CTC 系统的接口及与信号集中监测系统的接口,通过 PRI 与 GSM-R 网络之间的接口。

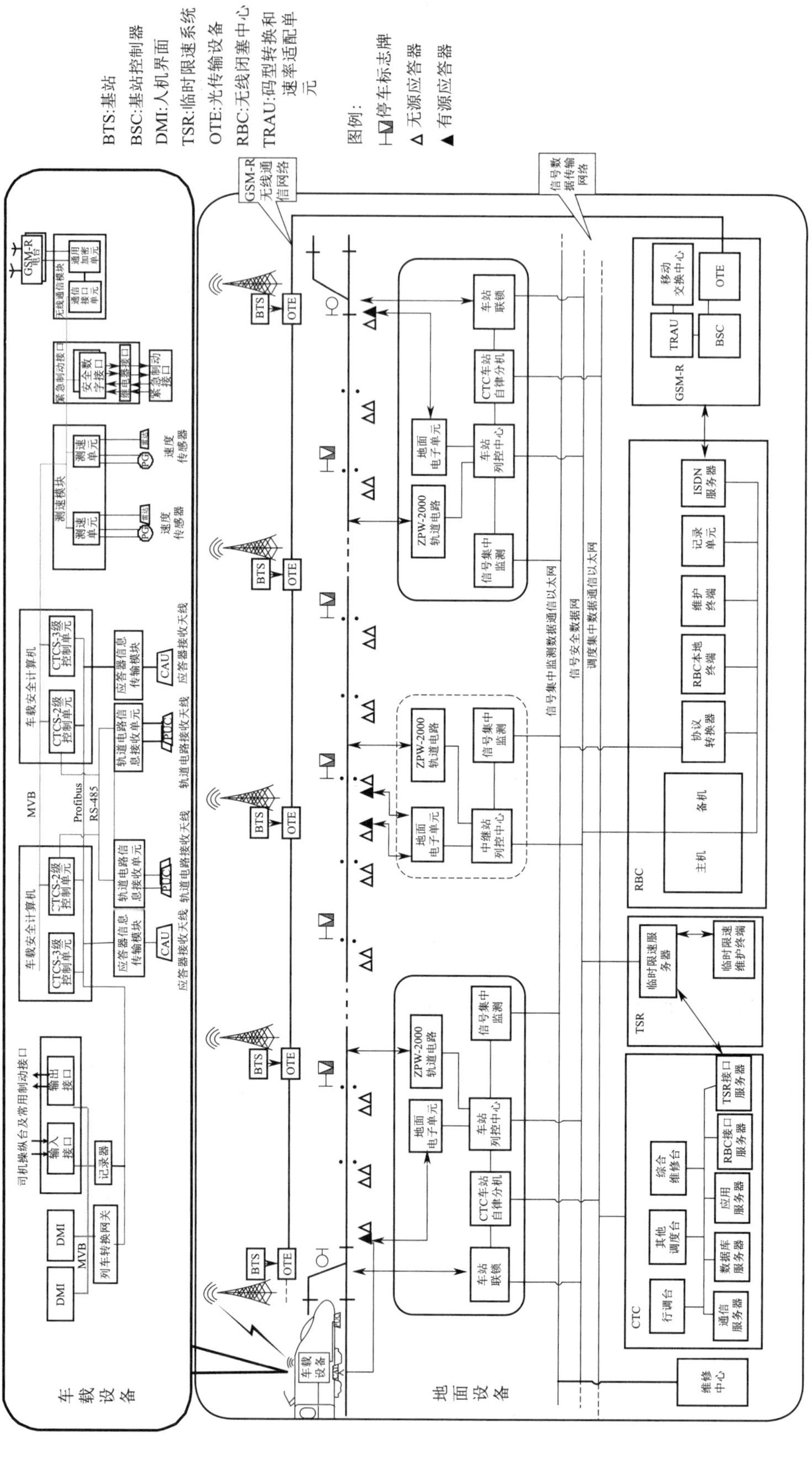


图 8 10　300～350 km/h 高速铁路信号系统示意

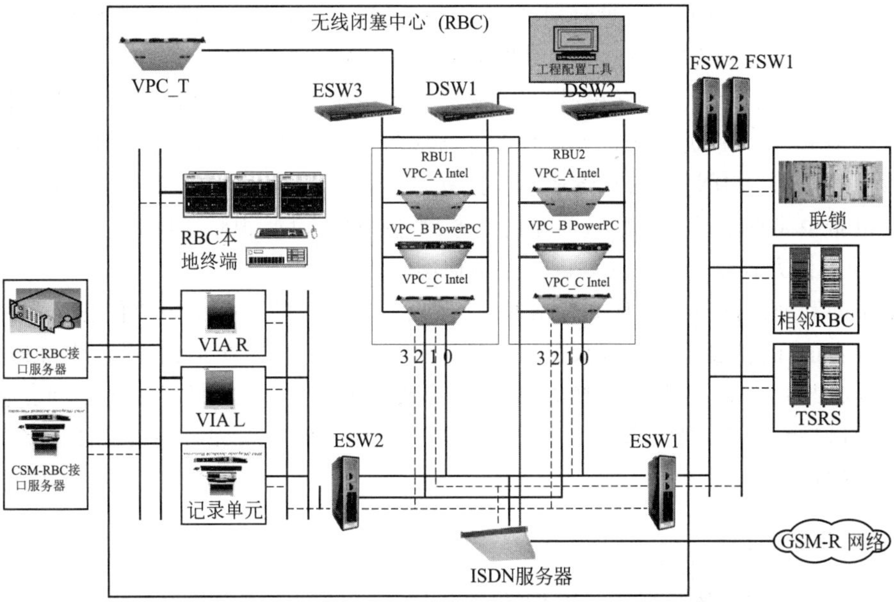


图 8.11　RBC 接口示意

## 第二节　高速铁路通信系统

高速铁路通信系统应为列车控制、综合调度、信息系统等提供安全、稳定、可靠、灵活的通信手段，应满足高速铁路语音、数据和图像等综合业务的发展需要。列车运行速度的提高，对通信提出了更高要求。

### 一、高速铁路通信系统特点

1. 通信应具有高可靠性，以保证列车的高速安全运行。

自有高速铁路以来，人们关心的首要问题就是安全。迄今为止，世界上高速铁路的安全记录为世人所称道，其主要原因之一就是有先进的通信信号系统，且通信系统本身的可靠性必须达到很高的水平。想象一下，如果列车驾驶员与调度中心之间的通信出现了故障，无法及时获取前方路况信息或者接收指令，这将会给列车的运行带来极大的安全隐患。再者，高速铁路上还有大量的设备需要实时监控和控制，如列车的动力系统、制动系统、门系统等，这些设备的数据传输也必须稳定可靠。

2. 通信应保证运营管理的高效率。

建设高速铁路的目的就是要提高运输效率。通信系统保证行车调度指挥、运营管理以及旅客服务系统能够高效率地工作。通信系统本身也要求有很高的效率。因此，各国在高速铁路中都采用了各种先进通信技术，增大通信容量等，以保证信息传输、存储、处理能高效率地进行。

3. 通信与信号系统紧密结合，形成一个整体。

在列车低速运行的情况下，通信系统与信号系统基本上各自独立的。但在列车高速运行的情况下，通信系统与信号系统应能形成一个高级自动化的通信、指挥、控制和信息系统。

4. 通信与计算机相结合，形成一个现代化的运营、管理、服务系统。

计算机的广泛应用和通信系统将其连接成网，为各种服务提供了先进的设备条件。旅客售票系统就是一个典型的例子，这种通信与计算机的结合，也是上述系统实现的基础。

5. 通信应完成多种信息的传输和提供多种通信服务。

除了电话这种语声信息的传输外，在高速铁路通信中还有大量的非话业务，即数据、图像、监控信号的传输与处理，并且数据及图像业务将成为主要业务。随着通信技术的飞速发展，综合业务数字通信网（ISDN）也已日臻成熟。此外，随着人们对出行体验的要求不断提高，乘客在列车上也希望能够享受到高质量的通信服务，如流畅的上网、视频通话等。

6. 多种通信方式结合形成统一的铁路通信网。

除了站间和地区的有线电话和数据通信网外，与运行中的列车实现通信联系是离不开无线通信的。目前，通信新技术的发展层出不穷，例如移动通信、卫星通信、微波中继通信、室内无线通信等将与光纤通信、程控交换等相结合，形成一个多种方式和手段的通信网。它将大大提高通信的可靠性和有效性，满足高速铁路提出的各种需求，充分发挥通信保证行车安全和提高运输效率的作用。

## 二、通信系统的组成

高速铁路的通信系统包括通信线路、传输系统、数据网、电话交换系统、调度通信系统、铁路数字移动通信系统（GSM-R）、会议电视系统、应急通信系统、调度通信系统、同步及时钟分配系统、通信电源、通信电源与环境监控系统、防雷与接地系统、通信综合网管系统等。

1. 通信线路

通信线路是通信系统的骨架。

干线通信线路采用光缆，光缆中有多根光纤，光纤由光导纤维制成，用于传送光信号。

干线通信光缆敷设在高速铁路两侧的预制电缆槽内，地区及站场通信线路敷设在预制电缆槽内。车站、区间信号中继站、通信基站、牵引变电所等重要业务站点光缆引入应采用不同物理路由。光纤传输有明显的优点：传输频带宽，通信容量大；中继距离长；抗电磁干扰；保密性能好，无串话；原材料资源丰富，节省有色金属；体积小、重量轻、便于敷设和运输。

2. 传输系统

传输网作为通信网的一部分，主要承载各种话音、数据以及视频业务的传送任务。没有传输网就无法形成通信网络，也就无法实现各设备之间的信息传输。传输网质量的好坏，是影响通信网质量的关键因素之一。

传输系统采用同步数字系列（SDH）技术构建多业务传送平台。SDH 具有一套标准化的信息结构等级。SDH 网由一些基本网络单元组成，并将多路复用（在一根光纤传送多路信息）、线路传输、分插及交叉连接融为一体，并由统一网管系统操作的综合信息传送网络。

传输系统不仅传送通信各系统的信息，而且传送信号、电力、牵引供电、信息等系统所有需要传输的信息。符合各系统对通道类型、业务接口类型和带宽等的要求。

光传输系统采用层次化结构，由骨干层、中继层、接入层组成，分别采用不同物理径路的光纤构建。

3. 数据网

数据网为信息系统、GSM-R、综合视频监控及会议电视系统提供数据承载业务，包括语音、数据和图像。

数据网广域网包括骨干网络和区域网络。区域网络包括核心节点、汇聚节点、接入节点，按铁路局集团公司管辖分别组网。

数据网采用骨干/接入层次化网络结构，系统设备应冗余配置，各节点设备间的连接通道采用不同物理路由。

4. 电话交换系统

电话交换系统采用数字程控交换机，提供长途电话和地区电话接续交换功能。高速铁路电话业务利用既有铁路电话交换网。

5. 调度通信系统

调度通信系统是直接为铁路运输生产服务的重要通信设施，可实现调度通信、站间通信、站场通信、区间通信等与运输指挥相关的专用通信业务。在GSM-R区段，需将调度通信系统与GSM-R系统相连。

调度通信系统包括GSM-R固定用户接入交换系统与GSM-R。

调度通信系统由调度交换机、调度台、值班台、电话分机、录音设备及网管设备等构成。

调度所设置调度交换机，车站、维修（工务、电务、供电）段、动车段（所）等处设置车站调度交换机。调度所值班员处设置调度台，站、段值班员处设置值班台。

在调度所和各车站设置录音设备，记录调度电话、站间行车电话等通话内容。

6. GSM-R

GSM-R（GSM for Railways）是在GSM公众移动通信系统平台上增加了铁路运输专用调度通信功能，专门为铁路通信设计的综合专用数字移动通信系统。

CTCS-3就是基于GSM-R的列车运行控制系统，通过GSM-R无线通信实现车—地间连续、双向的信息传输，实现基于无线通信的列车运行控制。

7. 会议电视系统

会议电视系统用于电视会议。会议电视系统由多点控制单元、网守、网关、会议电视终端、网管等设备组成。会议电视系统采用铁路数据网承载。

根据需要，可在国铁集团、铁路局集团公司设置主会场，在站、段设置分会场。会场主要配置会场电视终端、摄像机、图像显示、话筒、音响等设备。

8. 综合视频监控系统

综合视频监控系统由国铁集团视频核心节点、调度所视频区域节点、站段视频接入节点、视频采集点、视频网络和用户终端构成，为铁路各业务部门对车站重点部位（候车厅、站台、出入口、咽喉区等）、区间公跨铁区段、通信及信号机房、牵引供电及电力供电机房内外等主要区域提供实时视频监控服务，为各类信息系统提供异物侵入、设备严重破坏等报警信息，以确保高速铁路正常安全地运行。

在以上节点应能与旅客服务信息系统互联，实现客服系统对视频图像的实时调用。视频图像采集设备设置在通信、信号机房内，牵引供电、电力机房内外，车站咽喉区，公跨铁地点和隧道洞口及其他需要重点监控的区域。普通图像存储不少于3 d，重点治安防范区域图像存储不少于15 d，告警图像存储不少于30 d。

9. 应急通信系统

应急通信系统是在发生自然灾害、行车事故或其他突发性公共事件时，为确保救援指挥需要，在突发事件现场与应急中心之间以及突发事件现场内部建立的话音、数据、图像等通信，同时包括铁路应急指挥系统与各相关信息系统之间的通信。

应急通信系统由应急中心设备、通信网络、应急通信现场接入设备等组成。国铁集团、铁路局集团公司设置应急中心，设备包括应急中心通信主设备、应急指挥调度台、应急操作台、值班台、音视频终端、网管终端等。

应急中心通信设备应实现与综合视频监控系统、会议电视系统互联。

10. 同步及时钟分配系统

在国铁集团调度中心、铁路局集团公司调度所和各车站设置时钟同步及时间同步系统设备，为铁路各专业信息系统地面电子设备提供基准时钟、时间源。时间同步网按三级结构设置，一级时间同步节点设置在国铁集团调度中心，二级时间同步节点设置在铁路局集团公司调度所，三级时间同步节点设置在车站（段、所）。

11. 通信电源

通信电源包括 –48 V 直流电源和不间断电源，为各通信系统提供电源。电源的安全、可靠是保证通信系统正常运行的必要条件。直流电源由高频开关电源和阀控式蓄电池组成。不间断电源设置一组蓄电池，通信站及车站蓄电池后备时间按 1 h 设置，区间点蓄电池后备时间按 3 h 设置。

12. 通信电源与环境监控系统

设置通信电源及环境监控系统对高速铁路通信、信号、信息机房的温度、湿度、门禁、火灾报警和通信电源系统状况进行统一监控，并实现与综合视频监控系统联动。

13. 防雷与接地系统

通信站、通信机械室、通信设备、铁塔、通信光电缆线路等设施均应设置地线，距离综合地线 20 m 之内的应就近接入综合接地系统。防雷系统应与建筑物防雷和设备接地系统相配合，并采用多级防护。

## 三、铁路数字移动通信系统（GSM-R）

GSM-R 是专门为铁路设计的综合专用数字移动通信系统，它基于 GSM 的基础设施及其提供的先进的语音呼叫业务，包含增强型多优先级与强拆、语音组呼和语音广播，并提供铁路特有的调度业务；并以此作为信息化平台，使铁路各部门用户在此信息平台上开发各种铁路应用。

1. GSM-R 的组成

GSM-R 系统由网络子系统（NSS）、基站子系统（BSS）、运行与支持子系统（OSS）及终端设备等构成。GSM-R 的系统组成如图 8.12 所示。

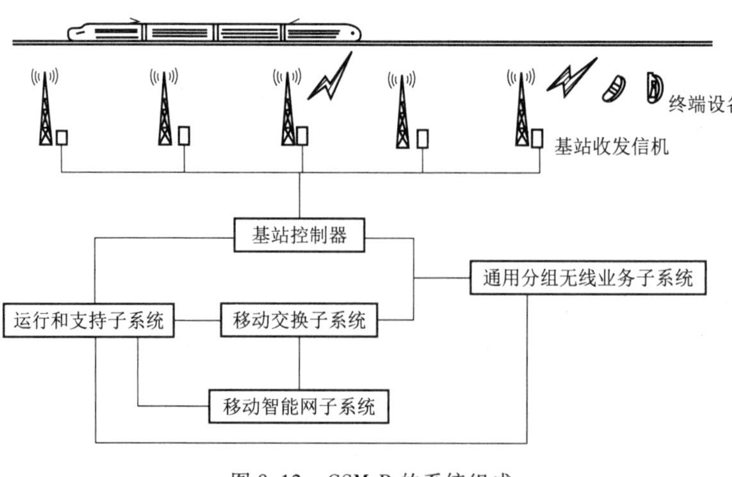


图 8.12　GSM-R 的系统组成

(1)网络子系统(NSS)。它由移动交换子系统(SSS)、移动智能网子系统(IN)和通用分组无线业务子系统(GPRS)组成。移动交换子系统(SSS)用来完成用户的业务交换功能,完成用户数据与移动性管理、安全性管理。移动智能网子系统(IN)是在SSS中引入的智能网功能实体,将网络交换功能和业务控制功能相分离,实现对呼叫的智能控制。通用分组无线业务子系统(GPRS)负责为无线用户提供分组数据承载业务。

(2)基站子系统(BSS)。它由基站控制器(BSC)、编译码和速率适配单元(TRAU)、小区广播短消息中心(CBC)、基站收发信机(BTS)和弱场设备等构成。BSS通过无线接口直接与移动台相接,负责无线信号发送接收和无线资源管理;与MSC相连,实现移动用户之间或移动用户与固定网络用户之间的通信连接,传送系统信号和用户信号等。

(3)运行与支持子系统(OSS)。它是操作人员与系统设备之间的中介,实现了系统的集中操作与维护,完成移动用户管理、移动设备管理及网络操作维护等功能。

(4)终端设备。它是GSM-R系统用户直接操作、使用,用来接入GSM-R网的设备,包括移动终端和无线固定终端。

①网络子系统(NSS)。它由移动交换子系统(SSS)、移动智能网子系统(IN)和通用分组无线业务子系统(GPRS)组成。移动交换子系统(SSS)用来完成用户的业务交换功能,完成用户数据与移动性管理、安全性管理。移动智能网子系统(IN)是在SSS中引入的智能网功能实体,将网络交换功能和业务控制功能相分离,实现对呼叫的智能控制。通用分组无线业务子系统(GPRS)负责为无线用户提供分组数据承载业务。

②基站子系统(BSS)。它由基站控制器(BSC)、编译码和速率适配单元(TRAU)、小区广播短消息中心(CBC)、基站收发信机(BTS)和弱场设备等构成。BSS通过无线接口直接与移动台相接,负责无线信号发送接收和无线资源管理;与MSC相连,实现移动用户之间或移动用户与固定网络用户之间的通信连接,传送系统信号和用户信号等。

③运行与支持子系统(OSS)。它是操作人员与系统设备之间的中介,实现了系统的集中操作与维护,完成移动用户管理、移动设备管理及网络操作维护等功能。

④终端设备。它是GSM-R系统用户直接操作、使用,用来接入GSM-R网的设备,包括移动终端和无线固定终端。

2. GSM-R业务

GSM-R业务有GSM业务、语音调度业务和基于GSM-R的铁路应用。

(1)GSM业务

GSM业务包括电信终端业务、电信承载业务和补充业务。

(2)先进语音呼叫业务(ASCI)

增强的多级优先与强占权(enhanced multi-level precedence and pre-emption,EMLPP):铁路紧急呼叫或列车自动控制等许多通信应用,都要求网络无论处于何种负载状况下均能迅速建立呼叫。如果在一个无线电小区发生拥塞(所有无线电频率和业务信道均被占用),EMLPP可立即切断低优先权的呼叫而优先建立高优先权的呼叫。

语音组呼服务(voice group call service,VGCS):移动或固定用户拨打组呼ID号,可与指定区域内的小组成员建立呼叫。该组内所有成员均可通过同一业务信道进行接听;该小组的成员也可通过按键讲话方式发出通话请求,系统依据"先请求先服务"的原则建立一个上行链路来提供通话服务。

语音广播服务(voice broadcast service,VBS):VBS可用来在指定区域(可跨多个小区)内广播消息或发布紧急呼叫(一点对多点的呼叫,主呼者讲话而众多的被呼方只能收听)。区域的定义和选择可动态设定,从而具有极大的灵活性。

(3)基本业务

①功能寻址:便于固定(移动)用户拨号呼叫列车上移动用户的一种方式。

②功能号表示:将铁路用户根据其当前行驶的职能进行编号,号码需要注册和注销。

③接入矩阵:定义网络中签约用户之间是否可以进行呼叫。

④基于位置的寻址:便于列车上移动用户(如机车乘务员)呼叫固定用户(调度员)的一种方式。例如当火车司机呼叫固定用户(调度员)时,系统依据移动用户(火车司机)的当前位置(所在控制区/小区)对固定用户(调度员)进行寻址,自动地将呼叫转接到列车当前所在控制区的调度员。

(4)铁路特定应用

①调度通信

利用 GSM-R 进行调度通信系统组网,既可以完全利用无线方式,也可以同有线方式结合起来,共同完成调度任务,实现列车调度、货运调度、牵引变电通信及其他调度通信等业务。

②列车自动控制(CTCS-3/CTCS-4)

利用 GSM-R 提供车地之间双向安全数据传输通道,并通过 GSM-R 传输系统获得由 GPS 或其他的定位服务提供的准确的定位服务。

③机车同步控制

利用 GSM-R 网络提供可靠数据传输通道,采用无线通信方式实现机车间的同步操作控制信息传输,并保证操作的可靠性。

④调度命令传输

基于 GSM-R 电路交换技术构建列车调度系统调度命令子系统,或采用 GPRS 分组交换通信方式实现调度命令数据传输,可以加速调度命令传递过程,提高工作效率。

⑤车次号传递与列车停稳信息传送

基于 GSM-R 电路交换技术的数据采集传输应用系统,可实现 GSM-R 车次号传输与列车停稳信息的数据传输,保证铁路运输管理和行车安全性。

⑥尾部风压反馈传输

基于 GSM-R 通信网络,列车尾部风压状态可随时通过列尾装置传输,机车乘务员随时可以查询、反馈列尾工作状态。将尾部风压数据反馈传输通道纳入 GSM-R,可以避免单独投资及单独组网建设,同时利用 GSM-R 强大的网络功能,克服原有的抗干扰性差,信息无法共享等缺点。

⑦调车机车信号和监控信息传输

利用 GSM-R 网络,传输调车机车信号和监控信息,实现地面设备和多台车载设备间的数据传输,存储进入和退出调车模式的有关信息,构成铁路站场通信系统的重要组成部分。

⑧区间移动公(工)务通信

使用 GSM-R 作业手持台代替区间通话柱,可满足紧急救援、应急抢险通信指挥的需要,方便灵活;同时还可以实现区间作业人员的移动通信。

⑨铁路紧急救援移动服务

当自然灾害或突发事件影响铁路运输时,基于 GSM-R 移动通信的应急通信系统可迅速准确、可靠畅通、机动灵活地实现铁路应急通信。

⑩旅客业务

利用 GSM-R 数据通信业务，每列旅客列车都能与地面控制中心维持一条实时双向数据传输通道，所有旅客相关的移动信息服务数据都可以通过这一通道进行传输，为旅客提供优质服务。

现有铁路 GSM-R 数字移动通信系统正在向下一代移动通信系统 LTE-R 和 5G-R 演进。

## 复习思考题

1. 高速铁路对信号系统有哪些要求？
2. 简述高速铁路计算机联锁系统的作用、组成和特点。
3. 简述 CTCS-2 级列控系统的作用、组成和特点。
4. 简述 CTCS-3 级列控系统的作用、组成和特点。
5. CTCS-3级列控系统与 CTCS-2 级列控系统有哪些不同？
6. 简述高速铁路调度集中系统的作用、组成和特点。
7. 简述高速铁路信号集中监测系统的作用、组成和特点。
8. 简述高速铁路数据通信网的作用、组成和特点。
9. 简述高速铁路通信系统的组成和各部分的作用。
10. 什么是 GSM-R？简述其组成和业务。

# 第九章

# 高速铁路车站、枢纽与运输组织

## 第一节　概　　述

高速铁路的车站及枢纽是高速铁路运输生产的基层单位，也是城市的窗口与名片，又是高速铁路技术的标志。在我国，建造一批百年不朽的高速铁路客站是新时期大规模高速铁路建设的重要组成部分，也是一项复杂的系统工程。新建高速铁路客站坚持了以人为本，综合体现了“功能性、系统性、先进性、文化性、经济性”的原则。

以我国的客运特等站——北京南站为例，该站作为京津城际铁路以及京沪高铁的始发站和终到站，东端衔接京津城际轨道交通和北京站，西端衔接京沪高速铁路、北京动车段与京沪、永丰铁路，是集普速铁路、高速铁路、市郊铁路、城市轨道交通与公交、出租等市政交通设施于一体的大型综合交通枢纽站，也是中国第一座高标准现代化的高速铁路大型客站，被誉为“亚洲第一站”。图 9.1 ~ 图 9.4 为我国典型的高速铁路车站。

图 9.1　北京南站外观

图 9.2　石家庄站外观

图 9.3　武汉站外观

图 9.4　上海虹桥站内部

21世纪是人们出行频繁的时代,高速铁路的车站及枢纽应该促进各种交通运输方式协调发展,并为旅客的方便出行提供优质的服务。应该使旅客有这样的感觉:进入车站,就进入了一个快速公共运输网络;走上列车,就走进了舒适的旅行空间。

高速车站的分布主要取决于城市分布和市场需求情况。国内外部分高速铁路线路的车站分布情况见表9.1。可以看出,除日本高速铁路的站间距离较小外,其他各国高速铁路的站间距离均较大。这主要是由于日本高速铁路沿线的人口密度较大,城镇分布密集,行车密度也大,而欧洲各国高速铁路沿线的人口密度较小,行车量也相对较小。

**表9.1　国内外部分高速铁路线路车站分布情况表**

| 国家或地区 | 线　　路 | 总长度/km | 车站个数/个 | 平均站间距/km | 最大站间距/km | 最小站间距/km |
|---|---|---|---|---|---|---|
| 日　本 | 东海道 | 515 | 15 | 36.8 | 68.1 | 15.9 |
| | 山　阳 | 554 | 18 | 32.6 | 55.9 | 10.5 |
| | 东　北 | 496.5 | 18 | 29.2 | 49.0 | 14.5 |
| 法　国 | 巴黎—里昂 | 417 | 4 | 104 | — | — |
| | 里昂—瓦朗斯 | 121 | 2 | 121 | 121 | — |
| | 大西洋 | 281 | 4 | 70 | 168 | 15 |
| 德　国 | 曼海姆—斯图加特 | 105 | 2 | 105 | 105 | — |
| | 法兰克福—科隆 | 219 | 5 | 55 | — | — |
| | 汉诺威—柏林 | 264 | 5 | 66 | 130 | 10 |
| 西班牙 | 马德里—塞维利亚 | 471 | 4 | 157 | — | — |
| 韩　国 | 首尔—釜山 | 430 | 6 | 83.7 | 126.8 | 62.9 |
| 中　国 | 哈尔滨—大连 | 921 | 23 | 41.9 | 5 | 71 |
| | 郑州—西安 | 505 | 13 | 42.1 | — | — |
| | 北京—上海 | 1 318 | 23 | 59.9 | 88 | 25 |
| | 武汉—广州 | 1 068 | 17 | 66.8 | 106 | 36 |

因此,高速铁路车站分布的设计,一定要结合沿线城镇和重要居民点的分布情况,根据列车的开行方案、运输组织形式以及铺画列车运行图对能力的要求和车站的技术作业需要,在满足能力需求的前提下,经综合技术经济比选确定。

运输组织模式是决定高速铁路主要技术方案与技术标准的前提和基础。与其他铁路一样,运输组织模式与国情、路情和沿线经济、社会条件等密切相关,具有很强的地域特征,不可能完全照搬国外现成的模式。欧洲、日本、韩国等已有或在建高速铁路的国家和地区,根据各自情况选择了不同的高速铁路运输组织模式,主要包括客运专线型和客货混运型。其中客运专线型中又分为纯客运专线型(如日本、韩国等)和高速列车下既有线的兼容型(如法国、德国等)。但无论是哪一类型的运输组织模式,均有一个共同的发展趋势,即考虑与既有路网的兼容性,以实现高速列车跨线运行,提高铁路的网络效益。

我国铁路旅客运输注重直达比例,且高速铁路网络十分发达,跨线列车占比很高。从京沪高速铁路近年来的运营数据来看,跨线列车运营数量快速增长,而本线列车开行数量则逐年下降。我国特殊的国情和发达高速铁路网的特点,决定了高速铁路运输组织模式必然是本线旅客列车和跨线旅客列车共线运行模式,以满足旅客多样化旅行需求。

# 第二节 高速铁路车站

## 一、车站规划

铁路规模及技术标准的提高、区域及城市经济的发展、客站功能定位的改变，使高速铁路车站的规划条件及面临的问题越来越复杂。在这些条件和问题中，很多是以往铁路客站规划设计不易应对的，如高速铁路、城际铁路、普速铁路等不同等级的铁路建设，使铁路客站规划面临城市中客站数量、规模确定、新站选址、多客站分工等问题；区域及城市发展，要求铁路客站规划能成为引导城市旧区更新改造和新区发展的重要手段，并满足城市功能空间规划等要求；面对趋于复杂的规划条件和问题，不仅要对铁路行业功能、城市规划进行分析，更要站在更高层面，系统地分析各种相关因素，按照“系统集成、整体最优”的原则，探索当代铁路客站的规划设计。高速铁路客站的规划需要研究所在城市中铁路客站的数量与规模、多客站模式中各客站的分工、铁路客站在城市中的区位、铁路客站衔接交通的方式及衔接模式等因素。这些因素紧密联系、互相制约，在规划时应统筹考虑、系统决策。

影响铁路客站规划的关键因素有如下几点：

1. 铁路客站的数量与规模的规划

对客站数量与规模的规划，主要与城市客流的性质及流量、城市规模、地区枢纽结构、城市布局、客站建设条件和各种交通方式联运要求（主要是航空的衔接）等因素有关，如上海虹桥铁路客站与虹桥机场实现了紧密衔接。客站规划设计的首要内容是根据客站定位、引入线路情况和客流分析预测结果，确定衔接场地、站房建筑和客运车场各部分的适当规模。一般而言，客站等级越高、线路条数越多、客流量越大，各部分的规模需求就越大。

2. 多客站模式中各客站分工的规划

客站分工包括主、辅分工和承担铁路客流（或铁路客运作业）分工两个方面，二者相互关联。影响各客站分工的因素有很多，包括城市人口分布状况、铁路客站现状布局及分工、铁路枢纽规划的线路引入情况以及枢纽总图布置、城市布局、各客站位置的建设条件等。客站的建设首先要解决规划层面的问题，即回答“需要建设哪种类型的车站”这一定位问题和“建在何处”这一选址问题。客站的定位和规划选址方案决定了高铁客站在城市中各车站间的分工、高铁站区在城市中的区位、高铁客站与既有站和普速列车旅客的关系等客站总体布局设计的基本前提条件。

3. 铁路客站在城市中区位的规划

影响铁路客站区位的因素有很多，这些因素既要统筹铁路行业的需求，又要与城市规划等外部因素充分协调一致，不能片面地放大某一因素，而是要系统考虑。

4. 铁路客站总体规划

根据城市规划、线路情况、客站规模、场地条件、与既有站关系等选择恰当的总体布局方案和模式，高铁客站总体上有三种布置方案：(1)完全利用既有站；(2)与既有站合并设置；(3)单独新建。完全利用既有站的高铁客站基本不改变原有格局；与既有站合并设置的高铁客站可选择与既有站水平并列接合的布局模式，或者竖向重叠接合的布局模式；单独新建的高铁客站可采用线侧式（平、上、下）、线端式（平、上、下）、线上式、线下式、复合式等布局模式。铁路客站总体规划影响因素如图 9.5 所示。

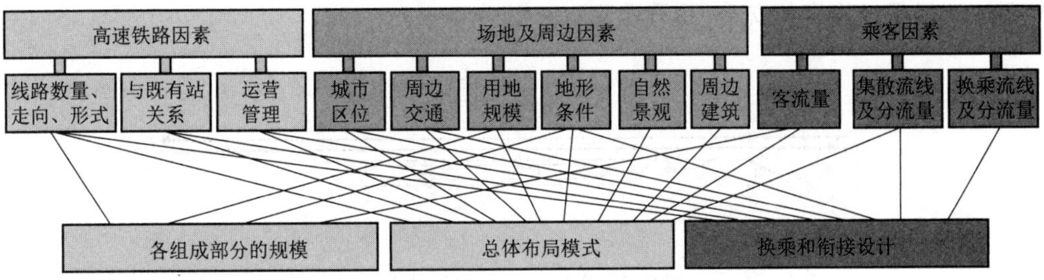


图 9.5　高速铁路车站总体规划影响因素

## 二、车站总体布局

(一)高速站与既有站分设的布置

车站按业务性质分为越行站和客运站,而客运站按技术作业性质又可细分为始发站和中间站。

1. 越行站

图 9.6 为越行站布置图。越行站由于只办理速度较快的列车越行速度较慢的列车,而不办理旅客乘降作业,故只需设两条待避用到发线。由于不办理客运业务,原则上可不设站台。

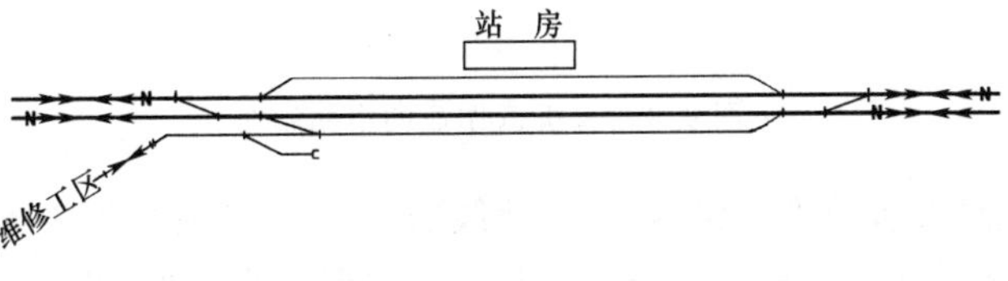


图 9.6　高速越行站布置

越行站在高速线上的布局,应根据高速、跨线旅客列车的比例、列车开行方案、高速线需要的通过能力等因素来决定。

2. 中间站

在高速线上新建的高速中间站办理以下主要作业:

(1)高速、跨线旅客列车停站或不停站通过。

(2)跨线旅客列车待避本线旅客列车。

(3)少量高速旅客列车夜间折返停留。

(4)办理停站的各种旅客列车的客运业务。

中间站的布置图有两种:

(1)对应式

对应式中间站(图 9.7)的两个站台夹四条线,考虑到办理四交会的可能,故设两条停车待避用到发线。这种布置图的优点是站台不靠近正线,高速列车自正线通过时,不影响站台上旅客的安全,站台安全退避距离不必加宽。如客运量较大而且某个方向需办理两列停站待避列车时,可增加一条到发线,如图 9.7 中虚线位置所示。

(2)岛式

岛式中间站的中间站台靠近正线,其缺点是:当有列车在正线停靠站台时,会影响后续追踪列车通过,降低区间通过能力;另外,由于高速列车通过时受列车风的影响,站台安全退避距离需要加宽以保证旅客的安全,并需设置防护栅栏。

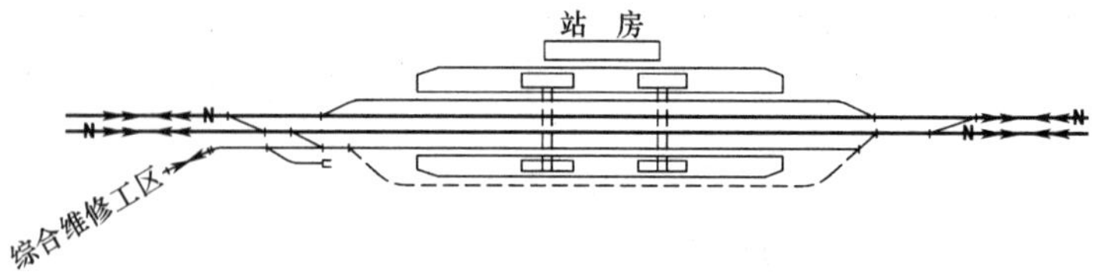


图 9.7　高速对应式中间站布置

根据上述比较,中间站一般以采用对应式布置图为宜,但当有停站的旅客列车较多时,为充分利用站台,也可采用岛式布置图。

为便于高速列车动车组停留折返,有少量动车组折返停留作业的中间站,宜采用图 9.8 所示布置图,折返用到发线应根据折返列车到达时不切正线为原则。

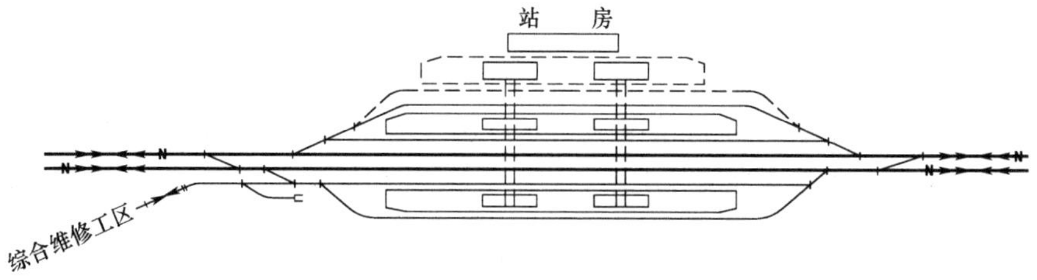


图 9.8　有折返作业的中间站布置

为便于高速铁路设备的维修保养,在高速线的车站上,通常根据工务、电务、供电工区等的分布,设置综合维修工区。这种工区应尽量与车站的到发线衔接,以便维修用车的出入。必要时,可采用跨线桥引入车站。

3. 始发站

这类车站位于特大城市的铁路枢纽,主要办理始发、终到高速列车的作业。新建的高速铁路始发站作业有以下几项:

(1)办理高速旅客列车的客运业务。

(2)办理高速旅客列车的始发、终到,动车组的取送和折返作业。

(3)办理动车组的整备、检修作业。

新建的高速始发、终到站布置图可如图 9.9(a)所示。若基本上没有不停站通过列车,正线与到发线间可设中间站台,如图 9.9(b)所示。

始发、终到站应设有与到发线相衔接的动车段(所)或综合维修基地。动车段(所)宜靠近车站设置并留有发展余地,并宜纵列配置于车站到发列车较少一端的咽喉区外方。

始发、终到站和有立即折返作业的中间站到发线数量应根据旅客列车对数及其性质、列车开行方案、引入线路数量和车站技术作业过程等因素确定,并应满足高峰时段列车密集到发的需要。

(二)高速站与既有站合设的布置

高速铁路的车站与既有客运站合设时,具有下列优点:

(1)有利于吸引更多的旅客乘坐高速列车。既有客运站一般位于城市中心附近,高速铁路车站与其合并设置,便于旅客乘降,节省出行时间。

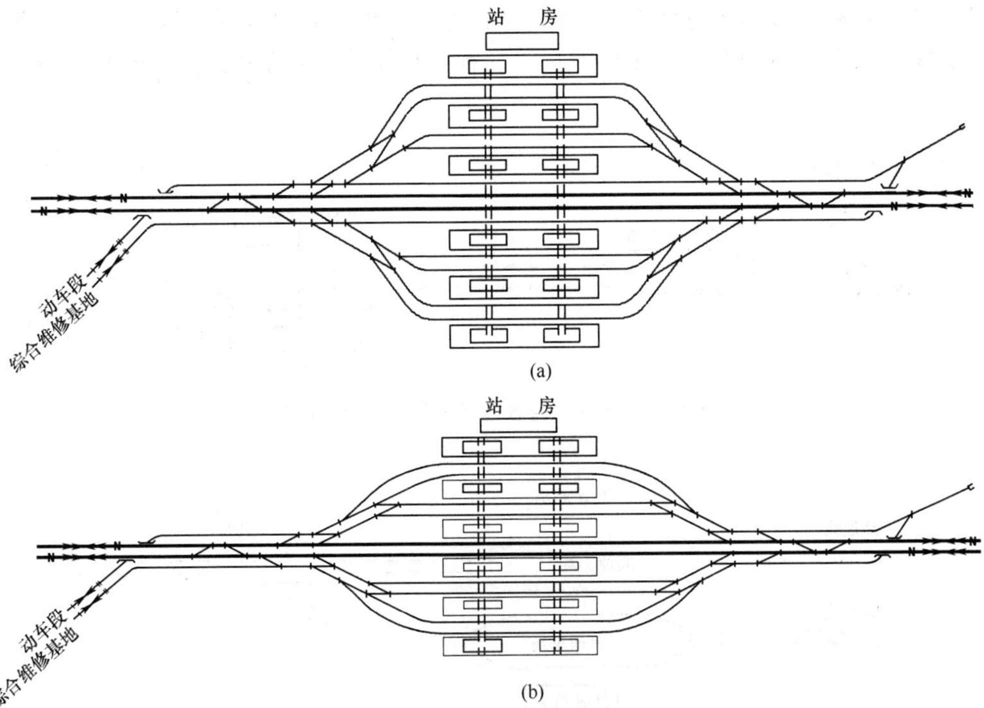


图 9.9　高速始发、终到站布置

(2)有利于充分利用既有客运站的站场、站房及其他旅客服务设施,节省工程投资和城市用地。

(3)有利于旅客换乘。高速、跨线列车的旅客可在同一车站直接换乘,无须乘坐市内交通工具,不仅可以减轻城市交通负担,也可以节省旅客换乘时间。

高速铁路车站与既有客运站合设时,应遵循下列设计原则:

(1)由于高速线上列车运行采用自动控制和调度集中,高速列车的运行及其接发进路应单独自成系统,普速列车不得进入高速系统;但跨线列车的接发既需在高速系统进行,又需在普速系统进行,因此,在高速、普速列车共站的车站上,为便于运营管理,高速、普速列车宜分场分线使用。

(2)在跨线列车需上、下高速线运行的车站,高速列车车场与普速列车车场之间应利用渡线或具有立交疏解设备的联络线互相连通,以保证转场作业的顺利进行和列车接发的机动性。在没有跨线列车上、下高速线的车站,因两场无须连通,也可不设这种联络线或渡线。

(3)客运站房共用。为了有利于旅客换乘和高速旅客流线与普速旅客流线互不交叉,高速铁路旅客与普速列车旅客的进、出站通路及其候车室应尽量分开。

高速站与既有站合设时,有以下几种方案可供选择:

1. 高速列车与普速列车共用车场

图 9.10 为高速线在枢纽前方站与既有线合并列入枢纽,利用既有正线进入既有客运站,既有客运车场为高速与普速列车共用股道。这种方案可大大节省高速线引入枢纽的建筑费用,但由于高速与普速系统旅客列车作业交叉干扰,行车指挥与车站作业组织较为复杂。

2. 高速车场与普速车场咽喉互不连通

高速铁路引入枢纽既有客运站,分别设置高速、普速车场,两车场咽喉互不连通,高速线直接引入高速车场,高速列车与普速列车不能直接进入对方车场,高速列车与普速列车运行成为互不干扰、互相独立的两个系统(图 9.11)。这种方案仅适用于跨线旅客列车不上、下高速线的车站。

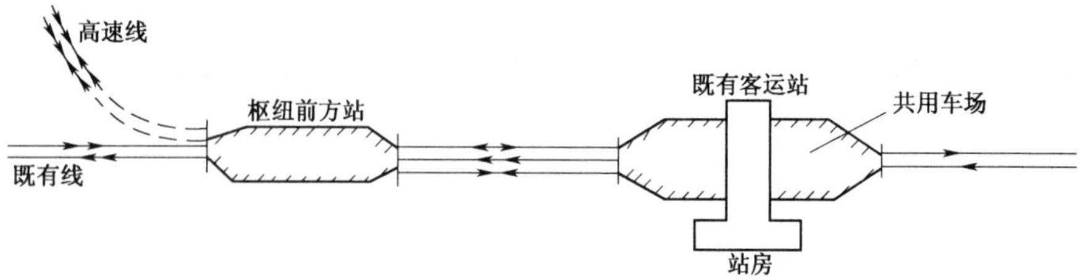


图 9.10　高速列车与普速列车共用车场布置图方案

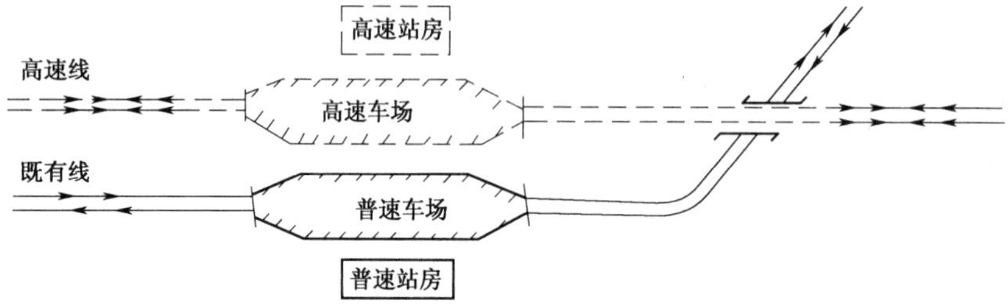


图 9.11　高速车场与普速车场互不连通布置图方案

3. 高速列车车场与普速列车车场在同一平面并列合设

图 9.12(a)为高速线与既有线并行引入既有尽端式客运站布置,将靠近既有主站房一侧的既有到发线和站台改建为高速列车车场,供接发高速列车之用;与高速列车车场并列的其他到发线和站台作为普速列车车场,且在外侧适当扩建,供接发普速列车之用。在既有站房对侧,新建副站房,主站房与副站房之间采用高架通廊和地道相连,供旅客进、出站和换乘。两车场的进口咽喉用渡线互相连通。高速列车的动车段以及既有普速列车的客车整备场和机务段都有单独的站段联络线相衔接,以保证咽喉区必需的平行进路。这种布置方案适合于以办理始发、终到高速列车为主的高速站。

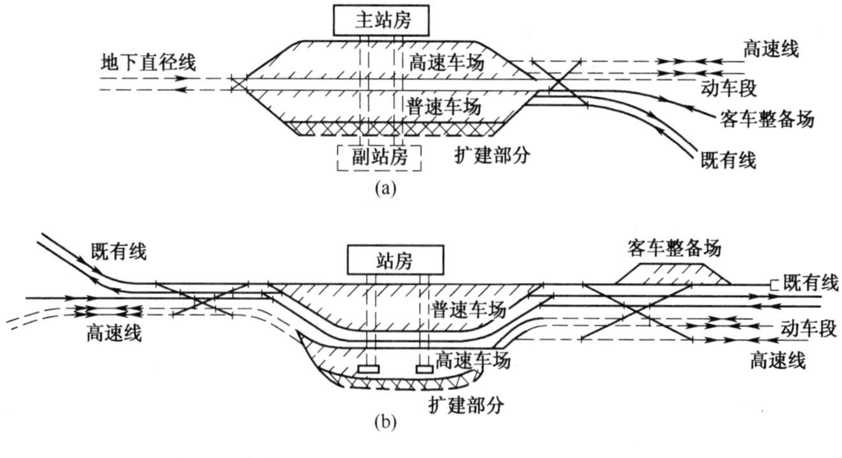


图 9.12　高速列车车场与普速列车车场在同一平面并列合设布置方案

图9.12(b)为高速线与既有线并行引入既有通过式客运站的布置。既有线在站房一侧，高速线在站房对侧，高速列车车场与普速列车车场横列，两车场咽喉用渡线互相连通，高速车场向外适当扩建。为便于高速旅客列车的旅客出入站，采用高架通廊和地道相连。这种布置方案适合于以通过高速列车为主的车站。由于两车场横列布置，两端咽喉区高速、跨线列车到发进路交叉较严重。

4. 既有站上方设高架高速列车车场布置方案

图9.13为高速线高架引入既有站，在其上方设高架高速列车车场，其线路可采用如图9.13所示的平面和横断面布置，承担接发高速旅客列车和通过车站不停车通过的跨线旅客列车任务；桥下地面既有站为普速车场，承担接发始发、终到停站通过的普速旅客列车的任务。两车场两端采用进站线路立交疏解设备互相连通，以便于跨线客车上、下高速线。但当没有跨线列车上、下高速线时，两车场之间也可不连通，以节省工程费用。高速旅客列车的旅客可通过主、副站房的自动扶梯和高架候车室通廊进、出站和换乘。普速旅客列车的旅客可通过高架候车室和地道进、出站。

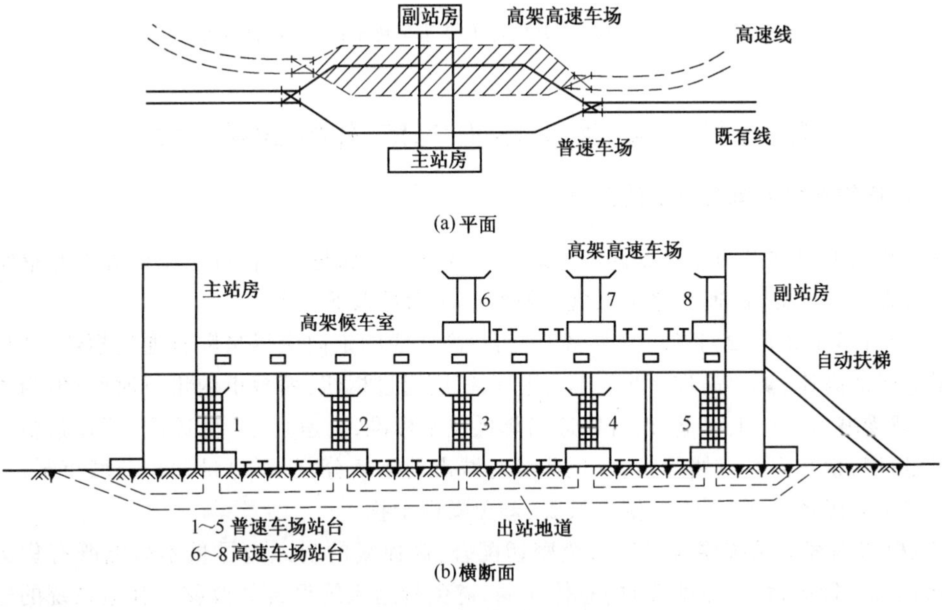


图9.13　既有站上方设高架高速列车车场平面、横断面布置

5. 既有站下方设地下高速车场布置方案

图9.14为高速线从地下引入既有站，在既有站地下新建高速车场，既有站改建为普速车场，其车场的固定用途与上述图9.13相同。两车场两端采用进站线路疏解设备相联结，以便跨线列车上、下高速线。高速旅客列车的旅客可沿地道和自动扶梯进出站和换乘，普速旅客列车的旅客可沿高架候车室和地道进、出站。高速线地下设站形式由于工程造价高，施工困难，因而非特殊困难情况，很少采用。例如，日本东海道新干线的上野车站是地下高速站，下地原因就是上野处于东京市区，既有上野站站场范围内没有高架或并行等设站条件，不得不采取下穿方式。

高速站与既有站合设时，究竟采用何种布置方案，应根据城市规划、既有客运站设备、当地地形地物、高速线引入枢纽的方式以及工程投资、施工难易程度等因素，通过技术经济比选后确定。

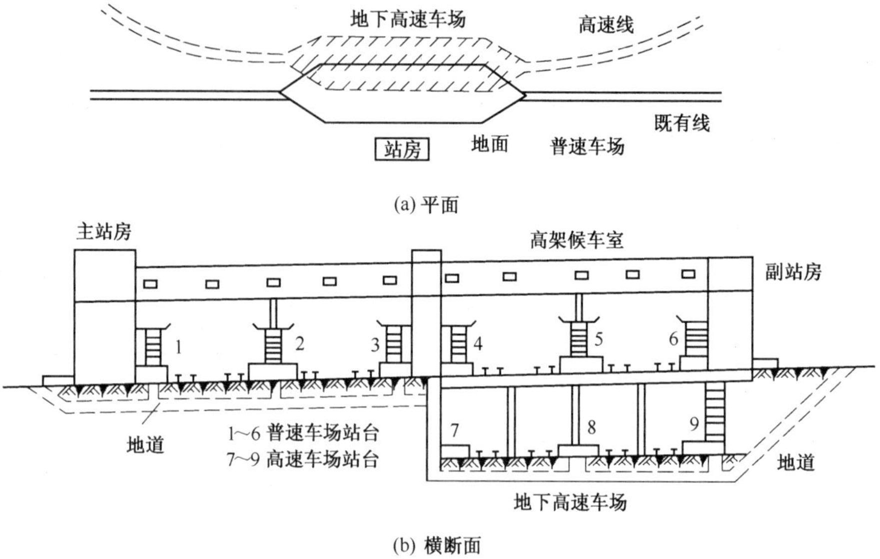


图 9.14　既有站下方设地下高速车场平面、横断面布置

## 第三节　高速铁路引入既有枢纽的方式

### 一、高速铁路引入既有枢纽的要求

高速铁路的起讫点和经由点都位于既有大城市的铁路枢纽,它将对城市规划和枢纽布局产生重大影响。因此,高速铁路引入既有枢纽时应满足以下要求:

(1)高速线的走向要与城市规划密切配合:高速线的走向应尽量顺直通过枢纽,其技术条件应尽量保证高速列车“高进高出”,即不降低速度通过枢纽,缩短市内走行时间;但当条件困难时,为减少城市拆迁工程量,也可以适当降低技术标准,高速列车“低进低出”通过枢纽。高速线要尽量与枢纽内既有线并行,以免造成对城市的重新分割;要尽量避免与城市干道交叉;要绕避城市居民密集区,不影响城市景观,避免噪声干扰。

(2)枢纽内客运系统要与货运系统密切配合:高速线的引入应尽量不影响既有货运系统(包括编组站、货运站、工业站等)的总体布局,避免货运系统设备的改移。客运系统的进路与货运系统的进路应采用立交疏解布置,避免相互间的交叉干扰。客运系统的布局应不影响货运系统未来的发展。

(3)枢纽内高速站要与其他客运站密切配合:当枢纽内设有两个及以上的客运站时,首先高速线应尽量引入枢纽内的既有主要客运站,以便吸引更多的旅客乘坐高速列车;其次要保证充分利用既有各客运站的设施,减少改扩建工程,充分发挥既有客运设备的能力;最后,重新调整枢纽内各客运站的分工,制订各客运站接发各种列车的合理方案。

(4)高速线要与近远期新线引入枢纽密切配合:引入枢纽的新线包括普速线和高速线。首先,要保证引入的新线与高速站有方便的通路,高速线与引入新线在枢纽内的进站线路疏解要统一规划;其次,近期高速线与远期高速线在枢纽内客运站的作业分工应互相结合;最后,近、远期客运机务段、动车段及综合维修基地应统筹安排。

## 二、高速铁路引入既有枢纽的方式

高速铁路引入既有枢纽的方式，按其引入线的平、纵断面不同，有平面引入、高架引入、地下引入三种方式；按其引入客运站类别不同，有引入既有站（合设方案）和引入新建站（分设方案）的两种方式。现按其引入枢纽内的走向和既有线的关系不同分为以下三种方式进行叙述。

1. 并行引入方式

图 9.15 为高速线引入枢纽内主要客运站示意。高速线 $A'B'$ 与既有线 $AB$ 在枢纽内高架（或同一平面）并行，在主客运站旁设高架（或地面）高速车场，与既有客运车场横向并列。

这种引入方式对城市不产生重新分割。站房共用，便于旅客换乘，可充分利用既有客运设施和市政公用设施。但高速线穿越市区与城市干道交叉，拆迁工程量较大，高速线在枢纽内的技术条件受到一定限制，将会影响高速列车在枢纽内的运行速度。

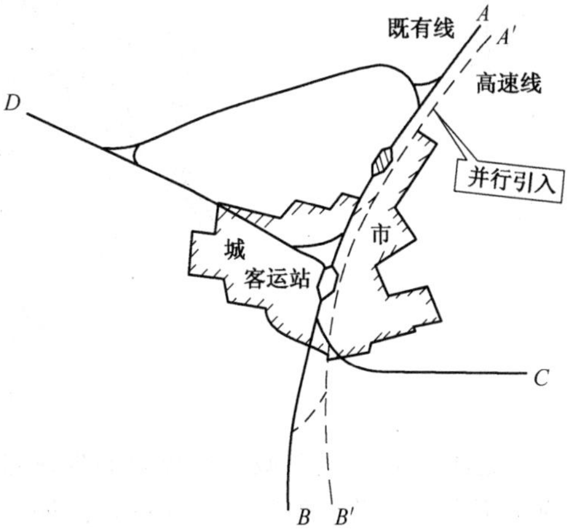


图 9.15　高速线与既有线并行引入枢纽示意

2. 并线引入方式

图 9.16 所示为高速线在枢纽前方站（中间站或辅助客运站）与既有线合并后，再利用既有正线引入枢纽内主要客运站。

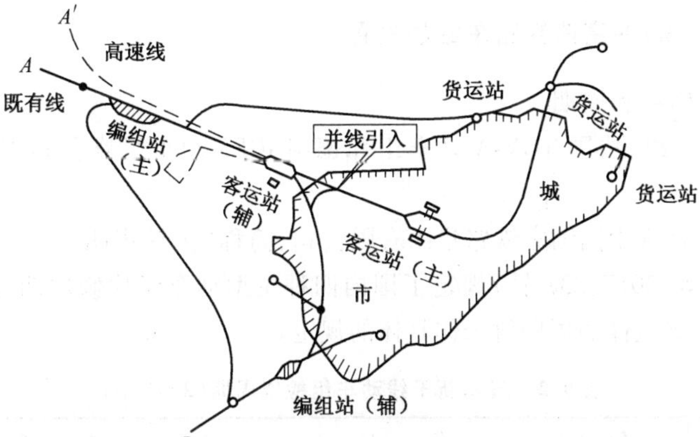


图 9.16　高速线与既有线并线引入枢纽示意

这种引入方式工程量小，节约城市用地，拆迁工程量也少，高速线对城市干扰小。但高速列车在枢纽内的合并区间需减速运行，且由于该区间客、货混跑，通过能力紧张，必须修建四线或多线方能满足需要。

3. 分线引入方式

图 9.17 所示为高速线在枢纽内走行时离开既有线，引入枢纽内新建的高速站，图中高速线 $A'B'$ 进出枢纽都与既有线 $AB$ 分开。高速线 $A'B'$ 在大江上游新桥过江后，引入城市南侧边缘新建高速站，在枢纽内编组站附近再与既有线并行，在枢纽进出口处用 $a$、$b$ 联络线与既有线相连接。

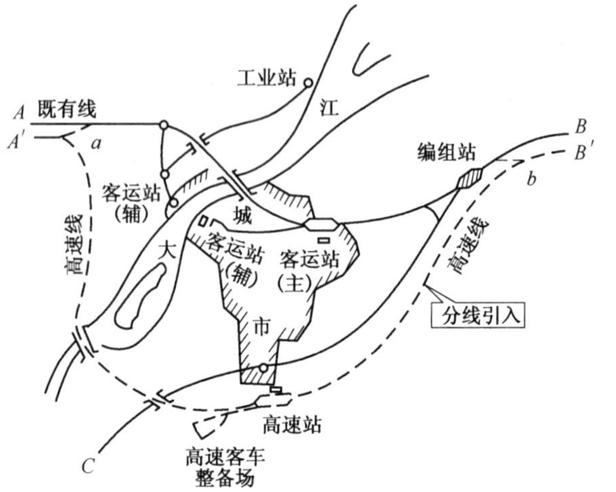


图 9.17　高速线与既有线分线引入枢纽示意

这种引入方式对城市环境影响少，拆迁工程量小，有利于扩大枢纽的客运能力，高速线的施工不影响运营。但新建高速站远离城市中心，不利于吸引客流，且与既有主要客运站相隔甚远，不利于旅客换乘。

选择何种引入方式，应根据以上所述的一些原则和要求并根据城市规划和现有枢纽的总布置图等条件，进行多方案比选后予以确定。

## 第四节　动车段（所、场）与综合维修基地在车站的设置

### 一、动车段（所、场）在高速铁路车站的设置

1. 动车组检修修程和周期

日本新干线动车组、法国 TGV-A 动车组和德国 ICE3 动车组修程和周期分别见表 9.2 ~ 表 9.4。

中国铁路总公司（现中国国家铁路集团有限公司，简称“国铁集团”）发布的《铁路动车组运用维修规则》（铁总运〔2017〕238 号）规定了国内四种主型动车组检修周期及范围，检修周期见表 9.5。规程中对二级检修的周期暂未作具体的规定。

**表 9.2　日本新干线动车组检修周期**（2003 年）

| 检修等级 | 检修周期 | 停　　时 | 内　　容 |
|---|---|---|---|
| 日常检查 | 48 h 以内 | 1 h（16 辆） | 车组不分解，根据运用状况补充更换易耗品，对受电弓、转向架、走行装置、电气设备、自动门、车内设备等作外观检查 |
| 定期检查 | 30 d 或 30 000 km 以内 | 4 h（16 辆） | 车组不分解，根据运用状况对受电弓、高压回路、辅助回路、控制回路、自动门、转向架、车内设备等状态及性能进行检查，同时作电气部分的绝缘阻抗检查 |
| 转向架检修 | 12 月或 600 000 km 以内 | 1 d（8 辆） | 车组分解成单元，每单元同时架车，更换转向架，对牵引电机、动力驱动装置、制动装置等主要部件解体后检查，转向架检查完毕后，在基地的试验线路上进行运行试验 |

续上表

| 检修等级 | 检修周期 | 停　时 | 内　容 |
|---|---|---|---|
| 全面检修 | 3 年或 1 200 000 km 以内 | 10 d(16 辆) | 车组分解成每一单节，按工序流水作业，车上、车内、车下所有设备下车检修，主要部件互换修。高压布线在车上做耐压试验、车体气密检查等。单节车辆联挂后进行全列车的性能试验、基地内运行试验，最后上线试验 |
| 运转检查 | 需要时 | 运转中 | 对车组运行中的加减速度、振动等各设备的综合作用及功能作添乘检查 |
| ATC 动作检查 | 按车组使用条件而定 | 运转所 | 状态预先检查 |
| ATC 特性检查 | 3 月以内 | 运转所 | — |

**表 9.3　TGV-A 动车组检修周期(1990 年)**

| 检修等级 | 项　目 | 检修周期/km | 停　时 | 检修班制 |
|---|---|---|---|---|
| ES | 基本检查 | 3 500 | 1 h | 三班制(3×8 h) |
| ECF | 舒适性检修 | 10 000 | 2 h | |
| VOR | 走行部检修 | 20 000 | 4 h | |
| ATS1 | 其他例行检查 1 | 60 000 | 12 h | 两班制(2×8 h) |
| ATS2 | 其他例行检查 2 | 100 000 | 20 h | |
| VL | 限制性(局部)检修 | 150 000 | 26 h | |
| VG | 全面检修 | 300 000 | 2.5 d | |
| GVG | 重大部件修理 | 600 000 | 5 d | |
| OVERHAULING | 大　修 | 2 400 000 | 13 d | 单班制 |

**表 9.4　ICE3 动车组检修周期(2000 年)**

| 类　别 | 检修等级 | 项　目 | 检修周期/km | 停　时 |
|---|---|---|---|---|
| A | L | 运行检查 | 4 000×(1+10%) | 1 h |
| | N | 补充检查(特殊部件) | 20 000×(1+20%) | 1.5 h |
| B | F1 | 第一级修 | 100 000×(1+20%) | 8 h |
| | F2 | 第二级修 | 400 000×(1+20%) | 16 h |
| | F3 | 第三级修 | 800 000×(1+20%) | 16 h |
| | F4 | 第四级修 | 1 600 000×(1+20%) | 2 d |
| C | Rev | 大修 | 2 400 000×(1+20%) | 9 d(一班) |

**表 9.5　中国高速铁路主型动车组检修周期**

| 车型 | 修程 | | | | |
|---|---|---|---|---|---|
| | 一级检修 | 二级检修 | 三级检修 | 四级检修 | 五级检修 |
| CRH1A/1B | ≤(4 000+400) km<br>或运用 48 h | 另行公布 | (120±10)万 km<br>或 3 年 | (240±10)万 km<br>或 6 年 | (480±10)万 km<br>或 12 年 |
| CRH1E<br>CRH380D | ≤(5 000+500) km<br>或运用 48 h | | | | |

续上表

| 车型 | 修程 | | | | |
|---|---|---|---|---|---|
| | 一级检修 | 二级检修 | 三级检修 | 四级检修 | 五级检修 |
| CRH2A(统)/2B/2C/2G<br>CRH6A/6F | ≤(4 000 +400)km<br>或运用 48 h | 另行公布 | $60^{+2}_{-5}$万 km<br>或 1.5 年 | $120^{+5}_{-10}$万 km<br>或 3 年 | (240 ±10)万 km<br>或 6 年 |
| CRH2E、<br>CRH380A(L) | ≤(5 000 +500)km<br>或运用 48 h | | | | |
| CRH3C、<br>380B(L)/CL、BG | ≤(5 000 +500)km<br>或运用 48 h | 另行公布 | (120 ±12)万 km<br>或 3 年 | (240 ±12)万 km<br>或 6 年 | (480 ±12)万 km<br>或 12 年 |
| CRH5A/G<br>CRH3A | ≤(5 000 +500)km<br>或运用 48 h | | | | |

注:高级检修间隔不超过一个三级检修周期。

动车组一至五级修程的检修范围如下:

(1)一级检查

在运行整备状态下,完成消耗部件的更换、调整和补充等,通过人工目视和车载故障诊断系统对动车组主要技术状态和部分技术性能进行例行检查检测。

(2)二级检查

在一级检修的基础上,增加部分检修项目,同时提高检修程度,并通过车载故障诊断系统对车上所有设备进行检测和性能试验。按相应检修周期,进行车轴超声波探伤、踏面修形、电气回路绝缘检测、牵引电机绝缘检测和车下电器过滤器类部件清扫除尘等专项检修。

(3)三级检修

在完成二级检修项目的基础上,更换转向架,并对更换下来的转向架及其主要零部件分解检修。

(4)四级检修

对动车组各主系统进行分解检修、特性试验,必要时进行车体的涂漆。

(5)五级检修

在完成四级检修项目的基础上,对动车组全车进行分解检修,较大范围地更新零部件,并进行车体的涂漆。

2. 动车段(所、场)的类型

(1)动车段:配属一定数量的动车组,承担动车组的运用整备及存放任务、动车组日常检查、各级修程及临修作业。根据需要设置大修。

(2)动车运用所:派驻动车组,承担动车组的运用整备及存放任务、动车组日常检查及临修作业。根据需要预留发展条件。

(3)动车存车场:承担动车组的存放及运用整备任务。

3. 动车段(所、场)设置的原则和要求

(1)动车段(所、场)的分布及规模应根据高速列车的开行方案、担当的交路经计算后确定其工作量。一般以配属动车组套数、每日始发、终到动车组数及其承担的修程等因素来确定其规模。

(2)动车段(所、场)应设在有较多始发、终到高速列车的始发终到站、通过站的适当地点,以节省动车组的出入段时间。站、段(所、场)相对位置应有利于行车,并与城市规划密切配合。动车组出入段(所、场)对车站作业干扰应最小,并应适应站型和运输发展的需要。

(3)动车段与车站的相互位置,可横向或纵向布置。纵向布置时,动车组出入段不必折返运行,作业流水性好,可以节省时间。横向布置时,动车组出入段不仅折角,且与正线交叉。

(4)车站与动车段(所、场)间应有专门的回送线相连接,出入段次数较多时宜采用复线,并与高速正线立交疏解。出入段次数较少时,也可采用单线。

4. 动车段(所、场)内设备的布置方式

动车段(所、场)的主要设备有:到发兼停留线(场)、检修库(线)、台车检查设备及动车组清洗设备等。段(所、场)内主要设备的布置形式有两种:

(1)横列式:到发兼停车场与检修库横向排列(图 9.18),具有占地少,作业集中的优点;但检修车需折返运行,增加转线作业费用,且咽喉区有交叉干扰。当停车的动车组数较少(4～10 列)时可以采用。

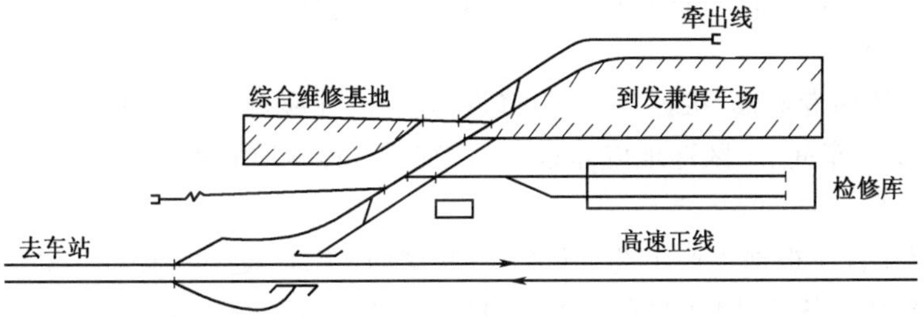


图 9.18 横列式动车段设备布置

(2)纵列式:到发兼停车场与检修库纵向排列(图 9.19),可节省动车组转线作业时间,转线作业与到发作业互不干扰;其缺点是占地较长。当动车组到发列数较多且地形允许时可采用纵列式。

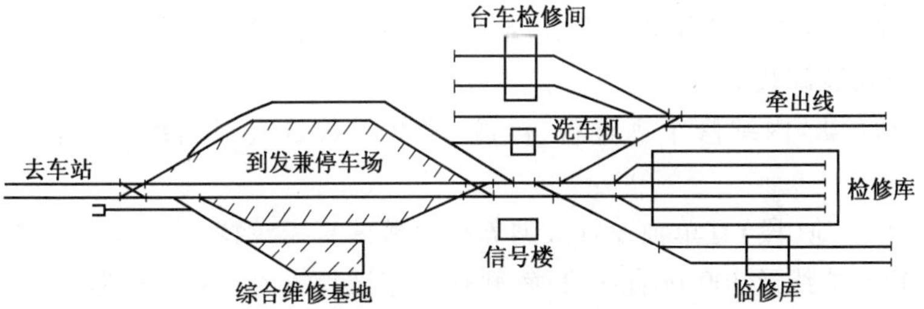


图 9.19 纵列式动车段设备布置

## 二、维修设施

高速铁路维修设施应包括维修基地(段)、维修车间及维修工区,并应按承担线路、路基、桥涵、隧道、灾害监测、牵引供电、电力、给排水、通信、信号、信息、房屋建筑等设施的维修工作内容进行设计。维修车间及维修工区的设置宜满足本线管段内检测、保养作业需要。

维修设施及设备配置应根据天窗时间完成维修工作需要进行设计。维修设施应按专业强化、资源综合、集中管理的原则进行布局和规划。

1. 工务维修

工务维修设施应按承担管内线路设备的周期检修、经常保养、临时补修和桥隧建筑物的检查、维修、大修,以及相应的检测、监测、维修、事故抢修和管理等工作内容进行设计,包括维修基地(段)、维修车间、维修工区。维修车间及维修工区宜根据机械化巡检设备的作业效率、频度配置巡检设备。

2. 供电维修

供电维修设施应按承担管内牵引供电、电力供电设施等电气设备、自轮运转设备的运行管理、检测、试验、维修和事故抢修等工作内容进行设计。

3. 电务维修

电务维修设施应按承担管内日常生产组织和安全管理、组织设备的集中检修、重点整治和施工工作、组织应急抢修和故障处理等工作内容进行设计。

4. 信息维修

信息维修设施应按承担信息系统设备、软件与线路日常维护作业管理、故障检修管理、检修调度管理、台账管理、备品备件管理等工作内容进行设计。

5. 总平面布置

维修设施宜按照专业修、机械修、集中修进行设计,并应符合下列规定:

(1)基地(段)、车间、工区选址应靠近车站,避开工程地质和水文地质不良地段,并应有良好的排水条件。

(2)总平面布置应根据生产工艺、环境保护、消防、卫生、通风、采光等要求,结合地形、地质、水文、气象等自然条件,因地制宜布置建筑物、线路、道路、管线及绿化设施。

维修基地(段)设计总平面布置应符合下列规定:

(1)维修基地(段)应设置于高速铁路路网区域中心所在地。

(2)维修基地(段)总平面布置应确保工艺流程顺畅,避免流程交叉、相互干扰。近远期结合,预留发展条件。

(3)维修基地(段)承担大型养路机械检修任务时,线路设置应符合下列规定:

① 维修基地(段)内应设置出入段线、走行线、整备线、停放线、检修线、转向线、标定线、试验线、牵出线、材料装卸线等。

② 维修基地(段)内维修车辆整备、停放、检修线数量应根据维修车辆检修、停放需要确定。

③ 工务维修基地(段)宜单独设置大型养路机械试验线、钢轨探伤车试验线。大型养路机械试验线应设置 S 曲线及 300 m 直线段;钢轨探伤车试验线的设置应根据车组性能、加速及制动距离和试验要求综合确定,配备符合测试及试验要求的地面设备、标准伤损钢轨等。工务、供电维修作用车停放及材料线应根据运营维护需求合理确定。

④ 维修基地(段)内道岔应采用股道自动化集中控制。

## 第五节　高速铁路运输组织

高速铁路无论在技术装备、运输服务还是在运输组织工作上都与普速铁路有着显著的差别。高速铁路运输组织的目标是高速度、高密度、高正点率、高可靠性、高质量服务、高市场占有率及高社会经济效益。世界各国的高速铁路,根据本国的具体情况,在运输组织工作上采用了不同的模式,其基本特点为:

1. 运输服务系统覆盖旅客旅行服务的全过程,最大限度地满足不同层次的旅客出行需求。

旅客运输组织是整个铁路运输系统中的重要组成部分,高速铁路运输服务的对象就是旅客,从客票预订和售票服务、站车信息服务、旅客换乘服务等方面应高质量地、便捷地满足旅客的需求,最后能够安全、迅速、准确、舒适地将旅客送到目的地。

2. 充分满足旅客出行需求,适应客流变化,制订运输计划和旅客列车开行方案。

高速铁路主要为满足旅客快速旅行需求服务,因此列车运行图所规定的列车种类、数量、始发终到和途中停靠车站及其停站时分,都要从最大限度满足不同层次的旅客出行需求出发,统筹兼顾,合理安排,做到以下几点。

(1)认真调研并确定高速铁路网沿线吸引范围内的基本旅客群体及其出行的“黄金时间带”,在该时间带提供高频率、高质量的列车服务。

(2)调整和优化列车开行方案。除开行适应季度客流、星期客流和日间客流变化规律的国内和管内各类不同速度、不同行程和不同停站的高速列车外,还发展了高速线与既有线以及国际高速铁路之间的联程运输,甚至开行挂有运送小轿车的专门车辆的高速穿梭旅行列车。

(3)重视与既有铁路和其他交通方式的协调配合,方便旅客换乘。

除了上述共性之外,各主要国家的高速铁路列车开行方案也具有各自的特性:

日本高速铁路与既有线不联轨,高速铁路的列车开行方案具有统筹优化高速铁路与既有线、高速铁路与其他交通方式在各换乘地点和时间配合的特点。

与日本不同,法国高速铁路一般在铁路枢纽与既有线联轨,为减少旅客换乘而发展了高速列车下高速线、沿既有线继续运行至客流终到站的延伸服务模式。因此特别重视与既有线运行图在联轨站的协调配合和高速列车下线后在既有线的停靠方案及其时间安排。

德国高速铁路采用昼夜分区的客货混行模式,昼间运行旅客列车,夜间运行货物列车,在昼夜交替的时间段则为客货混行。因此除重视日间高速列车与普通城际列车的配合外,还特别重视在客货混行时间段的客货列车时间安排,尤其注意避免客货列车在区间隧道中交会,保证行车安全。

3. 建立以高新技术为基础的安全保障体系。

由于列车速度的提高和行车密度的增大,行车安全成了一个非常突出的、受到特别关注的问题。因此,对技术设备提出了必要的安全要求,如保证轨道的稳定性,改进车辆结构与材料,采用复合制动技术,建立电力牵引供电系统的检测、监控和保护装置以及高速铁路正线采用全封闭、全立交方式等。特别是建立了以人为核心的人—机—环检测、控制和管理系统,包括列车控制与行车指挥自动化系统,技术设备的检测、控制、整备与维修系统,故障自动诊断、报警和防护系统,环境检测与报警,事故和灾害的应变、救援和恢复系统,自然灾害的预报、监测、告警、防护与减灾等。高速安全技术是与一系列高新技术互相融合、彼此渗透、不可分割的前导技术和综合集成技术,是铁路现代化的标志。

4. 建立以调度中心为中枢的运营管理总体系统。

铁路调度指挥系统是组织铁路日常运输活动的管理中枢,又是对运输过程进行实时监督调整的指挥中心。它在协调各部门工作,提高列车运行质量,确保行车安全,保持运输系统整体有序运行方面起着核心作用。调度指挥系统的主要任务是制定和执行运输工作日常计划,进行实时的生产调度指挥工作。

为提高生产的有序性、实现多部门间联合生产的协同性以及对外界干扰的适调性,调度指挥系统具有约束控制、协调配合和应变调整三项基本功能。而要充分发挥这三项基本功能,必须在调度指挥工作中坚持集中领导和统一指挥的基本原则,并构建与之相适应的组织机构。

高速铁路的调度指挥系统,最典型的是以日本为代表的,根据高速铁路的特点和需要,按照新的思路构成的综合型调度指挥系统,简称“综合型”系统。这种系统的主要特点在于其构建思路充分考虑了高速运行、高新技术含量所伴随的高风险性及运输安全保障对调度指挥系统的高度依赖性,突出了安全的重要地位;并从广义的运输系统概念出发,即将运输系统视为包含多部门的庞大复杂的人—机—环境动态系统,以保证运输安全和稳定有序为首要目标,构建信息化、集成化和智能化的综合调度指挥系统。日本新干线的“综合调度中心”所设置的职能结构、业务范围,除传统的各种调度业务以外,还设立有关线路设备管理、维修、保养,供电系统的监视、遥控,通信信号设备的监控、检修以及发生灾害、事故抢修处理等业务调度。

“综合型”系统是以现代化新技术为支撑条件的信息化、集成化和智能化的先进系统。日本的“综合调度中心”,在采用调度集中(CTC)的基础上,开发配置了计算机管理系统,形成了以行车指挥自动化系统 COMTRAC 和新干线信息系统 SMIS 为中枢的,集成了一系列自动化程度很高的移动数据通信、设备监控、列车运行自动控制、事故预警、防灾、售票服务、事务管理等功能综合的统一的运营管理总体系统,如图 9.20 所示。

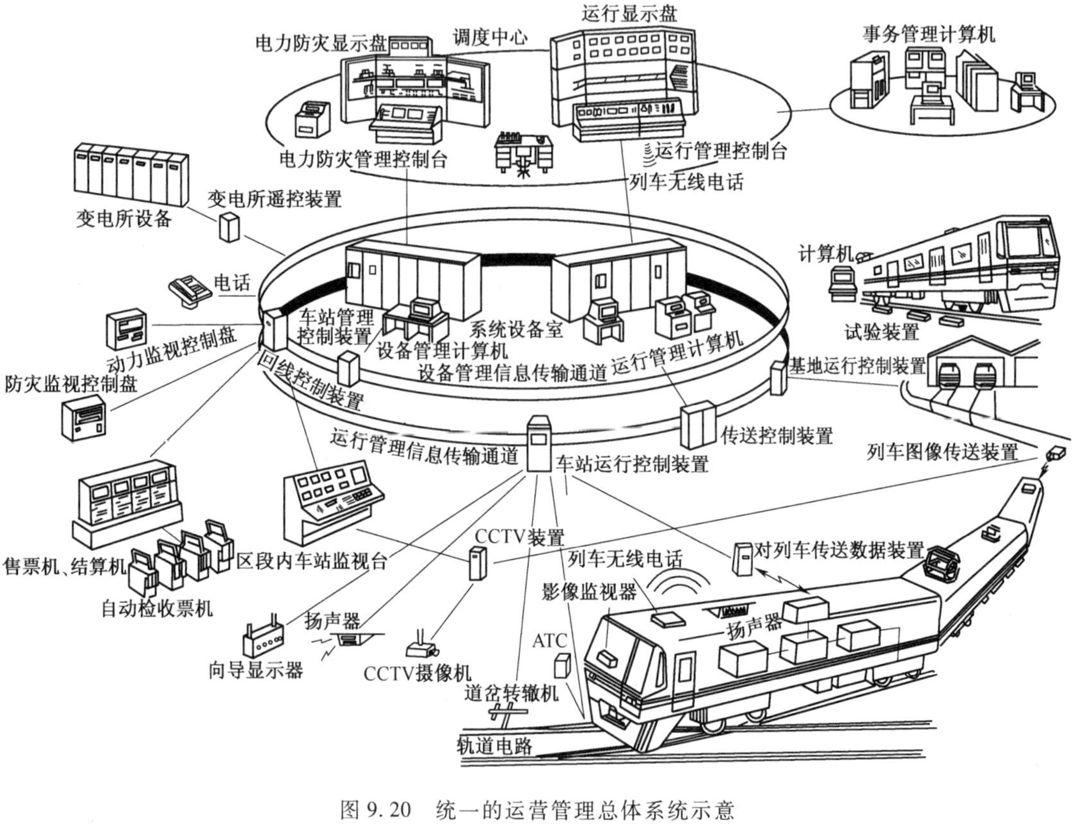


图 9.20　统一的运营管理总体系统示意

## 复习思考题

1. 我国高速铁路的运输组织模式宜选择何种模式?分析其原因。

2. 根据技术作业性质不同,高速铁路的车站可划分为哪几种类型车站?说明其图形特征。

3. 高速站与既有站合设具有哪些优点?

4. 说明高速站与既有站合设各方案的特点。

5. 高速铁路引入既有枢纽的方式有哪几种？说明其特点,并比较其优缺点。

6. 说明高速铁路的动车段(所、场)和综合维修基地的设置原则。

7. 高速铁路运输组织具有哪些特点?

# 第十章

# 高速铁路防灾安全监控与环境保护

## 第一节　概　　述

安全是一切交通运输方式的先决条件，是高效运输和持续发展之本，是铁路运输的生命线。高速铁路由于列车高速度、高密度运行，一旦发生事故，后果相当严重。因此，高速铁路对行车安全保障体系提出了更高的要求。除了要求保证线路、机车车辆、牵引供电以及通信信号等设备高安全性外，对各种可能发生的灾害，如自然灾害——强风、暴雨、大雪、地震，轨温及火灾，突发性灾害——塌方落石、异物侵入限界、非法侵入等，都要实施全面监测，即建立防灾安全监控系统，实施全面、准确、实时的安全监控，预防灾害的突然袭击。

对各类灾害监测的原始信息，通过数据处理、分析与判断后，传送至综合调度中心或综合维护与救援调度中心确认和处理。根据灾害的性质和级别，对运行中的列车或实施预警，或限速运行，或中止行车，以确保高速列车运行安全。因此，防灾安全监控系统是保证高速铁路安全运行的重要基础设施之一，是综合调度中心不可缺少的一个组成部分。这正是高速铁路与普速铁路的重大区别之一。

生态环境是人类赖以生存和发展的基本条件，是决定人类社会、经济能否持续发展的重要因素。现代科技和经济迅猛发展给人类物质生活带来了空前的繁荣，然而也给人类带来了前所未有的灾害，它不仅破坏了整个生活环境和生态环境，甚至还危及人类的生存和发展。

环境保护是我国的一项基本国策，它关系到国家和民族的兴衰，关系到现代化建设的成败和国民经济的持续发展。它是一项范围广阔、综合性很强的系统工程，其主要任务是运用环境科学的理论和方法，在更好地利用自然资源的同时，深入认识和掌握污染和破坏环境的根源和危害，预防环境质量的恶化，控制环境污染，促进人类与环境的协调发展。我国为了实现可持续发展，制定并实施了一系列有关环境保护的法律、法规，已形成了以《中华人民共和国宪法》为基础，以《中华人民共和国环境保护法》为主体的环境保护法律体系，且随着我国社会、经济的发展，环保执法力度正在逐渐趋严。环境保护是一项集政策性、社会性和经济性于一体的工作，环境保护标准是保护人类健康、社会物质财富和维持生态平衡所制定的法规，是执行环保法的基础依据，是强化环境管理的技术基础，是环境规划的定量化依据，是推动科技进步的力量。

高速铁路的环境保护除具有与一般铁路环境保护相同的特点以外，其重点内容有以下几个方面：

（1）治理噪声环境：高速铁路列车速度高达 300 km/h 以上，其噪声强度将随速度的提高而上升，例如德国的 ICE 噪声峰值声级为 90 dB(A)，法国的 TGV 噪声峰值声级高达 94 dB

(A)。因此,控制噪声将是高速铁路环保的头等任务。国外测试资料还表明:轮轨噪声与集电系统噪声是高速铁路主要的噪声源。因此,降低轮轨噪声和集电系统噪声是控制高速铁路噪声污染的关键所在。

(2)控制振动污染:高速铁路列车运行产生环境振动,这种振动的振级与列车速度成正比,控制振动对环境的污染将是高速铁路建设的一项重要任务。国外建设高速铁路的实践表明:路基的地质条件、线路与结构物的结构、动车组走行部分的结构以及受振点离线路的距离是影响振级大小的主要因素。因此,保持路基稳定,加强轨道的弹性设计,采用性能良好的轻型动车组等,将是控制高速铁路振动污染的主要方向。

(3)防止电磁干扰:高速铁路采用电力牵引,可实现大气无污染的零排放。但是,电化区段对城市居民区的环境影响,除上述集电系统的噪声污染以外,电磁干扰也随之而来,这不仅使有线、无线通信声音失真,还会使电视画面紊乱而无法收看。产生电磁干扰的主要原因是电力机车受电弓离线率的影响。因此,改进受电弓的结构和受流条件,采用屏蔽电缆或光缆传送电视信号等将成为控制电磁干扰的主要任务。

(4)保护生态环境:高速铁路建设规模大、占用农村和城市土地多,且需经过繁华的城市区和经济带,对自然生态环境和城市生态环境(如水土流失、植被和农田水利的破坏、城市房屋建筑物的拆迁、城市景观、日照、施工的干扰等)都将造成很大影响。因此,研究和采取保护生态环境的措施,在高速铁路建设中具有重要的意义。以京张高速铁路为例,在北京城区段落沿既有京包线走行减少新增占地和对地块切割,在北京北站至北五环段落采用地下敷设降低对周边环境的影响,在八达岭长城段落采用地下方案体现绿色、以人为本的设计理念,采用与京藏高速公路共走廊道方案以减少对官厅水库库区的切割和影响。

(5)处理列车垃圾:高速列车以舒适、便利的优越性而吸引众多的旅客。为此,列车生活垃圾的处理,如车厢粪便的收集、废水的排放、“白色污染”的治理等将成为保证高速铁路沿线环境(包括列车车厢和沿线)的重要内容。

为实现上述任务,高速铁路的环保工作要贯彻“全面规划、合理布局、综合利用、化害为利、保护环境、造福人民”的方针,在进行高速铁路可行性研究或初步设计的同时,必须进行环境影响评价,提出环境影响分析专题报告,拟定环境保护的对策和建议,并估算用于环境保护工程的费用,将其列入工程概算,使高速铁路的环保工作落到实处。

## 第二节 高速铁路防灾安全监控系统

防灾安全监控系统是综合调度中心的一个组成部分。防灾安全监控系统提供有关防灾数据(预警、限速、停运决策信息),为列车运行计划调整、控制提供依据,保证列车正常运行。日本、德国、法国等国均考虑高速铁路防灾安全监控系统,并采用了较完善的安全设施保障列车行车安全。我国高速铁路对风、雨、雪、洪水、地震以及异物侵限等均进行了实时在线监测,当达到报警控车条件时,根据风险等级采取限速或停车措施。

防灾安全监控系统一般包括信息采集、信息传输和信息处理三部分,对自然灾害(风、雨、洪水及地震)、轨温及火灾、突发事故、异物侵限及非法侵入等内容进行监测或控制。自然灾害主要指风、雨、洪水、地震及其他自然灾害;轨温及火灾主要指钢轨温升、大型车站、大型结构物、牵引变电所、通信信号机械室等重要机房室内及周围火灾;突发事故及异物侵限指突然发生的影响行车安全的事故以及落石、落物、塌方或其他物体侵入限界,使铁路设施受到意外撞击等。另外运行中的高速列车、牵引供电系统和通信信号等都有自己的安全监测和自控子系统,维修、紧急救援子系统也是安全系统中的重要环节,它们共同构成安全保障体系。我国高速铁路防灾安全监控系统总体构成如图 10.1 所示。

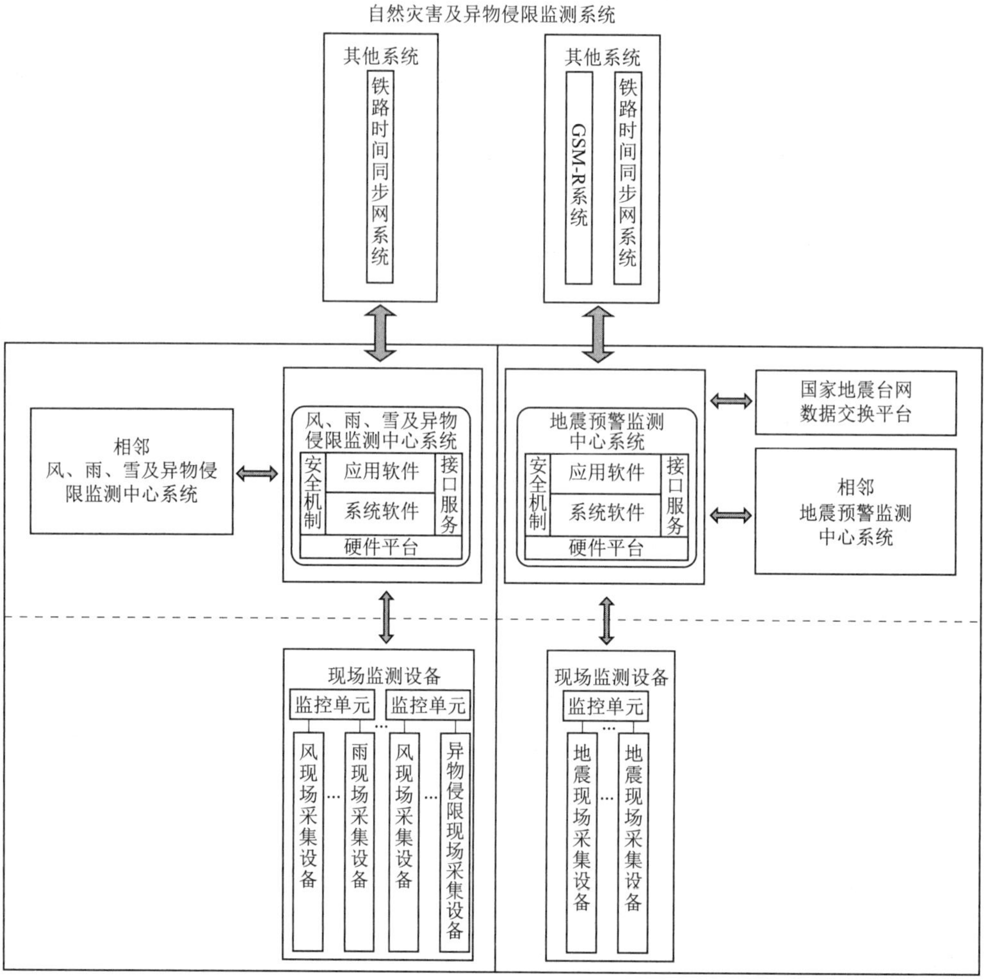


图 10.1　高速铁路防灾安全监控系统总体架构

注风、雨、雪及异物侵限监测平台在系统构成上,是独立分开的两个系统,分别独立设置中心系统和现场监测设备。

以下先介绍自然灾害监测中的风监测子系统、雨量及洪水监测子系统、地震监测子系统和雪害监测及对策,然后介绍固定设施诊断与监控中的轨温监测、长大隧道安全监测、长大桥梁安全监测、路基安全监测、大型车站防灾系统和其他灾害监测及安全防护工程。至于高速列车、牵引供电系统和通信信号的安全监测和自控子系统,以及维修、紧急救援子系统,这里不再一一介绍。

1. 风监测子系统

高速铁路与普速铁路相比,一方面列车运行速度快,另一方面列车轴重轻,因此,风对高速铁路安全的影响是不容忽视的。强横风作用下,接触网可能引起强烈摆动、翻转;作用于车辆的侧向大风则将影响列车运行的横向稳定性,可能造成列车倾覆。长大桥、车站一般要设风向风速计,空旷地带风期长、风力强劲的风口也应设置风向风速计,而气象部门只能提供大面积范围内的气候概况，不能满足高速铁路点、线特点和具体数据的实时性要求，所以，高速铁路针对风灾害所采取的安全对策是建立风监测子系统（系统还需与气象部门联网以保证数据的合法性和对未来天气的预测需要）。该系统由风向风速计、发送装置、接收分析记录显示装置组成。日本采用的某种风向风速监测子系统构成如图 10.2 所示，风向风速计通过其附带的变换器将模拟电信号变换成数字信号，经由各自的信号发送装置，通过一对电缆发送至分析记录显示装置接收。在风速达到一定值时，自动通知中央控制中心，控制列车减速或停止运行。警报标准根据线路条件、列车抗风性能、周围环境等因素综合考虑。

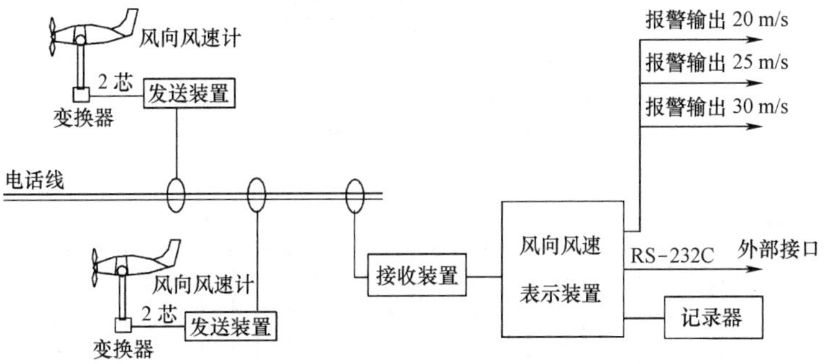


图 10.2　风向风速子系统构成

我国现行铁路技术管理规程规定：(1)在环境风速不大于 15 m/s 时，可以正常速度运行；环境风速不大于 20 m/s 时，运行速度不大于 300 km/h；环境风速不大于 25 m/s 时，运行速度不大于 200 km/h；环境风速不大于 30 m/s 时，运行速度不大于 120 km/h；环境风速大于 30 m/s时，严禁动车组列车进入风区。(2)在线路中心线距站台边缘为 1 750 mm 的正线、到发线办理动车组列车通过时，在环境风速不大于 15 m/s 情况下，速度不得超过 80 km/h；当环境风速超过 15 m/s 时，动车组运行速度不得超过 45 km/h，并注意运行。

2. 雨量及洪水监测子系统

铁路洪水灾害不像地震、风灾那样具有突发性，而是按积少成多、循序渐进的规律，因汛期雨水多而形成灾害的。例如，京沪高速铁路多处于河流下游的平原地区，沿线地区日最大降雨量均大于 100 mm，降雨大多集中于汛期(6～9 月份)，铁路桥涵及线路易受汛期江河下游大范围洪涝灾害、江河决堤、水库溃决等影响，路基常处在淹没状态，造成线路溜坡、沉降、坍塌和冲毁路基及桥涵设施等。

为了防止洪水对高速铁路带来的灾害，需要建立雨量及洪水监测子系统。该系统根据高速铁路沿线气象、水文、灾害历史以及线路的路基、桥梁等设计状况，有针对性地设置监测终端，有效地制订运营及防洪措施。图 10.3 为雨量及洪水监测子系统结构图，系统由水文气象数据采集终端（风速、风向、气温、气压、雨量、水位、冲刷探测、洪水测量及防撞监视等）、数据处理与预报（中央装置）、数据传输与控制三大部分组成。

高速铁路受降雨及洪水的破坏，主要表现在路堤、桥梁破坏以及路堑自然边坡破坏三大方面。路堤破坏类型主要有边坡侵蚀、堤内水位上升、排水不良、周围环境影响；桥梁破坏主要有桥墩台过度冲刷、桥梁撞击、水位过高；路堑自然边坡破坏，很大一部分也是由雨水冲刷造成。因此，应针对上述情况考虑设计相应的探测及数据采集设备。

雨量及洪水监测子系统由数据采集、数据传输、监测终端等设备构成。图 10.4 为日本采用的某一雨量监视系统构成。设置在各地点的雨量计通过各自的带阻滤波器连接在一对芯线上，通过各自对应的频率发生器发送信号，接收记录装置分别接收各自频率的信号，分析统计各地点的雨量信息。

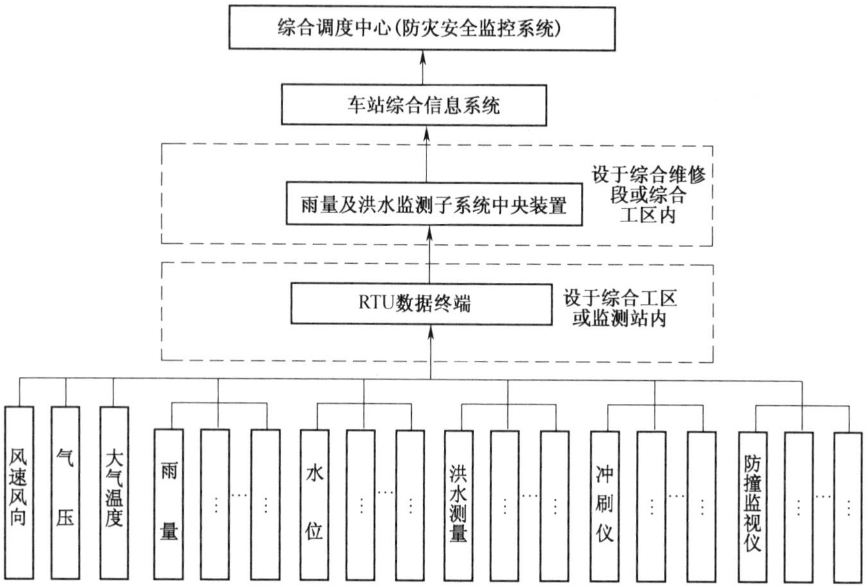


图 10.3　雨量及洪水监测子系统结构

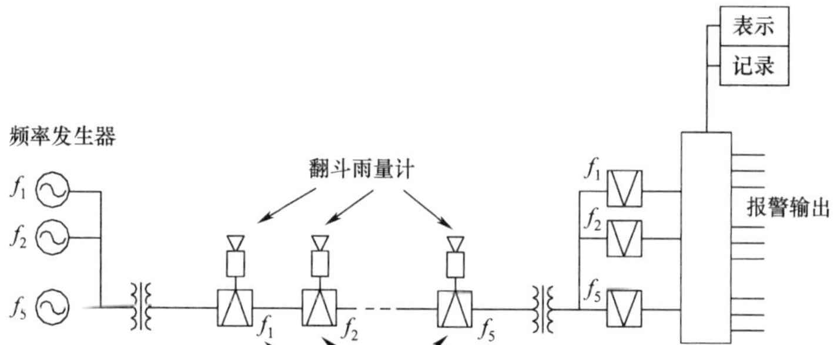


图 10.4　日本雨量监测子系统构成

降雨警报标准的确定是非常复杂的问题，报警限速虽然保证了灾害发生时的安全，但如果灾害没有发生就会使列车误点或停运，破坏了正常运输。为此，设定限速标准时，要确实把握现场情况，既要保证安全，又要使运输损失控制在最低程度；同时还要根据恢复整治加固、环境变化，经常予以调整。日本东海道新干线明确规定了降雨警报标准及运行措施，例如连续雨量(24 h 的累计)140 mm、每小时雨量达 40 mm，就要实行限速 170 km/h 运行，每 30 min 报告雨量一次。

3. 地震监测子系统

在影响高速铁路运行安全的自然灾害中，地震是一种发生概率相对较少但危害性最大的一种特殊灾害，例如京沪高速铁路沿线将穿越四条较大的地震构造带，历史上发生可能危及高速铁路的地震有几十次。目前，我国掌握了拥有自主知识产权的地震预警及紧急处置成套技术，本技术率先在京张高速铁路中得到应用。我国高铁地震预警系统包括地震监测预警及紧急处置两部分。其中，监测预警具备阈值报警、现地预警、异地预警多种监测预警功能，可以实时接收中国地震台网报警和预警信息，地震影响范围内多条高速铁路之间和相邻铁路局集团公司之间实现互联互通，地震事件判识快速且准确；紧急处置快速且可靠，系统的时效性、准确性、误报率等关键技术指标达到世界先进水平，以保证高铁的运营安全或将灾害损失降至最低。

目前用于地震监测预警主要有两类系统：一类是在烈度大于或等于Ⅶ度（相当于地震动峰值加速度为 0.1$g$）的线路区段的变电所内，设置地震监测设备。监测设备有两种形式：一种是加速度报警仪，我国采用的报警加速度为 45 gal（1 gal = 0.01 $m/s^2$），日本采用的报警加速度为 40 gal（0.4 $m/s^2$）；另一种是显示用的地震仪，该地震仪能显示监测点的地震加速度波形，可进一步判断发出的警报是否可靠。另一类系统是日本开发的地震早期监测预警系统。

在地震波中，包含有基岩中传播速度快、振动幅值小、人体几乎感觉不到的 P 波（初期微动，$v \approx 8$ km/s），以及传播速度慢、振动幅值大、人体感觉明显、造成构造物损坏的 S 波和面波（主震，$v \approx 4$ km/s）。沿线变电所内的地震仪通常是在主震袭击线路后才报警，如果此时有高速列车正好在地震受灾区运行，很可能因来不及减速而掉道翻车。图 10.5 是该地震预警系统工作原理示意。其工作原理是，地震发生时，由设置在检测点的 P 波检测仪检测 P 波，在 4 s 内推断地震的震级、位置及震源深度，并对可能受害的线路区段发出警报，感震器就会启动，停止对前后约 40 km 区间的供电，列车就紧急制动，停止运行，从而保证危害较大的 S 波传到高速铁路之前将列车运行速度降至安全时速，减小有可能产生的损失或事故发生的概率。日本是个多地震的国家，为面对内陆地震，建立了沿铁路线每隔 20 km 设置地震仪的检测系统；为面对太平洋中的地震，建立了沿海岸线每隔约 80 km 设置地震仪的检测系统。地震发生后，针对不同的地震强度，采取不同的处理措施，见表 10.1。

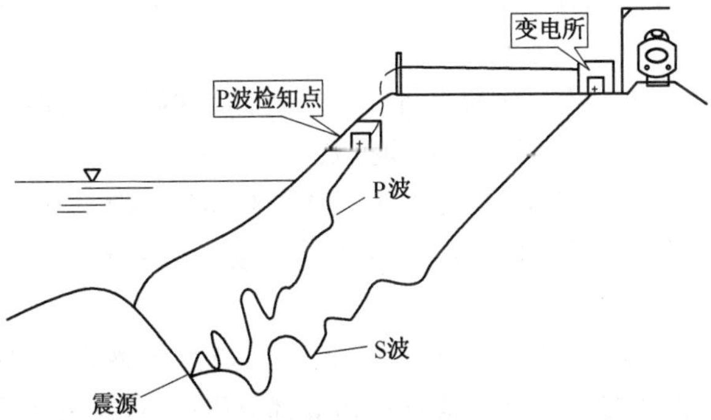


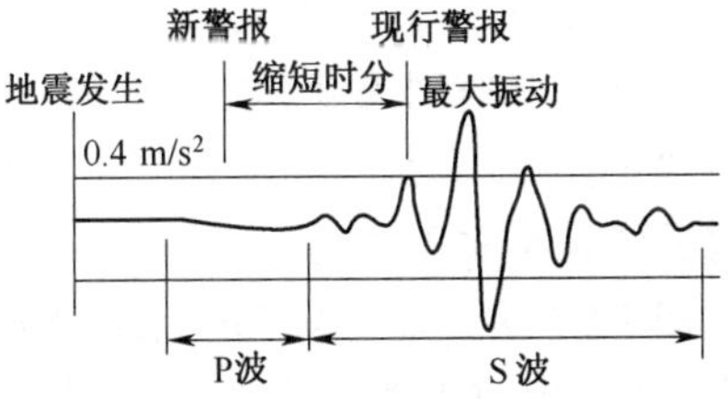


图 10.5　地震预警系统工作原理

**表 10.1　地震时新干线铁路行车和检查规定**

| 地震的规模 | 运行规定 | 检查方法 | 备　注 |
|---|---|---|---|
| 0.8 $m/s^2$ 以下 | — | — | 供电停止后马上再次送电恢复行车 |
| 0.8 ~ 1.2 $m/s^2$ | 30 km/h 以下 | 乘车巡视 | 养路、供电维修人员乘车巡回时以 70 km/h 以下速度运行 |
| 1.2 $m/s^2$ 以上 | 停止运行 | 徒步巡视 | 巡视结束后以 70 km/h 以下速度运行 |

4. 雪害监测及对策

在年降雪量和积雪深度大的地区，下雪时积雪对高速铁路的主要危害有：

(1) 暴风雪形成的雪堆，过高时影响行车安全。

(2)高速列车气动力卷起积雪并凝结在列车车体底部,导致车辆绝缘失效。

(3)列车从降雪地区行至温暖地区,车下积雪或结冰脱落,砸向道床,使道砟飞起,危害车辆设备及附近建筑物和人员。

(4)积雪使道岔扳动失灵。

为此应采取相应措施,例如日本在风口地段设置防雪栅或防护林,防止在线路和设施上形成雪堆,同时在适当地点设置防雪崩桩或檐棚,阻止斜坡发生雪崩;降雪路段配备自动喷水器进行洒水融雪;人工或机械清除积雪;车体下部易凝雪的地方加设防护装置和加热融雪装置;道岔处采用电气温风融雪机;设置雪害监测设备等。

雪害监测设备包括降雪计、积雪深度计、自动控制部分及除雪(热风融雪、温水喷射融雪)设备等。降雪期间,对应于钢轨上的积雪厚度,东日本旅客铁道株式会社规定了新干线列车慢行的运行速度,见表 10.2。

**表 10.2 JR 东日本雪害时列车运行标准**

| 钢轨上积雪深度/cm | 9 ~ 17 | 17 ~ 19 | 19 ~ 22 | 22 ~ 30 | 30 以上 |
|---|---|---|---|---|---|
| 列车允许运行速度/(km/h) | 245 | 210 | 160 | 110 | 停止运行 |

5. 轨温监测

高速铁路全线铺设跨区间无缝线路,在夏季,随着轨温的升高无缝线路长钢轨的纵向应力将增大,如果在该季节进行夜间大型养路机械作业,作业后将改变有砟轨道道床作业前的状态,实测表明道床的纵向横向阻力均有所下降,此时无缝线路保持稳定的安全储备量将减少。如果轨温继续升高达到(或超出)某一临界值时,只要有任意的激扰,如过车时的振动、列车在该地段制动、线路维修等,无缝线路将失去保持稳定的能力从而发生胀轨跑道事故,对高速铁路的行车安全构成威胁。

工务部门在夏季能否保证进行养护维修作业后,特别是进行大型养路机械作业后的线路在次日轨温条件下,具有安全储备,需借助于精度较高的轨温预报及监测系统。轨温预报及监测系统能实时监测无缝线路的轨温、安全储备量、气象等信息,为工务维修部门、综合调度中心提供决策依据。为此,高速铁路建立无缝线路轨温预报及监测系统,并将数据传送到安全防灾报警系统是至关重要的。

图 10.6 为一轨温监测子系统构成,由温度、湿度、风力(风向、风速)、应力传感器,信息处理器、显示器,道床状态信息输入设备,报警装置、记录仪、信息传输等部分组成,风向风速信息可利用风监测系统数据。由于轨温与气温有紧密的联系,通常小范围内的气温几乎相同(如数十公里内),因此,曲线半径不大于 6 000 m 的有砟轨道,可每隔 70 km 设置一处轨温监测装置,在桥梁或曲线较多的地段,可适当增设,在特大连续梁桥温度跨度较大的梁端也宜增设监测装置。根据钢轨温度和不同的道床状态(如锁定轨温、起道作业、横向阻力值等)可确定出不同的行车限速或禁行规定,保证行车安全。

6. 长大隧道安全监测

高速铁路条件下的隧道灾害,主要表现为火灾、水灾、空气动力学问题和隧道内的通常病害、侵限及结构失稳问题。隧道病害在非特大灾害条件下(如爆炸、地震、山体滑坡等),一般来说发展较为缓慢,有一定的时间发现和整治,可通过提高工程设计和施工质量相应提高其抗灾能力。但对于长大隧道在交付运营后的安全监测是必不可少的,比如隧道壁衬砌混凝土的应变监测,可在施工中预先考虑。长大隧道健康状况远程监测诊断,是实时定位及识别服役期内隧道内部自然状态及高速列车通过时的结构损伤状况，预测隧道结构劣化趋势，使隧道结构功效实时处于被监测诊断状态，将目前的离线、静态、被动的损伤检测，转变为在线、动态、实时的监测。

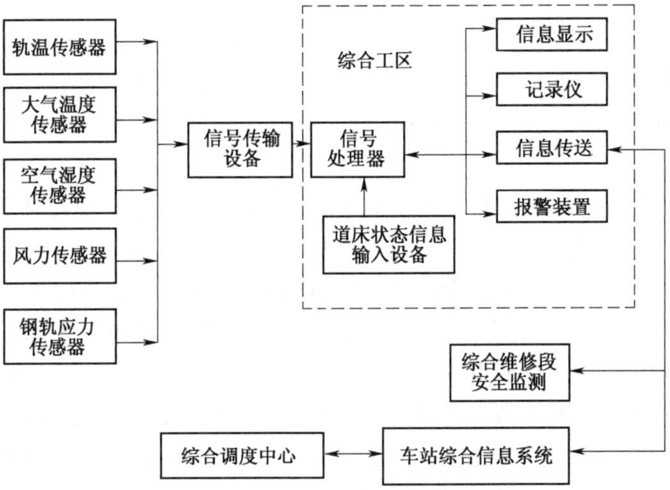


图 10.6　轨温监测子系统构成

根据隧道内列车火灾的特点，应最大限度地防止列车在隧道内发生火灾和已发生火灾的列车进入隧道；在隧道中已发生火灾的列车应尽可能拖出隧道。高速铁路长大隧道防灾安全监测子系统应由火灾检测、通风排烟、紧急避难、定点灭火、引导疏散、温度湿度检测、通信、供电、救援等几部分组成，经过火灾确认、火灾等级判定，由综合调度中心统一指挥处理。图 10.7为日本一座隧道防火设备概要图，其除了对车辆采取一系列防火防燃措施外，隧道内还采用专用的通信设备、消防设备、照明设备，并设有专门的维修用道路。

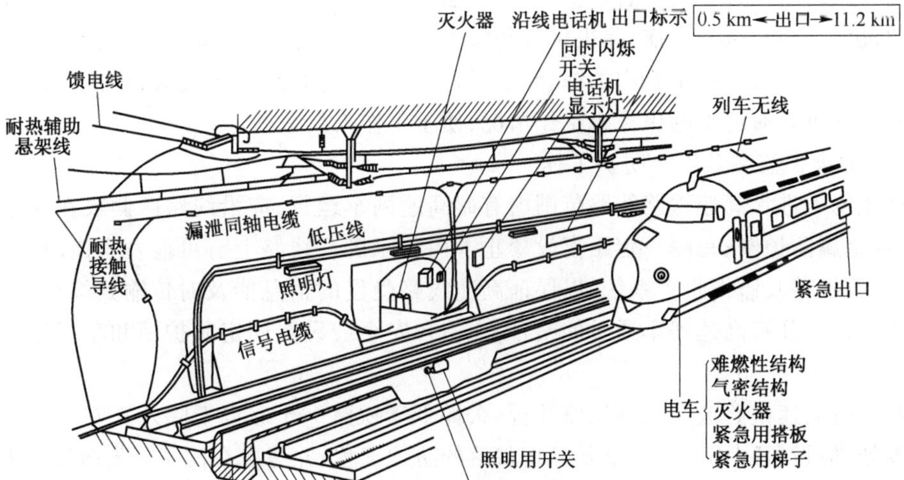


图 10.7　隧道防火设备示意

7. 长大桥梁安全监测

高速铁路桥梁及高架线路往往占有较大的比重，桥梁及高架线路的可靠程度和状态，将直接影响高速铁路运营的安全和效益。除各种自然灾害对桥梁有其特殊的危害外,针对长大桥梁自身在高速荷载作用下的稳定性以及对通航河流桥墩的防护,需对桥梁结构设置加速度仪、桥墩防撞仪等进行监测。在与公路和既有线交叉处,还要安装必要的限界障碍检测和桥墩防护工程。

火灾对桥梁本身的危害,主要是超出设计耐火极限引起的结构失效或对结构造成的破坏。通过市区的高架桥,或桥下已被利用的高架桥,一旦发生火灾,应立即停运。火灾后调查结构物状态,并根据受损程度再决定是否限速运行。

8. 路基安全监测

路基工程中最突出的问题是软土路基的下沉,首先应该依靠工程设计和施工质量予以解决,其次才是在列车运营期间实施安全监测。例如京沪高速铁路的沪宁段通过宁镇地区、太湖湖积平原和长江三角洲冲积平原,沿线地质情况复杂。该地区土质为软土层,多为近代沉积的黏性土,含水率大,透水性差,抗剪强度低,压缩性高,并且软土层厚度变化大,软土地基的稳定和变形问题相当突出。因此如采用修建路基工程方案时,工程设计与施工需特别予以重视,同时在通车期间应继续长期监测在列车荷载作用下的地表沉降、分层沉降、侧向位移(剪切变形)及孔隙水压力的变化情况;测量路基断面动应力的分布及分布规律,路基不同部位的回弹变形等主要参数,以便综合评价软土路基质量,有效地控制工后沉降,确保高速列车运营的舒适和安全。

路基安全监测子系统主要监测路基病害的发生、发展和发出预警信息,对个别地点的塌方、落石也进行监视。该系统可由测斜仪、沉降仪等传感器,数据记录与信息显示和信息传输三部分组成,一般设置在软土路基路堤和滞洪路堤的必要地点。

9. 大型车站防灾

大型车站应设有自己的防灾中心,采集的信息有火、烟及各通道滚梯运行状况等。一旦有非常事态发生,可及时自动采取灭火、排烟、隔离火源等措施,并有效地疏导旅客。

大型车站内的旅客导向信息系统,是列车运行管理系统中的一部分,对车站安全起到辅助作用。通过向导显示板和广播,除提供日常服务信息外,还可提供事故信息、疏导向导。例如,日本东京车站内防灾控制中心内的综合显示板,可实时显示楼层、各安装位置上的自动扶梯,热、烟探头,各重要通道上的摄像机工作情况,便于工作人员掌握。

10. 其他灾害监测及安全防护工程

为避免闲人进入高速铁路线路范围内有碍高速列车运行,应沿线路两侧或在铁路用地限界处,设置金属防护网;每隔一定距离设禁止入内警示牌。线路上有可能发生崩坍、落石的地段,应设置防护栅及监视报警系统,以保证高速线路受侵的信息能及时传输到综合调度中心,控制列车运行。凡有高速列车通过的站台,在站台安全线设置固定防护栅和车门处的活动防护栅。

公路跨越高速铁路或与高速铁路并行(公路低于铁路 1.5 m 以上除外),在公路与高速铁路的交界处,应设置防止汽车翻落及异物跌落的防护工程,并考虑在汽车的来向端及去向端适当延长防护工程范围。与防护工程同时设置边界故障报警装置。高速铁路跨越或并行公路、既有铁路,其桥墩外侧面认为有必要时,应设防护撞击设施。

线路两侧交错设置列车防护开关,站台上每隔一定距离设值列车防护开关。发生突发事故(如发现线路内有障碍物、乘客从站台上跌落或线路异常等)时,线路巡道员或车站值班员操作列车防护开关,及时关闭 ATC 信号,使正在接近的列车停车,防止事故发生。设置防护开关的地点设置防护电话,便于现场与综合调度中心联系,防护电话可采用有线或无线通信。

防灾安全监控系统设备须安全可靠,直接对列车限速的软、硬件设备须考虑冗余设计。要保证高速运行中的列车在临灾之前,能得到有效的控制,就要求灾害信息传送具有实时性。因此,防灾安全监控系统信息传送应采用高速铁路专用数据通信网。此外,作为系统的需要,应建立灾害资料存储库。任何时候发生的任何灾害,系统都能在灾害前、灾害中、灾害后根据操作者要求随时调出,以便查找、分析事故原因。同时为以后修改、完善系统报警条件和拟订救灾方案作技术积累。例如图10.8所示的日本灾害评估及恢复救援系统"HERAS"(hazards estimation and restoration aid system),当发生大地震时,能根据以往积累的资料,迅速、准确地判断地震发生地点、受灾的规模,这对决定灾后采取何种对策极为重要。

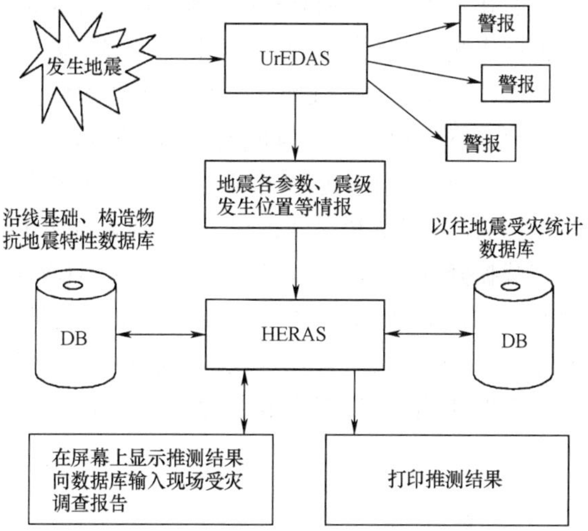


图10.8　HERAS框图

高速铁路是存在于自然界的构造物,受到灾害和事故的侵袭是不可避免的,但是,只要对各种灾害和事故进行深入的研究,针对不同的灾害和事故,结合高速铁路的实际情况,制订不同的防灾安全对策,就可以将灾害和事故带来的损失降到最低,确保高速铁路的安全运行。

## 第三节　高速铁路噪声及其控制

高速铁路噪声是铁路噪声的一种,具有特殊性。高速铁路噪声主要由气动噪声、轮轨噪声、集电系统噪声、车载设备噪声、构筑物噪声等组成。列车低速运行时轨道车辆噪声以轮轨噪声为主,随着列车运行速度的提高,空气与车辆之间的相互作用产生的气动噪声逐步增大。从噪声的频谱特性来看,高速铁路噪声与普速铁路噪声也存在着较大的差异,高速铁路高频噪声明显增大。

近年来,我国高速铁路降噪技术有了比较大的进步,一些新技术在高速铁路降噪中得到了成功应用。麦克风阵列声源识别技术的广泛使用,使得人们对高速铁路噪声源有了更加深刻的认识;噪声预测中多声源模型的应用,使得高速铁路噪声预测更加准确,噪声控制技术应用更加精准;新的噪声控制技术措施得到应用,如全封闭式声屏障、半封闭式声屏障等使高速铁路噪声控制效果更加明显;高速列车的车体平顺化技术及受电弓降噪技术的应用有效地降低了高速列车运行噪声。

### 一、噪声危害

一切对人们生活、工作、学习和健康有妨碍,令人厌烦的声音统称为噪声。众所周知,噪声污染是一种物理污染,虽然并不直接致病,但噪声对人的健康有重大影响,它不但会损伤人的听觉,而且对神经、心脏、消化系统也有不良影响,还影响人的睡眠和休息。试验证明,45 dB(A)的噪声就开始对正常人的睡眠产生觉醒反应;在白天,噪声达到100 dB(A)时,人们就会感到吵闹不安,甚至难以忍受;噪声会使人烦恼、疲劳发困、反应迟钝,影响工作效率;噪声还会影响儿童的智力发展,据调查,在吵闹环境下儿童的智力比安静环境下低 20% ;噪声对自然界的生物也有影响,强噪声会使鸟类羽毛脱落,甚至内脏出血而死亡;高强度噪声能损坏建筑物,160 dB(A)以上的高强噪声会使金属结构疲劳。

铁路噪声原本存在,随着高速铁路的诞生,噪声污染问题就更显突出。日本新干线穿越人口密集区,修建东海道新干线之初,未对噪声扰民问题引起重视,建成后由于沿线噪声扰民不断,遭到投诉事件和强烈抗议,日本环境省于 1975 年颁布了新干线环境噪声标准,被迫采取了许多减振降噪措施。法国国铁也曾由于 TGV 东南线高速列车运行产生的噪声问题而被罚款,但与日本比起来,由于法国规定了较宽的铁路用地范围,沿线人口稀少,对噪声、振动控制要求不迫切,因而对其治理投资较少,列车辐射声级也较高。可见,世界各国在修建高速铁路时,对噪声问题相当重视,都采取各种综合减振降噪措施,来满足政府部门制定的噪声法规和环境噪声标准。

## 二、噪 声 源

按噪声的来源,可分为工业噪声、交通噪声和生活噪声。工业企业的噪声按产生的机理又可分为三种:第一种是空气动力性噪声,如各种风机、空气压缩机、汽笛、高速气流等所产生的噪声;第二种是机械噪声,如各种车床、电锯、铁路车轮滚动所产生的噪声;第三种是电磁性噪声,如发电机、变压器、电力机车集电系统所产生的噪声等。

高速铁路由于具有高速、高架、电气化等特点,其辐射噪声与普速铁路有所不同,主要体现在噪声源及其辐射强度等方面。高速铁路的噪声主要由轮轨噪声、集电系统噪声、空气动力噪声、建筑物激励噪声和其他机械噪声等组成,如图 10.9 所示。

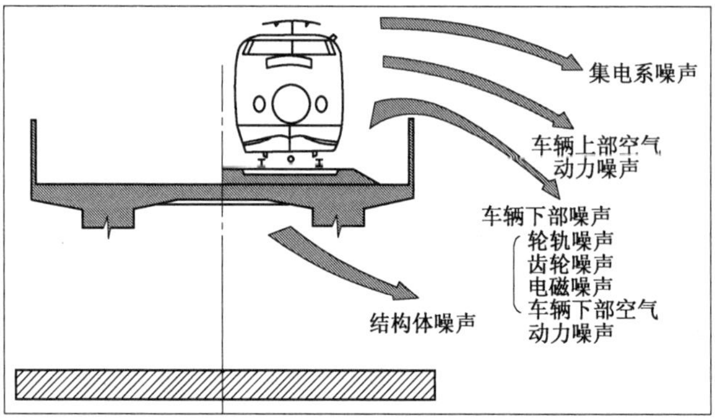


图 10.9 高速铁路噪声源分布示意

### 1. 轮轨噪声

轮轨噪声是高速铁路的主要噪声源,它产生的噪声来自三个方面:

(1)车轮通过钢轨轨缝、道岔以及擦伤后的车轮在钢轨上滚动时产生的冲击声。

(2)车轮与钢轨粗糙的接触表面相互作用后所产生的轮轨振动轰鸣声。

(3)车轮通过曲线时,轮缘挤压外轨以及内侧车轮踏面在钢轨上滑动所产生的摩擦噪声。

高速轮轨噪声主要通过车轮辐射,仅有小部分通过钢轨辐射,其声能分布的频域范围较宽。

### 2. 集电系统噪声

凡由动车组受电弓引发的声音,统称为集电系统噪声,它产生的噪声来自三个方面:

(1)受电弓沿接触网导线滑动而引发的机械滑动声。

(2)受电弓离线时产生的电弧放电噪声(拉弧声),它与接触网吊弦弧度的大小有关。

(3)整个受电弓与导线滑动过程中产生的风切声,它与导线的张力有关。

其中电弧噪声最大,有时瞬时可达 100 dB(A)。

3. 空气动力噪声

在高速铁路上行驶的动车组,会使车体表面出现空气流中断,并因此引起涡流,从而产生空气动力噪声。这种噪声与列车的行驶速度、车体表面的粗糙程度以及车体前端是否流线化等因素有关。

4. 建筑物激励噪声

高速铁路的路基、高架混凝土桥、钢桥、隧道等建筑结构在振动状态下均可成为二次辐射噪声源。不同的基础建筑结构,辐射噪声级不同。路堤型路基噪声高于路堑型路基。在桥上或高架结构物上产生的振动能以低频噪声再传播,尤其当列车通过无道砟轨道的钢桥时,这种二次辐射噪声值较为明显。高速列车行驶在隧道出口处时,因微气压波,导致能量很大的冲击噪声。

5. 其他机械噪声

在高速铁路噪声源中,其他机械噪声与列车速度虽无直接关系,但由于机车功率提高而同样显得突出,例如动力传动机构、牵引电机冷却风机及其气流等。此外密闭车厢内的设施,例如空调机组及其通风管道布置、车内电器装置等,也会对车厢内环境产生噪声。

高速铁路列车运行时产生的总噪声级,由以上几种噪声叠加而成,在不同的列车速度和不同的减振降噪措施条件下,上述几项影响的程度是不一样的。一般认为列车速度在 240 km/h 以下时,轮轨噪声对沿线环境的影响较大;列车速度在 240 km/h 以上时,空气动力噪声和集电系统噪声增大,与轮轨噪声共同成为主要声源。当运行速度不同时,上述各噪声因素对总声级的贡献呈动态变化。日本新干线试验研究表明:当列车速度低于 240 km/h 时,轮轨噪声为主要声源,约占总噪声能量的 40% 以上;当列车速度达到 300 km/h 时,轮轨噪声与空气动力噪声、集电系统噪声共同成为主要声源,各占 30% 左右,详见表 10.3。

**表 10.3　日本新干线高速铁路各种噪声源强度**

| 噪声源 | 高速铁路躁声源强度/dB(A) | | | | | | | |
|---|---|---|---|---|---|---|---|---|
| | 列车速度/(km/h) | | | | | | | |
| | 240 | | 300 | | 350 | | 400 | |
| | 声级 | 比例/% | 声级 | 比例/% | 声级 | 比例/% | 声级 | 比例/% |
| 轮轨噪声 | 64 | 40 | 67 | 30 | 69 ~ 70 | 25 | 72 | 20 |
| 集电系统噪声 | 62 | 25 | 68 | 30 | 72 | 40 | 74 ~ 75 | 40 |
| 空气动力噪声 | 60 ~ 62 | 20 | 66 ~ 67 | 30 | 70 ~ 71 | 25 | 74 | 30 |
| 建筑物噪声 | <60 | 15 | 63 | 10 | 66 | 10 | 69 | 10 |
| 总噪声级 | 68 | | 72 ~ 73 | | 76 | | 79 | |

注:测试条件:①测点距铁路中心线 25 m,高于地面 1.2 m;②高架结构(8 ~ 10 m);③整体(吸声)道床;④2 m 高声屏障。

国外经过多年的研究开发,高速铁路的噪声级有了较大幅度的降低。国外高速铁路噪声级(列车通过时的噪声值)见表 10.4。从表中可以看出,法国高速铁路的噪声级最高,德国其次,日本最低。

表 10.4　国外高速铁路噪声级

| 国　家 | 列车速度/(km/h) | 不同年代的 $L_{Amax}$/dB(A) | |
|---|---|---|---|
| | | 20 世纪 80 年代 | 20 世纪 90 年代 |
| 日　本 | 200 | 87 | 67 |
| | 250 | 90* | 73 |
| | 300 | 92* | 77 |
| 德　国 | 200 | 86 | 84 |
| | 250 | 90 | 87 |
| | 300 | 93 | 90 |
| 法　国 | 200 | 90* | 87 |
| | 270 | 97 | 92 |
| | 300 | 97 | 94 |

注:①带“ * ”的为计算值,其余均为实测值;②测点距铁路中心线 25 m,高于地面 1.2 m。

## 三、噪声环境评价标准

不同国家不同发展阶段的高速铁路,在噪声水平控制技术上有很大的差异。尤其是铁路噪声所受的影响颇多,在产生和传播过程中,不同的线路结构、桥梁结构、不同的建筑群类型和布局以及不同的动车组等均对噪声的大小及范围有很大影响。因此,确定噪声的控制标准是一项比较复杂的任务。

有关高速铁路噪声标准,日本和法国曾制定执行,其他国家大多仍受既有铁路噪声标准控制。目前我国铁路环境噪声排放标准执行《铁路边界噪声限值及其测量方法》(GB 12525—1990)及其修改方案,该标准制定时我国尚无高速铁路工程,主要基于普速铁路环境噪声影响现场测量及主观调查统计结果确定,评价量为昼间、夜间等效声级(纯铁路噪声贡献值)。国外铁路环境噪声排放标准与我国标准体系有所不同,更重视噪声源的排放控制。标准值由各国通过调查沿线居民对噪声的烦恼度,进行数理统计分析后提出,因而数值大小与各国国情有关。

日本新干线噪声限值为列车通过时的最大声级,其限值如下:① Ⅰ类地区(主要为住宅的地区),$L_{Amax} \leqslant 70$ dB(A);② Ⅱ类地区(商业、工业等Ⅰ类以外地区),$L_{Amax} \leqslant 75$ dB(A)。法国高速铁路标准为等效声级 $L_{eq}$,昼间 65 dB(A)。

我国既有铁路噪声限值为距铁路外侧轨道中心线 30 m 处,昼夜等效声级均为 $L_{eq} = 70$ dB(A)。其他国家既有铁路噪声值大多在 60 ~ 68 dB(A)。等效声级 $L_{eq}$ 相当于以一个稳定的连续噪声来代替随机噪声,二者在规定的一段时间内具有相同的能量。

对各国铁路噪声限值进行比较,日本新干线噪声限值是比较严格的铁路噪声限值。这可能与新干线运营初期,沿线居民对噪声的强烈反映有关。满足国家规定的环境质量要求是高速铁路技术体系的重要组成内容,也是交通发展方向的重要目标之一,因此采取适当措施,达到一定的降噪效果是十分必要的。

## 四、噪声控制技术

噪声传播过程中有三个要素:即声源、传播途径和接受者。噪声控制的基本方法也要从这三个环节入手:对声源进行控制;在传播途径中控制;对接受者进行防护。在声源处控制噪声,即通过研制和选用低噪声设备,改进生产工艺,提高机械设备加工精度和安装技术,对振动机械采用阻尼、隔振等措施,可减少发声体的数目或降低发声体的辐射声功率,这是控制噪声的根本途径。由于技术和经济原因,当从声源上难以实施噪声控制时,就需要从噪声传播途径上加以控制,主要有以下方法:利用屏障阻止噪声传播;利用噪声随距离衰减的规律;采用局部降噪技术措施;利用声源指向性特点降低环境噪声。上述措施均达不到预期效果时,就需要采取耳塞、耳罩等防护措施。

1. 对声源进行控制

(1)降低钢轨和车轮表面的粗糙度,对轮轨表面进行研磨,使之保持平滑完好状态。这项措施使用在日本新干线上,可使噪声衰减 3 ~6 dB(A)。

(2)铺设超长无缝线路可减少车轮对钢轨接缝的冲击声;采用 60 kg/m 及以上的重型钢轨,保持线路方向顺直,可减轻高频振动对道床的影响,提供高速行车所需的平滑运行表面。

(3)采用防振钢轨,即钢轨使用橡胶从钢轨头部及以下将整个轨腰部位包覆直至轨底的上部表面,使橡胶件与钢轨组成一个整体,如图 10.10所示。在高架桥上采用这种防振钢轨,可降低噪声约 4 dB(A)。

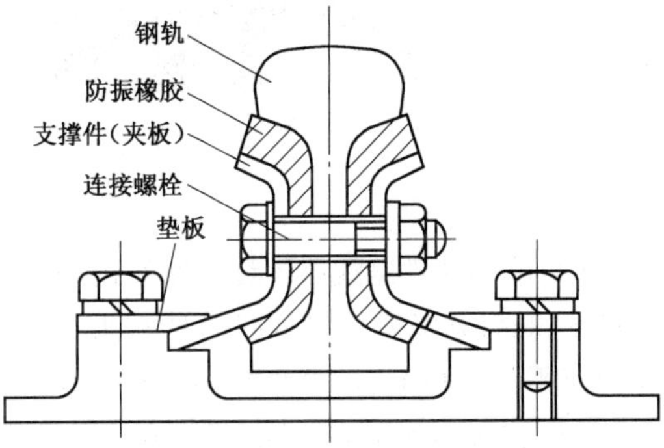


图 10.10　防振钢轨断面

(4)铺设大号码可动心轨道岔。采用大号码的可动心轨道岔,加大道岔的导曲线半径,消除道岔有害空间,以减少车轮对道岔的冲击噪声。

(5)采用高弹性轨下垫板和相应的弹性扣件,高架桥上采用混凝土箱梁或连续梁,并设置橡胶支座。

(6)采用动力集中型动车组,可减少整个动车组受电弓的数量,从而减轻受电弓离线时产生的电弧放电噪声。

(7)动车组头部流线化,车体表面无凸起、平滑化。列车在高速运行时空气阻力将会明显增加,空气阻力与速度的平方和车体迎风的截面积成正比。动车组车体头部的流线化,将使空气阻力系数减少 0.5 以上,既可减少空气阻力,同时也将大大降低风切噪声。车体表面的无凸起、平滑化,将空调装置从车顶移到台板下,高压电缆接头设置在车体结构内,车棚结构的低噪声化,缩小车窗及车门的高低差,尽量减少车辆暴露面的尖端形状等,均可使噪声衰减。

(8)采用盘式制动方式代替闸瓦制动,不仅可以减少闸瓦对车轮的磨耗,而且可以避免制动时的尖叫噪声。

(9)改善转向架导向性能,轮缘涂油,装设防滑器以减少车轮踏面擦伤等,也可使噪声衰减。

2. 在传播途径中控制

(1)设置隔声屏障。高速铁路噪声源的产生机理和组成较为复杂,对噪声源采取控制措施需要掌握车—线—网—气流强耦合复杂系统的动力学特性,其技术难度较大且进展缓慢。高速铁路噪声辐射区域大,受影响人群具有较大的流动性与分散性,对受声点处进行噪声防护实施难度较大。相比而言,噪声传播途径控制是最简单经济的方式。声屏障在控制交通噪声方面应用较为普遍,通过在声源与接受点之间设置声屏障,可以在一定范围内产生良好的降噪效果。相较于其他高速铁路降噪技术措施,声屏障因具有实施难度小、降噪效果明显、拆装方便及对周围建筑设施的影响较小等优点，成为高速铁路主要降噪技术措施。

声屏障按结构形式可以大致分为直立式、(半)封闭式和顶端改良声屏障等，图 10.11 所示为声屏障实物。直立式声屏障是铁路声屏障中最为常用的结构形式，也是我国高速铁路线路中最主要的结构形式。按照隔声材料的不同，铁路声屏障通常可以分为非金属声屏障和金属声屏障。当前普遍采用的吸声材料是多孔吸声材料，有超细玻璃棉和矿棉等无机纤维类材料。我国高速铁路广泛使用的声屏障结构形式主要为插板式金属声屏障，约占声屏障总数的 90% 以上，此外还设有少量的混凝土插板式、整体式声屏障。

(a) 直立式

(b) 封闭式

图 10.11　声屏障实物

(2) 将高速铁路线路设计在路堑内，其降噪的效果取决于路堑的深度和高度，路堑越深，噪声频率越高，则降噪效果越好。日本北海道新干线路堑深度为 4.1 ~ 6.4 m，宽度为 20 ~ 30 m，相对于平坦地段而言，可衰减噪声 6 ~ 10 dB(A)。

(3) 在转向架上安装隔声板，在车体下部悬挂车裙，车裙内侧覆盖吸音材料，以减轻轮轨噪声向路旁的辐射。

(4) 采用人工隧道通过城市人口密集地区。例如，西班牙通过塞维利亚市区的高速线路及圣胡斯塔新车站全部采用人工隧道建在地下。

3. 对接受者进行防护

(1) 高速铁路选线尽可能绕避噪声敏感区，如城市居民区、文教区、科技园以及名胜古迹和旅游胜地等。

(2) 市区发展规划用地尽量远离高速铁路两侧，靠近铁路两侧的住宅或学校，可以从建筑物结构上采取降噪措施，否则应予拆迁或改作其他用途。

(3) 高速铁路两侧附近用地合理规划利用。在高速铁路两侧附近可修建一些仓库、工厂、商店等对噪声不敏感的建筑物，以起到屏障作用，减轻噪声对周围环境的影响。

## 第四节　高速铁路振动及其控制

### 一、振动污染

列车运行产生振动，对铁路两侧环境产生振动污染，主要表现在对周围居民睡眠的干扰；其次是对居民心理的影响以及对学习和工作的干扰；或者引起古建筑保护者的忧虑而要求采取措施。因此，控制高速铁路振动对环境的污染与控制噪声污染一样，都是高速铁路建设的一项重要任务。

环境振动按振级变化不同分为三种：

(1) 稳态振动：在观测时间内振级变化不大的环境振动。

(2)冲击振动:具有突发性振级变化的环境振动。

(3)无规振动:未来任何时刻不能预先确定振级的环境振动。

高速铁路列车运行产生的环境振动属于冲击振动,根据日本对新干线振动的实际测量结果,受振点的振级变化很大,距线路 20 m 处,列车速度大于 160 km/h 时振级为 70～95 dB。

高速铁路引起的环境振动受许多因素的影响,其中主要的有:

(1)受振点的距离:受振点离轨道越远,振级越小,即在同一环境下,受振点的振级递远递减。

(2)地质条件:高速铁路路基的地质条件不同,振级各异,软土层振级较大,冲积层较小,洪积层更小一些。

(3)列车运行速度:受振点的振级与列车速度成正比增长。列车在轨道上行驶时,车轮的垂直动载荷比静态时要大,且随着列车速度的增加和轨道不平顺将急剧增加,引起轨道的振动加速度急增,致使铁路两侧环境振动具有明显的速度效应。

(4)高架桥的结构:混凝土结构比钢结构桥振级要小。

(5)线路结构:线路为路堤时振级较小,而线路为路堑时振级较大。

此外,在相同列车速度、距离等条件下,高架桥的结构与线路结构相比,铁路环境振动将大幅度降低,国内研究表明,距铁路外侧轨道中心线 30 m 处 Z 振级将降低 5～10 dB。以上影响因素中,距离和地质条件是主要因素。

## 二、振动环境评价标准

环境振动标准的量值以地面垂向 Z 计权振动加速度级计,单位为 dB。有关高速铁路振动的控制标准仅日本有明确规定:在建筑物外地面振动限值 $VL_z$ 为 70 dB(以 $10^{-5}$ $m/s^2$ 为基准振动加速度)。《城市区域环境振动标准》(GB 10070—1988)规定,铁路干线两侧距线路外侧轨道中心线 30 m 处住宅区 Z 振级 $VL_z$ 为 80 dB(以 $10^{-6}$ $m/s^2$ 为基准振动加速度,且为 20 趟列车振动的平均值)。日本新干线振动标准折算成我国标准值应为 90 dB,因而该标准较我国铁路振动标准宽。我国高速铁路建议值为 86 dB(距线路外侧轨道中心线 30 m 以外的地面上的 Z 振级最大值)。

## 三、振动控制技术

按照振动传播的三个环节(振源、传播途径、受振点),主要控制技术可以从以下诸方面入手。

1. 动车组方面

(1)动车组车辆轻型化:降低车辆轴重,以减少轮轨之间垂直动力作用。例如,日本新干线减轻车辆轴重有明显效果,轴重由 16 t 降到 11.3 t,Z 振级平均值在 12.5 m 和 25 m 处降低 3 dB 左右。

(2)采用弹性车轮:在轮箍与轮心间添夹橡胶垫,以防止振动和消除轮轨间的“唧唧”声。

(3)改进车辆的转向架结构:如选择柔软的弹簧悬挂系统,以降低车体的浮沉自振频率;安装具有适当阻尼的油压减振器,以减轻车体的横向或垂直振动;采用空气弹簧和橡胶件,以隔离和吸收高频振动,避免产生二次激励振动等。

2. 线路、结构物方面

(1)采用无缝长钢轨,将钢轨修磨使其平滑。

(2)采用弹性轨枕和道砟垫层,以及减振式板式轨道。

(3)提高沿轨道方向的弯曲刚性,以弥补轨道弹性系数降低法的不足之处。例如,日本新开发的梯子形轨枕就是一种提高刚性的方法，对减振十分有利。

(4)采用预应力混凝土桥，改变梁式高架桥的长度和跨度，采用减振性支座，安设动态减振器，控制振动辐射方向；尽量不采用无砟钢结构桥。

(5)采用隔振沟，设置柱列式、全反射、连接型的隔振墙，以控制振动的传播，避免产生二次激励振动。

(6)采用排水固结，设置人工复合地基、反压护道、基底约束齿墙等路基地基加固技术，使路基稳固，减轻振动的频率。

应当指出，噪声环境与振动环境影响相互关联，只有采取综合措施，方能保证实现降噪、减振的目的。图 10.12 为日本新干线减振降噪示意。

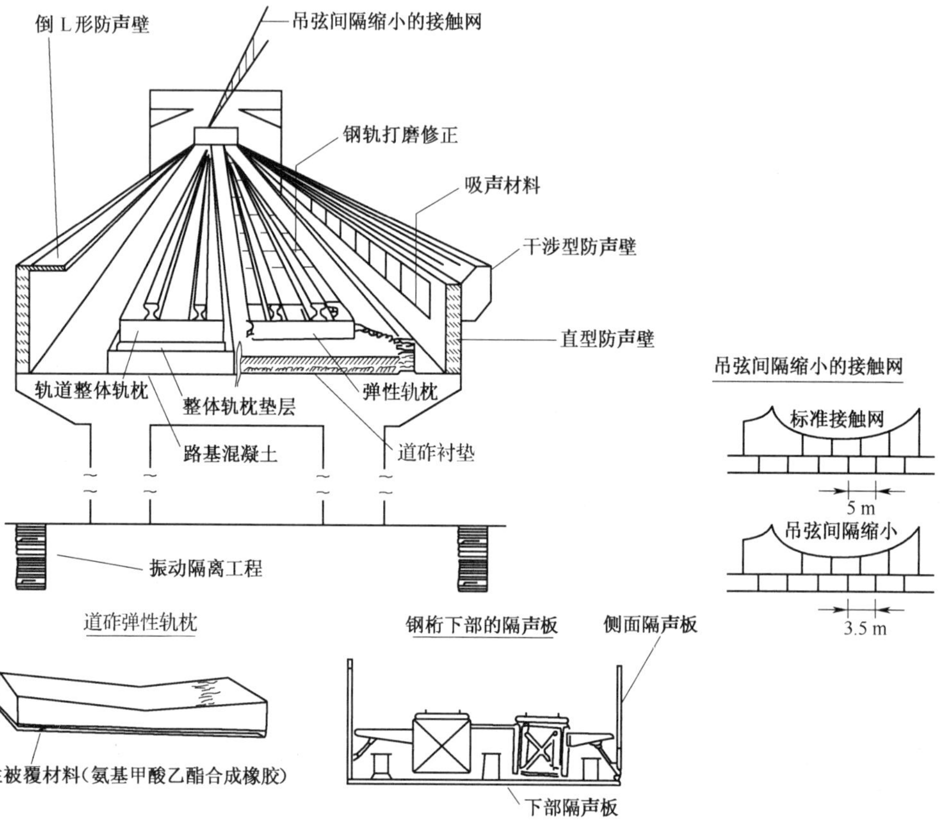


图 10.12 日本新干线减振降噪示意

## 第五节 高速铁路对环境的其他影响及其防护

### 一、高速铁路的电磁干扰及其防护措施

作为一个规模巨大的复杂电气系统，高速铁路在运营中必然产生对外的电磁发射，从而对一定范围内的电磁环境构成影响。为尽量降低这种影响，高速铁路系统从规划、设计、施工、运营的各个阶段均需要做出相应的考虑，并采取相应的防护措施。

从骚扰源所处的空间特性来看，高速铁路系统对外产生电磁发射的骚扰源主要有两种。其一为固定骚扰源，包括牵引变电所、牵引网、轨道及附属设施，以及各类地面电气控制设备，其骚扰类型主要包括工频电磁场、工频及谐波电流、地电流及地电位抬升等；其二为移动骚扰源，即运行中的动车组车辆，其主要骚扰包括弓网脉冲噪声、车辆牵引变流系统的谐波发射、车载电气电子设备的发射等。需要注意的是，固定骚扰源和移动骚扰源相互是密切关联的，当供电区间中有动车组运行时，就会引起地面设施的电磁发射水平发生相应的变化。

高速铁路的防护措施既有具体的技术手段，也有相应的法规和规范约束。总体来说，包括以下几个方面：

1. 线路选址

高速铁路沿线的线路选址，从建设成本、噪声、振动、电磁危害等多种因素综合考虑，线路多选择在人口相对稀疏的农村或郊区经过，高速铁路车站大多建立在城市郊区。线路规划时，会尽量避开密集居民区、航空导航台、广播通信设施、油气管线、危险品库等特定设施，或者规定具体的防护距离以尽量减少对其的影响。

牵引供电系统的变电所等设施也都设置在尽量远离繁华城市的位置，且从规划、设计、施工、验收各阶段都执行严格的环境评价标准，以保证满足相关法规要求，符合环境友好性要求。

2. 牵引供电

通过研究可发现，AT 供电模式相比直供模式和 BT 模式，由于前者的漏抗小，且产生的工频电场和磁场强度都比较低，对环境比较友好。欧洲和日本是发展高速铁路起步较早的国家，其中法国的高速铁路和日本的新干线都采用了复线 AT 供电方案，防护效果很好。德国由于高速铁路电网是独立于国家电网的，供电方式采用了直供加双回流线（每个供电臂两根，回流线每 60 m 与钢轨连通一次），且利用站内地上、地下所有金属设施作为回流线组成部分，连成一个整体，也有部分线路采用了 AT 供电模式。我国的高速铁路建设在借鉴了国内外的研究成果和工程经验的基础上，也采用了复线 AT 供电设计，取得了较好的防护效果。

3. 综合接地

高速铁路的牵引负荷大，所以牵引变电所的回流电流也随之增大。带来的第一个效应是回流电流造成地网电位不相等，这种情况一方面会对人身以及设备的安全造成威胁，另一方面将对保护装置、测量装置、信号装置等造成影响，并有可能引发保护装置的误动或拒动。第二个效应是车辆启动、制动等操作造成母线电流波动增大，产生的电磁骚扰将对变电所中信号与通信回路造成干扰，也会对保护装置的测量信号造成干扰并影响调度中心与变电所之间的通信。

综合接地就是将高速铁路沿线的牵引供电回流系统、电力供电系统、信号系统、通信及其他电子信息系统、建筑物、道床、站台、桥梁、隧道、声屏障等需要接地的装置通过贯通地线连成一体。从原理上来讲，就是一个共用接地系统，通过等电位连接构成铁路的一个等电位体。通过贯通地线，将相邻区段和设施的地电位绑定在接近的参考电位上，降低了造成干扰的风险。

4. 高桥隧比

我国新建高速铁路大量采用高架桥和隧道形式。采用高架桥避免了传统路基存在的牵引回流向大地流散造成地电位抬升，以及带来的对邻近埋设的电缆、管道的电蚀效应，降低了在这些导体上的电磁感应电动势，其安全性有所提高。

隧道的应用，一方面显著地缩短了铁路线路长度，如穿越山脉或河流；另一方面也降低了对外围环境的影响和干扰，如市区内的地下高速铁路线路就主要出于对减少振动、噪声和电磁干扰的考虑。隧道在山体或地下通过，土壤作为天然的屏蔽体，遮挡或阻断了高速铁路系统电磁骚扰向外的发射，尤其是辐射发射。

5. 主动与被动防护

为了减少地面设施和车辆产生的电磁污染，高速铁路系统内的各种设备大量采用了屏蔽、滤波、平流等技术措施，来减少对外的电磁发射。在 GB/T 24338. 1—2018 中，对轨道交通系统、整车车辆、车载设备、通信信号设备、供电设施的电磁发射水平规定了明确的限值。同时高速铁路系统内的各种设备，也需要满足在高速铁路系统内电磁环境中的抗扰度要求，标准中也对各类设备的电磁抗扰度提出了明确的指标，均高于或相当于通用设备在工业环境中的抗扰度要求。为了达到这些指标，设备在设计、生产时必须通过相应的抗干扰措施来满足标准要求。

动车组车辆上为了减少弓网系统电磁噪声的对外发射，采取的主动防护措施包括：高压母线采用屏蔽电缆，并将屏蔽层与金属车体搭接；在受电弓上安装铁氧体套管以吸收高频噪声；在受电弓上安装微动滑板、改进滑板材料、缩小接触网吊弦间距以降低受电弓的离线率等。

高速铁路系统内的各子系统在设计施工时同样需要重视被动电磁防护。例如，高速铁路的通信信号系统，是高速铁路自动控制的核心系统，也是最容易受到干扰的敏感系统。举例而言，在高速铁路系统内有大量的通信信号电缆伴随轨道铺设，为了避免强大的牵引回流在这些电缆外皮上产生过高的纵向感应电动势而构成电气安全或干扰风险，这些沿线的室外电缆的屏蔽层均不允许双端接地，而是每几百米（不超过 1.5 km）进行一次接续，并将单端的屏蔽层就近接向综合接地系统。信号电缆向光缆形式发展也是一种避免电磁干扰的有效技术手段。

6. 防护距离

高速铁路的线路采用了全封闭设计，线路两侧设立了安全限界，范围从铁路线路路堤坡脚、路堑坡顶或者铁路桥梁外侧起向外的距离分别为：城市市区，不少于 8 m；城市郊区居民居住区，不少于 10 m；村镇居民居住区，不少于 12 m；其他地区，不少于 15 m。在这个区域之外，基本上可以避免对人身或设备的电气安全和工频电磁场的危害。对一些特殊的敏感设施，则会做出更严格的防护距离要求。

综上所述，高速铁路的电磁环境防护，是一个涉及规划、技术、法规等要素的综合性问题，需要通过规划设计、技术保障和法规约束，从而实现高速铁路系统的环境友好性目标。

## 二、高速铁路对生态环境的影响及其防护措施

高速铁路修建对生态环境的影响与普速铁路基本相似，仅限于线路两侧局部范围，其主要影响有：

1. 对水土流失的影响

填筑路堤或开挖路堑会使局部水土流失加剧，为了消除或减少这种影响，可根据地形、桥涵、农田灌溉合理布置排水系统，最大限度地使原有地表水排泄和农田灌溉系统不因铁路路基的修建而遭到破坏。如在铁路两侧设侧沟、天沟、疏通地表径流，在路堑或路堤边坡种草籽，设置护坡、挡土墙等，以增强其稳定性。在大规模的土方施工地点，采取随挖、随运、随铺、随夯的施工方法，不留松土面。尽可能不在雨季进行大规模土方工程施工等措施，以减少施工期间的水土流失。

2. 对植被、农田水利及农业生产的影响

铁路工程施工周期长、规模大，除路基工程必须降低植被覆盖率外，施工期间的临时房屋、便道、弃土堆积、机械碾压、人员践踏等都会对植被造成不同程度的损伤，对既有农田水利灌溉网造成不同程度的破坏。高速铁路所经之地大部分为耕地，且地区人烟稠密，土地利用率高，

耕地变成了交通用地,对该地区的农业生产有不利影响。防护措施有:节约用地,少占耕地良田;集中取土,改造还田;以桥代路,采用高架桥;取土坑改造成鱼塘以及绿化造林恢复植被等。

3. 对城市生态环境的影响

在城市要修建或扩建大型高速客运站、动车段及相应的客运服务设施,使该地区的人口密度剧增,成为交通、商业、邮电的中心,对城市生态环境产生巨大影响。另外,高速铁路进入市区,对城市既有道路、市政工程设施(上、下水道,通信、动力电缆,煤气、供热管道等)、居民区的拆迁以及城区景观、日照、采光等都会造成一定的影响。防护措施有:高速铁路引入城市应与城市规划紧密协调,高速铁路与城市干道采用全立交、全封闭,并尽量绕避城市人口密集繁华区;施工过程中与城市部门配合,改移部分市政设施;高速铁路以高架桥进入市区,尽量与周围的自然环境和人文环境高度协调,展示现代化城市的景观美。对敏感地段,应尽可能美化线路路基及隔离栅,加强沿线绿化带工作。必要时对线路隔离栅进行垂直绿化。法国巴黎南郊高速铁路沿线居民住宅区营造被称之为"绿色马路"的绿化带就是一个典型的例子。这条横断面呈阶梯状的绿化带全长为12 km,其最为显著的特点是将该区段里的整个高速铁路封闭覆盖在隆起的人工堆砌的隧道里,实现地下化铁路,可以有效地控制诸如噪声、振动等污染因素。在阶梯状的土堆上除了种植各种花草树木之外,还设置有步行道和自行车道供人们使用,而轿车、卡车、摩托车等机动车辆则可以从绿化带的地下通道穿越行驶。

4. 施工对环境的影响

铁路大桥施工规模大、周期长、临时工程占用场地多、施工人员和机械集中,将会对环境造成不良影响。如大桥桥墩基础开挖的弃土易堵塞河道,使水中的泥沙量增加;施工场地生活和生产废水、废渣及垃圾对周边环境产生污染;施工机械的噪声等也对周边环境产生影响;进入市区的高架桥施工将会使城市部分道路改移,民用建筑、地下管道拆迁,给城市居民生活带来不便;砂石料场的开采,因开山放炮,势必使居民、禽兽受惊,减少地表植被;挖土会产生水土流失等。防护措施有:施工中开挖的基坑完工后立即回填,恢复原状;施工的废土、废渣不得任意弃于河沟;市区高架桥施工避免夜间扰民;施工产生的含油废水,不得直接排入河道;施工期间各种车辆按指定路线行驶;区间路堤填方,采取集中取土,少占农田,减少施工对农作物的损害。

此外,高速铁路经过或临近古文化遗址、自然保护区、野生动植物保护区、湿地保护区及风景名胜区时,首先应尽可能考虑绕避措施。实在难以绕避时,应根据这些保护区的特点采取相应措施减少对其干扰。例如,线路通过湿地保护区或其上游时应考虑修建桥梁不阻断其水源,避免湿地萎缩。

### 三、高速铁路对大气环境、水环境等的影响及其防护措施

高速铁路采用电力牵引,实现了无污染的零排放,减轻了对沿线城镇大气污染问题,与公路、航空运输相比,是国内外公认的对环境保护的最佳运输方式。但高速铁路仍有排放废物等对环境的污染问题,主要有以下几种类型:

1. 大气污染

高速铁路与高速公路、飞机相比,能耗最小,大气污染物的排放量明显低于其他运输方式。例如,承担着东京—大阪之间80%客运量的新干线,单位运输量产生的$CO_2$仅为轿车运输的1/8。但从全局的大气环境分析,供电站产生的污染物也要由电力牵引来承担。供电站向大气污染物的排放量与采用的燃料有关,火力发电用煤作燃料,排放的污染物(烟尘、$SO_2$等)要比

用油或天然气作燃料多得多。如能采用水力或核能发电,则污染物的排放量更少,对环境的影响更小。

大气环境污染源还包括高速铁路沿线各站、段和综合维修基地生产或生活固定锅炉排放的烟气,但可经高效除尘达标后排放。

2. 水质污染

高速铁路与普速铁路比较,由于运行速度快,沿途站段减少,列车上旅客用水量可以减少。由于采用电力牵引,动车段检修用水和排放的污水量比非电力机务段要少。高速列车的客车粪便采用集便器收集,在站段集中排放,可减轻对环境的污染。

高速铁路沿线各站、段和综合维修基地排放的含油类、硫等有害物质的污染水,电力机车或动车蓄电池废液、列车厕所污水污物处理等会对水质造成污染。为减少这些污染,可在相应地点设置油污处理、回收装置,对于用后脏水及厕所污物采用密封收集、灭菌、定点排放的集中处理技术,且污水污物需经处理后才能排放。特别是高速列车对粪便的处理,各国高速列车均采用集便方式进行污物处理,这不仅是环保的要求,也是因为列车高速运行时强大的空气动力不允许采用直排式厕所。目前高速列车使用的集便器有循环式、喷射式和真空式集便装置,其中真空式集便装置是集便器发展的主流。

3. 旅客垃圾污染

旅客垃圾主要指旅客在车站候车及乘坐列车丢弃的各种物品,如看过的报纸,各类饮料瓶、罐、包装材料等,其中有相当一部分物品是可以再生利用的,应将其视为一种再生资源。国外铁路部门已着手对这类旅客垃圾进行收集、分拣及再生处理。原则上可一个地区设一套具有一定规模,可进行分类、压缩、储运功能的垃圾集中处置中心,车站或动车段、所根据需要设垃圾转运站,列车上和车站配备有明确标志的垃圾分类收集箱。

高速铁路由于采用了当代高新技术,并采取相应的环保措施,使其能够在高于普速铁路一倍以上的速度运行的情况下,仍能达到普速铁路的环保要求,甚至某些环保指标还高于普速铁路。

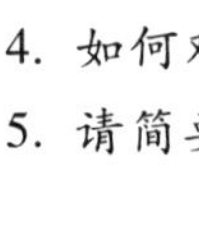

## 复习思考题

1. 高速铁路的环境保护内容有哪些方面?请简要说明。
2. 高速铁路的防灾安全监控系统有哪些子系统?请简要说明各子系统的构成。
3. 试列出高速铁路的主要噪声源,并简要说明噪声的控制措施。
4. 如何对高速铁路的振动污染进行控制?请简要说明。
5. 请简要说明高速铁路施工期的环境保护技术措施。

# 第十一章

# 磁浮铁路

## 第一节　磁浮铁路发展概况

磁浮铁路是一种新型的交通运输系统，它利用异性相吸、同性相斥的电磁感应原理，以直线电动机驱动车辆，运行时车体悬浮或吸浮于导轨上面，并与之保持一定间隙。磁浮铁路所用的车辆通常称为磁浮列车。磁浮列车运行时，没有轮轨间的摩擦，不受黏着条件限制。传统轮轨系统与磁浮系统的驱动原理比较如图 11.1 所示。

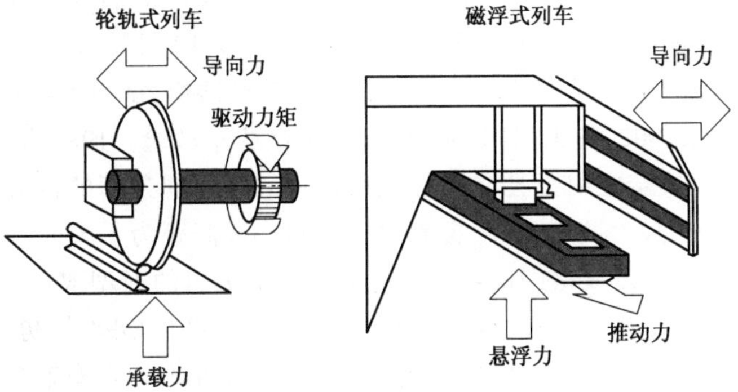


图 11.1　传统轮轨系统与磁浮系统的驱动原理比较

1922 年，德国人赫尔曼·肯佩尔(Hermann Kemper)提出了电磁悬浮原理，并在 1934 年获得了磁浮技术的发明专利。但随后的 30 多年时间里，磁浮技术没有明显进展。直到 20 世纪 60 年代，随着世界范围的经济高涨，解决环境与能源问题的迫切要求，各国开始致力于新的地面高速交通体系的研究开发。在世界范围内，高速轮轨系统铁路与磁浮系统铁路几乎在 20 世纪 60 年代初同时起步研究。当时有些人认为轮轨式铁路的极限速度在270 km/h左右，要想超过这一速度必须采用不依赖轮轨接触黏着的新交通运输方式，这个观点也为磁浮列车的开发提供了市场动力。磁浮列车的优越性引起世界许多发达国家的重视，已投入这一研究和开发的有德国、日本、美国、英国、法国、加拿大、苏联、韩国及中国等。其中，德国和日本是研究磁浮列车时间最长、投放经费最多的国家，其技术水平处于世界前列。德国、日本通过几十年的努力，从理论到实践取得了不少经验，并成功地研制了各型试验车，建成了规模较大的磁浮系统试验线，目前已向磁浮系统工程实用化方向迈进。

德国是磁浮铁路研究起步最早的国家。1969 年，慕尼黑的克劳斯—马菲(KM)股份公司按肯佩尔的设计原则制造出了世界上第一台常导吸引型磁浮列车，被称为 TR-01。德国当时从事磁浮列车研究的有两大集团：一是由 KM、MBB、TH 三大公司组成，主要从事常导吸引型系统的研究；二是由 Simens、AEG、BBC 三大公司联合，主要从事超导排斥型系统的研究。经过对常导吸引、超导排斥以及多种牵引驱动装置广泛的对比试验和研究分析，这两个集团认为常导吸引型以及短定子直线异步电动机和长定子直线同步电动机在磁浮列车领域有发展前途，且最后确认为常导吸引型采用长定子直线同步电动机驱动的方式。继而两集团合二为一，组成了德国磁浮列车联合体。1979 年，世界上第一辆采用长定子直线同步电动机驱动的磁浮列车(TR-05)，在汉堡国际交通运输展览会 900 m 长的示范线上展出，该车长27 m，有 70 个座位的两节车，车速为 100 km/h。1978 年，德国政府决定在埃姆斯兰建造31.5 km的磁浮列车试验线。1989 年 12 月，在埃姆斯兰磁浮试验线上 TR-07 型列车试验速度达到 436 km/h，1993 年 6 月 10 日达到 450 km/h。1994 年，德国政府决定修建汉堡—柏林 292 km 长的磁浮列车线路。1997 年 4 月在汉诺威博览会上德国展示出新一代TR-08型磁浮列车，由五节车厢组成，是用于柏林—汉堡线上的实用型车辆，设计时速 500 km。由于所需投资过高，资金又难以落实，最终德国政府于 2000 年 2 月宣布放弃了柏林—汉堡磁浮项目这一计划。

在磁浮列车的研究方面，日本和德国是两大竞争对手。日本从 1962 年就开始研究磁浮高速铁路。1970 年经论证后认为 400 ~ 500 km/h 的高速铁路系统采用超导排斥式磁浮列车是合适的，常导吸引式 10 mm 的空隙不能用于多地震的日本。1972 年用 ML100 型试验车实现了 60 km/h 的悬浮运行。1977 年 4 月建成长 7 km 的宫崎试验线，同年 7 月开始利用倒 T 形导轨和跨座式 ML500 型试验车进行无人驾驶的试验，1979 年 12 月试验速度达到517 km/h。从 1980 年起，为了载客需要而加宽了车体，导轨改为 U 字形结构，试验由空载转向载人运行，先后进行了 MLU001、MLU002、MLU00X1 和 MLU002N 试验车试验。1989 年为提高超导磁浮列车的实用化水平，日本决定在山梨县境川村至秋山村间修建一条新的试验线，全长 42.8 km，最小曲线半径 8 000 m，最大坡度 40‰，复线区间的最小线间距为 5.8 m。1997 年 12 月 24 日在建成的山梨试验线第一段线路(18.4 km)上用三节车编组的新型 MLX01 型超导磁浮列车达到了 550 km/h 的最高速度目标，载客运行达到 531 km/h。1998 年初第二列四节车编组 MLX01 型投入试验，12 月两列车交会试验达到 966 km/h 的相对速度，车辆摇动很小。1999 年初开始了 5 辆车编组的试验，于同年 4 月 14 日在模拟满载工况下达到 552 km/h 的最高速度。2003 年，又进行了两列车的会让运行试验，会让速度为 1 003 km/h。2003 年 12 月 2 日，日本中央铁路公司(JCRJ)、铁道研究院(RTRI)和日本铁路技术研究院联合宣布磁浮列车在山梨线上试验速度达到 581 km/h。2015 年 4 月，L0 型磁浮列车在山梨线上试验速度达到 603 km/h。此外，日本航空公司从 1974 年起，开始开发常导吸引式的磁浮列车 HSST(High Speed Surface Transport)体系，作为一种新型的联结机场的交通系统。1975 年，用直线电机驱动的磁浮车 HSST-01 研制成功，空载时速达 300 km/h 以上。1978 年开发了 HSST-02，并进行了载人运行试验，最高速度为 110 km/h，约有 3 000 人次试乘。1983 年又完成了 HSST-03，该车于 1985 年的筑波国际科技博览会上展出，它有 48 个座位，约有 61 万人次试乘。1987 年和 1988 年，分别制成了 HSST-04 和 HSST-05，由 8 台直线感应电动机驱动，可容纳 70 名乘客，并先后在埼玉国际博览会、横滨国际博览会期间展出。在 HSST-05 型基础上又开发了 HSST-100 型，自重 9.3 t，满载 15 t，并于 1993 年在日本名古屋港口附近修建了 1.5 km 的单线磁浮试验线路。在这条试验线上 HSST-100 型磁浮列车最高运行速度为110 km/h。2005 年 3 月，日本 TKL 线正式投入运营，以名古屋市名东区藤之丘为起点，以丰田市八草町为终点，全长 9.2 km，采用 HSST-100L，实现了商业化运营。

美国于 20 世纪 60 年代初，由交通部主持成立了“全美高速地面运输系统研究中心”，组织了全美各研究机构、大学的研究力量，投入了大量的物力与财力，对各种高速地面运输方式进行了全面的研究，包括气浮列车、磁浮列车、高速轮轨系列车、独轨列车以至高速管道子弹列车。除高速管道子弹列车外，各种运输模式均进行了原理试验研究及模型实物研究，最后结论是气浮、磁浮列车离实用化还有相当距离，独轨列车只适用于城市内低噪声交通，高速管道子弹列车综合了各种先进的高新技术，在21世纪必将有发展前景，要予以重视，而高速轮轨系列车具有现实意义。1975年美国停止了对各种高速地面运输模式研究的支持，并将已研究的实物模型在科里拉多州普书布洛试验中心附近展览，之后集中力量在普书布洛试验中心建设轮轨滚动试验台及轮轨振动试验台，并建成高速环行试验线及重载高运量小环线，以专门研究轮轨系铁路的高速化、重载化。进入20世纪90年代后，美国科技界、工业界对磁浮列车又表现出十分浓厚的兴趣。开始先投资800万美元在4个研究部门进行可行性论证，采用其中两个方案于1993年开始实施，并建造了试验场。有人认为在拉斯维加斯—洛杉矶走廊地带采用磁浮系统最为合适。但由于航空方面的激烈竞争，美国后来又撤销了这个项目。

英国于20世纪60年代末，在英国铁路协会（BR）支持下，开始研究磁浮铁路，其主要目的在于解决市内短程交通运输问题，力图发展一种大运量、低能耗、低噪声及高舒适性的市内交通系统。试验研究工作委托英国德比铁路研究中心进行。1974年，英国在德比中心100 m长的试验线上进行首次低速短定子直线电机磁浮列车运行试验。试验车长3.5 m，重3 t，初步取得成功。1984年为了将新建的伯明翰机场与国际博览会展区及火车站联结起来，英国由德比中心负责建造一条长620 m的低速磁浮系统。采用电磁浮型直线电机驱动，速度最高50 km/h，轨道高架6 m，钢结构复线，无道岔，三辆磁浮车往复运行，每辆车有6个座位26个站位，车辆底架为铝焊接，车体为玻璃钢结构。这是世界上第一条投入运营的公共运输低速磁浮系统。运行时间1.5 min，输送能力为2 600人次/h。1996年，由于磁浮车故障率太高，维修频繁，备件供应困难，再加上经济亏损，伯明翰磁浮系统关闭停运。

法国在20世纪70年代曾与德国研究技术部合作，研究开发磁浮系统方案，采用电磁式悬浮和导向系统，U形线性电机驱动，用于市郊运输和短途运输，最高速度可达150 km/h。1983年还通过直线电机试验台对直线感应异步电机进行300 km/h高速电机试验。但最终在与轮轨系统进行试验分析比较后，还是认为轮轨系统更有竞争力，因而终止了磁浮和气浮运输的技术研究，转而集中力量开展TGV高速轮轨地面运输系统的开发。

加拿大有关磁浮的研究开始于1972年，由金斯顿皇后大学负责进行，倾向于开发电动悬浮导向技术，并在20世纪70年代末详细进行了实验室理论与试验研究，取得较大进展，但后来却没有研制接近实用的样车和试验线路。

苏联从1976年开始从事电磁浮和永磁浮的理论与试验研究。20世纪80年代，在莫斯科附近建造了一条长600 m的磁浮试验线，并建造一辆18 t重的磁浮样车，在其上进行双侧短定子线性电机驱动试验，速度60 km/h，有10个座位。还计划从埃里温到阿博维扬至赛温修建60 km的营业线，采用35 t自重、载重5 t的磁浮车辆。随着苏联的解体，技术上尚有许多难点，也无经济实力进行攻关，不得不终止磁浮系统的进一步研究。

韩国开始磁浮研究较晚，直至1988年才开始进行低速常导电磁浮的研究。1994年曾于大田科技展览会上展出过一辆磁浮样车及500 m长的试验线路，试验运行速度达60 km/h，在此基础上，韩国还专门组织力量对首尔至釜山间的高速交通采用高速磁浮系统，还是高速轮轨系统铁路进行技术经济论证，最后决定引进法国TGV高速轮轨系统铁路技术，从而终止了磁浮系统的应用开发研究。

我国在磁浮技术的研究方面也取得了重大发展，并率先进入实用化阶段。20世纪80年代初我国开始对磁浮技术进行跟踪研究。铁道科学研究院(现中国铁道科学研究院集团有限公司)1985 年完成了悬球试验等基础性研究,1987 年完成了中国科技馆的直传列车展示模型,这是利用直线电机、感应短定子直线电机来推动列车高速前进。1992 年国家正式将“磁浮列车关键技术研究”列入“八五”国家科技攻关计划,开展常导低速磁浮列车的研究,主要用于城市交通。该项目由铁道科学研究院主持,并由国防科技大学、西南交通大学、长春客车厂(现中车长春轨道客车股份有限公司)、中国科学院电工研究所等单位参与。1994 年、1995 年,西南交通大学和国防科技大学分别研制成功 4 t 和 6 t 载人磁浮列车,悬浮高度为 8 mm 和 10 mm,并先后实现了成功运行,从而为我国磁浮列车技术的进一步发展奠定了基础。2001 年 8 月 14 日,我国第一辆磁浮列车在长春客车厂成功下线,该车营运速度为 60 km/h,最高速度为 100 km/h。2001 年 2 月由西南交通大学主持,中科院电工所、西北有色金属研究院、北京有色金属研究总院(现中国有研科技集团有限公司)参加的国家“863”计划课题“高速超导磁浮实验车”通过验收,该载人实验车命名为“世纪号”,采用国产高温超导体块材,自行研制的车载薄底液氦低温容器可连续工作 6 h 以上,液氮工作温度为 77 K,车载 5 人,车悬浮重量 530 kg,悬浮高度 23 mm,加速度 1 $m/s^2$,直线电机推进,是世界首台高温超导磁浮载人实验车。课题组首次试验研究了 YBCO 高温超导体块材在永磁导轨上的磁浮性能,为高温超导磁浮研究奠定了良好的基础。2004 年,上海磁浮交通工程技术研究中心与上海电气集团股份有限公司联合立项,在上海建设 1.7 km 的中低速磁浮试验线,磁浮列车总体方案由西南交通大学完成,试验线于 2006 年底建成,2008 年 12 月实现 101 km/h 的试运行速度。2009 年,唐山中低速磁浮列车工程化试验示范线建成,全长 1.547 km,最高运行速度达到 105 km/h。2012 年 9 月,株洲中低速商用磁浮列车在 1.6 km 长的试验示范线上进行运行试验,最高运行速度达到 100 km/h。另外,分别于 2016 年和 2017 年,长沙磁浮快线和北京 S1 快线成功建设并开通运营,标志着中国中低速磁浮列车技术的成熟。另外,我国也一直致力于高速磁浮的研究。2001 年 3 月,由我国引进德国西门子公司、带森高速列车公司、磁浮国际公司先进技术的上海磁浮快速列车项目正式开工建设。该项目西起地铁二号线龙阳路站,东至浦东国际机场,线路总长 31.17 km,设计时速和运行时速分别为 505 km 和 430 km,单向运行时间仅 7 min。2002 年 12 月 31 日,上海磁浮列车试运行成功。2003 年 11 月 12 日用于商业运行的上海磁浮列车创下了 501 km/h 的世界纪录,该项纪录已列入“世界吉尼斯纪录”。2003 年 12 月 29 日,上海磁浮线开始了全天候运营。2004 年 4 月 13 日,上海磁浮通过合同验收和安全验收,开始正式运行。“十三五”期间,我国开始开展最高速度 600 km/h 的高速磁浮铁路系统研发,并于 2019 年 5 月,600 km/h 的高速磁浮试验样车下线,在同济大学磁浮试验线上成功试跑,进入了线路动态测试阶段。

## 第二节　磁浮系统分类

根据磁浮列车上采用的电磁铁种类,磁浮列车一般分两大类,一类为常导吸引型(electro magnetic suspension),简称 EMS 型,也称电磁浮型;一类为超导排斥型(electro dynamic suspension),简称 EDS 型,也称电动悬浮型。

1. 常导吸引型

常导吸引型磁浮列车采用常导磁铁(即普通磁铁),导轨为导磁体,装在车上的常导磁铁励磁后产生磁力吸向导轨,使车辆悬浮,以气隙传感器控制悬浮间隙(悬浮高度为 10 mm 左右)。这种列车成本较低,但悬浮控制属于不稳定型。

根据驱动车辆所用的直线电机类型不同,常导吸引型磁浮列车还可分成两种:一种是采用长定子同步直线电机推进,定子设置在导轨上,其定子绕组可以在导轨上无限长地铺设,故称为"长定子"。此种列车一般采用导轨驱动技术,列车的运行速度和运行工况由地面控制中心直接控制。效率较高,速度也较高,主要用于高速运行,速度可达 400 ~ 500 km/h,这种列车的典型代表是德国的 TR 系列磁浮列车。图 11.2 为德国 TR-08 型磁浮列车外形。另一种采用短定子感应直线电机推进,定子设置在车辆上,由于其长度受列车长度的限制,故称为"短定子"。此种列车一般采用列车驱动技术,列车的运行速度和运行工况由司机直接控制。效率较低,速度也较低,主要适用于中低速运行,速度一般为 50 ~ 100 km/h,典型代表是日本 HSST 系列磁浮列车。图 11.3 为日本 HSST-100 型磁浮列车外形。

图 11.2　德国 TR-08 型磁浮列车外形

图 11.3　日本 HSST-100 型磁浮列车外形

2. 超导排斥型

超导排斥型磁浮列车利用磁极同性相斥、异性相吸的原理,使车辆在轨道上浮起,由于采用了超导磁铁,磁场特别强,因此车辆悬浮高度也较高,可达 100 mm 左右。推进装置也是采用长定子同步直线电机。这种列车需用成本较高,但悬浮控制属于稳定型。这种类型的磁浮列车运行速度较高,可达 500 ~ 600 km/h。

根据所采用的超导材料不同,超导排斥型磁浮又可分为低温超导磁浮及高温超导磁浮两种类型,低温超导磁浮采用 -269 ℃液氦冷却。这种列车的典型代表为日本 MLX 型低温超导磁浮列车,其试验速度已达到 581 km/h。图 11.4 为日本 MLX01 型磁浮列车外形。高温超导磁浮采用 -192 ℃液氮冷却。这种列车的典型代表为中国的"世纪号"高温超导磁浮实验车。图 11.5 为中国"世纪号"磁浮实验车外形。

图 11.4　日本 MLX01 型磁浮列车外形

图 11.5　中国"世纪号"磁浮实验车外形

磁浮铁路按导轨结构形式可划分为多种形式,常用的有 T 形、⊥形、U 形和一形导轨。

(1)T 形导轨

这种导轨梁的横断面为 T 形。直线电机的驱动绕组及悬浮绕组均安装在导轨梁两侧翼的下方,导向绕组安装在两侧翼的外端,导轨梁直接安装在桥墩上。德国 TR 系列和日本中低速 HSST 系列磁浮系统采用这种导轨结构形式。由于这种磁浮列车"抱"着导轨运行,故遇突发事故时的安全性较好,并且线路设计中的最小曲线半径也可以更小一些,但它对轨道梁的加工精度和列车的悬浮及导向的控制要求很高。

(2)⊥形导轨

这种导轨结构类似于城市轨道交通中的跨座式独轨交通。日本在早期磁浮试验线上曾经采用过这种结构形式。由于这种导轨的凸出部分侵占车辆的底部空间,影响车厢的载客率,所以一般不再采用这种导轨结构形式。

(3)U 形导轨

这种导轨梁的横断面为 U 形,列车在 U 形槽中运行。地面的驱动、悬浮及导向绕组均安装在 U 形槽的内侧壁。这种导轨梁可以采用高架结构架设在桥墩上,也可以采用无砟轨道形式铺设在路基上。与 T 形导轨的要求相比,U 形轨道梁的加工精度及对列车的悬浮控制、导向控制的要求较低,但对最小曲线半径的要求更高一些(即要求最小曲线半径更大一些)。日本的 MLX 型磁浮列车采用这种导轨结构形式(图 11.6)。

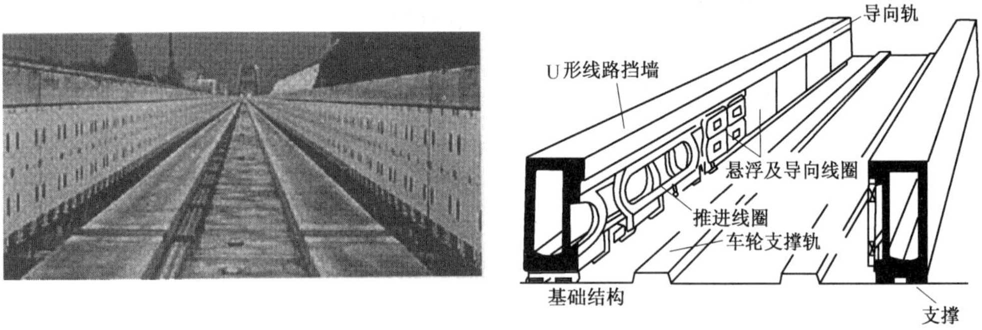


图 11.6 U 形线路结构

(4)一形导轨

这种导轨梁的横断面为一形,地面绕组均安装在导轨梁的正上方,车辆绕组均安装在车辆的正下方,列车在导轨梁上方运行。这种导轨梁一般架设在桥墩上,采用高架结构,特点是结构简单,但导向功能稍差一些,因此主要适用于中低速磁浮。我国西南交通大学研制的"世纪号"高温超导磁浮实验车就采用这种导轨结构形式。

## 第三节 磁浮列车工作原理

### 一、长定子同步直线电机推进的常导吸引型

德国长定子同步直线电机推进的常导吸引型磁浮列车与路轨的相互作用示意如图 11.7 所示。

1. 悬浮原理

T 形梁翼底部为同步直线电机的定子,其下方为安装在车体上的悬浮电磁铁,该电磁铁同时兼作同步直线电机的转子。悬浮电磁铁通电时产生磁场,成为电磁铁,与直线电机定子的铁

芯产生吸引力,把磁浮车往上拉向定子。利用距离传感器控制悬浮电磁铁与定子的距离(即悬浮气隙),保持在 10 mm 左右。

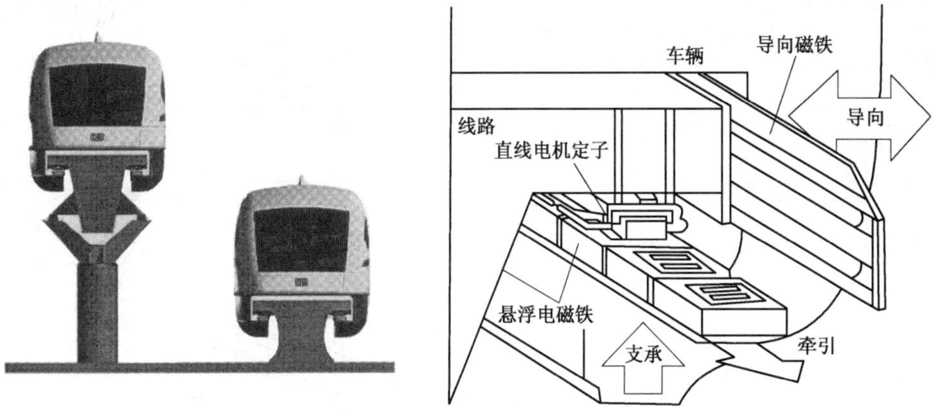


图 11.7　TR 系列常导吸引型磁浮列车与路轨的相互作用示意

2. 导向原理

TR 磁浮列车的车体从两侧将 T 形轨道梁的翼缘围抱,T 形梁翼缘两侧面为导向轨,安装在车体上的导向电磁铁通电后将与之产生吸引力。通过测量两侧导向电磁铁与导向轨之间的距离,并调节导向电磁铁的电流,就可以控制列车位于道路中间。即使列车在路面倾斜的曲线路段停车,该导向力仍可保持列车不与导向轨接触。

3. 牵引原理

磁浮列车的驱动靠长定子同步直线电机实现。这个无接触的牵引工作原理类似于转动的同步电动机,只是将转动电机的定子切开,并且沿着线路方向展开。这样,在定子上产生的就不再是一个旋转的行波磁场,而是一个移动的行波磁场。列车的悬浮电磁铁通电后,就成为电动机的转子(励磁磁极)。路轨上的定子中三相绕组产生的移动行波磁场,作用于车上的悬浮磁铁(转子),产生了同步的电磁牵引力,引导磁浮列车前进或后退。同步直线电机驱动示意图如图 11.8 所示。调节定子供电的频率与电压,即可改变磁浮列车的运行速度。

4. 车上非接触供电的原理

TR 磁浮列车运行时与轨道完全无接触,其导向电磁铁和悬浮电磁铁的供电,以及车载控制、照明、空调等用电,均来自车载电源(镍镉可充电电池组和整流设备)和直线发电机。车载电源的充电,在列车运行时也靠直线发电机,停站时靠车站的供电轨(列车到站后受流器与供电轨接触供电)。直线发电机是将三相绕组固定放在悬浮磁铁上。当列车运行时,由于速度的变化以及定子槽电压的作用,装在悬浮磁铁上的三相绕组将产生感应的交流电,如图 11.9 所示,经整流后供车上用电。这些高频磁场分量因列车运行时惯性较大,对列车悬浮控制影响不大。

5. 同步直线电机定子的供电原理

如前所述,TR 磁浮列车的动力和其他用电全部从同步直线电机定子获取。定子分段铺设于线路上,每段的长度不等,视列车的长度和在该段的运行速度、加速度、爬坡、转弯等情况而定,一般为 300 ~ 2 000 m(图 11.10)。定子线圈供电来自沿线的变电站,一般变电站相隔距离 25 ~ 40 km。两个变电站之间一般只允许有一列车运行,而且仅对列车所在的那一段定子供电,其他段则无电。

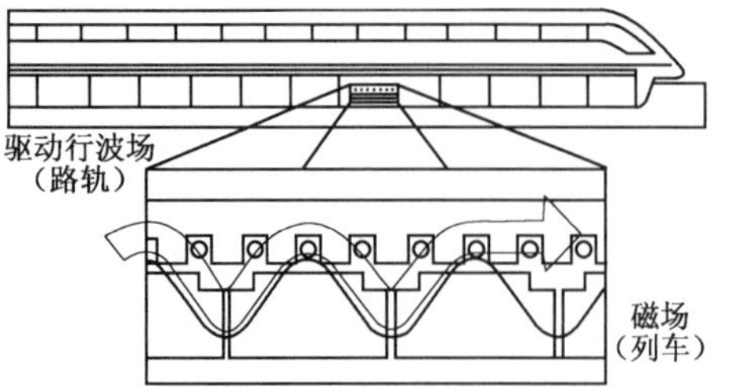


图 11.8　同步直线电机驱动原理

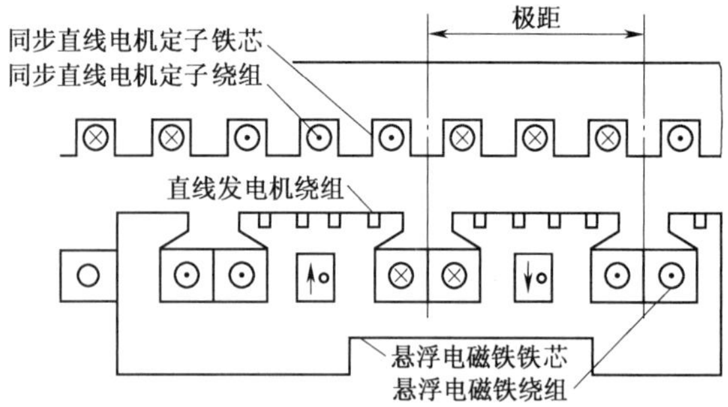


图 11.9　直线发电机结构示意

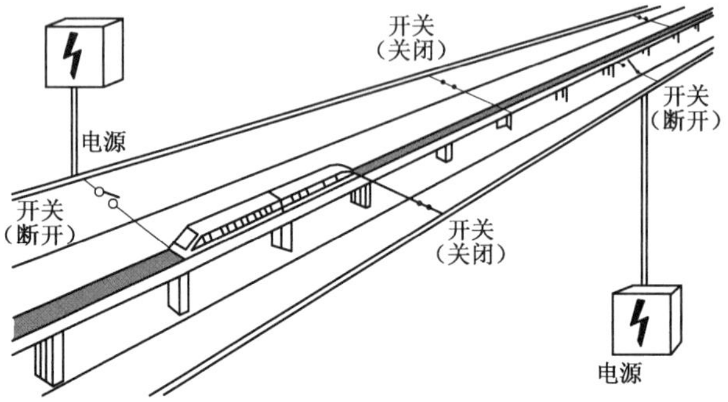


图 11.10　常导长定子磁浮列车定子供电示意

由于定子安装在线路上，因而可以根据该段线路的具体情况（例如爬坡或加速），确定该段直线电机的功率，再确定为这段线路供电的变电站的功率与距离，如图 11.11 所示，而无须像轮轨列车那样按整个线路可能出现的最大功率需求来确定列车上的电机功率。直线同步电机的控制，采用 VVVF 变压变频调速方式。

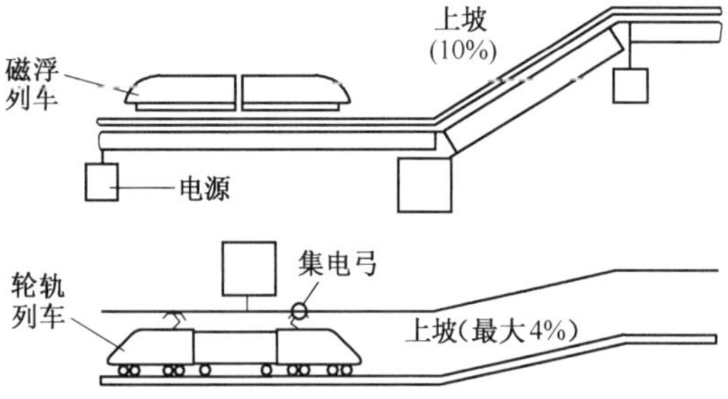


图 11.11　长定子直线电机容量确定示意

6. 制动原理

常导磁浮列车的止常制动方式均利用同步直线电机作为发电机进行控制。当列车高速运行时，采用再生制动方式，即直线电机的工作方式由牵引改为发电，将列车的动能转化为电能回馈给电网，以降低列车速度。当列车速度较低时，再生制动改为电阻制动，即电能不再反馈给电网，而是消耗在变电站的特殊电阻上以热的形式散发。当列车的速度很低时，直线电机改为反接制动，即电机的牵引方向与列车的运行方向相反，直到列车停止。

当长定子供电产生故障导致直线电机制动失灵或需要紧急制动时，采用涡流制动方式。即车上的涡流制动磁铁励磁，使侧向导轨上产生涡流，形成对列车的涡流制动力。

7. 列车控制及信号传输

传统的轮轨列车依靠轮轴短路两根钢轨上传输的电信号来确定列车的位置。磁浮列车无轮轨系统，不能采用这种方式。TR 磁浮列车的定位，由两部分构成。在线路上定子下方每隔大约 500 m 设置有电磁性地址标志板，列车经过时，即读取标志板上的绝对地址。标志板之间的定位靠记录经过的定子齿槽数而获得，定子齿槽间距为8.6 cm。因此 TR 磁浮列车的定位精度较高。

磁浮列车与地面的联系以无线通信方式进行。沿线路每隔大约 300 m（视线路具体情况而定）有一根无线电杆（图 11.12），通过 38 MHz 的高频专用信道以安全编码方式与列车进行双向通信，传输所有与安全有关的数据及指令。与安全无关的信号（如语音）通过其他频道传输。

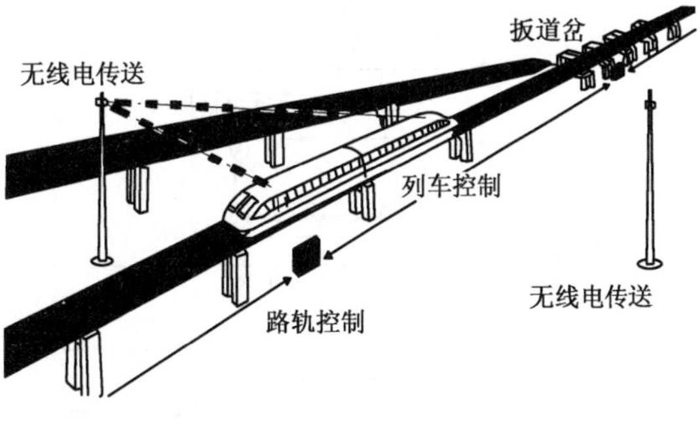


图 11.12　常导磁浮列车的通信示意

TR 磁浮列车的自动控制系统由三级构成：第一级为中央控制中心；第二级为分区控制中心（设在变电站）；第三级为列车控制系统。每一级都由高可靠独立冗余（三取二）安全计算机系统构成，其中列车两端各有一套独立的计算机系统。正常情况下由一套计算机系统工作，另一套热机备用。一旦工作系统出现异常，备用系统立即自动投入工作，并实现列车安全停车。

### 二、短定子感应直线电机推进的常导吸引型

日本的短定子感应直线电机驱动的常导吸引型磁浮列车以 HSST-100 型为其典型代表。磁浮列车与磁浮路轨的相互作用示意图如图 11.13 所示。

1. 悬浮与导向原理

如图 11.14 所示，HSST-100 型短定子常导吸引型磁浮列车采用了悬浮电磁铁与导向电磁铁合一的方法。既能保持垂直方向车体与轨面下端悬浮间隔距离，又能保持车体与轨道侧面的间隙。

2. 牵引原理

与 TR 系列长定子直线电机驱动方式不同，HSST-100 型短定子直线电机驱动是将定子绕组固定在车辆上，而转子展开铺置于路轨上。当在定子绕组中输入三相移动行波磁场后，轨面上的转子被感应产生磁场，由此产生电磁牵引力，引导磁浮列车前进或后退，所采用的是交流异步电机的原理。为此，向直线电机定子供电的整套电源装置应放置在车辆上。这是与长定子同步直线电机常导型磁浮列车最大的不同点。图 11.15所示为短定子感应直线电机车辆上的定子电磁绕组及车下路轨上的转子轨板相互作用。

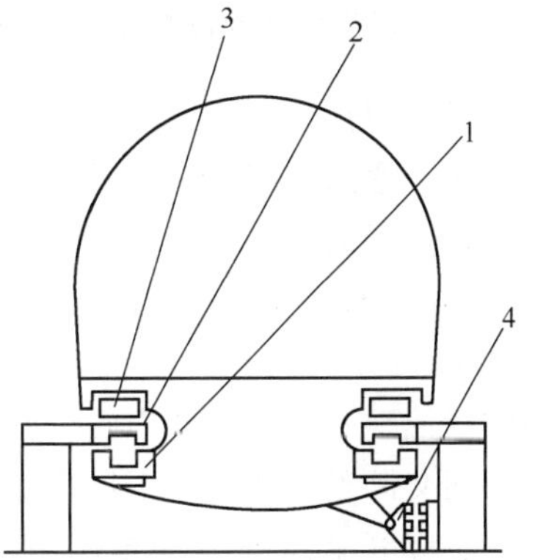


1—车上悬浮及导向电磁铁；
2—路轨上导向轨及直线转子板；
3—车上直线电机短定子绕组；
4—车上发电系统。

图 11.13　HSST-100 型短定子常导吸引型磁浮列车与路轨相互作用示意

3. 车上非接触供电原理

如图 11.13 所示，在 HSST 系列短定子直线电机驱动的磁浮车上，专门设置了一套非接触式直线发电系统，其原理与 TR 系列完全相同。所发出的电源通过逆变器供给直线电机定子绕组、悬浮导向电磁铁励磁、车内控制、照明、空调、蓄电池充电等。

4. 制动原理

制动原理与 TR 系列磁浮列车基本相同。

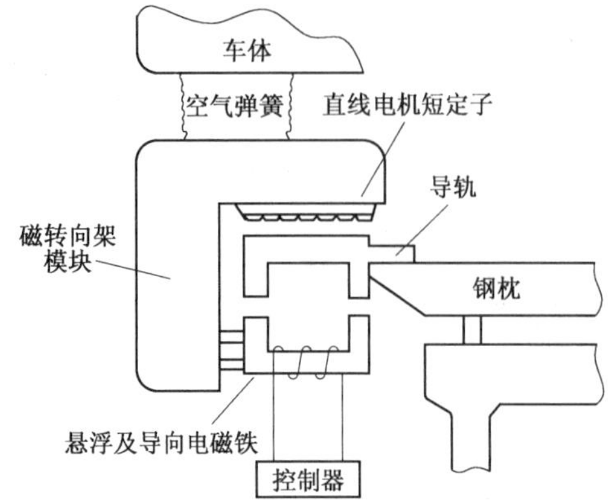


图 11.14　HSST-100 型磁浮列车悬浮与导向原理

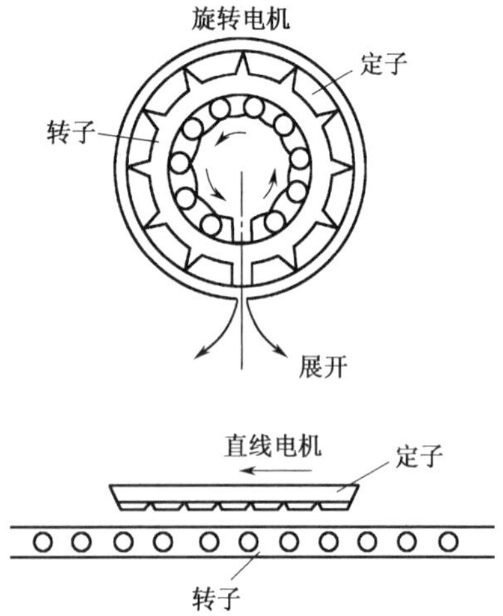


图 11.15　短定子直线电机的定子与转子

由于 HSST 系列磁浮列车采用短定子感应直线电机驱动,在定子两端由于漏磁等原因,直线电机的功率因数较低,效率也较低,加上悬浮、导向的电磁铁合一使用,速度太高时控制上会产生问题。因此,该型磁浮列车只能用于中、低速的城市交通运输,最高运行速度不超过 300 km/h。

## 三、长定子同步直线电机推进的低温超导排斥型

日本的长定子低温超导排斥型磁浮列车以 MLX01 型为其典型代表,磁浮列车与路轨的相互作用示意图如图 11.16 所示。

1. 悬浮原理

如图 11.17 所示,8 字形的悬浮短路绕组固定在路轨侧壁上,当车上的超导磁铁以一定向速度通过时,如果它的位置低于侧壁绕组的中心线若干厘米,由于 8 字形上下绕组间交链磁通产生了不均衡,则在侧壁悬浮绕组里立即产生感应电流,同时产生电磁场。结果车上的超导磁铁同时受到 8 字形绕组上部的吸引力及 8 字形绕组下部的排斥力,使磁浮车辆悬浮起来。与常导吸引型不同之处是超导排斥型必须先使列车运动到一定速度(150 km/h 以上),才能使 8 字形悬浮绕组中产生足够大的感应电流及感应磁场,由此产生悬浮效应。所以,超导排斥型磁浮车上必须有辅助车轮支撑,并在车上安装有蓄电池组、发动机或其他车载电源,用于启动列车并达到一定的速度后,产生足够稳定的磁浮作用。

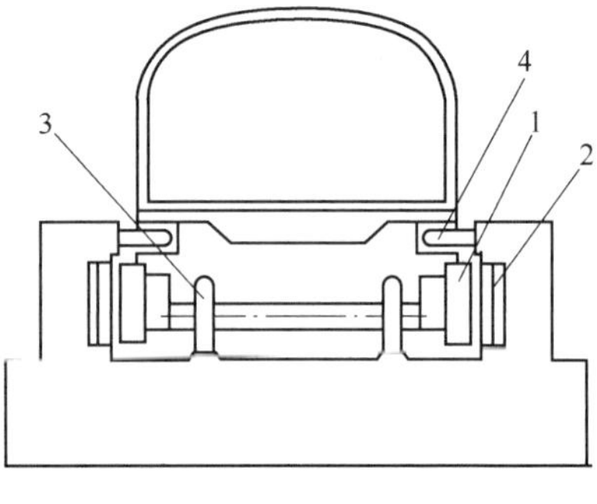


1—车上的悬浮导向及直线电机转子功能合一的超导电磁铁;2—路轨上的长定子绕组和悬浮、导向 8 字形绕组;3—辅助支撑车轮;4—横向支撑车轮。

图 11.16　MLX01 低温超导排斥型磁浮列车与路轨相互作用示意

2. 导向原理

如图 11.18 所示,路轨两侧侧壁上的 8 字形悬浮绕组通过路轨下面相连,构成一个回路。在磁浮车辆运行中,如果超导磁铁横向位置发生了偏移,使车辆偏离中心位置时,左右两绕组的交链磁通将不一样,则在回路中立即产生感应电流,在 8 字形绕组上产生电磁场,使靠近磁浮车辆一侧的绕组产生一个排斥力,而远离磁浮车辆一侧的绕组产生一个吸引力。这样,运行

中的磁浮车辆总是处于路轨两导向轨的中间位置。

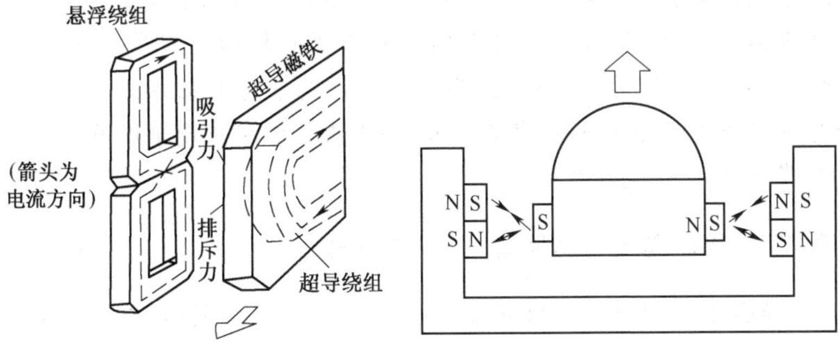


图 11.17　超导排斥型磁浮列车悬浮原理

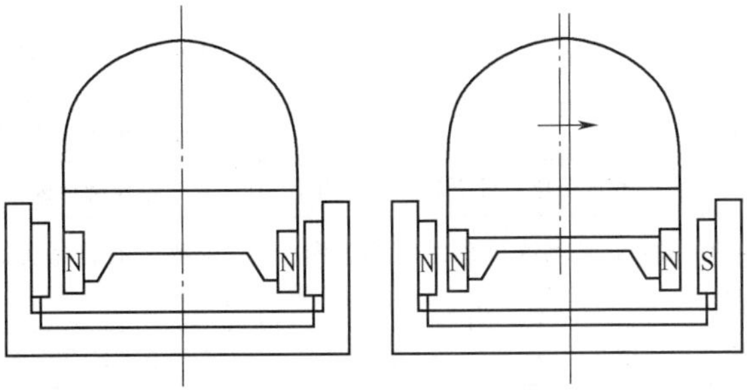


图 11.18　超导排斥型磁浮列车导向原理

3. 牵引原理

超导排斥型磁浮列车的牵引原理与常导吸引型 TR 磁浮车相同,都是采用长定子同步直线电机实现牵引功能,如图 11.19 所示。长定子三相绕组布置在路轨的两侧壁上,并由变电站输入变频变压的三相交流电,由此产生一个移动的行波磁场。而车上的超导电磁铁励磁后成为直线电机的励磁绕组(转子)。在长定子行波磁场作用下产生了同步的电磁牵引力,引导磁浮列车前进或后退。调节长定子供电电流的频率与电压,即可改变磁浮列车的牵引力,从而改变其运行速度。

4. 制动原理

超导排斥型磁浮列车在高速运行速度下进行制动时,也采用再生制动方式,即同步直线电机的工作方式由牵引改为发电,将列车动能转化为电能,反馈回电网并降低列车速度。当电网发生故障时,可采用电阻制动,将列车动能在牵引变电站的电阻上变成热能消耗掉。也可以采用绕组短路制动,即将许多路轨侧面的绕组

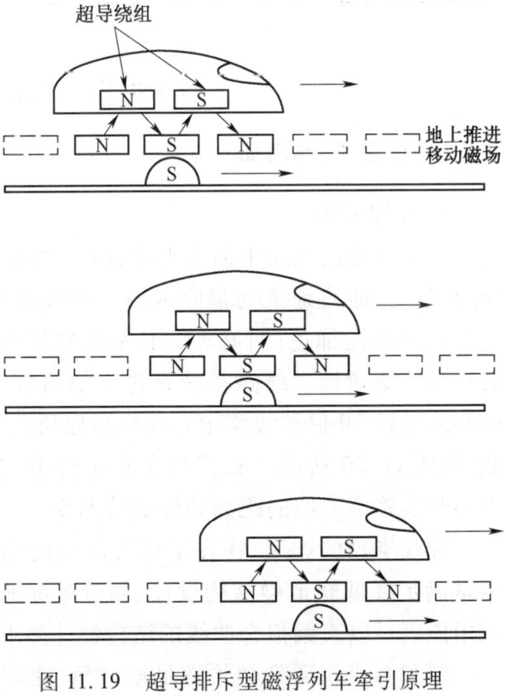


图 11.19　超导排斥型磁浮列车牵引原理

相互联结起来短路，以产生电磁阻力消耗列车能量。

另外，对于超导排斥型磁浮列车还有其他制动方式。如采用轮盘式制动作为保证列车安全可靠停车的机械制动方式，也可采用闸靴与导轨的摩擦制动方式及空气动力制动（张开空气阻力板）方式。这些方式是常导吸引型 TR 系列磁浮列车尚未采用的。

至于超导排斥型的车上非接触式供电原理、同步直线电机长定子供电原理、列车控制及信号传输原理均与常导吸引型基本相同。

### 四、常导吸引型（EMS）与超导排斥型（EDS）的比较

综上所述，常导吸引型（EMS）与超导排斥型（EDS）的技术特性比较见表 11.1。

**表 11.1　常导吸引型与超导排斥型的技术特性比较**

| 项　目 | 常导吸引型（EMS） | 超导排斥型（EDS） |
|---|---|---|
| 悬浮高度及控制稳定性 | 10 mm 左右，控制不稳定 | 100 mm 以上，控制稳定 |
| 悬浮能耗 | 能耗较小 | 基于超导涡流效应，能耗较大 |
| 推　力 | 励磁绕组极距小，相同供电条件下高速时推力小 | 由于超导绕组极距大，在高速时推力大 |
| 外部停电影响 | 外部停电时，必须靠蓄电池励磁浮，否则车辆会突然落下来 | 只要车辆有速度，外部停电时车辆不会突然落下来 |
| 低速时运行 | 不用车轮支撑系统 | 必须有车轮支撑系统，用于低速时启动或制动 |
| 车载励磁电源 | 必须具备 | 不用具备 |
| 车辆自重 | 较重，TR-08 型 1 000 座，492.8 t | 超导绕组是空心的，自重轻，MLX01 型 950 座，270 t |
| 强磁场影响 | 弱 | 强 |
| 成　本 | 较高 | 高 |

## 第四节　磁浮铁路线路设计

### 一、线路平、纵断面

1. 线路平面

磁浮铁路的线路平面由直线、圆曲线和缓和曲线组成。在曲线地段为消除或减少曲线运行时产生的自由侧向加速度，必须为轨面设置横坡，这就会导致线路扭转。线路扭转是将上部结构绕线路中心线旋转，并保持线路中心线的高程和纵断面不变，如图 11.20 所示。磁浮列车在运行中，车辆的重心与线路中心线的距离始终保持不变。

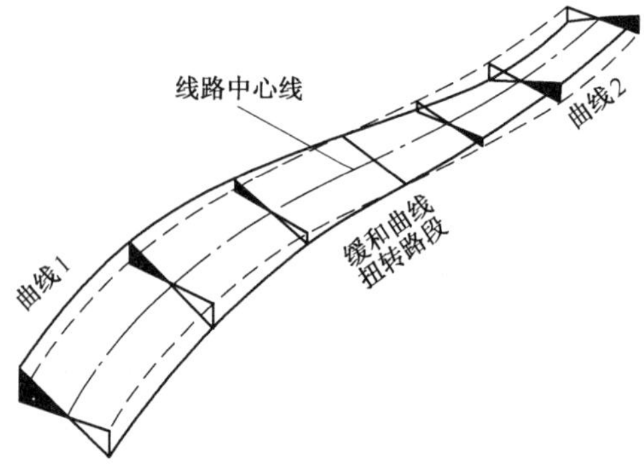


图 11.20　轨道平面绕线路中心线旋转形成的超高横坡

曲线半径的选用，在保证旅客舒适度条件下，尽量满足降低轨道梁结构设计、制造难度的要求，采用能满足以直梁拟合曲线的结构设计要求。

缓和曲线线形除必须满足横坡角、曲率、侧向

加速度连续变化的条件外，还应保证通过缓和曲线时加速度产生的附加力以及加速度变化率不超过"允许的限度"，为此，日本的磁浮线路采用半波正弦形缓和曲线，而德国的磁浮线路选用一波正弦形缓和曲线。上海的磁浮工程采用的缓和曲线线形是按照德国的设计标准设计的。图 11.21 为上海的磁浮铁路平面。

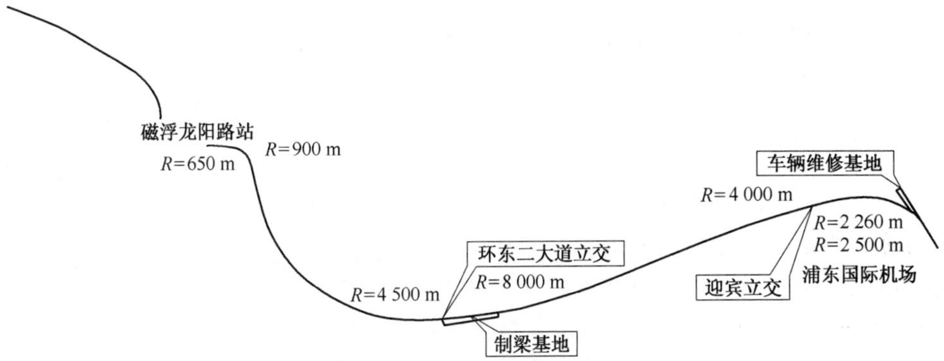


图 11.21　上海的磁浮铁路平面

注：上海市磁浮列车商业运营线正线全线长 30 km，平面设 7 个平曲线，最小半径 650 m，最大半径 8 000 m，曲线总长 18.5 km，直线总长 11.5 km，最大纵坡 10.8‰，横坡最大超高 12°。

2. 线路纵断面

线路纵断面由直线（坡段）、竖曲线和回旋曲线组成。磁浮线路可以采用较大的纵向坡度，例如日本最大值为 40‰，而德国可达到 100‰，这大大地增加了选线的灵活性。

竖曲线半径的选用应满足行车舒适度要求，同时应考虑便于轨道梁的结构设计和施工。为了避免坡道上竖向加速度及其时变率出现突变，必须在坡段的直线和竖曲线之间设置竖向缓和曲线，其线形采用回旋曲线形。

3. 横断面

磁浮线路的横断面基本上可分为：高架支承结构、平地、路堑、隧道和路堤，其中采用最多的是高架支承结构。

4. 平顺性

磁浮线路的悬浮、导向和推进设备无论采用什么形式，总有一部分安装在车辆上，而另一部分安装在线路上，因此线路结构必须与之相适应，对线路的平顺性要求十分严格。不平顺对行车的平稳性、舒适性和安全性有很大的影响，因此，磁浮线路对线路结构的制造、架设、基础沉降的控制都十分精确，若采用预应力混凝土梁，还应限制混凝土收缩徐变引起的上拱。例如，德国 TR 磁浮运输系统的磁浮钢梁鉴于车、梁气隙仅为 10 mm，要求钢梁由列车荷载及温度变化引起的变形非常小，以保证高速运行时旅客的舒适度。

## 二、线 间 距

空旷区段线间距取决于车辆宽度和在两列车会车时空气动力产生的压力差允许值要求的距离 $Y_a$。根据德国的试验资料，两列车会车时产生的压力差与两列车车厢壁间的侧向间距的关系如图 11.22 所示。

隧道内线间距由于空气动力影响增大需相应加宽，其数值的大小与隧道断面积有关。为了解决超导磁浮列车在隧道内高速运行时产生的"压力波"、"微压力波"及"空气阻力"3 个问题，在减少磁浮车辆截面的同时，还要增大隧道断面。例如，日本山梨试验线的隧道断面比新干线铁路的隧道断面增加了 15%，而磁浮车辆的断面积只有 8.9 $m^2$，比新干线车辆断面要小。在隧道净空高度均为 7.8 m 的情况下，磁浮系统隧道宽度达 12.6 m（线间距为5.8 m），比新干线隧道宽度 9.6 m 增大了 3 m。

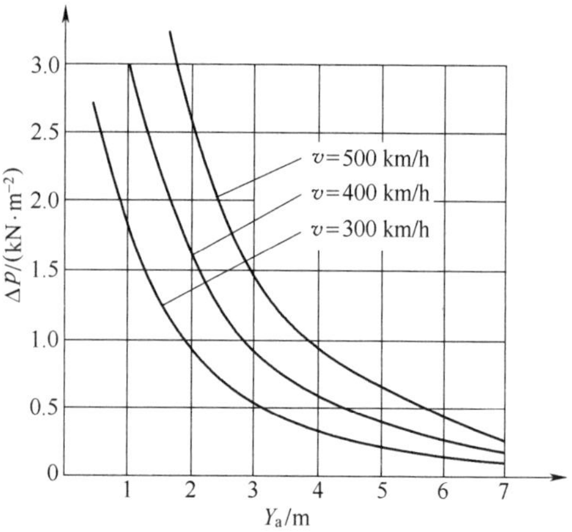


图 11.22　车辆间距 $Y_a$ 与压力差 $\Delta p$ 的关系曲线

## 三、道　　岔

磁浮列车从一条线路转到另一条线路运行的连接设备称为道岔。磁浮线路的道岔结构和工作原理与轮轨式铁路完全不同。目前可以采用的类型有多种，如钢弯曲式道岔、横动式道岔和侧壁移动式道岔等。

钢弯曲式道岔（图 11.23）是一根钢梁，借助机电扳道装置使钢梁弹性弯曲达到换道目的。换道过程由微处理机控制，微处理机受中心计算机的监测。道岔可以是两路道岔或三路道岔。当道岔处于直位时，允许列车以其正常速度 300 ~ 500 km/h 通过，处于弯位时，允许列车的运行速度为 200 km/h（高速道岔）和 100 km/h（低速道岔）。德国研制成功的该种高速道岔最大转辙时间为 17 s。

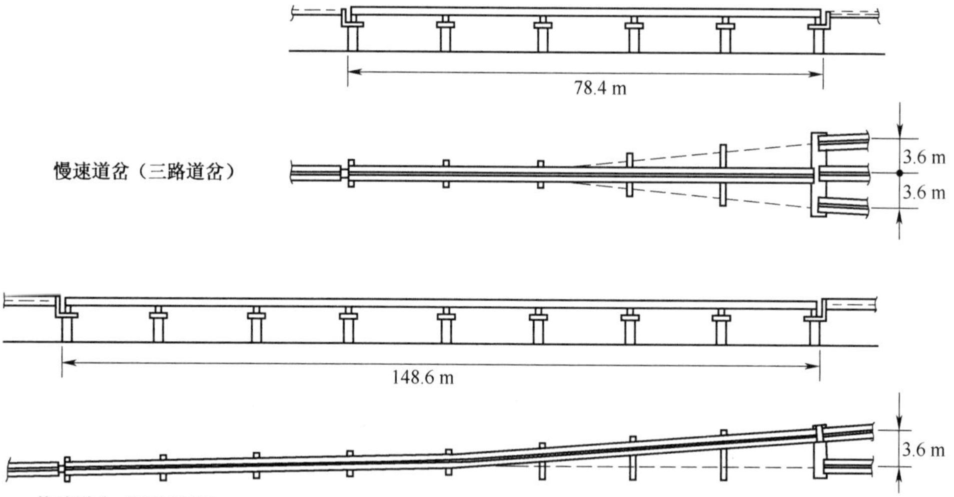


图 11.23　钢弯曲式道岔示意

横动式道岔（图 11.24）是作为高速运行时采用的高速道岔。这种道岔是依靠安装在复式可动横梁的驱动装置使其往横向移动实现转线，直向通过速度可达到 500 km/h，侧向过岔速度为 70 km/h，道岔转位时间在 30 s 以内。

作为低速运行的低速道岔采用侧壁移动式道岔（图 11.25）。这种道岔的转换方式为侧壁移动，直向通过速度为 70 km/h，侧向过岔速度为 45 km/h，道岔转位时间在 30 s 以内。由于存在侧壁强度问题，这种道岔无法实现磁浮列车高速悬浮走行，只能设在终点站。

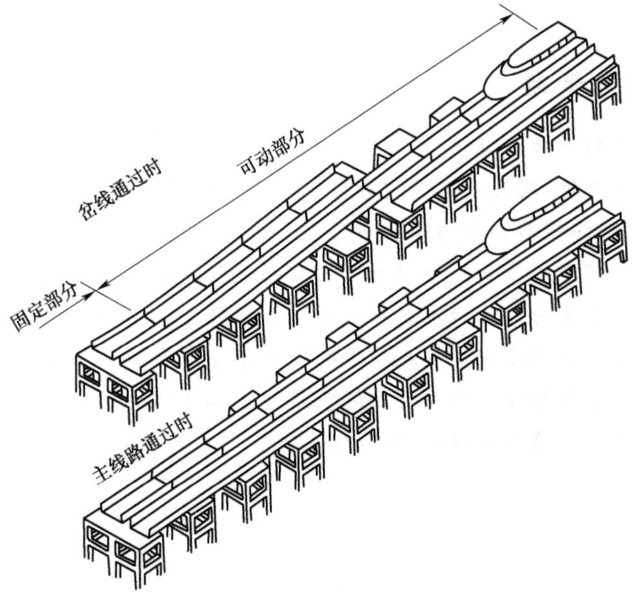


图 11.24　钢弯曲式道岔示意

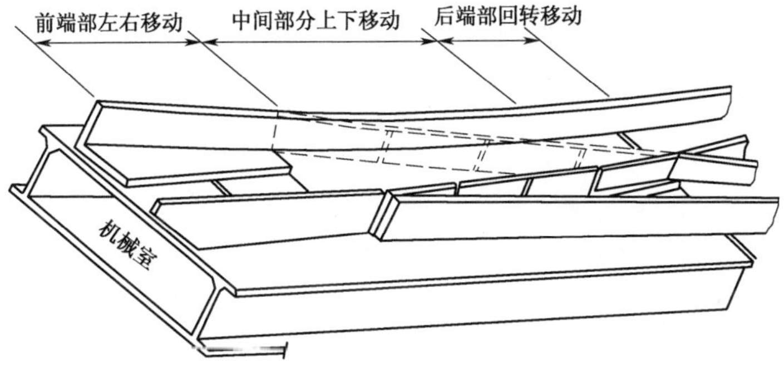


图 11.25　侧壁移动式道岔示意

**四、渡线、越行站设置**

为了在出现故障情况下确保区段的通过能力，一般要求在设计中每隔 25 km 设置区间渡线。

如果两相邻车站之间距离为 100～150 km，在设计时，应考虑在两站之间大约 50 km 和 75 km处设置一个越行站，以便于组织高速列车的越行。

综上所述，磁浮铁路是交通运输领域的高新技术，具有速度高、安全性高、舒适度良好、加(减)速快、爬坡能力强等优点。但磁浮铁路初期投资昂贵，结构复杂且技术要求高，同时其不能与轮轨式的既有铁路网兼容，还有许多需要研究的课题。随着研究的进一步深入和问题的完美解决，磁浮铁路已在世界范围内得到快速发展，在长大干线及城市短途交通运输领域也会取得更良好的应用前景。

## 复习思考题

1. 简述磁浮铁路的发展概况。
2. 根据采用的电磁铁,磁浮列车如何分类？请简要说明。
3. 按导轨结构,磁浮铁路划分为哪几种形式？请简要说明。
4. 请简要说明长定子同步直线电机推进的常导吸引型磁浮列车的工作原理。
5. 请简要说明短定子感应直线电机推进的常导吸引型磁浮列车的工作原理。
6. 请简要说明长定子同步直线电机推进的低温超导排斥型磁浮列车的工作原理。
7. 试比较常导吸引型与超导排斥型磁浮铁路的技术特性。
8. 请简要分析磁浮铁路线路设计的特点。

# 参 考 文 献


[1] 铁道科学研究院高速铁路技术研究总体组．高速铁路技术[M]．北京：中国铁道出版社，2005.

[2] 钱立新．世界高速铁路技术[M]．北京：中国铁道出版社，2003.

[3] 佟立本．高速铁路概论[M]．5 版．北京：中国铁道出版社，2017.

[4] 李向国，黄守刚．高速铁路[M]．3 版．北京：中国铁道出版社有限公司，2022.

[5] 王海星．高速铁路概论(慕课版)[M]．北京：中国铁道出版社有限公司，2021.

[6] 国家铁路局．高速铁路设计规范：TB 10621—2014[S]．北京：中国铁道出版社，2014.

[7] 国家铁路局．铁路线路设计规范：TB 10098—2017[S]．北京：中国铁道出版社，2017.

[8] 国家铁路局．铁路路基设计规范：TB 10001—2016[S]．北京：中国铁道出版社，2016.

[9] 国家铁路局．铁路桥涵设计规范：TB 10002—2017[S]．北京：中国铁道出版社，2017.

[10] 国家铁路局．铁路隧道设计规范：TB 10008—2016[S]．北京：中国铁道出版社，2016.

[11] 国家铁路局．铁路轨道设计规范：TB 10082—2017[S]．北京：中国铁道出版社，2017.

[12] 国家铁路局．铁路车站及枢纽设计规范：TB 10099—2017[S]．北京：中国铁道出版社，2017.

[13] 国家铁路局．铁路通信设计规范：TB 10006—2016[S]．北京：中国铁道出版社，2016.

[14] 国家铁路局．铁路信号设计规范：TB 10007—2017[S]．北京：中国铁道出版社，2017.

[15] 国家铁路局．铁路电力设计规范：TB 10008—2015[S]．北京：中国铁道出版社，2015.

[16] 国家铁路局．铁路电力牵引供电设计规范：TB 10009—2016[S]．北京：中国铁道出版社，2016.

[17] 中国国家铁路集团有限公司．高速铁路线路维修规则：TG/GW 115—2023[S]．北京：中国铁道出版社有限公司，2023.

[18] 中国铁路总公司．铁路动车组运用维修规则：铁总运〔2017〕238 号[S]．北京：中国铁道出版社，2017.

[19] 李小珍，肖海珠．高速铁路桥梁[M]．北京：中国铁道出版社有限公司，2021.

[20] 何川，张志强．高速铁路隧道[M]．北京：中国铁道出版社有限公司，2021.

[21] 李得伟，韩宝明．高速铁路概论[M]．北京：中国铁道出版社有限公司，2021.

[22] 靖仕元，王玉泽．高速铁路关键系统[M]．北京：中国铁道出版社有限公司，2021.

[23] 李荣华，白宝英．高速铁路工程设计技术[M]．北京：中国铁道出版社有限公司，2021.

[24] 易思蓉，朱颖．高速铁路选线[M]．北京：中国铁道出版社有限公司，2021.

[25] 高亮，江成．高速铁路轨道[M]．北京：中国铁道出版社有限公司，2021.

[26] 罗强，魏永幸．高速铁路路基[M]．北京：中国铁道出版社有限公司，2021.

[27] 刘志明，王文静．高速铁路动车组[M]．北京：中国铁道出版社有限公司，2021.

[28] 高仕斌，蒋先国．高速铁路牵引供电[M]．北京：中国铁道出版社有限公司，2021.

[29] 唐涛，李开成．高速铁路列车运行控制[M]．北京：中国铁道出版社有限公司，2021.

[30] 朱晓宁，秦勇．高速铁路运营安全管理[M]．北京：中国铁道出版社有限公司，2021.

[31] 白明洲，宋雷鸣．高速铁路环境保护[M]．北京：中国铁道出版社有限公司，2021.

[32] 张昆仑．高速磁浮铁路技术[M]．北京：中国铁道出版社有限公司，2021.

[33] 《面向世界的复兴号》编委会．面向世界的复兴号[M]．北京：中国铁道出版社有限公司，2020.

[34] 高亮，肖宏．轨道工程[M]．3 版．北京：中国铁道出版社有限公司，2023.

[35] 季令，叶玉玲．高速铁路与摆式列车[M]．北京：中国铁道出版社，2001.

[36] 靳俊．高速铁路列车运行控制技术：调度集中系统[M]．北京：中国铁道出版社，2017.

[37] 刘其斌，马桂贞．铁路站场及枢纽[M]．北京：中国铁道出版社，2002.

[38] 李海鹰，张超．铁路站场及枢纽[M]．北京：中国铁道出版社，2011.

[39] 杨浩．铁路运输组织学[M]．北京：中国铁道出版社，2015.

[40] 许兆义，杨成永．环境科学与工程概论[M]．2 版．北京：中国铁道出版社，2010.

[41] 王梦恕,干昆蓉. 21 世纪的铁路[M]. 北京:清华大学出版社,2001.

[42] 卢春房. 中国高速铁路[M]. 北京:中国铁道出版社,2013.

[43] 李映红. 高速铁路信号系统[M]. 成都:西南交通大学出版社,2009.

[44] 郑健,沈中伟,蔡申夫. 中国当代铁路客站设计理论探索[M]. 北京:人民交通出版社,2009.

[45] 陈明浩,王朋,赵平. 成渝客运专线主要工程地质问题及地质选线[J]. 高速铁路技术,2019,10(6):69-72.

[46] 王梦,王继军,刘伟斌,等. 我国高速铁路主型无砟轨道技术经济性探讨[J]. 中国铁路,2021(2):59-64.

[47] 陶伟明,吴剑,史宪明. 复杂艰险山区高速铁路隧道群空气动力学效应及缓解措施[J]. 高速铁路技术,2020,11(2):80-86.